D1236701

work as examples of the process whereby a non-Greek was Hellenized linguistically and culturally. Lucian reversed the biblical adage by seeing Hellenism through a glass, brightly. The glass was his own culture, which enabled him to stand apart and view the Greek classics from Homer on with a peculiar freshness; the brightness was supplied by his satirical spirit, inspired but not limited by his predecessor Menippus.

Although Lucian must have enjoyed a degree of fame in his own lifetime, it was during the Renaissance that he really came into his own. His work was translated by Erasmus and Sir Thomas More, whose writings reflect the influence of Lucian's satiric dialogues.

THE EDITOR

HARRY L. LEVY is a graduate of the College of the City of New York, with M.A. and Ph.D. degrees from Columbia University. Emeritus Vice-Chancellor and Professor Emeritus of Classics in the City University of New York, he is a distinguished classical scholar, the recipient of a number of awards and honors, including the first Chancellor's Medal awarded by the City University of New York.

THE AMERICAN PHILOLOGICAL ASSOCIATION
SERIES OF CLASSICAL TEXTS

LUCIAN
SEVENTY DIALOGUES

LUCIAN
SEVENTY DIALOGUES

INTRODUCTION
AND
COMMENTARY
BY
HARRY L. LEVY

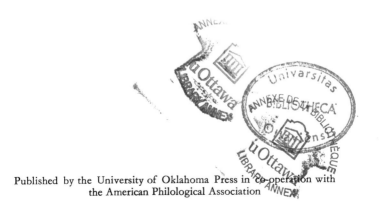

The Greek text used herein is reprinted by permission of the publishers and THE LOEB CLASSICAL LIBRARY from LUCIAN, Volume VII, text prepared and translated by M. D. MacLeod. *Cambridge, Mass., Harvard University Press.* Copyright, 1961, by the President and Fellows of Harvard College.

Copyright 1976 by the University of Oklahoma Press, Publishing Division of the University. Manufactured in the U.S.A. First edition.

Library of Congress Cataloging in Publication Data
Lucianus Samosatensis.
   Seventy dialogues.
   (The American Philological Association series of classical texts)
   Text of Dialogues in Greek.
   Bibliography: p. xxiv.
   Includes indexes.
   I. Levy, Harry Louis, 1906–   II. Title.
III. Series: American Philological Association.
Series of classical texts.
PA4230.A3 1975   887'.01   75-5652
ISBN 0·8061-1216-6

To my Wife

PREFACE

The idea of a textbook based on some of Lucian's Dialogues was suggested to me by the American Philological Association's Committee on Greek and Latin College Textbooks when I was serving as its chairman. It was agreed that the introduction and notes would be aimed principally at the student who, having begun the study of Greek at college, was now in the second year of that study.

In lieu of references to standard grammars, which in my experience students rarely make use of, an attempt has been made to provide needed explanations as difficulties occur, with copious cross-references, in the hope that these will meet with a somewhat better fate.

The text is that of MacLeod in the Loeb Classical Library *Lucian*, *Volume VII*, with a few minor corrections and some changes in punctuation.

I am grateful to Professor Helen North, the editor of this and the other four of the first five volumes of the American Philological Association Series of Classical Texts, for her careful editing and for many helpful suggestions.

This book is dedicated to my wife, Ernestine Friedl, Professor of Anthropology in Duke University. It was largely her encouragement which kept me at classical studies during long years of administrative work, so that these studies might be at hand for me when that work was finished.

HARRY L. LEVY

Durham, North Carolina

CONTENTS

INTRODUCTION

LUCIAN OF SAMOSATA

BIRTH AND EARLY YEARS

Lucian was born about A.D. 120 in Samosata on the Euphrates, capital city of Commagene, a district of northern Syria, now Samsat in the province of Adiyaman, Turkey. Samosata, a large and flourishing city in Lucian's lifetime, was the site of a permanent Roman army post (*Legio XVI Flavia*) fortifying the important river crossing. The culture of the city was Hellenistic.

Lucian speaks of himself as a Syrian. Until a generation ago it was held generally by scholars that Lucian's native tongue was Syriac and that he first learned Greek as a young man in Asia Minor. This would place him, along with Claudian and Joseph Conrad, among the relatively few writers who have achieved real eminence in languages which were not their native tongues.

Householder,[1] however, has challenged this view, arguing (1) that the elementary education which Lucian received at Samosata was in Greek and (2) that Greek was probably the language spoken in his home. Robertson in his review of Householder's book labels the second statement "probably right." A recent critic has touched on the matter, without decisive results.[2]

A brief discussion is all that we have room for here. Lucian (*Double Indictment* 27) refers to himself in his

---

[1] F. W. Householder, Jr., *Literary Quotation and Allusion in Lucian*, 94–96, reviewed by D. S. Robertson, *Classical Review*, 50.93.

[2] B. Baldwin, *Studies in Lucian*, 15.

youth as βάρβαρον ἔτι τὴν φωνήν, "still a foreigner in speech," and it is upon this and similar expressions that the standard accounts of his having been a native speaker of Syriac are mainly based. Now Householder maintains that the words just quoted mean only "using bad grammar." But what kind of bad grammar? The bad grammar of a native speaker coming from an ill-regarded stratum of the population, illiterate or semi-literate, attempting to use a level of language beyond his competence? Or the bad grammar of a speaker of foreign background, whose production of a second language is influenced by the patterns of the first? Here we must read on in the quoted text: the words which follow are καὶ μονονουχὶ κάνδυν ἐνδεδυκότα εἰς τὸν Ἀσσύριον τρόπον, "and all but wearing a caftan in the Syrian mode." These words, which Householder seems to have overlooked, appear to be decisive: Lucian's bad grammar was that of an imperfectly Hellenized Syrian, not that of an ignorant and pretentious native speaker of Greek.

We need not question that Lucian had learned Greek at school in Samosata. Indeed, he had in all probability spoken some Greek along with Syriac at home. However, his early control of Greek must have been like the early imperfect acquisition of English by an American urbanite of foreign background. This imperfection, as we know, sometimes gives way to complete or almost complete mastery, as the speaker's higher education progresses in institutions in which English is spoken. In Lucian's case the mastery of Greek which he later achieved was marvelously complete, so that we may confidently revert to the comparison with Claudian, the Alexandrian Greek who became the last of the classical Latin poets, and with Joseph Conrad, the Polish-born writer who rose to be one of the greatest English novelists.

When his elementary education was finished, Lucian was at first destined by his parents for the trade of his mother's family, stonecutting and statue making. He was apprenticed to his maternal uncle, an apprenticeship which was as brief as it was disastrous. A broken marble block brought him a beating and complete disillusionment, and the young Lucian was allowed by his parents to go to the cities of Asia Minor for higher education.

TRAINING IN RHETORIC

Though the details are unknown, it is clear that Lucian became the pupil of one or more teachers of rhetoric. At their hands he received the then standard course in the principles and practice of public speaking, a course based upon a thorough study of the masterpieces of Greek literature. The original purpose of the course had been to train the student to argue successfully both in public assemblies and in the law courts. However, by Lucian's day all governmentally significant forensic debate had long since become obsolete under Roman rule. Pleading in the law courts was still a living profession, and in this Lucian engaged for a time. But he stayed with this profession not much longer than he had with stonecutting; his main career was to be based upon the nonlegal aspects of his rhetorical training.

THE SECOND SOPHISTIC

Altogether apart from the practical value of rhetoric as an instrument of persuasion, the practice of the art had become under the Roman Empire one of the principal modes of public entertainment, at least for the educated classes. Speeches on topics of every sort were eagerly attended in public recitals, comparable to our theatrical or musical productions.

The period of Lucian's education and professional

life falls into the flowering of the Second Sophistic, a "grand baroque age," as Bowersock[3] calls it, covering the latter part of the second century and the early part of the third. So called to distinguish it from the original sophistic movement contemporary with Socrates, the Second Sophistic was devoted to the verbal ornamentation of Hellenistic culture. Throughout the Roman Empire, but particularly in the Greek-speaking East, crowds thronged, as we have indicated, to hear the rhetor or the sophist perform. The term "sophist" was the more prestigious title: "The sophist was a virtuoso rhetor with a big public reputation," says Bowersock.[4] A passage from Wright is still worth quoting in regard to the Second Sophistic's epideictic oratory, that is, speech intended for display rather than for persuasion: " . . . public declamation had become a fashionable sport for which one trained the voice and gestures and wore the uniform of an exquisite, laboring on every detail that could impress the enraptured audience, who cared little whether the speech was in praise of baldness, or an address of welcome to the emperor, or any one of the twenty-seven varieties of epideictic speech."[5]

After the brief legal career to which we have referred, Lucian became for a time a professional rhetor, perhaps without ever attaining the full status of sophist.[6] He embarked upon extensive lecture tours in Greece, Italy, and other lands north of the Mediterranean, holding for a time a well-paid post as public orator in a town in Gaul. To this period belong some of his works which resemble most closely the common product of the contemporary sophist: an encomium on the housefly, an imaginary defense of the tyrant Phalaris, long since dead,

[3] G. W. Bowersock, *Greek Sophists in the Roman Empire*, 16.

[4] *Ibid.*, 13.

[5] W. C. Wright, *A Short History of Greek Literature*, 489.

[6] Bowersock, *Greek Sophists,* 114.

a description of the hall in which he was delivering the
address to which the description served as a curtain
raiser. Had productions such as these been all that
Lucian wrote, it is doubtful that they would have sur-
vived. But there existed in our author a strain of
independence and freedom of choice, a distaste for the
doctrinaire and the excessive, which we shall meet again
in discussing Lucian's use of Greek.

Vita Nuova; LITERARY WORKS

Lucian manifested this independence when he was
about forty years of age by determining to break
decisively with his former style both of life and of
literary production. After a triumphal visit to Samosata,
in the true local-boy-makes-good tradition, he took his
father with him to Athens and set up his household
there, deserting the career of an itinerant lecturer,
though he did some sporadic traveling later. At the
same time, he says, he switched from rhetoric to philo-
sophic dialogue (*Double Indictment* 34). What he did in
fact was, without completely abandoning the display-
lecture, to develop the satiric dialogue. This was based
in form principally upon the dialogues of Plato—it is
mostly in this sense that the new form can be called
"philosophic"—and in tone upon Attic Comedy.

Lucian drew both upon the Old Comedy exemplified
by Aristophanes and the New of which Menander is
the chief example. The influence of the Platonic dia-
logue, as far as form is concerned, can be felt in all his
productions in the new mode. That of the New Comedy,
in form as well as in tone, is seen most clearly in the
Dialogues of the Courtesans, but also, together with the
influence of the Old, in the three sets of dialogues which
compose this collection: the *Dialogues of the Dead*,
Dialogues of the Sea-Gods, and *Dialogues of the Gods*.

Apart from these four sets of dialogues, Lucian's

most famous works are perhaps the *True History*, satirizing Herodotus and other Greek historians, and the *Judgment of the Goddesses*, grouped by some editors with the *Dialogues of the Gods*. Altogether, we have about eighty-two works which are attributed to Lucian, at least six of which are generally considered spurious. A convenient list of them, with an attempt at chronological arrangement, may be found in Fowler and Fowler;[7] another list is available in MacLeod.[8] Before returning to the dialogues with which this book is concerned, we may briefly summarize the rest of Lucian's career. After his move to Athens, Lucian's combination of writing and of public performances seems to have kept him in the public eye sufficiently to procure him, quite late in life, an administrative post in the Roman civil service in Egypt. There he died at an undetermined date, probably about A.D. 200.

DIALOGUES HERE STUDIED

The order in which the dialogues in this collection are arranged is that of the manuscript labeled *Γ* (Vaticanus 90), the order followed by MacLeod.[9] The order in which they were written is by no means certain. Did the *Dialogues of the Sea-Gods* and *of the Gods*, perhaps together with the *Courtesans*, serve as Lucian's practice ground for his new mode, the satiric dialogue, as some scholars maintain, to be followed by the *Dialogues of the Dead*? Or did the *Dialogues of the Dead*, inspired in great part by the writings of the third-century Cynic Menippus of Gadara, serve as the entrée to Lucian's new literary career, with the Cynic doctrine providing at least some

[7] H. W. Fowler and F. G. Fowler, *The Works of Lucian of Samosata,* Vol. 1, xiv–xvii.
[8] M. C. MacLeod, *Lucian,* with an English translation, Loeb Classical Library, Vol. 7, vii f.
[9] MacLeod, *Lucian.*

slight justification of Lucian's claim that his new dia-
logues were philosophical? The complete lack of even
a pretense at philosophy in the *Gods,* the *Sea-Gods,* and
the *Courtesans* leads the present editor to believe,
without much conviction, that the *Dialogues of the Dead*
came first, as they are here presented, and that the others
followed as Lucian hastened to exploit a vein which
proved popular, however little its exploitation in this
form might enhance his sought-after reputation as a
philosopher. No attempt will be made here to charac-
terize the three sets of dialogues offered in this book.
With the brief introductory paragraph prefixed to each
set, they can best be left to speak for themselves.

LANGUAGE

Apart from his training in rhetoric, Lucian was
deeply, but again not completely, influenced by the
Second Sophistic: this time in his choice of a level of
language in which to write. For ordinary purposes of
spoken or written communication in Lucian's day, the
Greek commonly used was that which we call the κοινή,
or common tongue, that in which, for example, the
New Testament is written. The κοινή had developed
out of Attic Greek with admixtures from other dialects
and with many modifications in the years following
Alexander's conquests, as Greek became the virtually
universal language of the eastern Mediterranean lands.

In the first century of our era there began, and con-
tinued with increasing force in the second, an intellectual
movement of return to the Attic Greek of the period
preceding Alexander's conquests. This movement,
called Atticism, sprang from the rhetorical schools,
with their concentration upon the masterpieces of an
earlier day, and blossomed fully with the flowering of
the Second Sophistic. The attempt was made to purify
the κοινή of all non-Attic elements, and, to a lesser

extent, to reintroduce obsolete elements of Attic speech. In the hands of extremists, this sometimes went to ridiculous lengths, which Lucian himself satirizes in his *Lexiphanes* ("Word-Displayer"), and in sections of the *Professor of Public Speaking* (16 f.).

The fact that Lucian satirizes the extreme Atticists in two works, which are themselves written in a diction remarkably close to classical Attic, is the clue to Lucian's own position. A fervent student of the masterpieces of Hellenic literature, so largely written in Attic Greek, Lucian made the Attic dialect his model and reproduced it with remarkable skill. He did this, however, without the fanatical purism which he ridicules in others. The general impression given by Lucian's prose is that it is written in classical Attic Greek. Still, the influence of post-classical authors, and of writers other than those of Attic prose, can be discerned on every page by the careful scholar.

In the matter of vocabulary, it has been estimated that fully four-fifths of Lucian's words are drawn from Attic prose writers of the classical period[10] (this, for our purposes, is considered to extend from the beginning of the fifth century to the last quarter of the fourth). In the notes following the Greek text examples are given of Lucian's deviations from the vocabulary of classical Attic prose. A study of these, by reference to *LSJ* under the items listed, may be instructive.

It will be found that the majority of Lucian's deviations fall into two categories: (**1**) new compounds formed by attaching one or more prefixes or suffixes to familiar Attic words, in patterns which can be paralleled in Attic prose authors (κατασοφίζομαι, 46.3, cf. κατασκευάζομαι, Thuc. 2.85; συμβασιλεύω, 162.23, cf. συμπολιτεύω, Thuc. 6.4; συνανασπάω, 119.7, cf.

[10] S. Chabert, *L'atticisme de Lucien*, 119.

συναναπράσσω, Xen. *Anab.* 7.7.14; ἀρρενικός, 161.9, cf. ἀνδρικός, Plat. *Rep.* 474E); (2) words found before the end of the classical period only in the poets, but in prose writers of postclassical days (ζόφος, 10.2, δράω, 129.11, ὠδίς, 150.12, πάλλω, 152.10). A special case in the first category consists of words which occur first (as far as we know) in Lucian, and sometimes solely in his writings.

Some of these are constructed so smoothly and appropriately that one is tempted to paraphrase Voltaire's aphorism and to say that since they did not exist it was necessary to invent them: συνεδίσκευον (158.4), of Apollo and Hyacinth playing together at discus throwing, ὁμόνεκρος (7.11), of a "fellow corpse" in Hades, ἄτοξος (170.5) of Eros to all intents and purposes weaponless, ἐκδιφρευθείς (173.24) of Phaethon "unencharioted" after his disastrous ride. For most or all of these, sound classical parallels can be traced. A special group of a different sort, for which the reader should be on the alert, consists of words not found in Attic Greek, but in the related Ionic of Herodotus, and otherwise only in the poets or postclassical writers. Rarely do we find a word which Plato or Demosthenes would have found really strange, like κινάβρα (56.4), "a goat's rank smell," or χαμαιτυπεῖον (57.17 f.), "a low dive."

Apart from the lexical items themselves, instances will be pointed out in the notes of words used in a sense somewhat different from the classical or in a form not usual in standard Attic Greek.

So much for vocabulary and forms which constituted the major interest of the Atticists. The question of grammatical constructions is another matter. Here we can find Lucian straying from the norms of Attic prose, particularly as these have been abstracted and refined by grammarians of our Renaissance and of later modern times. These latter-day Atticists have carried grammatical analysis far beyond the point reached by any books available to Lucian.

Even by our strict standards, however, Lucian does not fare at all badly. It is true that one will not have to read very far down the first page of the text (to 1.6 f., to be exact) before he finds κελεύω with the dative, a locution which any modern teacher of elementary Greek will tell him is found in Homer, but never in classical Attic prose! But all in all, for the 175 pages of Greek text, fewer than three dozen grammatical variations from Attic norms are indicated in the notes (some occurring several times, to be sure), no great number if one considers the centuries and layers of language which had intervened between Aristotle and Lucian. As has been suggested above, like Claudian's Latin or Conrad's English, Lucian's Greek stands as a monument to the adaptability of the human mind.

FAME AND INFLUENCE

Though Lucian must have enjoyed at least a modest degree of fame in his own lifetime, as shown by his appointment as a public official, and indeed by the very multiplication and preservation of his published writings, he never achieved the celebrity of the real stars of the Second Sophistic, such as Herodes Atticus or Aristides. References to him by his immediate successors, by the writers of the third and fourth centuries, and by the later authors of the Byzantine Empire, are few and far between. His works did, fortunately for us, become part of the Byzantine canon of books to be copied and preserved, and some 150 manuscripts survived to modern times. We even find, a touching tribute, a Syriac version of one of his works produced in his native Commagene, making him a prophet not without honor even in his own country.

It was in the period of our Renaissance, however, that Lucian really came into his own in Holland, England, France, Germany, Italy, and Spain. More than 250 editions of his works, or of works believed to be his, appeared before 1550, at least 60 of these being Greek texts. Foremost in spreading the influence of Lucian was the great Desiderius Erasmus of Rotterdam, who vied with his friend St. Thomas More in translating our author. So popular were these translations that, for More at least, the editions of his versions of Lucian outnumbered those of any one of his own works. Both More's *Utopia* and Erasmus' *Praise of Folly* and *Colloquia* show clearly the influence of Lucian's satiric dialogues. In Germany the contentious scholars Johann Reuchlin and Ulrich von Hutten drew materials from Lucian for their venomous attacks upon their religious and literary foes. Rabelais leans upon Lucian in his *Gargantua* and *Pantagruel*. As we shall see, Christopher Marlowe borrowed from Lucian the thought and spirit underlying his famous line about the thousand ships and the topless towers of Ilium (11.12–15, and note). Ariosto, Cyrano de Bergerac, Molière, Beaumont, Cervantes, even Shakespeare, all profited from their reading of Lucian, either in the original or in Latin or vernacular translations, and through these authors the influence of Lucian has been transmitted to the culture of our own day.

SELECTED BIBLIOGRAPHY

This list of books and articles is intended as a guide to the study of Lucian and also as an explanation of references in the introduction and notes.

Allinson, F. G., *Lucian: satirist and artist*. Boston, 1926.

Baldwin, B., "The authorship and purpose of Lucian's *Demosthenis encomium*," Antichthon 3.54–62, 1969.

———, *Studies in Lucian*. Toronto, 1973.

Balsdon, J. P. V. D., "The 'divinity' of Alexander," Historia 1.363–88, 1950.

Bellinger, A. R., "Lucian's dramatic technique." *Yale Classical Studies* 1.1–40, New Haven, 1928.

Bompaire, J., *Lucien écrivain; imitation et création*. Paris, 1958.

Bowersock, G. W., *Greek sophists in the Roman empire*. Oxford, 1969.

Chabert, S., *L'atticisme de Lucien*. Paris, 1897.

Croiset, M., *La vie et les oeuvres de Lucien*. Paris, 1882.

Fowler, H. W., and F. G. Fowler, *The works of Lucian of Samosata*. Oxford, 1905.

Guthrie, W. K. C., *The Greeks and Their Gods*. London, 1950.

Householder, F. W., Jr., *Literary Quotation and Allusion in Lucian*. New York, 1941.

MacLeod, M. D., *Lucian*, with an English translation. Loeb Classical Library, volume 7. Cambridge, Mass., 1961. The best available Greek text of the dialogues studied in this book. The Oxford Classical Text, *Lucian*, by the same editor, has not reached volume 4, which will contain these dialogues.

McCarthy, B. P., "Lucian and Menippus." *Yale Classical Studies* 4.3–55, New Haven, 1934.

Pease, A. S., *Publi Vergili Maronis Aeneidos liber quartus*. Cambridge, Mass., 1935.

Reardon, B. P., *Lucian: Selected Works*. Pp. vii–xxxiv. Indianapolis, 1965.

Robertson, D. S., "Rev. of Householder," *Classical Review* 50.93, 1942.

Schwartz, J., *Biographie de Lucien de Samosate*. Brussels, 1965.

Tarn, W. W., *Alexander the Great*. Cambridge, 1948.

Thompson, C. R., *The translations of Lucian by Erasmus and St. Thomas More*. Ithaca, N.Y., 1940.

Waele, F. J. M. de, *The magic staff or rod in Graeco-Italian antiquity*. Ghent, 1927.

Wright, W. C., *A Short History of Greek Literature*. New York, 1907.

LUCIAN
SEVENTY DIALOGUES

ΝΕΚΡΙΚΟΙ ΔΙΑΛΟΓΟΙ

1

ΔΙΟΓΕΝΟΥΣ ΚΑΙ ΠΟΛΥΔΕΥΚΟΥΣ

ΔΙΟΓΕΝΗΣ

1. Ὦ Πολύδευκες, ἐντέλλομαί σοι, ἐπειδὰν τάχιστα ἀνέλθῃς,—σὸν γάρ ἐστιν, οἶμαι, ἀναβιῶναι αὔριον—ἤν που ἴδῃς Μένιππον τὸν κύνα,—εὕροις δ' ἂν αὐτὸν ἐν Κορίνθῳ κατὰ τὸ Κράνειον ἢ ἐν Λυκείῳ τῶν ἐριζόντων πρὸς ἀλλήλους φιλοσόφων 5 καταγελῶντα—εἰπεῖν πρὸς αὐτόν, ὅτι σοί, ὦ Μένιππε, κελεύει ὁ Διογένης, εἴ σοι ἱκανῶς τὰ ὑπὲρ γῆς καταγεγέλασται, ἥκειν ἐνθάδε πολλῷ πλείω ἐπιγελασόμενον· ἐκεῖ μὲν γὰρ ἐν ἀμφιβόλῳ σοὶ ἔτι ὁ γέλως ἦν καὶ πολὺ τὸ "τίς γὰρ ὅλως οἶδε τὰ μετὰ 10 τὸν βίον;", ἐνταῦθα δὲ οὐ παύσῃ βεβαίως γελῶν καθάπερ ἐγὼ νῦν, καὶ μάλιστα ἐπειδὰν ὁρᾷς τοὺς πλουσίους καὶ σατράπας καὶ τυράννους οὕτω ταπεινοὺς καὶ ἀσήμους, ἐκ μόνης οἰμωγῆς διαγινωσκομένους, καὶ ὅτι μαλθακοὶ καὶ ἀγεννεῖς 15 εἰσι μεμνημένοι τῶν ἄνω. ταῦτα λέγε αὐτῷ, καὶ προσέτι ἐμπλησάμενον τὴν πήραν ἥκειν θέρμων τε πολλῶν καὶ εἴ που εὕροι ἐν τῇ τριόδῳ Ἑκάτης δεῖπνον κείμενον ἢ ᾠὸν ἐκ καθαρσίου ἤ τι τοιοῦτον.

ΠΟΛΥΔΕΥΚΗΣ

2. Ἀλλ' ἀπαγγελῶ ταῦτα, ὦ Διόγενες. ὅπως
δὲ εἰδῶ μάλιστα ὁποῖός τίς ἐστι τὴν ὄψιν—

ΔΙΟΓΕΝΗΣ

Γέρων, φαλακρός, τριβώνιον ἔχων πολύθυρον,
ἅπαντι ἀνέμῳ ἀναπεπταμένον καὶ ταῖς ἐπιπτυχαῖς
5 τῶν ῥακίων ποικίλον, γελᾷ δ' ἀεὶ καὶ τὰ πολλὰ τοὺς
ἀλαζόνας τούτους φιλοσόφους ἐπισκώπτει.

ΠΟΛΥΔΕΥΚΗΣ

Ῥᾴδιον εὑρεῖν ἀπό γε τούτων.

ΔΙΟΓΕΝΗΣ

Βούλει καὶ πρὸς αὐτοὺς ἐκείνους ἐντείλωμαί
τι τοὺς φιλοσόφους;

ΠΟΛΥΔΕΥΚΗΣ

10 Λέγε· οὐ βαρὺ γὰρ οὐδὲ τοῦτο.

ΔΙΟΓΕΝΗΣ

Τὸ μὲν ὅλον παύσασθαι αὐτοῖς παρεγγύα ληροῦσι
καὶ περὶ τῶν ὅλων ἐρίζουσιν καὶ κέρατα φύουσιν
ἀλλήλοις καὶ κροκοδείλους ποιοῦσι καὶ τὰ τοιαῦτα
ἄπορα ἐρωτᾶν διδάσκουσι τὸν νοῦν.

ΠΟΛΥΔΕΥΚΗΣ

15 Ἀλλὰ ἐμὲ ἀμαθῆ καὶ ἀπαίδευτον εἶναι φάσκουσι
κατηγοροῦντα τῆς σοφίας αὐτῶν.

ΔΙΟΓΕΝΗΣ

Σὺ δὲ οἰμώζειν αὐτοὺς παρ' ἐμοῦ λέγε.

ΠΟΛΥΔΕΥΚΗΣ

Καὶ ταῦτα, ὦ Διόγενες, ἀπαγγελῶ.

ΔΙΟΓΕΝΗΣ

3. Τοῖς πλουσίοις δ', ὦ φίλτατον Πολυδεύκιον,
ἀπάγγελλε ταῦτα παρ' ἡμῶν· τί, ὦ μάταιοι, τὸν
χρυσὸν φυλάττετε; τί δὲ τιμωρεῖσθε ἑαυτοὺς 5
λογιζόμενοι τοὺς τόκους καὶ τάλαντα ἐπὶ ταλάντοις
συντιθέντες, οὓς χρὴ ἕνα ὀβολὸν ἔχοντας ἥκειν
μετ' ὀλίγον;

ΠΟΛΥΔΕΥΚΗΣ

Εἰρήσεται καὶ ταῦτα πρὸς ἐκείνους.

ΔΙΟΓΕΝΗΣ

Ἀλλὰ καὶ τοῖς καλοῖς τε καὶ ἰσχυροῖς λέγε, 10
Μεγίλλῳ τε τῷ Κορινθίῳ καὶ Δαμοξένῳ τῷ παλα-
ιστῇ, ὅτι παρ' ἡμῖν οὔτε ἡ ξανθὴ κόμη οὔτε τὰ
χαροπὰ ἢ μέλανα ὄμματα ἢ ἐρύθημα ἐπὶ τοῦ
προσώπου ἔτι ἔστιν ἢ νεῦρα εὔτονα ἢ ὦμοι καρτεροί,
ἀλλὰ πάντα μία ἡμῖν κόνις, φασί, κρανία γυμνὰ τοῦ 15
κάλλους.

ΠΟΛΥΔΕΥΚΗΣ

Οὐ χαλεπὸν οὐδὲ ταῦτα εἰπεῖν πρὸς τοὺς καλοὺς
καὶ ἰσχυρούς.

ΔΙΟΓΕΝΗΣ

4. Καὶ τοῖς πένησιν, ὦ Λάκων,—πολλοὶ δ' εἰσὶ
καὶ ἀχθόμενοι τῷ πράγματι καὶ οἰκτείροντες τὴν 20

ἀπορίαν—λέγε μήτε δακρύειν μήτε οἰμώζειν διηγ-
ησάμενος τὴν ἐνταῦθα ἰσοτιμίαν, καὶ ὅτι ὄψονται
τοὺς ἐκεῖ πλουσίους οὐδὲν ἀμείνους αὐτῶν· καὶ
Λακεδαιμονίοις δὲ τοῖς σοῖς ταῦτα, εἰ δοκεῖ, παρ᾽
5 ἐμοῦ ἐπιτίμησον λέγων ἐκλελύσθαι αὐτούς.

ΠΟΛΥΔΕΥΚΗΣ

Μηδέν, ὦ Διόγενες, περὶ Λακεδαιμονίων λέγε· οὐ
γὰρ ἀνέξομαί γε. ἃ δὲ πρὸς τοὺς ἄλλους ἔφησθα,
ἀπαγγελῶ.

ΔΙΟΓΕΝΗΣ

Ἐάσωμεν τούτους, ἐπεί σοι δοκεῖ· σὺ δὲ οἷς
10 προεῖπον ἀπένεγκον παρ᾽ ἐμοῦ τοὺς λόγους.

2

ΧΑΡΩΝΟΣ ΚΑΙ ΜΕΝΙΠΠΟΥ

ΧΑΡΩΝ

1. Ἀπόδος, ὦ κατάρατε, τὰ πορθμεῖα.

ΜΕΝΙΠΠΟΣ

Βόα, εἰ τοῦτό σοι, ὦ Χάρων, ἥδιον.

ΧΑΡΩΝ

Ἀπόδος, φημί, ἀνθ᾽ ὧν σε διεπορθμεύσαμεν.

ΜΕΝΙΠΠΟΣ

Οὐκ ἂν λάβοις παρὰ τοῦ μὴ ἔχοντος.

ΧΑΡΩΝ

15   Ἔστι δέ τις ὀβολὸν μὴ ἔχων;

ΜΕΝΙΠΠΟΣ

Εἰ μὲν καὶ ἄλλος τις οὐκ οἶδα, ἐγὼ δ' οὐκ ἔχω.

ΧΑΡΩΝ

Καὶ μὴν ἄγξω σε νὴ τὸν Πλούτωνα, ὦ μιαρέ, ἢν μὴ ἀποδῷς.

ΜΕΝΙΠΠΟΣ

Κἀγὼ τῷ ξύλῳ σου πατάξας διαλύσω τὸ κρανίον.   5

ΧΑΡΩΝ

Μάτην οὖν ἔσῃ πεπλευκὼς τοσοῦτον πλοῦν;

ΜΕΝΙΠΠΟΣ

Ὁ Ἑρμῆς ὑπὲρ ἐμοῦ σοι ἀποδότω, ὅς με παρέδωκέ σοι.

ΕΡΜΗΣ

2. Νὴ Δί' ὀναίμην γε, εἰ μέλλω καὶ ὑπερεκτίνειν τῶν νεκρῶν.   10

ΧΑΡΩΝ

Οὐκ ἀποστήσομαί σου.

ΜΕΝΙΠΠΟΣ

Τούτου γε ἕνεκα νεωλκήσας τὸ πορθμεῖον παράμενε· πλὴν ἀλλ' ὅ γε μὴ ἔχω, πῶς ἂν λάβοις;

ΧΑΡΩΝ

Σὺ δ' οὐκ ᾔδεις κομίζειν δέον;

ΜΕΝΙΠΠΟΣ

'Ήιδειν μέν, οὐκ εἶχον δέ. τί οὖν; ἐχρῆν διὰ τοῦτο μὴ ἀποθανεῖν;

ΧΑΡΩΝ

Μόνος οὖν αὐχήσεις προῖκα πεπλευκέναι;

ΜΕΝΙΠΠΟΣ

Οὐ προῖκα, ὦ βέλτιστε· καὶ γὰρ ἤντλησα καὶ
5   τῆς κώπης συνεπελαβόμην καὶ οὐκ ἔκλαον μόνος τῶν ἄλλων ἐπιβατῶν.

ΧΑΡΩΝ

Οὐδὲν ταῦτα πρὸς πορθμέα· τὸν ὀβολὸν ἀποδοῦναί σε δεῖ· οὐ θέμις ἄλλως γενέσθαι.

ΜΕΝΙΠΠΟΣ

3. Οὐκοῦν ἄπαγέ με αὖθις ἐς τὸν βίον,

ΧΑΡΩΝ

10   Χάριεν λέγεις, ἵνα καὶ πληγὰς ἐπὶ τούτῳ παρὰ τοῦ Αἰακοῦ προσλάβω.

ΜΕΝΙΠΠΟΣ

Μὴ ἐνόχλει οὖν.

ΧΑΡΩΝ

Δεῖξον τί ἐν τῇ πήρᾳ ἔχεις.

ΜΕΝΙΠΠΟΣ

Θέρμους, εἰ θέλεις, καὶ τῆς Ἑκάτης τὸ δεῖπνον.

ΧΑΡΩΝ

15   Πόθεν τοῦτον ἡμῖν, ὦ Ἑρμῆ, τὸν κύνα ἤγαγες;
οἷα δὲ καὶ ἐλάλει παρὰ τὸν πλοῦν, τῶν ἐπιβατῶν

ἁπάντων καταγελῶν καὶ ἐπισκώπτων καὶ μόνος
ᾅδων οἰμωζόντων ἐκείνων.

ΕΡΜΗΣ

Ἀγνοεῖς, ὦ Χάρων, ὅντινα ἄνδρα διεπόρθμευσας;
ἐλεύθερον ἀκριβῶς· οὐδενὸς αὐτῷ μέλει. οὗτός
ἐστιν ὁ Μένιππος.   5

ΧΑΡΩΝ

Καὶ μὴν ἄν σε λάβω ποτέ—

ΜΕΝΙΠΠΟΣ

Ἄν λάβῃς, ὦ βέλτιστε· δὶς δὲ οὐκ ἂν λάβοις.

3

ΝΕΚΡΩΝ ΠΛΟΥΤΩΝΙ ΚΑΤΑ ΜΕΝΙΠΠΟΥ

ΚΡΟΙΣΟΣ

1. Οὐ φέρομεν, ὦ Πλούτων, Μένιππον τουτονὶ
τὸν κύνα παροικοῦντα· ὥστε ἢ ἐκεῖνόν ποι κα-
τάστησον ἢ ἡμεῖς μετοικήσομεν εἰς ἕτερον τόπον.   10

ΠΛΟΥΤΩΝ

Τί δ᾽ ὑμᾶς δεινὸν ἐργάζεται ὁμόνεκρος ὤν;

ΚΡΟΙΣΟΣ

Ἐπειδὰν ἡμεῖς οἰμώζωμεν καὶ στένωμεν, ἐκείνων
μεμνημένοι τῶν ἄνω, Μίδας μὲν οὑτοσὶ τοῦ χρυσίου,
Σαρδανάπαλλος δὲ τῆς πολλῆς τρυφῆς, ἐγὼ δὲ
Κροῖσος τῶν θησαυρῶν, ἐπιγελᾷ καὶ ἐξονειδίζει, ἀν-   15
δράποδα καὶ καθάρματα ἡμᾶς ἀποκαλῶν, ἐνίοτε δὲ
καὶ ᾅδων ἐπιταράττει ἡμῶν τὰς οἰμωγάς, καὶ ὅλως
λυπηρός ἐστιν.

ΠΛΟΥΤΩΝ

Τί ταῦτά φασιν, ὦ Μένιππε;

ΜΕΝΙΠΠΟΣ

Ἀληθῆ, ὦ Πλούτων· μισῶ γὰρ αὐτοὺς ἀγεννεῖς
καὶ ὀλεθρίους ὄντας, οἷς οὐκ ἀπέχρησεν βιῶναι κα-
κῶς, ἀλλὰ καὶ ἀποθανόντες ἔτι μέμνηνται καὶ
5 περιέχονται τῶν ἄνω· χαίρω τοιγαροῦν ἀνιῶν
αὐτούς.

ΠΛΟΥΤΩΝ

Ἀλλ' οὐ χρή· λυποῦνται γὰρ οὐ μικρῶν στερό-
μενοι.

ΜΕΝΙΠΠΟΣ

Καὶ σὺ μωραίνεις, ὦ Πλούτων, ὁμόψηφος ὢν τοῖς
10 τούτων στεναγμοῖς;

ΠΛΟΥΤΩΝ

Οὐδαμῶς, ἀλλ' οὐκ ἂν ἐθέλοιμι στασιάζειν ὑμᾶς.

ΜΕΝΙΠΠΟΣ

2. Καὶ μήν, ὦ κάκιστοι Λυδῶν καὶ Φρυγῶν καὶ
Ἀσσυρίων, οὕτω γινώσκετε ὡς οὐδὲ παυσομένου
μου· ἔνθα γὰρ ἂν ἴητε, ἀκολουθήσω ἀνιῶν καὶ
15 κατᾴδων καὶ καταγελῶν.

ΚΡΟΙΣΟΣ

Ταῦτα οὐχ ὕβρις;

ΜΕΝΙΠΠΟΣ

Οὔκ, ἀλλ' ἐκεῖνα ὕβρις ἦν, ἃ ὑμεῖς ἐποιεῖτε,
προσκυνεῖσθαι ἀξιοῦντες καὶ ἐλευθέροις ἀνδράσιν

ἐντρυφῶντες καὶ τοῦ θανάτου παράπαν οὐ μνημο-
νεύοντες· τοιγαροῦν οἰμώξεσθε πάντων ἐκείνων
ἀφῃρημένοι.

ΚΡΟΙΣΟΣ

Πολλῶν γε, ὦ θεοί, καὶ μεγάλων κτημάτων.

ΜΙΔΑΣ

''Οσου μὲν ἐγὼ χρυσοῦ.   5

ΣΑΡΔΑΝΑΠΑΛΛΟΣ

''Οσης δὲ ἐγὼ τρυφῆς.

ΜΕΝΙΠΠΟΣ

Εὖ γε, οὕτω ποιεῖτε· ὀδύρεσθε μὲν ὑμεῖς, ἐγὼ
δὲ τὸ γνῶθι σαυτὸν πολλάκις συνείρων ἐπάσομαι
ὑμῖν· πρέποι γὰρ ἂν ταῖς τοιαύταις οἰμωγαῖς
ἐπᾳδόμενον.   10

4

ΜΕΝΙΠΠΟΥ ΚΑΙ ΚΕΡΒΕΡΟΥ

ΜΕΝΙΠΠΟΣ

1. *Ω Κέρβερε—συγγενὴς γάρ εἰμί σοι κύων καὶ
αὐτὸς ὤν—εἰπέ μοι πρὸς τῆς Στυγός, οἷος ἦν ὁ
Σωκράτης, ὁπότε κατῄει παρ’ ὑμᾶς· εἰκὸς δέ σε
θεὸν ὄντα μὴ ὑλακτεῖν μόνον, ἀλλὰ καὶ ἀνθρωπίνως
φθέγγεσθαι, ὁπότ’ ἐθέλοις.   15

ΚΕΡΒΕΡΟΣ

Πόρρωθεν μέν, ὦ Μένιππε, παντάπασιν ἐδόκει
ἀτρέπτῳ τῷ προσώπῳ προσιέναι καὶ οὐ πάνυ δε-
διέναι τὸν θάνατον δοκῶν καὶ τοῦτο ἐμφῆναι τοῖς

ἔξω τοῦ στομίου ἑστῶσιν ἐθέλων, ἐπεὶ δὲ κατέκυψεν
εἴσω τοῦ χάσματος καὶ εἶδε τὸν ζόφον, κἀγὼ ἔτι
διαμέλλοντα αὐτὸν δακὼν τῷ κωνείῳ κατέσπασα
τοῦ ποδός, ὥσπερ τὰ βρέφη ἐκώκυεν καὶ τὰ ἑαυτοῦ
5 παιδία ὠδύρετο καὶ παντοῖος ἐγίνετο.

ΜΕΝΙΠΠΟΣ

2. Οὐκοῦν σοφιστὴς ὁ ἄνθρωπος ἦν καὶ οὐκ
ἀληθῶς κατεφρόνει τοῦ πράγματος;

ΚΕΡΒΕΡΟΣ

Οὔκ, ἀλλ' ἐπείπερ ἀναγκαῖον αὐτὸ ἑώρα, κατε-
θρασύνετο ὡς δῆθεν οὐκ ἄκων πεισόμενος ὃ πάντως
10 ἔδει παθεῖν, ὡς θαυμάσονται οἱ θεαταί. καὶ
ὅλως περὶ πάντων γε τῶν τοιούτων εἰπεῖν ἂν
ἔχοιμι, ἕως τοῦ στομίου τολμηροὶ καὶ ἀνδρεῖοι, τὰ
δὲ ἔνδοθεν ἔλεγχος ἀκριβής.

ΜΕΝΙΠΠΟΣ

Ἐγὼ δὲ πῶς σοι κατεληλυθέναι ἔδοξα;

ΚΕΡΒΕΡΟΣ

15 Μόνος, ὦ Μένιππε, ἀξίως τοῦ γένους, καὶ
Διογένης πρὸ σοῦ, ὅτι μὴ ἀναγκαζόμενοι ἐσήειτε
μηδ' ὠθούμενοι, ἀλλ' ἐθελούσιοι, γελῶντες, οἰμώ-
ζειν παραγγείλαντες ἅπασιν.

5

ΜΕΝΙΠΠΟΥ ΚΑΙ ΕΡΜΟΥ

ΜΕΝΙΠΠΟΣ

1. Ποῦ δαὶ οἱ καλοί εἰσιν ἢ αἱ καλαί, Ἑρμῆ;
20 ξενάγησόν με νέηλυν ὄντα.

ΕΡΜΗΣ

Οὐ σχολή μέν, ὦ Μένιππε· πλὴν κατ' ἐκεῖνο
ἀπόβλεψον, ἐπὶ τὰ δεξιά, ἔνθα ὁ Ὑάκινθός τέ ἐστιν
καὶ Νάρκισσος καὶ Νιρεὺς καὶ Ἀχιλλεὺς καὶ Τυρὼ
καὶ Ἑλένη καὶ Λήδα καὶ ὅλως τὰ ἀρχαῖα πάντα
κάλλη.   5

ΜΕΝΙΠΠΟΣ

Ὀστᾶ μόνα ὁρῶ καὶ κρανία τῶν σαρκῶν γυμνά,
ὅμοια τὰ πολλά.

ΕΡΜΗΣ

Καὶ μὴν ἐκεῖνά ἐστιν ἃ πάντες οἱ ποιηταὶ
θαυμάζουσι τὰ ὀστᾶ, ὧν σὺ ἔοικας καταφρονεῖν.

ΜΕΝΙΠΠΟΣ

Ὅμως τὴν Ἑλένην μοι δεῖξον· οὐ γὰρ ἂν   10
διαγνοίην ἔγωγε.

ΕΡΜΗΣ

Τουτὶ τὸ κρανίον ἡ Ἑλένη ἐστίν.

ΜΕΝΙΠΠΟΣ

2. Εἶτα διὰ τοῦτο αἱ χίλιαι νῆες ἐπληρώθησαν ἐξ
ἁπάσης τῆς Ἑλλάδος καὶ τοσοῦτοι ἔπεσον Ἕλ-
ληνές τε καὶ βάρβαροι καὶ τοσαῦται πόλεις ἀνάστατοι   15
γεγόνασιν;

ΕΡΜΗΣ

Ἀλλ' οὐκ εἶδες, ὦ Μένιππε, ζῶσαν τὴν γυναῖκα·
ἔφης γὰρ ἂν καὶ σὺ ἀνεμέσητον εἶναι "τοιῇδ' ἀμφὶ
γυναικὶ πολὺν χρόνον ἄλγεα πάσχειν"· ἐπεὶ καὶ τὰ
ἄνθη ξηρὰ ὄντα εἴ τις βλέποι ἀποβεβληκότα τὴν   20
βαφήν, ἄμορφα δῆλον ὅτι αὐτῷ δόξει, ὅτε μέντοι
ἀνθεῖ καὶ ἔχει τὴν χρόαν, κάλλιστά ἐστιν.

ΜΕΝΙΠΠΟΣ

Οὐκοῦν τοῦτο, ὦ Ἑρμῆ, θαυμάζω, εἰ μὴ συνίεσαν
οἱ Ἀχαιοὶ περὶ πράγματος οὕτως ὀλιγοχρονίου καὶ
ῥᾳδίως ἀπανθοῦντος πονοῦντες.

ΕΡΜΗΣ

Οὐ σχολή μοι, ὦ Μένιππε, συμφιλοσοφεῖν σοι.
5 ὥστε σὺ μὲν ἐπιλεξάμενος τόπον, ἔνθα ἂν ἐθέλῃς,
κεῖσο καταβαλὼν σεαυτόν, ἐγὼ δὲ τοὺς ἄλλους
νεκροὺς ἤδη μετελεύσομαι.

6

ΜΕΝΙΠΠΟΥ ΚΑΙ ΑΙΑΚΟΥ

ΜΕΝΙΠΠΟΣ

1. Πρὸς τοῦ Πλούτωνος, ὦ Αἰακέ, περιήγησαί
μοι τὰ ἐν ᾅδου πάντα.

ΑΙΑΚΟΣ

10 Οὐ ῥᾴδιον, ὦ Μένιππε, ἅπαντα· ὅσα μέντοι
κεφαλαιώδη, μάνθανε· οὗτος μὲν ὅτι Κέρβερός ἐστιν
οἶσθα, καὶ τὸν πορθμέα τοῦτον, ὅς σε διεπέρασεν,
καὶ τὴν λίμνην καὶ τὸν Πυριφλεγέθοντα ἤδη ἑώρακας
εἰσιών.

ΜΕΝΙΠΠΟΣ

15 Οἶδα ταῦτα καὶ σέ, ὅτι πυλωρεῖς, καὶ τὸν
βασιλέα εἶδον καὶ τὰς Ἐρινῦς· τοὺς δὲ ἀνθρώπους
μοι τοὺς πάλαι δεῖξον καὶ μάλιστα τοὺς ἐπισήμους
αὐτῶν.

ΑΙΑΚΟΣ

Οὗτος μὲν Ἀγαμέμνων, οὗτος δὲ Ἀχιλλεύς,
οὗτος δὲ Ἰδομενεὺς πλησίον, οὗτος δὲ Ὀδυσσεύς,
εἶτα Αἴας καὶ Διομήδης καὶ οἱ ἄριστοι τῶν
Ἑλλήνων.

ΜΕΝΙΠΠΟΣ

2. Βαβαί, ὦ Ὅμηρε, οἷά σοι τῶν ῥαψῳδιῶν τὰ   5
κεφάλαια χαμαὶ ἔρριπται ἄγνωστα καὶ ἄμορφα,
κόνις πάντα καὶ λῆρος πολύς, ἀμενηνὰ ὡς ἀληθῶς
κάρηνα. οὗτος δέ, ὦ Αἰακέ, τίς ἐστιν;

ΑΙΑΚΟΣ

Κῦρός ἐστιν· οὗτος δὲ Κροῖσος, ὁ δ' ὑπὲρ
αὐτὸν Σαρδανάπαλλος, ὁ δ' ὑπὲρ τούτους Μίδας,   10
ἐκεῖνος δὲ Ξέρξης.

ΜΕΝΙΠΠΟΣ

Εἶτα σέ, ὦ κάθαρμα, ἡ Ἑλλὰς ἔφριττε ζευ-
γνύντα μὲν τὸν Ἑλλήσποντον, διὰ δὲ τῶν ὀρῶν
πλεῖν ἐπιθυμοῦντα; οἷος δὲ καὶ ὁ Κροῖσός ἐστιν.
τὸν Σαρδανάπαλλον δέ, ὦ Αἰακέ, πατάξαι μοι κατὰ   15
κόρρης ἐπίτρεψον.

ΑΙΑΚΟΣ

Μηδαμῶς· διαθρύπτεις γὰρ αὐτοῦ τὸ κρανίον
γυναικεῖον ὄν.

ΜΕΝΙΠΠΟΣ

Οὐκοῦν ἀλλὰ προσπτύσομαί γε πάντως αὐτῷ ἀν-
δρογύνῳ γε ὄντι.   20

ΑΙΑΚΟΣ

3. Βούλει σοὶ ἐπιδείξω καὶ τοὺς σοφούς;

ΜΕΝΙΠΠΟΣ

Νὴ Δία γε.

ΑΙΑΚΟΣ

Πρῶτος οὗτός σοι ὁ Πυθαγόρας ἐστί.

ΜΕΝΙΠΠΟΣ

Χαῖρε, ὦ Εὔφορβε ἢ Ἄπολλον ἢ ὅ τι ἂν θέλῃς.

ΠΥΘΑΓΟΡΑΣ

5   Νὴ καὶ σύ γε, ὦ Μένιππε.

ΜΕΝΙΠΠΟΣ

Οὐκέτι χρυσοῦς ὁ μηρός σοι;

ΠΥΘΑΓΟΡΑΣ

Οὐ γάρ· ἀλλὰ φέρε ἴδω εἴ τί σοι ἐδώδιμον ἡ πήρα ἔχει.

ΜΕΝΙΠΠΟΣ

Κυάμους, ὦγαθέ· ὥστε οὐ τουτί σοι ἐδώδιμον.

ΠΥΘΑΓΟΡΑΣ

10   Δὸς μόνον· ἄλλα παρὰ νεκροῖς δόγματα· ἔμαθον γάρ, ὡς οὐδὲν ἴσον κύαμοι καὶ κεφαλαὶ τοκήων ἐνθάδε.

ΑΙΑΚΟΣ

4. Οὗτος δὲ Σόλων ὁ Ἐξηκεστίδου καὶ Θαλῆς ἐκεῖνος καὶ παρ' αὐτοὺς Πιττακὸς καὶ οἱ ἄλλοι·

15   ἑπτὰ δὲ πάντες εἰσὶν ὡς ὁρᾷς.

ΜΕΝΙΠΠΟΣ

Ἄλυποι, ὦ Αἰακέ, οὗτοι μόνοι καὶ φαιδροὶ τῶν
ἄλλων· ὁ δὲ σποδοῦ ἀνάπλεως καθάπερ ἐγκρυφίας
ἄρτος, ὁ ταῖς φλυκταίναις ἐξηνθηκώς, τίς ἐστιν;

ΑΙΑΚΟΣ

Ἐμπεδοκλῆς, ὦ Μένιππε, ἡμίεφθος ἀπὸ τῆς
Αἴτνης παρών.   5

ΜΕΝΙΠΠΟΣ

Ὦ χαλκόπου βέλτιστε, τί παθὼν σεαυτὸν εἰς
τοὺς κρατῆρας ἐνέβαλες;

ΕΜΠΕΔΟΚΛΗΣ

Μελαγχολία τις, ὦ Μένιππε.

ΜΕΝΙΠΠΟΣ

Οὐ μὰ Δί' ἀλλὰ κενοδοξία καὶ τῦφος καὶ πολλὴ
κόρυζα, ταῦτά σε ἀπηνθράκωσεν αὐταῖς κρηπῖσιν   10
οὐκ ἀνάξιον ὄντα· πλὴν οὐδέν σε ὤνησεν τὸ σόφισμα·
ἐφωράθης γὰρ τεθνεώς. ὁ Σωκράτης δέ, ὦ Αἰακέ,
ποῦ ποτε ἄρα ἐστίν;

ΑΙΑΚΟΣ

Μετὰ Νέστορος καὶ Παλαμήδους ἐκεῖνος ληρεῖ
τὰ πολλά.   15

ΜΕΝΙΠΠΟΣ

Ὅμως ἐβουλόμην ἰδεῖν αὐτόν εἴ που ἐνθάδε
ἐστίν.

ΑΙΑΚΟΣ

Ὁρᾷς τὸν φαλακρόν;

ΜΕΝΙΠΠΟΣ

Ἅπαντες φαλακροί εἰσιν· ὥστε πάντων ἂν εἴη
τοῦτο τὸ γνώρισμα.

ΑΙΑΚΟΣ

Τὸν σιμὸν λέγω.

ΜΕΝΙΠΠΟΣ

5   Καὶ τοῦτο ὅμοιον· σιμοὶ γὰρ ἅπαντες.

ΣΩΚΡΑΤΗΣ

5. Ἐμὲ ζητεῖς, ὦ Μένιππε;

ΜΕΝΙΠΠΟΣ

Καὶ μάλα, ὦ Σώκρατες.

ΣΩΚΡΑΤΗΣ

Τί τὰ ἐν Ἀθήναις;

ΜΕΝΙΠΠΟΣ

Πολλοὶ τῶν νέων φιλοσοφεῖν λέγουσι, καὶ τά γε
10   σχήματα αὐτὰ καὶ τὰ βαδίσματα εἰ θεάσαιτό τις,
ἄκροι φιλόσοφοι.

ΣΩΚΡΑΤΗΣ

Μάλα πολλοὺς ἑώρακα.

ΜΕΝΙΠΠΟΣ

Ἀλλὰ ἑώρακας, οἶμαι, οἷος ἧκε παρὰ σοὶ Ἀρί-
στιππος ἢ Πλάτων αὐτός, ὁ μὲν ἀποπνέων μύρον, ὁ
15   δὲ τοὺς ἐν Σικελίᾳ τυράννους θεραπεύειν ἐκμαθών.

ΣΩΚΡΑΤΗΣ

Περὶ ἐμοῦ δὲ τί φρονοῦσιν;

ΜΕΝΙΠΠΟΣ

Εὐδαίμων, ὦ Σώκρατες, ἄνθρωπος εἶ τά γε τοιαῦτα. πάντες γοῦν σε θαυμάσιον οἴονται ἄνδρα γεγενῆσθαι καὶ πάντα ἐγνωκέναι καὶ ταῦτα—οἶμαι γὰρ τἀληθῆ λέγειν—οὐδὲν εἰδότα.

5

ΣΩΚΡΑΤΗΣ

Καὶ αὐτὸς ἔφασκον ταῦτα πρὸς αὐτούς, οἱ δὲ εἰρωνείαν τὸ πρᾶγμα ᾤοντο εἶναι.

ΜΕΝΙΠΠΟΣ

6. Τίνες δέ εἰσιν οὗτοι οἱ περὶ σέ;

ΣΩΚΡΑΤΗΣ

Χαρμίδης, ὦ Μένιππε, καὶ Φαῖδρος καὶ ὁ τοῦ Κλεινίου.

10

ΜΕΝΙΠΠΟΣ

Εὖ γε, ὦ Σώκρατες, ὅτι κἀνταῦθα μέτει τὴν σεαυτοῦ τέχνην καὶ οὐκ ὀλιγωρεῖς τῶν καλῶν.

ΣΩΚΡΑΤΗΣ

Τί γὰρ ἂν ἥδιον ἄλλο πράττοιμι; ἀλλὰ πλησίον ἡμῶν κατάκεισο, εἰ δοκεῖ.

ΜΕΝΙΠΠΟΣ

Μὰ Δί', ἐπεὶ παρὰ τὸν Κροῖσον καὶ τὸν Σαρ- δανάπαλλον ἄπειμι πλησίον οἰκήσων αὐτῶν· ἔοικα γοῦν οὐκ ὀλίγα γελάσεσθαι οἰμωζόντων ἀκούων.

15

ΑΙΑΚΟΣ

Κἀγὼ ἤδη ἄπειμι, μὴ καί τις ἡμᾶς νεκρὸς λάθῃ
διαφυγών. τὰ πολλὰ δ' εἰσαῦθις ὄψει, ὦ Μένιππε.

ΜΕΝΙΠΠΟΣ

Ἄπιθι· καὶ ταυτὶ γὰρ ἱκανά, ὦ Αἰακέ.

7

ΜΕΝΙΠΠΟΥ ΚΑΙ ΤΑΝΤΑΛΟΥ

ΜΕΝΙΠΠΟΣ

1. Τί κλάεις, ὦ Τάνταλε; ἢ τί σεαυτὸν ὀδύρῃ ἐπὶ
5 τῇ λίμνῃ ἑστώς;

ΤΑΝΤΑΛΟΣ

''Οτι, ὦ Μένιππε, ἀπόλωλα ὑπὸ τοῦ δίψους.

ΜΕΝΙΠΠΟΣ

Οὕτως ἀργὸς εἶ, ὡς μὴ ἐπικύψας πιεῖν ἢ καὶ νὴ
Δί' ἀρυσάμενος κοίλῃ τῇ χειρί;

ΤΑΝΤΑΛΟΣ

Οὐδὲν ὄφελος, εἰ ἐπικύψαιμι· φεύγει γὰρ τὸ
10 ὕδωρ, ἐπειδὰν προσιόντα αἴσθηταί με· ἢν δέ
ποτε καὶ ἀρύσωμαι καὶ προσενέγκω τῷ στόματι, οὐ
φθάνω βρέξας ἄκρον τὸ χεῖλος, καὶ διὰ τῶν δακτύ-
λων διαρρέν, οὐκ οἶδ' ὅπως, αὖθις ἀπολείπει ξηρὰν
τὴν χεῖρά μοι.

ΜΕΝΙΠΠΟΣ

15 Τεράστιόν τι πάσχεις, ὦ Τάνταλε. ἀτὰρ εἰπέ
μοι, τί δαὶ καὶ δέῃ τοῦ πιεῖν; οὐ γὰρ σῶμα ἔχεις,

ἀλλ' ἐκεῖνο μὲν ἐν Λυδίᾳ που τέθαπται, ὅπερ καὶ πεινῆν καὶ διψῆν ἐδύνατο, σὺ δὲ ἡ ψυχὴ πῶς ἂν ἔτι ἢ διψῴης ἢ πίοις;

ΤΑΝΤΑΛΟΣ

Τοῦτ' αὐτὸ ἡ κόλασίς ἐστι, τὸ διψῆν τὴν ψυχὴν ὡς σῶμα οὖσαν. 5

ΜΕΝΙΠΠΟΣ

2. Ἀλλὰ τοῦτο μὲν οὕτως πιστεύσομεν, ἐπεὶ φῂς κολάζεσθαι τῷ δίψει. τί δ' οὖν σοι τὸ δεινὸν ἔσται; ἢ δέδιας μὴ ἐνδείᾳ τοῦ ποτοῦ ἀποθάνῃς; οὐχ ὁρῶ γὰρ ἄλλον ᾅδην μετὰ τοῦτον ἢ θάνατον ἐντεῦθεν εἰς ἕτερον τόπον. 10

ΤΑΝΤΑΛΟΣ

Ὀρθῶς μὲν λέγεις· καὶ τοῦτο δ' οὖν μέρος τῆς καταδίκης, τὸ ἐπιθυμεῖν πιεῖν μηδὲν δεόμενον.

ΜΕΝΙΠΠΟΣ

Ληρεῖς, ὦ Τάνταλε, καὶ ὡς ἀληθῶς ποτοῦ δεῖσθαι δοκεῖς, ἀκράτου γε ἐλλεβόρου νὴ Δία, ὅστις τοὐναντίον τοῖς ὑπὸ τῶν λυττώντων κυνῶν 15 δεδηγμένοις πέπονθας οὐ τὸ ὕδωρ ἀλλὰ τὴν δίψαν πεφοβημένος.

ΤΑΝΤΑΛΟΣ

Οὐδὲ τὸν ἐλλέβορον, ὦ Μένιππε, ἀναίνομαι πιεῖν, γένοιτό μοι μόνον.

ΜΕΝΙΠΠΟΣ

Θάρρει, ὦ Τάνταλε, ὡς οὔτε σὺ οὔτε ἄλλος 20 πίεται τῶν νεκρῶν· ἀδύνατον γάρ· καίτοι οὐ

πάντες ὥσπερ σὺ ἐκ καταδίκης διψῶσι τοῦ ὕδατος
αὐτοὺς οὐχ ὑπομένοντος.

8

ΜΕΝΙΠΠΟΥ ΚΑΙ ΧΕΙΡΩΝΟΣ

ΜΕΝΙΠΠΟΣ

1. "Ηκουσα, ὦ Χείρων, ὡς θεὸς ὢν ἐπεθύμησας
ἀποθανεῖν.

ΧΕΙΡΩΝ

5   Ἀληθῆ ταῦτα ἤκουσας, ὦ Μένιππε, καὶ τέθνηκα,
ὡς ὁρᾷς, ἀθάνατος εἶναι δυνάμενος.

ΜΕΝΙΠΠΟΣ

Τίς δαί σε ἔρως τοῦ θανάτου ἔσχεν, ἀνεράστου
τοῖς πολλοῖς χρήματος;

ΧΕΙΡΩΝ

Ἐρῶ πρὸς σὲ οὐκ ἀσύνετον ὄντα. οὐκ ἦν ἔτι
10 ἡδὺ ἀπολαύειν τῆς ἀθανασίας.

ΜΕΝΙΠΠΟΣ

Οὐχ ἡδὺ ἦν ζῶντα ὁρᾶν τὸ φῶς;

ΧΕΙΡΩΝ

Οὔκ, ὦ Μένιππε· τὸ γὰρ ἡδὺ ἔγωγε ποικίλον
τι καὶ οὐχ ἁπλοῦν ἡγοῦμαι εἶναι. ἐγὼ δὲ ἔζων ἀεὶ
καὶ ἀπέλαυον τῶν ὁμοίων, ἡλίου, φωτός, τροφῆς,
15 αἱ ὧραι δὲ αἱ αὐταὶ καὶ τὰ γινόμενα ἅπαντα ἐξῆς

ἕκαστον, ὥσπερ ἀκολουθοῦντα θάτερον θατέρῳ·
ἐνεπλήσθην οὖν αὐτῶν· οὐ γὰρ ἐν τῷ αὐτῷ ἀεὶ, ἀλλὰ
καὶ ἐν τῷ μετασχεῖν ἄλλων τὸ τερπνὸν ἦν.

ΜΕΝΙΠΠΟΣ

Εὖ λέγεις, ὦ Χείρων. τὰ ἐν ᾅδου δὲ πῶς φέρεις,
ἀφ' οὗ προελόμενος αὐτὰ ἥκεις;   5

ΧΕΙΡΩΝ

2. Οὐκ ἀηδῶς, ὦ Μένιππε· ἡ γὰρ ἰσοτιμία πάνυ
δημοτικὴ καὶ τὸ πρᾶγμα οὐδὲν ἔχει τὸ διάφορον ἐν
φωτὶ εἶναι ἢ ἐν σκότῳ· ἄλλως τε οὔτε διψῆν ὥσπερ
ἄνω οὔτε πεινῆν δεῖ, ἀλλ' ἀνεπιδεεῖς τούτων ἁπάν-
των ἐσμέν.   10

ΜΕΝΙΠΠΟΣ

Ὅρα, ὦ Χείρων, μὴ περιπίπτῃς σεαυτῷ καὶ ἐς
τὸ αὐτό σοι ὁ λόγος περιστῇ.

ΧΕΙΡΩΝ

Πῶς τοῦτο φῇς;

ΜΕΝΙΠΠΟΣ

Ὅτι εἰ τῶν ἐν τῷ βίῳ τὸ ὅμοιον ἀεὶ καὶ ταὐτὸν
ἐγένετό σοι προσκορές, καὶ τἀνταῦθα ὅμοια ὄντα   15
προσκορῆ ὁμοίως ἂν γένοιτο, καὶ δεήσει μεταβολήν
σε ζητεῖν τινα καὶ ἐντεῦθεν εἰς ἄλλον βίον, ὅπερ,
οἶμαι, ἀδύνατον.

ΧΕΙΡΩΝ

Τί οὖν ἂν πάθοι τις, ὦ Μένιππε;

ΜΕΝΙΠΠΟΣ

"Οπερ, οἶμαι, φασί, συνετὸν ὄντα ἀρέσκεσθαι
καὶ ἀγαπᾶν τοῖς παροῦσι καὶ μηδὲν αὐτῶν ἀφόρητον
οἴεσθαι.

9

ΜΕΝΙΠΠΟΥ ΚΑΙ ΤΕΙΡΕΣΙΟΥ

ΜΕΝΙΠΠΟΣ

1. Ὦ Τειρεσία, εἰ μὲν καὶ τυφλὸς εἶ, οὐκέτι
5 διαγνῶναι ῥᾴδιον. ἅπασι γὰρ ἡμῖν ὅμοια τὰ
ὄμματα, κενά, μόνον δὲ αἱ χῶραι αὐτῶν· τὰ δ'
ἄλλα οὐκέτ' ἂν εἰπεῖν ἔχοις, τίς ὁ Φινεὺς ἦν ἢ τίς ὁ
Λυγκεύς. ὅτι μέντοι μάντις ἦσθα καὶ ὅτι ἀμφότερα
ἐγένου μόνος καὶ ἄρρην καὶ γυνή, τῶν ποιητῶν
10 ἀκούσας οἶδα. πρὸς τῶν θεῶν τοιγαροῦν εἰπέ μοι,
ὁποτέρου ἡδίονος ἐπειράθης τῶν βίων, ὁπότε ἀνὴρ
ἦσθα, ἢ ὁ γυναικεῖος ἀμείνων ἦν;

ΤΕΙΡΕΣΙΑΣ

Παρὰ πολύ, ὦ Μένιππε, ὁ γυναικεῖος· ἀπραγ-
μονέστερος γάρ. καὶ δεσπόζουσι τῶν ἀνδρῶν αἱ
15 γυναῖκες, καὶ οὔτε πολεμεῖν ἀνάγκη αὐταῖς οὔτε
παρ' ἔπαλξιν ἑστάναι οὔτ' ἐν ἐκκλησίᾳ διαφέρεσθαι
οὔτ' ἐν δικαστηρίοις ἐξετάζεσθαι.

ΜΕΝΙΠΠΟΣ

2. Οὐ γὰρ ἀκήκοας, ὦ Τειρεσία, τῆς Εὐριπίδου
Μηδείας, οἷα εἶπεν οἰκτείρουσα τὸ γυναικεῖον, ὡς

ἀθλίας οὔσας καὶ ἀφόρητόν τινα τὸν ἐκ τῶν
ὠδίνων πόνον ὑφισταμένας; ἀτὰρ εἰπέ μοι,—
ὑπέμνησε γάρ με τὰ τῆς Μηδείας ἰαμβεῖα—καὶ
ἔτεκές ποτε, ὁπότε γυνὴ ἦσθα, ἢ στεῖρα καὶ
ἄγονος διετέλεσας ἐν ἐκείνῳ τῷ βίῳ;   5

ΤΕΙΡΕΣΙΑΣ

Τί τοῦτο, Μένιππε, ἐρωτᾷς;

ΜΕΝΙΠΠΟΣ

Οὐδὲν χαλεπόν, ὦ Τειρεσία· πλὴν ἀπόκριναι, εἴ
σοι ῥᾴδιον.

ΤΕΙΡΕΣΙΑΣ

Οὐ στεῖρα μὲν ἤμην, οὐκ ἔτεκον δ' ὅλως.

ΜΕΝΙΠΠΟΣ

Ἱκανὸν τοῦτο· εἰ γὰρ καὶ μήτραν εἶχες, ἐβου-   10
λόμην εἰδέναι.

ΤΕΙΡΕΣΙΑΣ

Εἶχον δηλαδή.

ΜΕΝΙΠΠΟΣ

Χρόνῳ δέ σοι ἡ μήτρα ἠφανίσθη καὶ τὸ χωρίον
τὸ γυναικεῖον ἀπεφράγη καὶ οἱ μαστοὶ ἀπεστάθησαν
καὶ τὸ ἀνδρεῖον ἀνέφυ καὶ πώγωνα ἐξήνεγκας, ἢ   15
αὐτίκα ἐκ γυναικὸς ἀνὴρ ἀνεφάνης;

ΤΕΙΡΕΣΙΑΣ

Οὐχ ὁρῶ τί σοι βούλεται τὸ ἐρώτημα· δοκεῖς
δ' οὖν μοι ἀπιστεῖν, εἰ τοῦθ' οὕτως ἐγένετο.

ΜΕΝΙΠΠΟΣ

Οὐ χρὴ γὰρ ἀπιστεῖν, ὦ Τειρεσία, τοῖς τοιούτοις, ἀλλὰ καθάπερ τινὰ βλᾶκα μὴ ἐξετάζοντα, εἴτε δυνατά ἐστιν εἴτε καὶ μή, παραδέχεσθαι;

ΤΕΙΡΕΣΙΑΣ

3. Σὺ οὖν οὐδὲ τὰ ἄλλα πιστεύεις οὕτω γενέσθαι,
5 ὁπόταν ἀκούσῃς ὅτι ὄρνεα ἐκ γυναικῶν ἐγένοντό τινες ἢ δένδρα ἢ θηρία, τὴν Ἀηδόνα ἢ τὴν Δάφνην ἢ τὴν τοῦ Λυκάονος θυγατέρα;

ΜΕΝΙΠΠΟΣ

Ἦν που κἀκείναις ἐντύχω, εἴσομαι ὅ τι καὶ λέγουσι. σὺ δέ, ὦ βέλτιστε, ὁπότε γυνὴ ἦσθα, καὶ
10 ἐμαντεύου τότε ὥσπερ καὶ ὕστερον, ἢ ἅμα ἀνὴρ καὶ μάντις ἔμαθες εἶναι;

ΤΕΙΡΕΣΙΑΣ

Ὁρᾷς; ἀγνοεῖς τὰ περὶ ἐμοῦ ἅπαντα, ὡς καὶ διέλυσά τινα ἔριν τῶν θεῶν, καὶ ἡ μὲν Ἥρα ἐπήρωσέν με, ὁ δὲ Ζεὺς παρεμυθήσατο τῇ μαντικῇ τὴν
15 συμφοράν.

ΜΕΝΙΠΠΟΣ

Ἔτι ἔχῃ, ὦ Τειρεσία, τῶν ψευσμάτων; ἀλλὰ κατὰ τοὺς μάντεις τοῦτο ποιεῖς· ἔθος γὰρ ὑμῖν μηδὲν ὑγιὲς λέγειν.

10

ΜΕΝΙΠΠΟΥ, ΑΜΦΙΛΟΧΟΥ ΚΑΙ ΤΡΟΦΩΝΙΟΥ

ΜΕΝΙΠΠΟΣ

1. Σφὼ μέντοι, ὦ Τροφώνιε καὶ Ἀμφίλοχε, νεκροὶ ὄντες, οὐκ οἶδ' ὅπως, ναῶν κατηξιώθητε καὶ μάντεις δοκεῖτε, καὶ οἱ μάταιοι τῶν ἀνθρώπων θεοὺς ὑμᾶς ὑπειλήφασιν εἶναι.

ΑΜΦΙΛΟΧΟΣ

Τί οὖν ἡμεῖς αἴτιοι, εἰ ὑπὸ ἀνοίας ἐκεῖνοι τοιαῦτα   5
περὶ νεκρῶν δοξάζουσιν;

ΜΕΝΙΠΠΟΣ

Ἀλλ' οὐκ ἂν ἐδόξαζον, εἰ μὴ ζῶντες καὶ ὑμεῖς τοιαῦτα ἐτερατεύεσθε ὡς τὰ μέλλοντα προειδότες καὶ προειπεῖν δυνάμενοι τοῖς ἐρομένοις.

ΤΡΟΦΩΝΙΟΣ

῏Ω Μένιππε, Ἀμφίλοχος μὲν οὗτος ἂν εἰδείη ὅ   10
τι αὑτῷ ἀποκριτέον ὑπὲρ αὑτοῦ, ἐγὼ δὲ ἥρως εἰμὶ καὶ μαντεύομαι, ἤν τις κατέλθῃ παρ' ἐμέ. σὺ δὲ ἔοικας οὐκ ἐπιδεδημηκέναι Λεβαδείᾳ τὸ παράπαν· οὐ γὰρ ἂν ἠπίστεις σὺ τούτοις.

ΜΕΝΙΠΠΟΣ

2. Τί φής; εἰ μὴ εἰς Λεβάδειαν γὰρ παρέλθω καὶ   15
ἐσταλμένος ταῖς ὀθόναις γελοίως μᾶζαν ἐν ταῖν χεροῖν ἔχων εἰσερπύσω διὰ τοῦ στομίου ταπεινοῦ ὄντος ἐς τὸ σπήλαιον, οὐκ ἂν ἠδυνάμην εἰδέναι, ὅτι νεκρὸς εἶ ὥσπερ ἡμεῖς μόνῃ τῇ γοητείᾳ διαφέρων; ἀλλὰ πρὸς τῆς μαντικῆς, τί δαὶ ὁ ἥρως ἐστίν; ἀγνοῶ γάρ.   20

ΤΡΟΦΩΝΙΟΣ

Ἐξ ἀνθρώπου τι καὶ θεοῦ σύνθετον.

ΜΕΝΙΠΠΟΣ

Ὁ μήτε ἄνθρωπός ἐστιν, ὡς φής, μήτε θεός, καὶ συναμφότερόν ἐστιν; νῦν οὖν ποῦ σου τὸ θεῶν ἐκεῖνο ἡμίτομον ἀπελήλυθεν;

ΤΡΟΦΩΝΙΟΣ

5   Χρᾷ, ὦ Μένιππε, ἐν Βοιωτίᾳ.

ΜΕΝΙΠΠΟΣ

Οὐκ οἶδα, ὦ Τροφώνιε, ὅ τι καὶ λέγεις· ὅτι μέντοι ὅλος εἶ νεκρὸς ἀκριβῶς ὁρῶ.

11

ΔΙΟΓΕΝΟΥΣ ΚΑΙ ΗΡΑΚΛΕΟΥΣ

ΔΙΟΓΕΝΗΣ

1. Οὐχ Ἡρακλῆς οὗτός ἐστιν; οὐ μὲν οὖν ἄλλος, μὰ τὸν Ἡρακλέα. τὸ τόξον, τὸ ῥόπαλον, ἡ λεοντῆ, 10   τὸ μέγεθος, ὅλος Ἡρακλῆς ἐστιν. εἶτα τέθνηκεν Διὸς υἱὸς ὤν; εἰπέ μοι, ὦ καλλίνικε, νεκρὸς εἶ; ἐγὼ γάρ σοι ἔθυον ὑπὲρ γῆς ὡς θεῷ.

ΗΡΑΚΛΗΣ

Καὶ ὀρθῶς ἔθυες· αὐτὸς μὲν γὰρ ὁ Ἡρακλῆς ἐν τῷ οὐρανῷ τοῖς θεοῖς σύνεστι "καὶ ἔχει καλλί-15   σφυρον Ἥβην," ἐγὼ δὲ εἴδωλόν εἰμι αὐτοῦ.

ΔΙΟΓΕΝΗΣ

Πῶς λέγεις; εἴδωλον τοῦ θεοῦ; καὶ δυνατὸν ἐξ ἡμισείας μέν τινα θεὸν εἶναι, τεθνάναι δὲ τῷ ἡμίσει;

ΗΡΑΚΛΗΣ

Ναί· οὐ γὰρ ἐκεῖνος τέθνηκεν, ἀλλ' ἐγὼ ἡ εἰκὼν αὐτοῦ.

ΔΙΟΓΕΝΗΣ

2. Μανθάνω· ἄντανδρόν σε τῷ Πλούτωνι παραδέδωκεν ἀνθ' ἑαυτοῦ, καὶ σὺ νῦν ἀντ' ἐκείνου νεκρὸς εἶ.   5

ΗΡΑΚΛΗΣ

Τοιοῦτό τι.

ΔΙΟΓΕΝΗΣ

Πῶς οὖν ἀκριβὴς ὢν ὁ Ἀϊακὸς οὐ διέγνω σε μὴ ὄντα ἐκεῖνον, ἀλλὰ παρεδέξατο ὑποβολιμαῖον Ἡρακλέα παρόντα;

ΗΡΑΚΛΗΣ

''Οτι ἐῴκειν ἀκριβῶς.   10

ΔΙΟΓΕΝΗΣ

Ἀληθῆ λέγεις· ἀκριβῶς γάρ, ὥστε αὐτὸς ἐκεῖνος εἶναι. ὅρα γοῦν μὴ τὸ ἐναντίον ἐστὶ καὶ σὺ μὲν εἶ ὁ Ἡρακλῆς, τὸ δὲ εἴδωλον γεγάμηκεν τὴν ''Ηβην παρὰ τοῖς θεοῖς.

ΗΡΑΚΛΗΣ

3. Θρασύς εἶ καὶ λάλος, καὶ εἰ μὴ παύσῃ σκώ-   15
πτων εἰς ἐμέ, εἴσῃ αὐτίκα οἵου θεοῦ εἴδωλόν εἰμι.

ΔΙΟΓΕΝΗΣ

Τὸ μὲν τόξον γυμνὸν καὶ πρόχειρον· ἐγὼ δὲ τί ἂν ἔτι φοβοίμην σε ἅπαξ τεθνεώς; ἀτὰρ εἰπέ μοι

πρὸς τοῦ σοῦ Ἡρακλέους, ὁπότε ἐκεῖνος ἔζη, συνῆς
αὐτῷ καὶ τότε εἴδωλον ὤν; ἢ εἷς μὲν ἦτε παρὰ τὸν
βίον, ἐπεὶ δὲ ἀπεθάνετε, διαιρεθέντες ὁ μὲν εἰς
θεοὺς ἀπέπτατο, σὺ δὲ τὸ εἴδωλον, ὥσπερ εἰκὸς
5   ἦν, εἰς ᾅδου πάρει;

ΗΡΑΚΛΗΣ

Ἐχρῆν μὲν μηδὲ ἀποκρίνεσθαι πρὸς ἄνδρα
ἐξεπίτηδες ἐρεσχηλοῦντα· ὅμως δ' οὖν καὶ τοῦτο
ἄκουσον· ὁπόσον μὲν γὰρ Ἀμφιτρύωνος ἐν τῷ
Ἡρακλεῖ ἦν, τοῦτο τέθνηκεν καί εἰμι ἐγὼ ἐκεῖνο
10   πᾶν, ὃ δὲ ἦν τοῦ Διός, ἐν οὐρανῷ σύνεστι τοῖς
θεοῖς.

ΔΙΟΓΕΝΗΣ

4. Σαφῶς νῦν μανθάνω· δύο γὰρ φὴς ἔτεκεν
ἡ Ἀλκμήνη κατὰ τὸ αὐτὸ Ἡρακλέας, τὸν μὲν ὑπ'
Ἀμφιτρύωνι, τὸν δὲ παρὰ τοῦ Διός, ὥστε ἐλελήθειτε
15   δίδυμοι ὄντες ὁμομήτριοι.

ΗΡΑΚΛΗΣ

Οὔκ, ὦ μάταιε· ὁ γὰρ αὐτὸς ἄμφω ἦμεν.

ΔΙΟΓΕΝΗΣ

Οὐκ ἔστι μαθεῖν τοῦτο ῥᾴδιον, συνθέτους δύο
ὄντας Ἡρακλέας, ἐκτὸς εἰ μὴ ὥσπερ ἱπποκένταυρός
τις ἦτε εἰς ἓν συμπεφυκότες ἄνθρωπός τε καὶ θεός.

ΗΡΑΚΛΗΣ

20   Οὐ γὰρ καὶ πάντες οὕτως σοι δοκοῦσι συγκεῖ-
σθαι ἐκ δυεῖν, ψυχῆς καὶ σώματος; ὥστε τί τὸ

κωλῦόν ἐστι τὴν μὲν ψυχὴν ἐν οὐρανῷ εἶναι, ἥπερ
ἦν ἐκ Διός, τὸ δὲ θνητὸν ἐμὲ παρὰ τοῖς νεκροῖς;

ΔΙΟΓΕΝΗΣ

5. Ἀλλ', ὦ βέλτιστε Ἀμφιτρυωνιάδη, καλῶς ἂν
ταῦτα ἔλεγες, εἰ σῶμα ἦσθα, νῦν δὲ ἀσώματον εἴ-
δωλον εἶ· ὥστε κινδυνεύεις τριπλοῦν ἤδη ποιῆσαι   5
τὸν Ἡρακλέα.

ΗΡΑΚΛΗΣ

Πῶς τριπλοῦν;

ΔΙΟΓΕΝΗΣ

Ὧδέ πως· εἰ γὰρ ὁ μέν τις ἐν οὐρανῷ, ὁ δὲ παρ'
ἡμῖν σὺ τὸ εἴδωλον, τὸ δὲ σῶμα ἐν Οἴτῃ   κόνις
ἤδη γενόμενον, τρία ταῦτα ἤδη γεγένηται· καὶ   10
σκόπει ὅντινα τὸν τρίτον πατέρα ἐπινοήσεις τῷ
σώματι.

ΗΡΑΚΛΗΣ

Θρασὺς εἶ καὶ σοφιστής· τίς δαὶ καὶ ὢν τυγ-
χάνεις;

ΔΙΟΓΕΝΗΣ

Διογένους τοῦ Σινωπέως εἴδωλον, αὐτὸς δὲ οὐ   15
μὰ Δία "μετ' ἀθανάτοισι θεοῖσιν," ἀλλὰ τοῖς βελτί-
στοις τῶν νεκρῶν σύνεστιν Ὁμήρου καὶ τῆς
τοιαύτης ψυχρολογίας καταγελῶν.

12

ΦΙΛΙΠΠΟΥ ΚΑΙ ΑΛΕΞΑΝΔΡΟΥ

ΦΙΛΙΠΠΟΣ

1. Νῦν μέν, ὦ Ἀλέξανδρε, οὐκ ἂν ἔξαρνος
γένοιο μὴ οὐκ ἐμὸς υἱὸς εἶναι· οὐ γὰρ ἂν ἐτεθνήκεις
Ἄμμωνός γε ὤν.

ΑΛΕΞΑΝΔΡΟΣ

Οὐδ' αὐτὸς ἠγνόουν, ὦ πάτερ, ὡς Φιλίππου τοῦ
5 Ἀμύντου υἱός εἰμι, ἀλλ' ἐδεξάμην τὸ μάντευμα,
χρήσιμον εἰς τὰ πράγματα εἶναι οἰόμενος.

ΦΙΛΙΠΠΟΣ

Πῶς λέγεις; χρήσιμον ἐδόκει σοι τὸ παρέχειν
σεαυτὸν ἐξαπατηθησόμενον ὑπὸ τῶν προφητῶν;

ΑΛΕΞΑΝΔΡΟΣ

Οὐ τοῦτο, ἀλλ' οἱ βάρβαροι κατεπλάγησάν με
10 καὶ οὐδεὶς ἔτι ἀνθίστατο οἰόμενοι θεῷ μάχεσθαι,
ὥστε ῥᾷον ἐκράτουν αὐτῶν.

ΦΙΛΙΠΠΟΣ

2. Τίνων δὲ ἐκράτησας σύ γε ἀξιομάχων ἀνδρῶν,
ὃς δειλοῖς ἀεὶ συνηνέχθης τοξάρια καὶ πελτίδια
καὶ γέρρα οἰσύϊνα προβεβλημένοις; Ἑλλήνων
15 κρατεῖν ἔργον ἦν, Βοιωτῶν καὶ Φωκέων καὶ
Ἀθηναίων, καὶ τὸ Ἀρκάδων ὁπλιτικὸν καὶ τὴν
Θετταλὴν ἵππον καὶ τοὺς Ἠλείων ἀκοντιστὰς καὶ τὸ
Μαντινέων πελταστικὸν ἢ Θρᾷκας ἢ Ἰλλυριοὺς ἢ

καὶ Παίονας χειρώσασθαι, ταῦτα μεγάλα· Μήδων
δὲ καὶ Περσῶν καὶ Χαλδαίων, χρυσοφόρων ἀνθ-
ρώπων καὶ ἁβρῶν, οὐκ οἶσθα ὡς πρὸ σοῦ μύριοι μετὰ
Κλεάρχου ἀνελθόντες ἐκράτησαν οὐδ' εἰς χεῖρας
ὑπομεινάντων ἐλθεῖν ἐκείνων, ἀλλὰ πρὶν ἢ τόξευμα   5
ἐξικνεῖσθαι φυγόντων;

ΑΛΕΞΑΝΔΡΟΣ

3. Ἀλλ' οἱ Σκύθαι γε, ὦ πάτερ, καὶ οἱ Ἰνδῶν
ἐλέφαντες οὐκ εὐκαταφρόνητόν τι ἔργον, καὶ ὅμως
οὐ διαστήσας αὐτοὺς οὐδὲ προδοσίαις ὠνούμενος
τὰς νίκας ἐκράτουν αὐτῶν· οὐδ' ἐπιώρκησα πώποτε   10
ἢ ὑποσχόμενος ἐψευσάμην ἢ ἄπιστον ἔπραξά τι τοῦ
νικᾶν ἕνεκα. καὶ τοὺς Ἕλληνας δὲ τοὺς μὲν
ἀναιμωτὶ παρέλαβον, Θηβαίους δὲ ἴσως ἀκούεις
ὅπως μετῆλθον.

ΦΙΛΙΠΠΟΣ

Οἶδα ταῦτα πάντα· Κλεῖτος γὰρ ἀπήγγειλέ   15
μοι, ὃν σὺ τῷ δορατίῳ διελάσας μεταξὺ δειπνοῦντα
ἐφόνευσας, ὅτι με πρὸς τὰς σὰς πράξεις ἐπαινέσαι
ἐτόλμησεν. 4. σὺ δὲ καὶ τὴν Μακεδονικὴν χλαμύδα
καταβαλὼν κάνδυν, ὥς φασι, μετενέδυς καὶ τιάραν
ὀρθὴν ἐπέθου καὶ προσκυνεῖσθαι ὑπὸ Μακεδόνων,   20
ἐλευθέρων ἀνδρῶν, ἠξίους, καὶ τὸ πάντων
γελοιότατον, ἐμιμοῦ τὰ τῶν νενικημένων. ἐῶ γὰρ
λέγειν ὅσα ἄλλα ἔπραξας, λέουσι συγκατακλείων
πεπαιδευμένους ἄνδρας καὶ τοσούτους γαμῶν
γάμους καὶ Ἡφαιστίωνα ὑπεραγαπῶν. ἐν ἐπήνεσα   25

μόνον ἀκούσας, ὅτι ἀπέσχου τῆς τοῦ Δαρείου
γυναικὸς καλῆς οὔσης, καὶ τῆς μητρὸς αὐτοῦ καὶ
τῶν θυγατέρων ἐπεμελήθης· βασιλικὰ γὰρ ταῦτα.

ΑΛΕΞΑΝΔΡΟΣ

5. Τὸ φιλοκίνδυνον δέ, ὦ πάτερ, οὐκ ἐπαινεῖς
5 καὶ τὸ ἐν Ὀξυδράκαις πρῶτον καθαλέσθαι ἐντὸς τοῦ
τείχους καὶ τοσαῦτα λαβεῖν τραύματα;

ΦΙΛΙΠΠΟΣ

Οὐκ ἐπαινῶ τοῦτο, ὦ Ἀλέξανδρε, οὐχ ὅτι μὴ
καλὸν οἴομαι εἶναι καὶ τιτρώσκεσθαί ποτε τὸν
βασιλέα καὶ προκινδυνεύειν τοῦ στρατοῦ, ἀλλ' ὅτι
10 σοι τὸ τοιοῦτο ἥκιστα συνέφερεν· θεὸς γὰρ εἶναι
δοκῶν εἴ ποτε τρωθείης, καὶ βλέποιέν σε φοράδην
τοῦ πολέμου ἐκκομιζόμενον, αἵματι ῥεόμενον,
οἰμώζοντα ἐπὶ τῷ τραύματι, ταῦτα γέλως ἦν τοῖς
ὁρῶσιν, ᾗ καὶ ὁ Ἄμμων γόης καὶ ψευδόμαντις
15 ἠλέγχετο καὶ οἱ προφῆται κόλακες. ἢ τίς οὐκ ἂν
ἐγέλασεν ὁρῶν τὸν τοῦ Διὸς υἱὸν ἀποψύχοντα,
δεόμενον τῶν ἰατρῶν βοηθεῖν; νῦν μὲν γὰρ ὁπότε
ἤδη τέθνηκας, οὐκ οἴει πολλοὺς εἶναι τοὺς τὴν
προσποίησιν ἐκείνην ἐπικερτομοῦντας, ὁρῶντας
20 τὸν νεκρὸν τοῦ θεοῦ ἐκτάδην κείμενον, μυδῶντα ἤδη
καὶ ἐξῳδηκότα κατὰ νόμον ἁπάντων τῶν σωμάτων;
ἄλλως τε καὶ τοῦτο, ὃ χρήσιμον ἔφης, ὦ Ἀλέξανδρε,
τὸ διὰ τοῦτο κρατεῖν ῥᾳδίως, πολὺ τῆς δόξης
ἀφῄρει τῶν κατορθουμένων· πᾶν γὰρ ἐδόκει
25 ἐνδεὲς ὑπὸ θεοῦ γίγνεσθαι δοκοῦν.

ΑΛΕΞΑΝΔΡΟΣ

6. Οὐ ταῦτα φρονοῦσιν οἱ ἄνθρωποι περὶ ἐμοῦ, ἀλλὰ Ἡρακλεῖ καὶ Διονύσῳ ἐνάμιλλον τιθέασί με. καίτοι τὴν Ἄορνον ἐκείνην, οὐδετέρου ἐκείνων λαβόντος, ἐγὼ μόνος ἐχειρωσάμην.

ΦΙΛΙΠΠΟΣ

Ὁρᾷς ὅτι ταῦτα ὡς Ἄμμωνος υἱὸς λέγεις, ὃς Ἡρα-   5
κλεῖ καὶ Διονύσῳ παραβάλλεις σεαυτόν; καὶ οὐκ
αἰσχύνῃ, ὦ Ἀλέξανδρε, οὐδὲ τὸν τῦφον ἀπομαθήσῃ
καὶ γνώσῃ σεαυτὸν καὶ συνήσεις ἤδη νεκρὸς ὤν;

13

ΔΙΟΓΕΝΟΥΣ ΚΑΙ ΑΛΕΞΑΝΔΡΟΥ

ΔΙΟΓΕΝΗΣ

1. Τί τοῦτο, ὦ Ἀλέξανδρε; καὶ σὺ τέθνηκας
ὥσπερ καὶ ἡμεῖς ἅπαντες;   10

ΑΛΕΞΑΝΔΡΟΣ

Ὁρᾷς, ὦ Διόγενες· οὐ παράδοξον δέ, εἰ ἄν-
θρωπος ὢν ἀπέθανον.

ΔΙΟΓΕΝΗΣ

Οὐκοῦν ὁ Ἄμμων ἐψεύδετο λέγων ἑαυτοῦ σε
εἶναι, σὺ δὲ Φιλίππου ἄρα ἦσθα;

ΑΛΕΞΑΝΔΡΟΣ

Φιλίππου δηλαδή · οὐ γὰρ ἂν ἐτεθνήκειν Ἄμμωνος   15
ὤν.

ΔΙΟΓΕΝΗΣ

Καὶ μὴν καὶ περὶ τῆς Ὀλυμιάδος ὅμοια ἐλέγετο,
δράκοντα ὁμιλεῖν αὐτῇ καὶ βλέπεσθαι ἐν τῇ εὐνῇ,
εἶτα οὕτω σε τεχθῆναι, τὸν δὲ Φίλιππον ἐξηπατῆσθαι
οἰόμενον πατέρα σου εἶναι.

ΑΛΕΞΑΝΔΡΟΣ

5   Κἀγὼ ταῦτα ἤκουον ὥσπερ σύ, νῦν δὲ ὁρῶ ὅτι
οὐδὲν ὑγιὲς οὔτε ἡ μήτηρ οὔτε οἱ τῶν Ἀμμωνίων
προφῆται ἔλεγον.

ΔΙΟΓΕΝΗΣ

Ἀλλὰ τὸ ψεῦδος αὐτῶν οὐκ ἄχρηστόν σοι,
ὦ Ἀλέξανδρε, πρὸς τὰ πράγματα ἐγένετο· πολλοὶ
10   γὰρ ὑπέπτησσον θεὸν εἶναί σε νομίζοντες. 2. ἀτὰρ
εἰπέ μοι, τίνι τὴν τοσαύτην ἀρχὴν καταλέλοιπας;

ΑΛΕΞΑΝΔΡΟΣ

Οὐκ οἶδα, ὦ Διόγενες· οὐ γὰρ ἔφθασα ἐπι-
σκῆψαί τι περὶ αὐτῆς ἢ τοῦτο μόνον, ὅτι ἀποθνήσκων
Περδίκκᾳ τὸν δακτύλιον ἐπέδωκα. πλὴν ἀλλὰ τί
15   γελᾷς, ὦ Διόγενες;

ΔΙΟΓΕΝΗΣ

Τί γὰρ ἄλλο ἢ ἀνεμνήσθην οἷα ἐποίει ἡ Ἑλλάς,
ἄρτι σε παρειληφότα τὴν ἀρχὴν κολακεύοντες καὶ
προστάτην αἱρούμενοι καὶ στρατηγὸν ἐπὶ τοὺς
βαρβάρους, ἔνιοι δὲ καὶ τοῖς δώδεκα θεοῖς προστι-
20   θέντες καὶ οἰκοδομοῦντές σοι νεὼς καὶ θύοντες ὡς
δράκοντος υἱῷ. 3. ἀλλ' εἰπέ μοι, ποῦ σε οἱ Μακε-
δόνες ἔθαψαν;

ΑΛΕΞΑΝΔΡΟΣ

"Ετι ἐν Βαβυλῶνι κεῖμαι τριακοστὴν ἡμέραν
ταύτην, ὑπισχνεῖται δὲ Πτολεμαῖος ὁ ὑπασπιστής,
ἤν ποτε ἀγάγῃ σχολὴν ἀπὸ τῶν θορύβων τῶν ἐν
ποσίν, εἰς Αἴγυπτον ἀπαγαγὼν θάψειν ἐκεῖ, ὡς
γενοίμην εἰς τῶν Αἰγυπτίων θεῶν.   5

ΔΙΟΓΕΝΗΣ

Μὴ γελάσω οὖν, ὦ Ἀλέξανδρε, ὁρῶν καὶ ἐν ᾅδου
ἔτι σε μωραίνοντα καὶ ἐλπίζοντα "Ανουβιν ἢ "Οσι-
ριν γενήσεσθαι; πλὴν ἀλλὰ ταῦτα μέν, ὦ θειότατε,
μὴ ἐλπίσῃς· οὐ γὰρ θέμις ἀνελθεῖν τινα τῶν
ἅπαξ διαπλευσάντων τὴν λίμνην καὶ εἰς τὸ εἴσω   10
τοῦ στομίου παρελθόντων· οὐ γὰρ ἀμελὴς ὁ
Αἰακὸς οὐδὲ ὁ Κέρβερος εὐκαταφρόνητος. 4. ἐκεῖνο
δέ γε ἡδέως ἂν μάθοιμι παρὰ σοῦ, πῶς
φέρεις, ὁπόταν ἐννοήσῃς ὅσην εὐδαιμονίαν ὑπὲρ
γῆς ἀπολιπὼν ἀφῖξαι, σωματοφύλακας καὶ ὑπα-   15
σπιστὰς καὶ σατράπας καὶ χρυσὸν τοσοῦτον καὶ
ἔθνη προσκυνοῦντα καὶ Βαβυλῶνα καὶ Βάκτρα καὶ
τὰ μεγάλα θηρία καὶ τιμὴν καὶ δόξαν καὶ τὸ
ἐπίσημον εἶναι ἐξελαύνοντα, διαδεδεμένον ταινίᾳ
λευκῇ τὴν κεφαλήν, πορφυρίδα ἐμπεπορπημένον. οὐ   20
λυπεῖ ταῦτά σε ὑπὲρ τὴν μνήμην ἰόντα; τί
δακρύεις, ὦ μάταιε; οὐδὲ ταῦτά σε ὁ σοφὸς
Ἀριστοτέλης ἐπαίδευσεν μὴ οἴεσθαι βέβαια εἶναι τὰ
παρὰ τῆς τύχης;

ΑΛΕΞΑΝΔΡΟΣ

5. Ὁ σοφὸς ἐκεῖνος ἁπάντων κολάκων ἐπι-   25
τριπτότατος ὤν; ἐμὲ μόνον ἔασον τὰ Ἀριστοτέλους

εἰδέναι, ὅσα μὲν ᾔτησεν παρ' ἐμοῦ, οἷα δὲ ἐπέσ-
τελλεν, ὡς δὲ κατεχρῆτό μου τῇ περὶ παιδείαν
φιλοτιμίᾳ θωπεύων καὶ ἐπαινῶν ἄρτι μὲν πρὸς τὸ
κάλλος, ὡς καὶ τοῦτο μέρος ὂν τἀγαθοῦ, ἄρτι δὲ
5   ἐς τὰς πράξεις καὶ τὸν πλοῦτον. καὶ γὰρ αὖ καὶ
τοῦτο ἀγαθὸν ἡγεῖτο εἶναι, ὡς μὴ αἰσχύνοιτο καὶ
αὐτὸς λαμβάνων· γόης, ὦ Διόγενες, ἄνθρωπος καὶ
τεχνίτης. πλὴν ἀλλὰ τοῦτό γε ἀπολέλαυκα τῆς
σοφίας αὐτοῦ, τὸ λυπεῖσθαι ὡς ἐπὶ μεγίστοις
10   ἀγαθοῖς ἐκείνοις, ἃ κατηριθμήσω μικρῷ γε ἔμ-
προσθεν.

ΔΙΟΓΕΝΗΣ

6. Ἀλλ' οἶσθα ὃ δράσεις; ἄκος γάρ σοι τῆς
λύπης ὑποθήσομαι. ἐπεὶ ἐνταῦθά γε ἐλλέβορος οὐ
φύεται, σὺ δὲ κἂν τὸ Λήθης ὕδωρ χανδὸν ἐπισπα-
15   σάμενος πίε καὶ αὖθις πίε καὶ πολλάκις· οὕτω
γὰρ ἂν παύσαιο ἐπὶ τοῖς Ἀριστοτέλους ἀγαθοῖς
ἀνιώμενος. καὶ γὰρ Κλεῖτον ἐκεῖνον ὁρῶ καὶ
Καλλισθένην καὶ ἄλλους πολλοὺς ἐπὶ σὲ ὁρμῶντας,
ὡς διασπάσαιντο καὶ ἀμύναιντό σε ὧν ἔδρασας
20   αὐτούς. ὥστε τὴν ἑτέραν σὺ ταύτην βάδιζε καὶ
πῖνε πολλάκις, ὡς ἔφην.

14

ΕΡΜΟΥ ΚΑΙ ΧΑΡΩΝΟΣ

ΕΡΜΗΣ

1. Λογισώμεθα, ὦ πορθμεῦ, εἰ δοκεῖ, ὁπόσα μοι
ὀφείλεις ἤδη, ὅπως μὴ αὖθις ἐρίζωμέν τι περὶ
αὐτῶν.

ΧΑΡΩΝ

Λογισώμεθα, ὦ Ἑρμῆ· ἄμεινον γὰρ ὡρίσθαι
καὶ ἀπραγμονέστερον.

ΕΡΜΗΣ

Ἄγκυραν ἐντειλαμένῳ ἐκόμισα πέντε δραχμῶν.

ΧΑΡΩΝ

Πολλοῦ λέγεις.

ΕΡΜΗΣ

Νὴ τὸν Ἀϊδωνέα, τῶν πέντε ὠνησάμην, καὶ   5
τροπωτῆρα δύο ὀβολῶν.

ΧΑΡΩΝ

Τίθει πέντε δραχμὰς καὶ ὀβολοὺς δύο.

ΕΡΜΗΣ

Καὶ ἀκέστραν ὑπὲρ τοῦ ἱστίου· πέντε ὀβολοὺς
ἐγὼ κατέβαλον.

ΧΑΡΩΝ

Καὶ τούτους προστίθει.   10

ΕΡΜΗΣ

Καὶ κηρὸν ὡς ἐπιπλάσαι τοῦ σκαφιδίου τὰ
ἀνεῳγότα καὶ ἥλους δὲ καὶ καλῴδιον, ἀφ' οὗ τὴν
ὑπέραν ἐποίησας,   δύο δραχμῶν ἅπαντα.

ΧΑΡΩΝ

Καὶ ἄξια   ταῦτα ὠνήσω.

ΕΡΜΗΣ

Ταῦτά ἐστιν, εἰ μή τι ἄλλο ἡμᾶς διέλαθεν ἐν τῷ
λογισμῷ. πότε δ' οὖν ταῦτα ἀποδώσειν φής;

ΧΑΡΩΝ

Νῦν μέν, ὦ Ἑρμῆ, ἀδύνατον, ἢν δὲ λοιμός τις ἢ
πόλεμος καταπέμψῃ ἀθρόους τινάς, ἐνέσται τότε
5 ἀποκερδᾶναι παραλογιζόμενον ἐν τῷ πλήθει   τὰ
πορθμεῖα.

ΕΡΜΗΣ

2. Νῦν οὖν ἐγὼ καθεδοῦμαι τὰ κάκιστα εὐχόμε-
νος γενέσθαι, ὡς ἂν ἀπὸ τούτων ἀπολάβοιμι;

ΧΑΡΩΝ

Οὐκ ἔστιν ἄλλως, ὦ Ἑρμῆ. νῦν δὲ ὀλίγοι, ὡς
10 ὁρᾷς, ἀφικνοῦνται ἡμῖν· εἰρήνη γάρ.

ΕΡΜΗΣ

Ἄμεινον οὕτως, εἰ καὶ ἡμῖν παρατείνοιτο ὑπὸ
σοῦ τὸ ὄφλημα. πλὴν ἀλλ' οἱ μὲν παλαιοί, ὦ Χάρων,
οἶσθα οἷοι παρεγίγνοντο, ἀνδρεῖοι ἅπαντες, αἵματος
ἀνάπλεῳ καὶ τραυματίαι οἱ πολλοί· νῦν δὲ ἢ
15 φαρμάκῳ τις ὑπὸ τοῦ παιδὸς ἀποθανὼν ἢ ὑπὸ τῆς
γυναικὸς ἢ ὑπὸ τρυφῆς ἐξῳδηκὼς τὴν γαστέρα καὶ
τὰ σκέλη, ὠχροὶ ἅπαντες καὶ ἀγεννεῖς, οὐδὲν
ὅμοιοι ἐκείνοις. οἱ δὲ πλεῖστοι αὐτῶν διὰ χρήματα
ἥκουσιν ἐπιβουλεύοντες ἀλλήλοις, ὡς ἐοίκασι.

ΧΑΡΩΝ

20 Πάνυ γὰρ περιπόθητά ἐστι ταῦτα.

ΕΡΜΗΣ

Οὐκοῦν οὐδ' ἐγὼ δόξαιμι ἂν ἁμαρτάνειν πικρῶς
ἀπαιτῶν τὰ ὀφειλόμενα παρὰ σοῦ.

15

ΠΛΟΥΤΩΝΟΣ ΚΑΙ ΕΡΜΟΥ

ΠΛΟΥΤΩΝ

1. Τὸν γέροντα οἶσθα, τὸν πάνυ γεγηρακότα
λέγω, τὸν πλούσιον Εὐκράτην, ᾧ παῖδες μὲν οὐκ
εἰσίν, οἱ τὸν κλῆρον δὲ θηρῶντες πεντακισμύριοι;   5

ΕΡΜΗΣ

Ναί, τὸν Σικυώνιον φής. τί οὖν;

ΠΛΟΥΤΩΝ

Ἐκεῖνον μέν, ὦ Ἑρμῆ, ζῆν ἔασον ἐπὶ τοῖς
ἐνενήκοντα ἔτεσιν, ἃ βεβίωκεν, ἐπιμετρήσας ἄλλα
τοσαῦτα, εἴ γε οἷόν τε ἦν, καὶ ἔτι πλείω, τοὺς δὲ
κόλακας αὐτοῦ Χαρῖνον τὸν νέον καὶ Δάμωνα καὶ   10
τοὺς ἄλλους κατάσπασον ἐφεξῆς ἅπαντας.

ΕΡΜΗΣ

Ἄτοπον ἂν δόξειε τὸ τοιοῦτον.

ΠΛΟΥΤΩΝ

Οὐ μὲν οὖν, ἀλλὰ δικαιότατον· τί γὰρ ἐκεῖνοι
παθόντες εὔχονται ἀποθανεῖν ἐκεῖνον ἢ τῶν χρη-
μάτων ἀντιποιοῦνται οὐδὲν προσήκοντες; ὃ δὲ πάντων   15
ἐστὶ μιαρώτατον, ὅτι καὶ τὰ τοιαῦτα εὐχόμενοι
ὅμως θεραπεύουσιν ἔν γε τῷ φανερῷ, καὶ νοσοῦντος
ἃ μὲν βουλεύονται πᾶσι πρόδηλα, θύσειν δὲ ὅμως

40   LUCIAN: SEVENTY DIALOGUES

ὑπισχνοῦνται, ἢν ῥαΐσῃ, καὶ ὅλως ποικίλη τις ἡ
κολακεία τῶν ἀνδρῶν. διὰ ταῦτα ὁ μὲν ἔστω
ἀθάνατος, οἱ δὲ προαπίτωσαν αὐτοῦ μάτην ἐπιχα-
νόντες.

ΕΡΜΗΣ

5   2. Γελοῖα πείσονται, πανοῦργοι ὄντες.

ΠΛΟΥΤΩΝ

Πολλὰ κἀκεῖνος εὖ μάλα διαβουκολεῖ αὐτοὺς καὶ
ἐλπίζει, καὶ ὅλως "αἰεὶ θανέοντι ἐοικὼς" ἔρρωται
πολὺ μᾶλλον τῶν νέων. οἱ δὲ ἤδη τὸν κλῆρον ἐν
σφίσι διῃρημένοι βόσκονται ζωὴν μακαρίαν πρὸς
10   ἑαυτοὺς τιθέντες. Οὐκοῦν ὁ μὲν ἀποδυσάμενος τὸ
γῆρας ὥσπερ Ἰόλεως ἀνηβησάτω, οἱ δὲ ἀπὸ μέσων
τῶν ἐλπίδων τὸν ὀνειροποληθέντα πλοῦτον ἀπολιπόν-
τες ἡκέτωσαν ἤδη κακοὶ κακῶς ἀποθανόντες.

ΕΡΜΗΣ

Ἀμέλησον, ὦ Πλούτων· μετελεύσομαι γάρ σοι
15   ἤδη αὐτοὺς καθ' ἕνα ἑξῆς· ἑπτὰ δέ, οἶμαι, εἰσί.

ΠΛΟΥΤΩΝ

Κατάσπα, ὁ δὲ παραπέμψει ἕκαστον ἀντὶ γέροντος
αὖθις πρωθήβης γενόμενος.

16

ΤΕΡΨΙΩΝΟΣ ΚΑΙ ΠΛΟΥΤΩΝΟΣ

ΤΕΡΨΙΩΝ

1. Τοῦτο, ὦ Πλούτων, δίκαιον, ἐμὲ μὲν τεθνάναι τριάκοντα ἔτη γεγονότα, τὸν δὲ ὑπὲρ τὰ ἐνενήκοντα γέροντα Θούκριτον ζῆν ἔτι;

ΠΛΟΥΤΩΝ

Δικαιότατον μὲν οὖν, ὦ Τερψίων, εἴ γε ὁ μὲν ζῇ μηδένα εὐχόμενος ἀποθανεῖν τῶν φίλων, σὺ δὲ 5 παρὰ πάντα τὸν χρόνον ἐπεβούλευες αὐτῷ περιμένων τὸν κλῆρον.

ΤΕΡΨΙΩΝ

Οὐ γὰρ ἐχρῆν γέροντα ὄντα καὶ μηκέτι χρήσασθαι τῷ πλούτῳ αὐτὸν δυνάμενον ἀπελθεῖν τοῦ βίου παραχωρήσαντα τοῖς νέοις; 10

ΠΛΟΥΤΩΝ

Καινά, ὦ Τερψίων, νομοθετεῖς, τὸν μηκέτι τῷ πλούτῳ χρήσασθαι δυνάμενον πρὸς ἡδονὴν ἀποθνήσκειν· τὸ δὲ ἄλλως ἡ Μοῖρα καὶ ἡ φύσις διέταξεν.

ΤΕΡΨΙΩΝ

2. Οὐκοῦν ταύτης αἰτιῶμαι τῆς διατάξεως· ἐχρῆν γὰρ τὸ πρᾶγμα ἑξῆς πως γίνεσθαι, τὸν 15 πρεσβύτερον πρότερον καὶ μετὰ τοῦτον ὅστις καὶ τῇ ἡλικίᾳ μετ' αὐτόν, ἀναστρέφεσθαι δὲ μηδαμῶς, μηδὲ ζῆν μὲν τὸν ὑπέργηρων ὀδόντας τρεῖς ἔτι λοιποὺς ἔχοντα, μόγις ὁρῶντα, οἰκέταις γε τέτταρσιν ἐπικεκυφότα, κορύζης μὲν τὴν ῥῖνα, λήμης δὲ 20

τοὺς ὀφθαλμοὺς μεστὸν ὄντα, οὐδὲν ἔτι ἡδὺ εἰδότα,
ἔμψυχόν τινα τάφον ὑπὸ τῶν νέων καταγελώμενον,
ἀποθνήσκειν δὲ καλλίστους καὶ ἐρρωμενεστάτους
νεανίσκους· "ἄνω γὰρ ποταμῶν" τοῦτό γε· ἢ τὸ τε-
5 λευταῖον εἰδέναι γε ἐχρῆν, πότε καὶ τεθνήξεται
τῶν γερόντων ἕκαστος, ἵνα μὴ μάτην ἂν ἐνίους
ἐθεράπευον. νῦν δὲ τὸ τῆς παροιμίας, ἡ ἅμαξα τὸν
βοῦν πολλάκις ἐκφέρει.

ΠΛΟΥΤΩΝ

3. Ταῦτα μέν, ὦ Τερψίων, πολὺ συνετώτερα
10 γίνεται ἥπερ σοὶ δοκεῖ. καὶ ὑμεῖς δὲ τί παθόντες
ἀλλοτρίοις ἐπιχαίνετε καὶ τοῖς ἀτέκνοις τῶν γερόν-
των εἰσποιεῖτε φέροντες αὐτούς; τοιγαροῦν γέλωτα
ὀφλισκάνετε πρὸ ἐκείνων κατορυττόμενοι, καὶ τὸ
πρᾶγμα τοῖς πολλοῖς ἥδιστον γίνεται· ὅσῳ γὰρ
15 ὑμεῖς ἐκείνους ἀποθανεῖν εὔχεσθε, τοσούτῳ ἅπασιν
ἡδὺ προαποθανεῖν ὑμᾶς αὐτῶν. καινὴν γάρ τινα
ταύτην τὴν τέχνην ἐπινενοήκατε γραῶν καὶ γερόντων
ἐρῶντες, καὶ μάλιστα εἰ ἄτεκνοι εἶεν, οἱ δὲ ἔντεκνοι
ὑμῖν ἀνέραστοι. καίτοι πολλοὶ ἤδη τῶν ἐρωμένων
20 συνέντες ὑμῶν τὴν πανουργίαν τοῦ ἔρωτος, ἢν καὶ
τύχωσι παῖδας ἔχοντες, μισεῖν αὐτοὺς πλάττονται,
ὡς καὶ αὐτοὶ ἐραστὰς ἔχωσιν· εἶτα ἐν ταῖς
διαθήκαις ἀπεκλείσθησαν μὲν οἱ πάλαι δορυφο-
ρήσαντες, ὁ δὲ παῖς καὶ ἡ φύσις, ὥσπερ ἐστὶ
25 δίκαιον, κρατοῦσι πάντων, οἱ δὲ ὑποπρίουσι τοὺς
ὀδόντας ἀπομυγέντες.

ΤΕΡΨΙΩΝ

4. Ἀληθῆ ταῦτα φῄς· ἐμοῦ γοῦν Θούκριτος πόσα
κατέφαγεν ἀεὶ τεθνήξεσθαι δοκῶν καὶ ὁπότε εἰσίοιμι
ὑποστένων καὶ μύχιόν τι καθάπερ ἐξ ᾠοῦ νεοτ-
τὸς ἀτελὴς ὑποκρώζων ὥστ᾽ ἐμέ, ὅσον αὐτίκα οἰόμε-
νον ἐπιβήσειν αὐτὸν τῆς σοροῦ, ἐσπέμπειν τὰ πολλά, 5
ὡς μὴ ὑπερβάλλοιντό με οἱ ἀντερασταὶ τῇ μεγαλο-
δωρεᾷ, καὶ τὰ πολλὰ ὑπὸ φροντίδων ἄγρυπνος
ἐκείμην ἀριθμῶν ἕκαστα καὶ διατάττων. ταῦτα
γοῦν μοι καὶ τοῦ ἀποθανεῖν αἴτια γεγένηται,
ἀγρυπνία καὶ φροντίδες· ὁ δὲ τοσοῦτόν μοι 10
δέλεαρ καταπιὼν ἐφειστήκει θαπτομένῳ πρῴην
ἐπιγελῶν.

ΠΛΟΥΤΩΝ

5. Εὖ γε, ὦ Θούκριτε, ζῴης ἐπὶ μήκιστον
πλουτῶν ἅμα καὶ τῶν τοιούτων καταγελῶν, μηδὲ
πρότερόν γε σὺ ἀποθάνοις ἢ προπέμψας πάντας τοὺς 15
κόλακας.

ΤΕΡΨΙΩΝ

Τοῦτο μέν, ὦ Πλούτων, καὶ ἐμοὶ ἥδιστον ἤδη,
εἰ καὶ Χαροιάδης προτεθνήξεται Θουκρίτου.

ΠΛΟΥΤΩΝ

Θάρρει, ὦ Τερψίων· καὶ Φείδων γὰρ καὶ
Μέλανθος καὶ ὅλως ἅπαντες προελεύσονται αὐτοῦ 20
ὑπὸ ταῖς αὐταῖς φροντίσιν.

ΤΕΡΨΙΩΝ

Ἐπαινῶ ταῦτα. ζῴης ἐπὶ μήκιστον, ὦ Θούκριτε.

17

ΖΗΝΟΦΑΝΤΟΥ ΚΑΙ ΚΑΛΛΙΔΗΜΙΔΟΥ

ΖΗΝΟΦΑΝΤΟΣ

1. Σὺ δέ, ὦ Καλλιδημίδη, πῶς ἀπέθανες; ἐγὼ μὲν γὰρ ὅτι παράσιτος ὢν Δεινίου πλέον τοῦ ἱκανοῦ ἐμφαγὼν ἀπεπνίγην, οἶσθα· παρῆς γὰρ ἀποθνήσκοντί μοι.

ΚΑΛΛΙΔΗΜΙΔΗΣ

5   Παρῆν, ὦ Ζηνόφαντε· τὸ δὲ ἐμὸν παράδοξόν τι ἐγένετο. οἶσθα γὰρ καὶ σύ που Πτοιόδωρον τὸν γέροντα;

ΖΗΝΟΦΑΝΤΟΣ

Τὸν ἄτεκνον, τὸν πλούσιον, ᾧ σε τὰ πολλὰ ᾔδειν συνόντα.

ΚΑΛΛΙΔΗΜΙΔΗΣ

10   Ἐκεῖνον αὐτὸν ἀεὶ ἐθεράπευον ὑπισχνούμενον ἐπ' ἐμοὶ τεθνήξεσθαι. ἐπεὶ δὲ τὸ πρᾶγμα εἰς μήκιστον ἐπεγίνετο καὶ ὑπὲρ τὸν Τιθωνὸν ὁ γέρων ἔζη, ἐπίτομόν τινα ὁδὸν ἐπὶ τὸν κλῆρον ἐξηῦρον· πριάμενος γὰρ φάρμακον ἀνέπεισα τὸν οἰνοχόον, 15   ἐπειδὰν τάχιστα ὁ Πτοιόδωρος αἰτήσῃ πιεῖν,—πίνει δὲ ἐπιεικῶς ζωρότερον—ἐμβαλόντα εἰς κύλικα ἕτοιμον ἔχειν αὐτὸ καὶ ἐπιδοῦναι αὐτῷ· εἰ δὲ τοῦτο ποιήσει, ἐλεύθερον ἐπωμοσάμην ἀφήσειν αὐτόν.

ΖΗΝΟΦΑΝΤΟΣ

20   Τί οὖν ἐγένετο; πάνυ γάρ τι παράδοξον ἐρεῖν ἔοικας.

ΚΑΛΛΙΔΗΜΙΔΗΣ

2. Ἐπεὶ τοίνυν λουσάμενοι ἥκομεν, δύο δὴ ὁ
μειρακίσκος κύλικας ἑτοίμους ἔχων τὴν μὲν τῷ
Πτοιοδώρῳ τὴν ἔχουσαν τὸ φάρμακον, τὴν δὲ
ἑτέραν ἐμοί, σφαλεὶς, οὐκ οἶδ ὅπως, ἐμοὶ μὲν τὸ
φάρμακον, Πτοιοδώρῳ δὲ τὸ ἀφάρμακτον ἔδωκεν· 5
εἶτα ὁ μὲν ἔπινεν, ἐγὼ δὲ αὐτίκα μάλα ἐκτάδην
ἐκείμην ὑποβολιμαῖος ἀντ' ἐκείνου νεκρός. τί
τοῦτο γελᾷς, ὦ Ζηνόφαντε; καὶ μὴν οὐκ ἔδει γε
ἑταίρῳ ἀνδρὶ ἐπιγελᾶν.

ΖΗΝΟΦΑΝΤΟΣ

Ἀστεῖα γάρ, ὦ Καλλιδημίδη, πέπονθας. ὁ 10
γέρων δὲ τί πρὸς ταῦτα;

ΚΑΛΛΙΔΗΜΙΔΗΣ

Πρῶτον μὲν ὑπεταράχθη πρὸς τὸ αἰφνίδιον, εἶτα
συνείς, οἶμαι, τὸ γεγενημένον ἐγέλα καὶ αὐτός, οἷά
γε ὁ οἰνοχόος εἴργασται.

ΖΗΝΟΦΑΝΤΟΣ

Πλὴν ἀλλ' οὐδὲ σὲ τὴν ἐπίτομον ἐχρῆν τραπέσθαι· 15
ἧκε γὰρ ἄν σοι διὰ τῆς λεωφόρου ἀσφαλέστερον, εἰ
καὶ ὀλίγῳ βραδύτερος ἦν.

18

ΚΝΗΜΩΝΟΣ ΚΑΙ ΔΑΜΝΙΠΠΟΥ

ΚΝΗΜΩΝ

Τοῦτο ἐκεῖνο τὸ τῆς παροιμίας· ὁ νεβρὸς τὸν
λέοντα.

ΔΑΜΝΙΠΠΟΣ

Τί ἀγανακτεῖς, ὦ Κνήμων;

ΚΝΗΜΩΝ

Πυνθάνῃ ὅ τι ἀγανακτῶ; κληρονόμον ἀκούσιον
καταλέλοιπα κατασοφισθεὶς ἄθλιος, οὓς ἐβου-
λόμην ἂν μάλιστα σχεῖν τἀμὰ παραλιπών.

ΔΑΜΝΙΠΠΟΣ

5   Πῶς τοῦτο ἐγένετο;

ΚΝΗΜΩΝ

Ἑρμόλαον τὸν πάνυ πλούσιον ἄτεκνον ὄντα
ἐθεράπευον ἐπὶ θανάτῳ, κἀκεῖνος οὐκ ἀηδῶς τὴν
θεραπείαν προσίετο. ἔδοξε δή μοι καὶ σοφὸν
τοῦτο εἶναι, θέσθαι διαθήκας εἰς τὸ φανερόν, ἐν αἷς
10   ἐκείνῳ καταλέλοιπα τἀμὰ πάντα, ὡς κἀκεῖνος
ζηλώσειεν καὶ τὰ αὐτὰ πράξειεν.

ΔΑΜΝΙΠΠΟΣ

Τί οὖν δὴ ἐκεῖνος;

ΚΝΗΜΩΝ

῍Ο τι μὲν αὐτὸς ἐνέγραψεν ταῖς ἑαυτοῦ διαθή-
καις οὐκ οἶδα· ἐγὼ γοῦν ἄφνω ἀπέθανον τοῦ τέ-
15   γους μοι ἐπιπεσόντος, καὶ νῦν Ἑρμόλαος ἔχει
τἀμὰ ὥσπερ τις λάβραξ καὶ τὸ ἄγκιστρον τῷ
δελέατι συγκατασπάσας.

ΔΑΜΝΙΠΠΟΣ

Οὐ μόνον, ἀλλὰ καὶ αὐτόν σε τὸν ἁλιέα· ὥστε
τὸ σόφισμα κατὰ σαυτοῦ συντέθεικας.

ΚΝΗΜΩΝ
Ἔοικα· οἰμώζω τοιγαροῦν.

19

ΣΊΜΥΛΟΥ ΚΑΙ ΠΟΛΥΣΤΡΑΤΟΥ

ΣΙΜΥΛΟΣ

1. Ἥκεις ποτέ, ὦ Πολύστρατε, καὶ σὺ παρ'
ἡμᾶς ἔτη, οἶμαι, οὐ πολὺ ἀποδέοντα τῶν ἑκατὸν
βεβιωκώς;

ΠΟΛΥΣΤΡΑΤΟΣ

Ὀκτὼ ἐπὶ τοῖς ἐνενήκοντα, ὦ Σιμύλε.   5

ΣΙΜΥΛΟΣ

Πῶς δαὶ τὰ μετ' ἐμὲ ταῦτα ἐβίως τριάκοντα;
ἐγὼ γὰρ ἀμφὶ τὰ ἑβδομήκοντά σου ὄντος ἀπέθανον.

ΠΟΛΥΣΤΡΑΤΟΣ

Ὑπερήδιστα, εἰ καί σοι παράδοξον τοῦτο δόξει.

ΣΙΜΥΛΟΣ

Παράδοξον, εἰ γέρων τε καὶ ἀσθενὴς ἄτεκνός τε
προσέτι ἥδεσθαι τοῖς ἐν τῷ βίῳ ἐδύνασο.   10

ΠΟΛΥΣΤΡΑΤΟΣ

2. Τὸ μὲν πρῶτον ἅπαντα ἐδυνάμην· ἔτι καὶ
παῖδες ὡραῖοι ἦσαν πολλοὶ καὶ γυναῖκες ἁβρόταται
καὶ μύρα καὶ οἶνος ἀνθοσμίας καὶ τράπεζα ὑπὲρ τὰς
ἐν Σικελίᾳ.

ΣΙΜΥΛΟΣ

Καινὰ ταῦτα· ἐγὼ γάρ σε πάνυ φειδόμενον   15
ἠπιστάμην.

ΠΟΛΥΣΤΡΑΤΟΣ

'Αλλ' ἐπέρρει μοι, ὦ γενναῖε, παρὰ ἄλλων τὰ
ἀγαθά· καὶ ἕωθεν μὲν εὐθὺς ἐπὶ θύρας ἐφοίτων
μάλα πολλοί, μετὰ δὲ παντοῖά μοι δῶρα προσήγετο
ἀπανταχόθεν τῆς γῆς τὰ κάλλιστα.

ΣΙΜΥΛΟΣ

5   'Ετυράννησας, ὦ Πολύστρατε, μετ' ἐμέ;

ΠΟΛΥΣΤΡΑΤΟΣ

Οὔκ, ἀλλ' ἐραστὰς εἶχον μυρίους.

ΣΙΜΥΛΟΣ

'Εγέλασα· ἐραστὰς σὺ τηλικοῦτος ὤν, ὀδόντας
τέτταρας ἔχων;

ΠΟΛΥΣΤΡΑΤΟΣ

Νὴ Δία, τοὺς ἀρίστους γε τῶν ἐν τῇ πόλει· καὶ
10   γέροντά με καὶ φαλακρόν, ὡς ὁρᾷς, ὄντα καὶ λη-
μῶντα προσέτι καὶ κορυζῶντα ὑπερήδοντο θερα-
πεύοντες, καὶ μακάριος ἦν αὐτῶν ὅντινα ἂν καὶ μόνον
προσέβλεψα.

ΣΙΜΥΛΟΣ

Μῶν καὶ σύ τινα ὥσπερ ὁ Φάων τὴν 'Αφροδίτην
15   ἐκ Χίου διεπόρθμευσας, εἶτά σοι εὐξαμένῳ ἔδωκεν
νέον εἶναι καὶ καλὸν ἐξ ὑπαρχῆς καὶ ἀξιέραστον;

ΠΟΛΥΣΤΡΑΤΟΣ

Οὔκ, ἀλλὰ τοιοῦτος ὢν περιπόθητος ἦν.

ΣΙΜΥΛΟΣ

Αἰνίγματα λέγεις.

ΠΟΛΥΣΤΡΑΤΟΣ

3. Καὶ μὴν πρόδηλός γε ὁ ἔρως οὑτοσὶ πολὺς ὢν
ὁ περὶ τοὺς ἀτέκνους καὶ πλουσίους γέροντας.

ΣΙΜΥΛΟΣ

Νῦν μανθάνω σου τὸ κάλλος, ὦ θαυμάσιε, ὅτι
παρὰ τῆς χρυσῆς Ἀφροδίτης ἦν.   5

ΠΟΛΥΣΤΡΑΤΟΣ

Ἀτάρ, ὦ Σιμύλε, οὐκ ὀλίγα τῶν ἐραστῶν
ἀπολέλαυκα μονονουχὶ προσκυνούμενος ὑπ' αὐτῶν·
καὶ ἐθρυπτόμην δὲ πολλάκις καὶ ἀπέκλειον αὐτῶν
τινας ἐνίοτε, οἱ δὲ ἡμιλλῶντο καὶ ἀλλήλους ὑπερε-
βάλλοντο ἐν τῇ περὶ ἐμὲ φιλοτιμίᾳ.   10

ΣΙΜΥΛΟΣ

Τέλος δ' οὖν πῶς ἐβουλεύσω περὶ τῶν κτημάτων;

ΠΟΛΥΣΤΡΑΤΟΣ

Εἰς τὸ φανερὸν μὲν ἕκαστον αὐτῶν κληρονόμον
ἀπολιπεῖν ἔφασκον, ὁ δ' ἐπίστευέν τε ἂν καὶ κολα-
κευτικώτερον παρεσκεύαζεν αὐτόν, ἄλλας δὲ τὰς
ἀληθεῖς διαθήκας ἐκείνας ἔχων κατέλιπον οἰμώζειν   15
ἅπασι φράσας.

ΣΙΜΥΛΟΣ

4. Τίνα δὲ αἱ τελευταῖαι τὸν κληρονόμον ἔσχον;
ἢ πού τινα τῶν ἀπὸ τοῦ γένους;

ΠΟΛΥΣΤΡΑΤΟΣ

Οὐ μὰ Δία, ἀλλὰ νεώνητόν τινα τῶν μειρακίων
τῶν ὡραίων Φρύγα.   20

ΣΙΜΥΛΟΣ

Ἀμφὶ πόσα ἔτη, ὦ Πολύστρατε;

ΠΟΛΥΣΤΡΑΤΟΣ

Σχεδὸν ἀμφὶ τὰ εἴκοσι.

ΣΙΜΥΛΟΣ

Ἤδη μανθάνω ἅτινά σοι ἐκεῖνος ἐχαρίζετο.

ΠΟΛΥΣΤΡΑΤΟΣ

Πλὴν ἀλλὰ πολὺ ἐκείνων ἀξιώτερος κληρο-
5   νομεῖν, εἰ καὶ βάρβαρος ἦν καὶ ὄλεθρος, ὃν ἤδη καὶ
αὐτῶν οἱ ἄριστοι θεραπεύουσιν. ἐκεῖνος τοίνυν
ἐκληρονόμησέ μου καὶ νῦν ἐν τοῖς εὐπατρίδαις
ἀριθμεῖται ὑπεξυρημένος μὲν τὸ γένειον καὶ βαρβα-
ρίζων, Κόδρου δὲ εὐγενέστερος καὶ Νιρέως καλ-
10   λίων καὶ Ὀδυσσέως συνετώτερος λεγόμενος εἶναι.

ΣΙΜΥΛΟΣ

Οὔ μοι μέλει· καὶ στρατηγησάτω τῆς Ἑλλάδος,
εἰ δοκεῖ, ἐκεῖνοι δὲ <μὴ> κληρονομείτωσαν μόνον.

20

ΧΑΡΩΝΟΣ ΚΑΙ ΕΡΜΟΥ

ΧΑΡΩΝ

1. Ἀκούσατε ὡς ἔχει ὑμῖν τὰ πράγματα. μικρὸν
μὲν ἡμῖν, ὡς ὁρᾶτε, τὸ σκαφίδιον καὶ ὑπόσαθρόν
15   ἐστιν καὶ διαρρεῖ τὰ πολλά, καὶ ἢν τραπῇ ἐπὶ
θάτερα, οἰχήσεται περιτραπέν, ὑμεῖς δὲ τοσοῦτοι
ἅμα ἥκετε πολλὰ ἐπιφερόμενοι ἕκαστος. ἢν οὖν

μετὰ τούτων ἐμβῆτε, δέδια μὴ ὕστερον μετανοήσητε,
καὶ μάλιστα ὁπόσοι νεῖν οὐκ ἐπίστασθε.

ΕΡΜΗΣ

Πῶς οὖν ποιήσαντες εὐπλοήσομεν;

ΧΑΡΩΝ

Ἐγὼ ὑμῖν φράσω· γυμνοὺς ἐπιβαίνειν χρὴ τὰ
περιττὰ ταῦτα πάντα ἐπὶ τῆς ἠϊόνος καταλιπόντας· 5
μόλις γὰρ ἂν καὶ οὕτως δέξαιτο ὑμᾶς τὸ πορθμεῖον.
σοὶ δέ, ὦ Ἑρμῆ, μελήσει τὸ ἀπὸ τούτου μηδένα
παραδέχεσθαι αὐτῶν, ὃς ἂν μὴ ψιλὸς ᾖ καὶ τὰ
ἔπιπλα, ὥσπερ ἔφην, ἀποβαλών. παρὰ δὲ τὴν
ἀποβάθραν ἑστὼς διαγίνωσκε αὐτοὺς καὶ ἀναλάμ- 10
βανε γυμνοὺς ἐπιβαίνειν ἀναγκάζων.

ΕΡΜΗΣ

2. Εὖ λέγεις, καὶ οὕτω ποιήσωμεν.—Οὑτοσὶ
τίς ὁ πρῶτός ἐστιν;

ΜΕΝΙΠΠΟΣ

Μένιππος ἔγωγε. ἀλλ' ἰδοὺ ἡ πήρα μοι, ὦ
Ἑρμῆ, καὶ τὸ βάκτρον εἰς τὴν λίμνην ἀπερρίφθων, 15
τὸν τρίβωνα δὲ οὐδὲ ἐκόμισα εὖ ποιῶν.

ΕΡΜΗΣ

Ἔμβαινε, ὦ Μένιππε ἀνδρῶν ἄριστε, καὶ τὴν
προεδρίαν ἔχε παρὰ τὸν κυβερνήτην ἐφ' ὑψηλοῦ, ὡς
ἐπισκοπῇς ἅπαντας. 3. ὁ καλὸς δ' οὗτος τίς ἐστιν;

ΧΑΡΜΟΛΕΩΣ

Χαρμόλεως ὁ Μεγαρικὸς ἐπέραστος, οὗ τὸ 20
φίλημα διτάλαντον ἦν.

ΕΡΜΗΣ

Ἀπόδυθι τοιγαροῦν τὸ κάλλος καὶ τὰ χείλη
αὐτοῖς φιλήμασι καὶ τὴν κόμην τὴν βαθεῖαν καὶ τὸ
ἐπὶ τῶν παρειῶν ἐρύθημα καὶ τὸ δέρμα ὅλον.
ἔχει καλῶς, εὔζωνος εἶ, ἐπίβαινε ἤδη. 4. ὁ δὲ τὴν
5 πορφυρίδα οὑτοσὶ καὶ τὸ διάδημα ὁ βλοσυρὸς τίς
ὢν τυγχάνεις;

ΛΑΜΠΙΧΟΣ

Λάμπιχος Γελῴων τύραννος.

ΕΡΜΗΣ

Τί οὖν, ὦ Λάμπιχε, τοσαῦτα ἔχων πάρει;

ΛΑΜΠΙΧΟΣ

Τί οὖν; ἐχρῆν, ὦ Ἑρμῆ, γυμνὸν ἥκειν τύραννον
10 ἄνδρα;

ΕΡΜΗΣ

Τύραννον μὲν οὐδαμῶς, νεκρὸν δὲ μάλα· ὥστε
ἀπόθου ταῦτα.

ΛΑΜΠΙΧΟΣ

Ἰδού σοι ὁ πλοῦτος ἀπέρριπται.

ΕΡΜΗΣ

Καὶ τὸν τῦφον ἀπόρριψον, ὦ Λάμπιχε, καὶ τὴν
15 ὑπεροψίαν· βαρήσει γὰρ τὸ πορθμεῖον συνεμπε-
σόντα.

ΛΑΜΠΙΧΟΣ

Οὐκοῦν ἀλλὰ τὸ διάδημα ἔασόν με ἔχειν καὶ τὴν
ἐφεστρίδα.

ΕΡΜΗΣ

Οὐδαμῶς, ἀλλὰ καὶ ταῦτα ἄφες.

ΛΑΜΠΙΧΟΣ

Εἶεν. τί ἔτι; πᾶν γὰρ ἀφῆκα, ὡς ὁρᾷς.

ΕΡΜΗΣ

Καὶ τὴν ὠμότητα καὶ τὴν ἄνοιαν καὶ τὴν ὕβριν
καὶ τὴν ὀργήν, καὶ ταῦτα ἄφες.

ΛΑΜΠΙΧΟΣ

'Ιδού σοι ψιλός εἰμι.

ΕΡΜΗΣ

5. "Εμβαινε ἤδη. σὺ δὲ ὁ παχύς, ὁ πολύσαρκος 5
τίς ὢν τυγχάνεις;

ΔΑΜΑΣΙΑΣ

Δαμασίας ὁ ἀθλητής.

ΕΡΜΗΣ

Ναί, ἔοικας· οἶδα γάρ σε πολλάκις ἐν ταῖς
παλαίστραις ἰδών.

ΔΑΜΑΣΙΑΣ

Ναί, ὦ 'Ερμῆ· ἀλλὰ παράδεξαί με γυμνὸν ὄντα. 10

ΕΡΜΗΣ

Οὐ γυμνόν, ὦ βέλτιστε, τοσαύτας σάρκας
περιβεβλημένον· ὥστε ἀπόδυθι αὐτάς, ἐπεὶ κατα-
δύσεις τὸ σκάφος τὸν ἕτερον πόδα ὑπερθεὶς μόνον·
ἀλλὰ καὶ τοὺς στεφάνους τούτους ἀπόρριψον καὶ τὰ
κηρύγματα. 15

ΔΑΜΑΣΙΑΣ

'Ιδού σοι γυμνός, ὡς ὁρᾷς, ἀληθῶς εἰμι καὶ
ἰσοστάσιος τοῖς ἄλλοις νεκροῖς.

ΕΡΜΗΣ

6. Οὕτως ἄμεινον ἀβαρῆ εἶναι· ὥστε ἔμβαινε.
καὶ σὺ τὸν πλοῦτον ἀποθέμενος, ὦ Κράτων, καὶ
τὴν μαλακίαν δὲ προσέτι καὶ τὴν τρυφήν, μηδὲ τὰ
ἐντάφια κόμιζε μηδὲ τὰ τῶν προγόνων ἀξιώματα,
5 κατάλιπε δὲ καὶ γένος καὶ δόξαν καὶ εἴ ποτέ σε ἡ
πόλις ἀνεκήρυξεν καὶ τὰς τῶν ἀνδριάντων ἐπιγραφάς,
μηδέ ὅτι μέγαν τάφον ἐπί σοι ἔχωσαν λέγε·
βαρύνει γὰρ καὶ ταῦτα μνημονευόμενα.

ΚΡΑΤΩΝ

Οὐχ ἑκὼν μέν, ἀπορρίψω δέ· τί γὰρ ἂν καὶ
10 πάθοιμι;

ΕΡΜΗΣ

7. βαβαί. σὺ δὲ ὁ ἔνοπλος τί βούλει; ἢ τί τὸ
τρόπαιον τοῦτο φέρεις;

ΣΤΡΑΤΗΓΟΣ

"Οτι ἐνίκησα, ὦ Ἑρμῆ, καὶ ἠρίστευσα καὶ ἡ
πόλις ἐτίμησέν με.

ΕΡΜΗΣ

15 Ἄφες ὑπὲρ γῆς τὸ τρόπαιον· ἐν ᾅδου γὰρ
εἰρήνη καὶ οὐδὲν ὅπλων δεήσει. 8. ὁ σεμνὸς δὲ
οὗτος ἀπό γε τοῦ σχήματος καὶ βρενθυόμενος, ὁ
τὰς ὀφρῦς ἐπηρκώς, ὁ ἐπὶ τῶν φροντίδων τίς
ἐστιν, ὁ τὸν βαθὺν πώγωνα καθειμένος;

ΜΕΝΙΠΠΟΣ

20 Φιλόσοφός τις, ὦ Ἑρμῆ, μᾶλλον δὲ γόης καὶ
τερατείας μεστός· ὥστε ἀπόδυσον καὶ τοῦτον·
ὄψει γὰρ πολλὰ καὶ γελοῖα ὑπὸ τῷ ἱματίῳ σκεπό-
μενα.

ΕΡΜΗΣ

Κατάθου σὺ τὸ σχῆμα πρῶτον, εἶτα καὶ ταυτὶ
πάντα. ὦ Ζεῦ, ὅσην μὲν τὴν ἀλαζονείαν κομίζει,
ὅσην δὲ ἀμαθίαν καὶ ἔριν καὶ κενοδοξίαν καὶ
ἐρωτήσεις ἀπόρους καὶ λόγους ἀκανθώδεις καὶ
ἐννοίας πολυπλόκους, ἀλλὰ καὶ ματαιοπονίαν μάλα   5
πολλὴν καὶ λῆρον οὐκ ὀλίγον καὶ ὕθλους καὶ
μικρολογίαν, νὴ Δία καὶ χρυσίον γε τουτὶ καὶ
ἡδυπάθειαν δὲ καὶ ἀναισχυντίαν καὶ ὀργὴν καὶ
τρυφὴν καὶ μαλακίαν· οὐ λέληθεν γάρ με, εἰ καὶ μάλα
περικρύπτεις αὐτά. καὶ τὸ ψεῦδος δὲ ἀπόθου καὶ   10
τὸν τῦφον καὶ τὸ οἴεσθαι ἀμείνων εἶναι τῶν ἄλλων·
ὡς εἴ γε ταῦτα πάντα ἔχων ἐμβαίης, ποία πεντη-
κόντορος δέξαιτο ἄν σε;

ΦΙΛΟΣΟΦΟΣ

Ἀποτίθεμαι τοίνυν αὐτά, ἐπείπερ οὕτω κελεύεις.

ΜΕΝΙΠΠΟΣ

9. Ἀλλὰ καὶ τὸν πώγωνα τοῦτον ἀποθέσθω, ὦ   15
Ἑρμῆ, βαρύν τε ὄντα καὶ λάσιον, ὡς ὁρᾷς· πέντε
μναῖ τριχῶν εἰσι τοὐλάχιστον.

ΕΡΜΗΣ

Εὖ λέγεις· ἀπόθου καὶ τοῦτον.

ΦΙΛΟΣΟΦΟΣ

Καὶ τίς ὁ ἀποκείρων ἔσται;

ΕΡΜΗΣ

Μένιππος οὑτοσὶ λαβὼν πέλεκυν τῶν ναυπηγικῶν   20
ἀποκόψει αὐτὸν ἐπικόπῳ τῇ ἀποβάθρᾳ χρησάμενος.

ΜΕΝΙΠΠΟΣ

Οὔκ, ὦ Ἑρμῆ, ἀλλὰ πρίονά μοι ἀνάδος· γε-
λοιότερον γὰρ τοῦτο.

ΕΡΜΗΣ

Ὁ πέλεκυς ἱκανός. εὖ γε. ἀνθρωπινώτερος νῦν
ἀναπέφηνας ἀποθέμενος σαυτοῦ τὴν κινάβραν.

ΜΕΝΙΠΠΟΣ

5   Βούλει μικρὸν ἀφέλωμαι καὶ τῶν ὀφρύων;

ΕΡΜΗΣ

Μάλιστα· ὑπὲρ τὸ μέτωπον γὰρ καὶ ταύτας
ἐπῆρκεν, οὐκ οἶδα ἐφ' ὅτῳ ἀνατείνων ἑαυτόν. τί
τοῦτο; καὶ δακρύεις, ὦ κάθαρμα, καὶ πρὸς θάνατον
ἀποδειλιᾷς; ἔμβηθι δ' οὖν.

ΜΕΝΙΠΠΟΣ

10   Ἑν ἔτι τὸ βαρύτατον ὑπὸ μάλης ἔχει.

ΕΡΜΗΣ

Τί, ὦ Μένιππε;

ΜΕΝΙΠΠΟΣ

Κολακείαν, ὦ Ἑρμῆ, πολλὰ ἐν τῷ βίῳ χρησιμεύ-
σασαν αὐτῷ.

ΦΙΛΟΣΟΦΟΣ

Οὐκοῦν καὶ σύ, ὦ Μένιππε, ἀπόθου τὴν ἐλευ-
15   θερίαν καὶ παρρησίαν καὶ τὸ ἄλυπον καὶ τὸ γενναῖον
καὶ τὸν γέλωτα· μόνος γοῦν τῶν ἄλλων γελᾷς.

ΕΡΜΗΣ

Μηδαμῶς, ἀλλὰ καὶ ἔχε ταῦτα, κοῦφα γὰρ καὶ
πάνυ εὔφορα ὄντα καὶ πρὸς τὸν κατάπλουν χρήσιμα.

10. καὶ ὁ ῥήτωρ δὲ σὺ ἀπόθου τῶν ῥημάτων τὴν τοσαύτην ἀπεραντολογίαν καὶ ἀντιθέσεις καὶ παρισώσεις καὶ περιόδους καὶ βαρβαρισμοὺς καὶ τὰ ἄλλα βάρη τῶν λόγων.

РΗТΩР

Ἢν ἰδού, ἀποτίθεμαι.   5

ЕРМΗΣ

Εὖ ἔχει· ὥστε λύε τὰ ἀπόγεια, τὴν ἀποβάθραν ἀνελώμεθα, τὸ ἀγκύριον ἀνεσπάσθω, πέτασον τὸ ἱστίον, εὔθυνε, ὦ πορθμεῦ, τὸ πηδάλιον· εὖ πάθωμεν. 11. τί οἰμώζετε, ὦ μάταιοι, καὶ μάλιστα ὁ φιλόσοφος σὺ ὁ ἀρτίως τὸν πώγωνα δεδηωμένος;   10

ΦΙΛΟΣΟΦΟΣ

῎Οτι, ὦ Ἑρμῆ, ἀθάνατον ᾤμην τὴν ψυχὴν ὑπάρχειν.

ΜΕΝΙΠΠΟΣ

Ψεύδεται· ἄλλα γὰρ ἔοικε λυπεῖν αὐτόν.

ЕРМΗΣ

Τὰ ποῖα;

ΜΕΝΙΠΠΟΣ

῎Οτι μηκέτι δειπνήσει πολυτελῆ δεῖπνα μηδὲ   15
νύκτωρ ἐξιὼν ἅπαντας λανθάνων τῷ ἱματίῳ τὴν κεφαλὴν κατειλήσας περίεισιν ἐν κύκλῳ τὰ χαμαιτυπεῖα, καὶ ἕωθεν ἐξαπατῶν τοὺς νέους ἐπὶ τῇ σοφίᾳ ἀργύριον λήψεται· ταῦτα λυπεῖ αὐτόν.

ΦΙΛΟΣΟΦΟΣ

Σὺ γάρ, ὦ Μένιππε, οὐκ ἄχθῃ ἀποθανών;

ΜΕΝΙΠΠΟΣ

Πῶς, ὃς ἔσπευσα ἐπὶ τὸν θάνατον καλέσαντος
μηδενός; 12. ἀλλὰ μεταξὺ λόγων οὐ κραυγή τις
ἀκούεται ὥσπερ τινῶν ἀπὸ γῆς βοώντων;

ΕΡΜΗΣ

5   Ναί, ὦ Μένιππε, οὐκ ἀφ' ἑνός γε χώρου, ἀλλ'
οἱ μὲν εἰς τὴν ἐκκλησίαν συνελθόντες ἄσμενοι γελῶσι
πάντες ἐπὶ τῷ Λαμπίχου θανάτῳ καὶ ἡ γυνὴ αὐτοῦ
συνέχεται πρὸς τῶν γυναικῶν καὶ τὰ παιδία νεογνὰ
ὄντα ὁμοίως κἀκεῖνα ὑπὸ τῶν παίδων βάλλεται
10   ἀφθόνοις τοῖς λίθοις· ἄλλοι δὲ Διόφαντον τὸν
ῥήτορα ἐπαινοῦσιν ἐν Σικυῶνι ἐπιταφίους λόγους
διεξιόντα ἐπὶ Κράτωνι τούτῳ. καὶ νὴ Δία γε ἡ
Δαμασίου μήτηρ κωκύουσα ἐξάρχει τοῦ θρήνου σὺν
γυναιξὶν ἐπὶ τῷ Δαμασίᾳ· σὲ δὲ οὐδείς, ὦ Μένιππε,
15   δακρύει, καθ' ἡσυχίαν δὲ κεῖσαι μόνος.

ΜΕΝΙΠΠΟΣ

13. Οὐδαμῶς, ἀλλ' ἀκούσῃ τῶν κυνῶν μετ'
ὀλίγον ὠρυομένων οἴκτιστον ἐπ' ἐμοὶ καὶ τῶν
κοράκων τυπτομένων τοῖς πτεροῖς, ὁπόταν συνελ-
θόντες θάπτωσί με.

ΕΡΜΗΣ

20   Γεννάδας εἶ, ὦ Μένιππε. ἀλλ' ἐπεὶ καταπε-
πλεύκαμεν ἡμεῖς, ὑμεῖς μὲν ἄπιτε πρὸς τὸ δικα-
στήριον εὐθεῖαν ἐκείνην προϊόντες, ἐγὼ δὲ καὶ ὁ
πορθμεὺς ἄλλους μετελευσόμεθα.

ΜΕΝΙΠΠΟΣ

Εὐπλοεῖτε, ὦ Ἑρμῆ· προΐωμεν δὲ καὶ ἡμεῖς.
τί οὖν ἔτι καὶ μέλλετε; δικασθῆναι δεήσει, καὶ τὰς
καταδίκας φασὶν εἶναι βαρείας, τροχοὺς καὶ λίθους
καὶ γῦπας· δειχθήσεται δὲ ὁ ἑκάστου βίος.

21

ΚΡΑΤΗΤΟΣ ΚΑΙ ΔΙΟΓΕΝΟΥΣ

ΚΡΑΤΗΣ

1. Μοίριχον τὸν πλούσιον ἐγίνωσκες, ὦ Διόγενες,   5
τὸν πάνυ πλούσιον, τὸν ἐκ Κορίνθου, τὸν τὰς πολλὰς
ὁλκάδας ἔχοντα, οὗ ἀνεψιὸς Ἀριστέας, πλούσιος καὶ
αὐτὸς ὤν, τὸ Ὁμηρικὸν ἐκεῖνο εἰώθει ἐπιλέγειν,
'ἤ μ' ἀνάειρ' ἢ ἐγὼ σέ'.

ΔΙΟΓΕΝΗΣ

Τίνος ἕνεκα, ὦ Κράτης;   10

ΚΡΑΤΗΣ

Ἐθεράπευον ἀλλήλους τοῦ κλήρου ἕνεκα ἑκάτερος
ἡλικιῶται ὄντες, καὶ τὰς διαθήκας εἰς τὸ φανερὸν
ἐτίθεντο, Ἀριστέαν μὲν ὁ Μοίριχος, εἰ προαποθάνοι,
δεσπότην ἀφιεὶς τῶν ἑαυτοῦ πάντων, Μοίριχον δὲ
ὁ Ἀριστέας, εἰ προαπέλθοι αὐτοῦ. ταῦτα μὲν   15
ἐγέγραπτο, οἱ δὲ ἐθεράπευον ὑπερβαλλόμενοι
ἀλλήλους τῇ κολακείᾳ. καὶ οἱ μάντεις, εἴτε ἀπὸ
τῶν ἄστρων τεκμαιρόμενοι τὸ μέλλον εἴτε ἀπὸ τῶν

ὀνειράτων, ὥς γε Χαλδαίων παῖδες, ἀλλὰ καὶ ὁ
Πύθιος αὐτὸς ἄρτι μὲν Ἀριστέᾳ παρεῖχε τὸ κράτος,
ἄρτι δὲ Μοιρίχῳ, καὶ τὰ τάλαντα ποτὲ μὲν
ἐπὶ τοῦτον, νῦν δ' ἐπ' ἐκεῖνον ἔρρεπε.

ΔΙΟΓΕΝΗΣ

5   2. Τί οὖν πέρας ἐγένετο, ὦ Κράτης; ἀκοῦσαι γὰρ
ἄξιον.

ΚΡΑΤΗΣ

Ἄμφω τεθνᾶσιν ἐπὶ μιᾶς ἡμέρας, οἱ δὲ κλῆροι
εἰς Εὐνόμιον καὶ Θρασυκλέα περιῆλθον ἄμφω συγγε-
νεῖς ὄντας οὐδὲ πώποτε προμαντευομένους οὕτω
10 γενέσθαι ταῦτα· διαπλέοντες γὰρ ἀπὸ Σικυῶνος
εἰς Κίρραν κατὰ μέσον τὸν πόρον πλαγίῳ περιπε-
σόντες τῷ Ἰάπυγι ἀνετράπησαν.

ΔΙΟΓΕΝΗΣ

3. Εὖ ἐποίησαν. ἡμεῖς δὲ ὁπότε ἐν τῷ βίῳ
ἦμεν, οὐδὲν τοιοῦτον ἐνενοοῦμεν περὶ ἀλλήλων·
15 οὔτε πώποτε ηὐξάμην Ἀντισθένην ἀποθανεῖν, ὡς
κληρονομήσαιμι τῆς βακτηρίας αὐτοῦ—εἶχεν δὲ
πάνυ καρτερὰν ἐκ κοτίνου ποιησάμενος—οὔτε
οἶμαι σὺ ὁ Κράτης ἐπεθύμεις κληρονομεῖν ἀποθα-
νόντος ἐμοῦ τὰ κτήματα καὶ τὸν πίθον καὶ τὴν
20 πήραν χοίνικας δύο θέρμων ἔχουσαν.

ΚΡΑΤΗΣ

Οὐδὲν γάρ μοι τούτων ἔδει, ἀλλ' οὐδὲ σοί, ὦ
Διόγενες· ἃ γὰρ ἐχρῆν, σύ τε Ἀντισθένους ἐκλη-
ρονόμησας καὶ ἐγὼ σοῦ, πολλῷ μείζω καὶ σεμνό-
τερα τῆς Περσῶν ἀρχῆς.

ΔΙΟΓΕΝΗΣ

Τίνα ταῦτα φής;

ΚΡΑΤΗΣ

Σοφίαν, αὐτάρκειαν, ἀλήθειαν, παρρησίαν, ἐλευθε-
ρίαν.

ΔΙΟΓΕΝΗΣ

Νὴ Δία, μέμνημαι τοῦτον διαδεξάμενος τὸν
πλοῦτον παρὰ Ἀντισθένους καὶ σοὶ ἔτι πλείω κα-   5
ταλιπών.

ΚΡΑΤΗΣ

4. Ἀλλ' οἱ ἄλλοι ἠμέλουν τῶν τοιούτων κτη-
μάτων καὶ οὐδεὶς ἐθεράπευεν ἡμᾶς κληρονομήσειν
προσδοκῶν, εἰς δὲ τὸ χρυσίον πάντες ἔβλεπον.

ΔΙΟΓΕΝΗΣ

Εἰκότως· οὐ γὰρ εἶχον ἔνθα δέξαιντο τὰ   10
τοιαῦτα παρ' ἡμῶν διερρυηκότες ὑπὸ τρυφῆς,
καθάπερ τὰ σαπρὰ τῶν βαλλαντίων· ὥστε εἴ
ποτε καὶ ἐμβάλοι τις ἐς αὐτοὺς ἢ σοφίαν ἢ
παρρησίαν ἢ ἀλήθειαν, ἐξέπιπτεν εὐθὺς καὶ διέρρει,
τοῦ πυθμένος στέγειν οὐ δυναμένου, οἷόν τι   15
πάσχουσιν αἱ τοῦ Δαναοῦ αὗται παρθένοι εἰς τὸν
τετρυπημένον πίθον ἐπαντλοῦσαι· τὸ δὲ χρυσίον
ὀδοῦσι καὶ ὄνυξι καὶ πάσῃ μηχανῇ ἐφύλαττον.

ΚΡΑΤΗΣ

Οὐκοῦν ἡμεῖς μὲν ἕξομεν κἀνταῦθα τὸν πλοῦτον,
οἱ δὲ ὀβολὸν ἥξουσι κομίζοντες καὶ τοῦτον ἄχρι τοῦ   20
πορθμέως.

22

ΔΙΟΓΕΝΟΥΣ ΚΑΙ ΑΝΤΙΣΘΕΝΟΥΣ ΚΑΙ ΚΡΑΤΗΤΟΣ

ΔΙΟΓΕΝΗΣ

1. Ἀντίσθενες καὶ Κράτης, σχολὴν ἄγομεν·
ὥστε τί οὐκ ἄπιμεν εὐθὺ τῆς καθόδου περιπατήσον-
τες, ὀψόμενοι τοὺς κατιόντας οἷοί τινές εἰσι καὶ τί
ἕκαστος αὐτῶν ποιεῖ;

ΑΝΤΙΣΘΕΝΗΣ

5   Ἀπίωμεν, ὦ Διόγενες · καὶ γὰρ ἂν ἡδὺ τὸ
θέαμα γένοιτο, τοὺς μὲν δακρύοντας αὐτῶν ὁρᾶν, τοὺς
δὲ ἱκετεύοντας ἀφεθῆναι. ἐνίους δὲ μόλις κατιόν-
τας καὶ ἐπὶ τράχηλον ὠθοῦντος τοῦ Ἑρμοῦ ὅμως
ἀντιβαίνοντας καὶ ὑπτίους ἀντερείδοντας οὐδὲν δέον.

ΚΡΑΤΗΣ

10   Ἔγωγ' οὖν καὶ διηγήσομαι ὑμῖν ἃ εἶδον ὁπότε
κατῄειν κατὰ τὴν ὁδόν.

ΔΙΟΓΕΝΗΣ

Διήγησαι, ὦ Κράτης· ἔοικας γάρ τινα ἑω-
ρακέναι παγγέλοια.

ΚΡΑΤΗΣ

2. Καὶ ἄλλοι μὲν πολλοὶ συγκατέβαινον ἡμῖν, ἐν
15   αὐτοῖς δὲ ἐπίσημοι Ἰσμηνόδωρός τε ὁ πλούσιος ὁ
ἡμέτερος καὶ Ἀρσάκης ὁ Μηδίας ὕπαρχος καὶ
Ὀροίτης ὁ Ἀρμένιος. ὁ μὲν οὖν Ἰσμηνόδωρος—

ἐπεφόνευτο γὰρ ὑπὸ τῶν ληστῶν ὑπὸ τὸν Κιθαι-
ρῶνα Ἐλευσῖνάδε οἶμαι βαδίζων—ἔστενε καὶ τὸ
τραῦμα ἐν ταῖν χεροῖν εἶχε καὶ τὰ παιδία, ἃ νεογνὰ
κατελελοίπει, ἀνεκαλεῖτο καὶ ἑαυτῷ ἐπεμέμφετο
τῆς τόλμης, ὃς Κιθαιρῶνα ὑπερβάλλων καὶ τὰ περὶ 5
τὰς Ἐλευθερὰς χωρία πανέρημα ὄντα ὑπὸ τῶν
πολέμων διοδεύων δύο μόνους οἰκέτας ἐπηγάγετο,
καὶ ταῦτα φιάλας πέντε χρυσᾶς καὶ κυμβία τέτταρα
μεθ' ἑαυτοῦ κομίζων. 3. ὁ δὲ Ἀρσάκης—γηραιὸς
ἤδη καὶ νὴ Δί' οὐκ ἄσεμνος τὴν ὄψιν—εἰς τὸ 10
βαρβαρικὸν ἤχθετο καὶ ἠγανάκτει πεζὸς βαδίζων
καὶ ἠξίου τὸν ἵππον αὐτῷ προσαχθῆναι· καὶ γὰρ
καὶ ὁ ἵππος αὐτῷ συνετεθνήκει, μιᾷ πληγῇ ἀμφότεροι
διαπαρέντες ὑπὸ Θρᾳκός τινος πελταστοῦ ἐν τῇ ἐπὶ
τῷ Ἀράξῃ πρὸς τὸν Καππαδόκην συμπλοκῇ. ὁ μὲν 15
γὰρ Ἀρσάκης ἐπήλαυνεν, ὡς διηγεῖτο, πολὺ τῶν
ἄλλων προεξορμήσας, ὑποστὰς δὲ ὁ Θρᾷξ τῇ
πέλτῃ μὲν ὑποδὺς ἀποσείεται τοῦ Ἀρσάκου τὸν
κοντόν, ὑποθεὶς δὲ τὴν σάρισαν αὐτόν τε διαπείρει
καὶ τὸν ἵππον. 20

ΑΝΤΙΣΘΕΝΗΣ

4. Πῶς οἶόν τε, ὦ Κράτης, μιᾷ πληγῇ τοῦτο
γενέσθαι;

ΚΡΑΤΗΣ

Ῥᾷστ', ὦ Ἀντισθένες· ὁ μὲν γὰρ ἐπήλαυνεν
εἰκοσάπηχύν τινα κοντὸν προβεβλημένος, ὁ Θρᾷξ δ'
ἐπειδὴ τῇ πέλτῃ παρεκρούσατο τὴν προσβολὴν καὶ 25
παρῆλθεν αὐτὸν ἡ ἀκωκή, ἐς τὸ γόνυ ὀκλάσας
δέχεται τῇ σαρίσῃ τὴν ἐπέλασιν καὶ τιτρώσκει τὸν

ἵππον ὑπὸ τὸ στέρνον ὑπὸ θυμοῦ καὶ σφοδρότητος
ἑαυτὸν διαπείραντα· διελαύνεται δὲ καὶ ὁ Ἀρσάκης
ἐκ τοῦ βουβῶνος διαμπὰξ ἄχρι ὑπὸ τὴν πυγήν.
ὁρᾷς οἷόν τι ἐγένετο, οὐ τοῦ ἀνδρός, ἀλλὰ τοῦ
5 ἵππου μᾶλλον τὸ ἔργον. ἠγανάκτει δ' ὅμως ὁμό-
τιμος ὢν τοῖς ἄλλοις καὶ ἠξίου ἱππεὺς κατιέναι.
5. ὁ δέ γε Ὀροίτης καὶ πάνυ ἁπαλὸς ἦν τὼ
πόδε καὶ οὐδ' ἑστάναι χαμαί, οὐχ ὅπως βαδίζειν
ἐδύνατο· πάσχουσι δ' αὐτὸ ἀτεχνῶς Μῆδοι πάντες,
10 ἦν ἀποβῶσι τῶν ἵππων· ὥσπερ οἱ ἐπὶ τῶν
ἀκανθῶν ἀκροποδητὶ μόλις βαδίζουσιν. ὥστε ἐπεὶ
καταβαλὼν ἑαυτὸν ἔκειτο καὶ οὐδεμιᾷ μηχανῇ
ἀνίστασθαι ἤθελεν, ὁ βέλτιστος Ἑρμῆς ἀράμενος
αὐτὸν ἐκόμισεν ἄχρι πρὸς τὸ πορθμεῖον, ἐγὼ δὲ
15 ἐγέλων.

ΑΝΤΙΣΘΕΝΗΣ

6. Κἀγὼ δὲ ὁπότε κατῄειν, οὐδ' ἀνέμιξα ἐμαυ-
τὸν τοῖς ἄλλοις, ἀλλ' ἀφεὶς οἰμώζοντας αὐτοὺς
προδραμὼν ἐπὶ τὸ πορθμεῖον προκατέλαβον χώραν,
ὡς ἂν ἐπιτηδείως πλεύσαιμι· καὶ παρὰ τὸν πλοῦν
20 οἱ μὲν ἐδάκρυόν τε καὶ ἐναυτίων, ἐγὼ δὲ μάλα
ἐτερπόμην ἐπ' αὐτοῖς.

ΔΙΟΓΕΝΗΣ

7. Σὺ μέν, ὦ Κράτης καὶ Ἀντίσθενες, τοιούτων
ἐτύχετε τῶν ξυνοδοιπόρων, ἐμοὶ δὲ Βλεψίας τε ὁ
δανειστικὸς ὁ ἐκ Πειραιῶς καὶ Λάμπις ὁ Ἀκαρνὰν
25 ξεναγὸς ὢν καὶ Δᾶμις ὁ πλούσιος ὁ ἐκ Κορίνθου

συγκατῄεσαν, ὁ μὲν Δᾶμις ὑπὸ τοῦ παιδὸς ἐκ
φαρμάκων ἀποθανών, ὁ δὲ Λάμπις δι' ἔρωτα
Μυρτίου τῆς ἑταίρας ἀποσφάξας ἑαυτόν, ὁ δὲ
Βλεψίας λιμῷ ἄθλιος ἐλέγετο ἀπεσκληκέναι καὶ
ἐδήλου δὲ ὠχρὸς εἰς ὑπερβολὴν καὶ λεπτὸς εἰς τὸ 5
ἀκριβέστατον φαινόμενος. ἐγὼ δὲ καίπερ εἰδὼς
ἀνέκρινον, ὃν τρόπον ἀποθάνοιεν. εἶτα τῷ μὲν
Δάμιδι αἰτιωμένῳ τὸν υἱόν, Οὐκ ἄδικα μέντοι ἔπαθες,
ἔφην, ὑπ' αὐτοῦ, εἰ τάλαντα ἔχων ὁμοῦ χίλια καὶ
τρυφῶν αὐτὸς ἐνενηκοντούτης ὢν ὀκτωκαιδεκαέτει 10
νεανίσκῳ τέτταρας ὀβολοὺς παρεῖχες. σὺ δέ, ὦ
Ἀκαρνάν,—ἔστενε γὰρ κἀκεῖνος καὶ κατηρᾶτο τῇ
Μυρτίῳ—τί αἰτιᾷ τὸν Ἔρωτα, σεαυτὸν δέον, ὃς
τοὺς μὲν πολεμίους οὐδεπώποτε ἔτρεσας, ἀλλὰ
φιλοκινδύνως ἠγωνίζου πρὸ τῶν ἄλλων, ἀπὸ δὲ τοῦ 15
τυχόντος παιδισκαρίου καὶ δακρύων ἐπιπλάστων
καὶ στεναγμῶν ἑάλως ὁ γενναῖος; ὁ μὲν γὰρ
Βλεψίας αὐτὸς ἑαυτοῦ κατηγόρει φθάσας πολλὴν
τὴν ἄνοιαν, ὡς τὰ χρήματα ἐφύλαττεν τοῖς οὐδὲν
προσήκουσιν κληρονόμοις, εἰς ἀεὶ βιώσεσθαι ὁ 20
μάταιος νομίζων. πλὴν ἔμοιγε οὐ τὴν τυχοῦσαν
τερπωλὴν παρέσχον τότε στένοντες. 8. ἀλλ' ἤδη
μὲν ἐπὶ τῷ στομίῳ ἐσμέν, ἀποβλέπειν δὲ χρὴ καὶ
ἀποσκοπεῖν πόρρωθεν τοὺς ἀφικνουμένους. βαβαί,
πολλοί γε καὶ ποικίλοι καὶ πάντες δακρύοντες 25
πλὴν τῶν νεογνῶν τούτων καὶ νηπίων. ἀλλὰ καὶ οἱ
πάνυ γέροντες ὀδύρονται. τί τοῦτο; ἆρα τὸ φίλτρον
αὐτοὺς ἔχει τοῦ βίου; 9. τοῦτον οὖν τὸν ὑπέργηρων
ἐρέσθαι βούλομαι. τί δακρύεις τηλικοῦτος ἀποθανών;
τί ἀγανακτεῖς, ὦ βέλτιστε, καὶ ταῦτα γέρων 30
ἀφιγμένος; ἦ που βασιλεύς τις ἦσθα;

ΠΤΩΧΟΣ

Οὐδαμῶς.

ΔΙΟΓΕΝΗΣ

Ἀλλὰ σατράπης τις;

ΠΤΩΧΟΣ

Οὐδὲ τοῦτο.

ΔΙΟΓΕΝΗΣ

Ἆρα οὖν ἐπλούτεις, εἶτα ἀνιᾷ σε τὸ πολλὴν
5   τρυφὴν ἀπολιπόντα τεθνάναι;

ΠΤΩΧΟΣ

Οὐδὲν τοιοῦτο, ἀλλ' ἔτη μὲν ἐγεγόνειν ἀμφὶ τὰ
ἐνενήκοντα, βίον δὲ ἄπορον ἀπὸ καλάμου καὶ
ὁρμιᾶς εἶχον εἰς ὑπερβολὴν πτωχὸς ὢν ἄτεκνός τε
καὶ προσέτι χωλὸς καὶ ἀμυδρὸν βλέπων.

ΔΙΟΓΕΝΗΣ

10   Εἶτα τοιοῦτος ὢν ζῆν ἤθελες;

ΠΤΩΧΟΣ

Ναί· ἡδὺ γὰρ ἦν τὸ φῶς καὶ τὸ τεθνάναι δεινὸν
καὶ φευκτέον.

ΔΙΟΓΕΝΗΣ

Παραπαίεις, ὦ γέρον, καὶ μειρακιεύῃ πρὸς τὸ
χρεών, καὶ ταῦτα ἡλικιώτης ὢν τοῦ πορθμέως. τί
15   οὖν ἄν τις ἔτι λέγοι περὶ τῶν νέων, ὁπότε οἱ τηλι-
κοῦτοι φιλόζωοί εἰσιν, οὓς ἐχρῆν διώκειν τὸν
θάνατον ὡς τῶν ἐν τῷ γήρᾳ κακῶν φάρμακον. ἀλλ'
ἀπίωμεν ἤδη, μὴ καί τις ἡμᾶς ὑπίδηται ὡς ἀπό-
δρασιν βουλεύοντας, ὁρῶν περὶ τὸ στόμιον εἰλουμέ-
20   νους.

23

ΑΙΑΝΤΟΣ ΚΑΙ ΑΓΑΜΕΜΝΟΝΟΣ

ΑΓΑΜΕΜΝΩΝ

1. Εἰ σὺ μανείς, ὦ Αἶαν, σεαυτὸν ἐφόνευσας, ἐμέλλησας δὲ καὶ ἡμᾶς ἅπαντας, τί αἰτιᾷ τὸν Ὀδυσσέα καὶ πρῴην οὔτε προσέβλεψας αὐτόν, ὁπότε ἧκεν μαντευσόμενος, οὔτε προσειπεῖν ἠξίωσας ἄνδρα συστρατιώτην καὶ ἑταῖρον, ἀλλ' ὑπεροπτικῶς 5 μεγάλα βαίνων παρῆλθες;

ΑΙΑΣ

Εἰκότως, ὦ Ἀγαμέμνον· αὐτὸς γοῦν μοι τῆς μανίας αἴτιος κατέστη μόνος ἀντεξετασθεὶς ἐπὶ τοῖς ὅπλοις.

ΑΓΑΜΕΜΝΩΝ

Ἠξίους δὲ ἀνανταγώνιστος εἶναι καὶ ἀκονιτὶ 10 κρατεῖν ἁπάντων;

ΑΙΑΣ

Ναί, τά γε τοιαῦτα· οἰκεία γάρ μοι ἦν ἡ πανοπλία τοῦ ἀνεψιοῦ γε οὖσα. καὶ ὑμεῖς οἱ ἄλλοι πολὺ ἀμείνους ὄντες ἀπείπασθε τὸν ἀγῶνα καὶ παρεχωρήσατέ μοι τῶν ἄθλων, ὁ δὲ Λαέρτου, ὃν ἐγὼ 15 πολλάκις ἔσωσα κινδυνεύοντα κατακεκόφθαι ὑπὸ τῶν Φρυγῶν, ἀμείνων ἠξίου εἶναι καὶ ἐπιτηδειότερος ἔχειν τὰ ὅπλα.

ΑΓΑΜΕΜΝΩΝ

2. Αἰτιῶ τοιγαροῦν, ὦ γενναῖε, τὴν Θέτιν, ἢ δέον
σοὶ τὴν κληρονομίαν τῶν ὅπλων παραδοῦναι συγ-
γενεῖ γε ὄντι, φέρουσα ἐς τὸ κοινὸν κατέθετο αὐτά.

ΑΙΑΣ

Οὔκ, ἀλλὰ τὸν Ὀδυσσέα, ὃς ἀντεποιήθη μόνος.

ΑΓΑΜΕΜΝΩΝ

5   Συγγνώμη, ὦ Αἶαν, εἰ ἄνθρωπος ὢν ὠρέχθη
δόξης ἡδίστου πράγματος, ὑπὲρ οὗ καὶ ἡμῶν ἕκα-
στος κινδυνεύειν ὑπέμενεν, ἐπεὶ καὶ ἐκράτησέ σου
καὶ ταῦτα ἐπὶ Τρωσὶ δικασταῖς.

ΑΙΑΣ

Οἶδα ἐγώ, ἥτις μου κατεδίκασεν· ἀλλ' οὐ
10   θέμις λέγειν τι περὶ τῶν θεῶν. τὸν δ' οὖν Ὀδυσσέα
μὴ οὐχὶ μισεῖν οὐκ ἂν δυναίμην, ὦ Ἀγάμεμνον,
οὐδ' εἰ αὐτή μοι ἡ Ἀθηνᾶ τοῦτο ἐπιτάττοι.

24

ΜΙΝΩΣ ΚΑΙ ΣΩΣΤΡΑΤΟΥ

ΜΙΝΩΣ

1. Ὁ μὲν λῃστὴς οὑτοσὶ Σώστρατος εἰς τὸν
Πυριφλεγέθοντα ἐμβεβλήσθω, ὁ δὲ ἱερόσυλος ὑπὸ
15   τῆς Χιμαίρας διασπασθήτω, ὁ δὲ τύραννος, ὦ

'Ερμῆ, παρὰ τὸν Τιτυὸν ἀποταθεὶς ὑπὸ τῶν γυπῶν
καὶ αὐτὸς κειρέσθω τὸ ἧπαρ, ὑμεῖς δὲ οἱ ἀγαθοὶ
ἄπιτε κατὰ τάχος εἰς τὸ 'Ηλύσιον πεδίον καὶ τὰς
μακάρων νήσους κατοικεῖτε, ἀνθ' ὧν δίκαια ἐποιεῖτε
παρὰ τὸν βίον.   5

ΣΩΣΤΡΑΤΟΣ
Ἄκουσον, ὦ Μίνως, εἴ σοι δίκαια δόξω λέγειν.

ΜΙΝΩΣ
Νῦν ἀκούσω αὖθις; οὐ γὰρ ἐξελήλεγξαι, ὦ
Σώστρατε, πονηρὸς ὢν καὶ τοσούτους ἀπεκτονώς;

ΣΩΣΤΡΑΤΟΣ
'Ελήλεγμαι μέν, ἀλλ' ὅρα, εἰ δικαίως κολασθήσο-
μαι.   10

ΜΙΝΩΣ
Καὶ πάνυ, εἴ γε ἀποτίνειν τὴν ἀξίαν δίκαιον.

ΣΩΣΤΡΑΤΟΣ
''Ομως ἀπόκριναί μοι, ὦ Μίνως· βραχὺ γάρ τι
ἐρήσομαί σε.

ΜΙΝΩΣ
Λέγε, μὴ μακρὰ μόνον, ὡς καὶ τοὺς ἄλλους
διακρίνωμεν ἤδη.   15

ΣΩΣΤΡΑΤΟΣ
2. 'Οπόσα ἔπραττον ἐν τῷ βίῳ, πότερα ἑκὼν
ἔπραττον ἢ ἐπεκέκλωστό μοι ὑπὸ τῆς Μοίρας;

ΜΙΝΩΣ
'Υπὸ τῆς Μοίρας δηλαδή.

ΣΩΣΤΡΑΤΟΣ

Οὐκοῦν καὶ οἱ χρηστοὶ ἅπαντες καὶ οἱ πονηροὶ
δοκοῦντες ἡμεῖς ἐκείνῃ ὑπηρετοῦντες ταῦτα ἐδρῶ-
μεν;

ΜΙΝΩΣ

Ναί, τῇ Κλωθοῖ, ἢ ἑκάστῳ ἐπέταξε γεννηθέντι
5 τὰ πρακτέα.

ΣΩΣΤΡΑΤΟΣ

Εἰ τοίνυν ἀναγκασθείς τις ὑπ' ἄλλου φονεύσειέν
τινα οὐ δυνάμενος ἀντιλέγειν ἐκείνῳ βιαζομένῳ,
οἷον δήμιος ἢ δορυφόρος, ὁ μὲν δικαστῇ πεισθείς, ὁ
δέ τυράννῳ, τίνα αἰτιάσῃ τοῦ φόνου;

ΜΙΝΩΣ

10 Δῆλον ὡς τὸν δικαστὴν ἢ τὸν τύραννον, ἐπεὶ
οὐδὲ τὸ ξίφος αὐτό· ὑπηρετεῖ γὰρ ὄργανον ὂν
τοῦτο πρὸς τὸν θυμὸν τῷ πρώτῳ παρασχόντι τὴν
αἰτίαν.

ΣΩΣΤΡΑΤΟΣ

Εὖ γε, ὦ Μίνως, ὅτι καὶ ἐπιδαψιλεύῃ τῷ παρα-
15 δείγματι. ἢν δέ τις ἀποστείλαντος τοῦ δεσπότου
ἥκῃ αὐτὸς χρυσὸν ἢ ἄργυρον κομίζων, τίνι τὴν
χάριν ἰστέον ἢ τίνα εὐεργέτην ἀναγραπτέον;

ΜΙΝΩΣ

Τὸν πέμψαντα, ὦ Σώστρατε· διάκονος γὰρ ὁ
κομίσας ἦν.

ΣΩΣΤΡΑΤΟΣ

3. Οὐκοῦν ὁρᾷς πῶς ἄδικα ποιεῖς κολάζων ἡμᾶς ὑπηρέτας γενομένους ὧν ἡ Κλωθὼ προσεταττεν, καὶ τούτους τιμήσας τοὺς διακονησαμένους ἀλλοτρίοις ἀγαθοῖς; οὐ γὰρ δὴ ἐκεῖνό γε εἰπεῖν ἔχοι τις ὡς ἀντιλέγειν δυνατὸν ἦν τοῖς μετὰ 5 πάσης ἀνάγκης προστεταγμένοις.

ΜΙΝΩΣ

Ὦ Σώστρατε, πολλὰ ἴδοις ἂν καὶ ἄλλα οὐ κατὰ λόγον γιγνόμενα, εἰ ἀκριβῶς ἐξετάζοις. πλὴν ἀλλὰ σὺ τοῦτο ἀπολαύσεις τῆς ἐπερωτήσεως, διότι οὐ λῃστὴς μόνον, ἀλλὰ καὶ σοφιστής τις εἶναι δοκεῖς. 10 ἀπόλυσον αὐτόν, ὦ Ἑρμῆ, καὶ μηκέτι κολαζέσθω. ὅρα δὲ μὴ καὶ τοὺς ἄλλους νεκροὺς τὰ ὅμοια ἐρωτᾶν διδάξῃς.

25

ΑΛΕΞΑΝΔΡΟΥ, ΑΝΝΙΒΟΥ, ΜΙΝΩΟΣ ΚΑΙ ΣΚΙΠΙΩΝΟΣ

ΑΛΕΞΑΝΔΡΟΣ

1. Ἐμὲ δεῖ προκεκρίσθαι σου, ὦ Λίβυ· ἀμείνων γάρ εἰμι. 15

ΑΝΝΙΒΑΣ

Οὐ μὲν οὖν, ἀλλ' ἐμέ.

ΑΛΕΞΑΝΔΡΟΣ

Οὐκοῦν ὁ Μίνως δικασάτω.

ΜΙΝΩΣ

Τίνες δὲ ἐστέ;

ΑΛΕΞΑΝΔΡΟΣ

Οὗτος μὲν Ἀννίβας ὁ Καρχηδόνιος, ἐγὼ δὲ Ἀλέξανδρος ὁ Φιλίππου.

ΜΙΝΩΣ

Νὴ Δία ἔνδοξοί γε ἀμφότεροι. ἀλλὰ περὶ τίνος
5 ὑμῖν ἡ ἔρις;

ΑΛΕΞΑΝΔΡΟΣ

Περὶ προεδρίας· φησὶ γὰρ οὗτος ἀμείνων γεγενῆσθαι στρατηγὸς ἐμοῦ, ἐγὼ δέ, ὥσπερ ἅπαντες ἴσασιν, οὐχὶ τούτου μόνον, ἀλλὰ πάντων σχεδὸν τῶν πρὸ ἐμοῦ φημι διενεγκεῖν τὰ πολέμια.

ΜΙΝΩΣ

10 Οὐκοῦν ἐν μέρει ἑκάτερος εἰπάτω, σὺ δὲ πρῶτος ὁ Λίβυς λέγε.

ΑΝΝΙΒΑΣ

2. Ἓν μὲν τοῦτο, ὦ Μίνως, ὠνάμην, ὅτι ἐνταῦθα καὶ τὴν Ἑλλάδα φωνὴν ἐξέμαθον· ὥστε οὐδὲ ταύτῃ πλέον οὗτος ἐνέγκαιτό μου. φημὶ δὲ
15 τούτους μάλιστα ἐπαίνου ἀξίους εἶναι, ὅσοι τὸ μηδὲν ἐξ ἀρχῆς ὄντες ὅμως ἐπὶ μέγα προεχώρησαν δι᾽ αὑτῶν δύναμίν τε περιβαλόμενοι καὶ ἄξιοι δόξαντες ἀρχῆς. ἔγωγ᾽ οὖν μετ᾽ ὀλίγων ἐξορμήσας

εἰς τὴν Ἰβηρίαν τὸ πρῶτον ὕπαρχος ὢν τῷ ἀδελφῷ
μεγίστων ἠξιώθην ἄριστος κριθείς, καὶ τούς τε
Κελτίβηρας εἷλον καὶ Γαλατῶν ἐκράτησα τῶν ἑσπε-
ρίων καὶ τὰ μεγάλα ὄρη ὑπερβὰς τὰ περὶ τὸν Ἠρι-
δανὸν ἅπαντα κατέδραμον καὶ ἀναστάτους ἐποίησα   5
τοσαύτας πόλεις καὶ τὴν πεδινὴν Ἰταλίαν ἐχειρωσά-
μην καὶ μέχρι τῶν προαστείων τῆς προὐχούσης
πόλεως ἦλθον καὶ τοσούτους ἀπέκτεινα μιᾶς
ἡμέρας, ὥστε τοὺς δακτυλίους αὐτῶν μεδίμνοις
ἀπομετρῆσαι καὶ τοὺς ποταμοὺς γεφυρῶσαι νεκροῖς.   10
καὶ ταῦτα πάντα ἔπραξα οὔτε Ἄμμωνος υἱὸς
ὀνομαζόμενος οὔτε θεὸς εἶναι προσποιούμενος ἢ
ἐνύπνια τῆς μητρὸς διεξιών, ἀλλ' ἄνθρωπος εἶναι
ὁμολογῶν, στρατηγοῖς τε τοῖς συνετωτάτοις ἀντε-
ξεταζόμενος καὶ στρατιώταις τοῖς μαχιμωτάτοις   15
συμπλεκόμενος, οὐ Μήδους καὶ Ἀρμενίους κατα-
γωνιζόμενος ὑποφεύγοντας πρὶν διώκειν τινὰ καὶ
τῷ τολμήσαντι παραδιδόντας εὐθὺς τὴν νίκην.
3. Ἀλέξανδρος δὲ πατρῴαν ἀρχὴν παραλαβὼν ηὔξησεν
καὶ παρὰ πολὺ ἐξέτεινε χρησάμενος τῇ τῆς τύχης   20
ὁρμῇ. ἐπεὶ δ' οὖν ἐνίκησέ τε καὶ τὸν ὄλεθρον ἐκεῖνον
Δαρεῖον ἐν Ἰσσῷ τε καὶ Ἀρβήλοις ἐκράτησεν,
ἀποστὰς τῶν πατρῴων προσκυνεῖσθαι ἠξίου καὶ
δίαιταν τὴν Μηδικὴν μετεδιῄτησεν ἑαυτὸν καὶ
ἐμιαιφόνει ἐν τοῖς συμποσίοις τοὺς φίλους καὶ   25
συνελάμβανεν ἐπὶ θανάτῳ. ἐγὼ δὲ ἦρξα ἐπ' ἴσης
τῆς πατρίδος, καὶ ἐπειδὴ μετεπέμπετο, τῶν πολε-
μίων μεγάλῳ στόλῳ ἐπιπλευσάντων τῇ Λιβύῃ,
ταχέως ὑπήκουσα, καὶ ἰδιώτην ἐμαυτὸν παρέσχον

καὶ καταδικασθεὶς ἤνεγκα εὐγνωμόνως τὸ πρᾶγμα.
καὶ ταῦτα ἔπραξα βάρβαρος ὢν καὶ ἀπαίδευτος
παιδείας τῆς Ἑλληνικῆς καὶ οὔτε ''Ομηρον ὥσπερ
οὗτος ῥαψῳδῶν οὔτε ὑπ' Ἀριστοτέλει τῷ
5 σοφιστῇ παιδευθείς, μόνῃ δὲ τῇ φύσει ἀγαθῇ
χρησάμενος. ταῦτά ἐστιν ἃ ἐγὼ Ἀλεξάνδρου
ἀμείνων φημὶ εἶναι. εἰ δέ ἐστι καλλίων οὑτοσί,
διότι διαδήματι τὴν κεφαλὴν διεδέδετο, Μακεδόσι
ἴσως καὶ ταῦτα σεμνά, οὐ μὴν διὰ τοῦτο ἀμείνων μὲν
10 δόξειεν ἂν γενναίου καὶ στρατηγικοῦ ἀνδρὸς τῇ
γνώμῃ πλέον ἤπερ τῇ τύχῃ κεχρημένου.

ΜΙΝΩΣ

Ὁ μὲν εἴρηκεν οὐκ ἀγεννῆ τὸν λόγον, οὐδὲ ὡς
Λίβυν εἰκὸς ἦν, ὑπὲρ αὐτοῦ. σὺ δέ, ὦ Ἀλέξανδρε,
τί πρὸς ταῦτα φῄς;

ΑΛΕΞΑΝΔΡΟΣ

15 4. Ἐχρῆν μέν, ὦ Μίνως, μηδὲν πρὸς ἄνδρα
οὕτω θρασύν· ἱκανὴ γὰρ ἡ φήμη διδάξαι σε, οἷος
μὲν ἐγὼ βασιλεύς, οἷος δὲ οὗτος λῃστὴς ἐγένετο.
ὅμως δὲ ὅρα εἰ κατ' ὀλίγον αὐτοῦ διήνεγκα, ὃς νέος
ὢν ἔτι παρελθὼν ἐπὶ τὰ πράγματα καὶ τὴν ἀρχὴν
20 τεταραγμένην κατέσχον καὶ τοὺς φονέας τοῦ
πατρὸς μετῆλθον, κᾆτα φοβήσας τὴν Ἑλλάδα τῇ
Θηβαίων ἀπωλείᾳ στρατηγὸς ὑπ' αὐτῶν χειροτο-
νηθεὶς οὐκ ἠξίωσα τὴν Μακεδόνων ἀρχὴν περιέπων
ἀγαπᾶν ἄρχειν ὁπόσων ὁ πατὴρ κατέλιπεν, ἀλλὰ
25 πᾶσαν ἐπινοήσας τὴν γῆν καὶ δεινὸν ἡγησάμενος,
εἰ μὴ ἁπάντων κρατήσαιμι, ὀλίγους ἄγων εἰσέβα-
λον εἰς τὴν Ἀσίαν, καὶ ἐπί τε Γρανικῷ ἐκράτησα

μεγάλη μάχῃ καὶ τὴν Λυδίαν λαβὼν καὶ Ἰωνίαν καὶ
Φρυγίαν καὶ ὅλως τὰ ἐν ποσὶν ἀεὶ χειρούμενος
ἦλθον ἐπὶ Ἰσσόν, ἔνθα Δαρεῖος ὑπέμεινεν μυριάδας
πολλὰς στρατοῦ ἄγων. 5. καὶ τὸ ἀπὸ τούτου, ὦ
Μίνως, ὑμεῖς ἴστε ὅσους ὑμῖν νεκροὺς ἐπὶ μιᾶς   5
ἡμέρας κατέπεμψα· φησὶ γοῦν ὁ πορθμεὺς μὴ διαρ-
κέσαι αὐτοῖς τότε τὸ σκάφος, ἀλλὰ σχεδίας
διαπηξαμένους τοὺς πολλοὺς αὐτῶν διαπλεῦσαι.
καὶ ταῦτα δὲ ἔπραττον αὐτὸς προκινδυνεύων καὶ
τιτρώσκεσθαι ἀξιῶν. καὶ ἵνα σοὶ μὴ τὰ ἐν   10
Τύρῳ μηδὲ τὰ ἐν Ἀρβήλοις διηγήσωμαι, ἀλλὰ καὶ
μέχρι Ἰνδῶν ἦλθον καὶ τὸν Ὠκεανὸν ὅρον ἐποιη-
σάμην τῆς ἀρχῆς καὶ τοὺς ἐλέφαντας αὐτῶν εἷλον
καὶ Πῶρον ἐχειρωσάμην, καὶ Σκύθας δὲ οὐκ
εὐκαταφρονήτους ἄνδρας ὑπερβὰς τὸν Τάναϊν   15
ἐνίκησα μεγάλῃ ἱππομαχίᾳ, καὶ τοὺς φίλους εὖ
ἐποίησα καὶ τοὺς ἐχθροὺς ἠμυνάμην. εἰ δὲ καὶ
θεὸς ἐδόκουν τοῖς ἀνθρώποις, συγγνωστοὶ ἐκεῖνοι
πρὸς τὸ μέγεθος τῶν πραγμάτων καὶ τοιοῦτόν τι
πιστεύσαντες περὶ ἐμοῦ. 6. τὸ δ' οὖν τελευταῖον   20
ἐγὼ μὲν βασιλεύων ἀπέθανον, οὗτος δὲ ἐν φυγῇ ὢν
παρὰ Προυσίᾳ τῷ Βιθυνῷ, καθάπερ ἄξιον ἦν
πανουργότατον καὶ ὠμότατον ὄντα· ὡς γὰρ δὴ
ἐκράτησεν τῶν Ἰταλῶν, ἐῶ λέγειν ὅτι οὐκ ἰσχύι,
ἀλλὰ πονηρίᾳ καὶ ἀπιστίᾳ καὶ δόλοις, νόμιμον δὲ ἢ   25
προφανὲς οὐδέν. ἐπεὶ δέ μοι ὠνείδισεν τὴν τρυφήν,
ἐκλελῆσθαί μοι δοκεῖ οἷα ἐποίει ἐν Καπύῃ ἑταίραις
συνὼν καὶ τοὺς τοῦ πολέμου καιροὺς ὁ θαυμάσιος
καθηδυπαθῶν. ἐγὼ δὲ εἰ μὴ μικρὰ τὰ ἑσπέρια δόξας

ἐπὶ τὴν ἔω μᾶλλον ὥρμησα, τί ἂν μέγα ἔπραξα
Ἰταλίαν ἀναιμωτὶ λαβὼν καὶ Λιβύην καὶ τὰ μέχρι
Γαδείρων ὑπαγόμενος; ἀλλ' οὐκ ἀξιόμαχα ἔδοξέ
μοι ἐκεῖνα ὑποπτήσσοντα ἤδη καὶ δεσπότην ὁμολο-
5 γοῦντα. εἴρηκα· σὺ δέ, ὦ Μίνως, δίκαζε·
ἱκανὰ γὰρ ἀπὸ πολλῶν καὶ ταῦτα.

ΣΚΙΠΙΩΝ

7. Μὴ πρότερον, ἢν μὴ καὶ ἐμοῦ ἀκούσῃς.

ΜΙΝΩΣ

Τίς γὰρ εἶ, ὦ βέλτιστε; ἢ πόθεν ὢν ἐρεῖς;

ΣΚΙΠΙΩΝ

Ἰταλιώτης Σκιπίων στρατηγὸς ὁ καθελὼν
10 Καρχηδόνα καὶ κρατήσας Λιβύων μεγάλαις
μάχαις.

ΜΙΝΩΣ

Τί οὖν καὶ σὺ ἐρεῖς;

ΣΚΙΠΙΩΝ

Ἀλεξάνδρου μὲν ἥττων εἶναι, τοῦ δὲ Ἀννίβου
ἀμείνων, ὃς ἐδίωξα νικήσας αὐτὸν καὶ φυγεῖν
15 καταναγκάσας ἀτίμως. πῶς οὖν οὐκ ἀναίσχυν-
τος οὗτος, ὃς πρὸς Ἀλέξανδρον ἁμιλλᾶται, ᾧ οὐδὲ
Σκιπίων ἐγὼ ὁ νενικηκὼς ἐμαυτὸν παραβάλλεσθαι
ἀξιῶ;

ΜΙΝΩΣ

Νὴ Δί’ εὐγνώμονα φῄς, ὦ Σκιπίων· ὥστε
πρῶτος μὲν κεκρίσθω Ἀλέξανδρος, μετ’ αὐτὸν δὲ σύ,
εἶτα, εἰ δοκεῖ, τρίτος Ἀννίβας οὐδὲ οὗτος εὐκατα-
φρόνητος ὤν.

26

ΑΧΙΛΛΕΩΣ ΚΑΙ ΑΝΤΙΛΟΧΟΥ

ΑΝΤΙΛΟΧΟΣ

1. Οἷα πρῴην, Ἀχιλλεῦ, πρὸς τὸν Ὀδυσσέα   5
σοι εἴρηται περὶ τοῦ θανάτου, ὡς ἀγεννῆ καὶ
ἀνάξια τοῖν διδασκάλοιν ἀμφοῖν, Χείρωνός τε καὶ
Φοίνικος. ἠκροώμην γάρ, ὁπότε ἔφης βούλεσθαι
ἐπάρουρος ὢν θητεύειν παρά τινι τῶν ἀκλήρων,
" ᾧ μὴ βίοτος πολὺς εἴη," μᾶλλον ἢ πάντων   10
ἀνάσσειν τῶν νεκρῶν. ταῦτα μὲν οὖν ἀγεννῆ
τινα Φρύγα δειλὸν καὶ πέρα τοῦ καλῶς ἔχοντος
φιλόζωον ἴσως ἐχρῆν λέγειν, τὸν Πηλέως δὲ υἱόν,
τὸν φιλοκινδυνότατον ἡρώων ἁπάντων, ταπεινὰ
οὕτω περὶ αὑτοῦ διανοεῖσθαι πολλὴ αἰσχύνη καὶ   15
ἐναντιότης πρὸς τὰ πεπραγμένα σοι ἐν τῷ βίῳ, ὃς
ἐξὸν ἀκλεῶς ἐν τῇ Φθιώτιδι πολυχρόνιον βασιλεύειν,
ἑκὼν προείλου τὸν μετὰ τῆς ἀγαθῆς δόξης θάνατον.

ΑΧΙΛΛΕΥΣ

2. Ὦ παῖ Νέστορος, ἀλλὰ τότε μὲν ἄπειρος ἔτι
τῶν ἐνταῦθα ὢν καὶ τὸ βέλτιον ἐκείνων ὁπότερον   20

ἦν ἀγνοῶν τὸ δύστηνον ἐκεῖνο δοξάριον προετίμων
τοῦ βίου, νῦν δὲ συνίημι ἤδη ὡς ἐκείνη μὲν ἀνωφελής,
εἰ καὶ ὅτι μάλιστα οἱ ἄνω ῥαψῳδήσουσιν. μετὰ
νεκρῶν δὲ ὁμοτιμία, καὶ οὔτε τὸ κάλλος ἐκεῖνο, ὦ
5 Ἀντίλοχε, οὔτε ἡ ἰσχὺς πάρεστιν, ἀλλὰ κείμεθα
ἅπαντες ὑπὸ τῷ αὐτῷ ζόφῳ ὅμοιοι καὶ κατ' οὐδὲν
ἀλλήλων διαφέροντες, καὶ οὔτε οἱ τῶν Τρώων
νεκροὶ δεδίασίν με οὔτε οἱ τῶν Ἀχαιῶν θεραπεύου-
σιν, ἰσηγορία δὲ ἀκριβὴς καὶ νεκρὸς ὅμοιος, " ἠμὲν
10 κακὸς ἠδὲ καὶ ἐσθλός." ταῦτά με ἀνιᾷ καὶ ἄχθομαι,
ὅτι μὴ θητεύω ζῶν.

ΑΝΤΙΛΟΧΟΣ

3. Ὅμως τί οὖν ἄν τις πάθοι, ὦ Ἀχιλλεῦ;
ταῦτα γὰρ ἔδοξε τῇ φύσει, πάντως ἀποθνήσκειν
ἅπαντας, ὥστε χρὴ ἐμμένειν τῷ νόμῳ καὶ μὴ
15 ἀνιᾶσθαι τοῖς διατεταγμένοις. ἄλλως τε ὁρᾷς τῶν
ἑταίρων ὅσοι περὶ σέ ἐσμεν οἶδε· μετὰ μικρὸν δὲ
καὶ Ὀδυσσεὺς ἀφίξεται πάντως. φέρει δὲ παραμυ-
θίαν καὶ ἡ κοινωνία τοῦ πράγματος καὶ τὸ μὴ
μόνον αὐτὸν πεπονθέναι. ὁρᾷς τὸν Ἡρακλέα καὶ τὸν
20 Μελέαγρον καὶ ἄλλους θαυμαστοὺς ἄνδρας, οἳ οὐκ
ἄν, οἶμαι, δέξαιντο ἀνελθεῖν, εἴ τις αὐτοὺς ἀναπέμψειε
θητεύσοντας ἀκλήροις καὶ ἀβίοις ἀνδράσιν.

ΑΧΙΛΛΕΥΣ

4. Ἑταιρικὴ μὲν ἡ παραίνεσις, ἐμὲ δέ, οὐκ οἶδ'
ὅπως, ἡ μνήμη τῶν παρὰ τὸν βίον ἀνιᾷ, οἶμαι δὲ καὶ
25 ὑμῶν ἕκαστον· εἰ δὲ μὴ ὁμολογεῖτε, ταύτῃ
χείρους ἐστὲ καθ' ἡσυχίαν αὐτὸ πάσχοντες.

ΑΝΤΙΛΟΧΟΣ

Οὔκ, ἀλλ' ἀμείνους, ὦ Ἀχιλλεῦ· τὸ γὰρ ἀνω-
φελὲς τοῦ λέγειν ὁρῶμεν· σιωπᾶν γὰρ καὶ φέρειν
καὶ ἀνέχεσθαι δέδοκται ἡμῖν, μὴ καὶ γέλωτα
ὄφλωμεν ὥσπερ σὺ τοιαῦτα εὐχόμενος.

27

ΑΙΑΚΟΥ ΚΑΙ ΠΡΩΤΕΣΙΛΑΟΥ

ΑΙΑΚΟΣ

1. Τί ἄγχεις, ὦ Πρωτεσίλαε, τὴν Ἑλένην   5
προσπεσών;

ΠΡΩΤΕΣΙΛΑΟΣ

''Οτι διὰ ταύτην, ὦ Αἰακέ, ἀπέθανον ἡμιτελῆ μὲν
τὸν δόμον καταλιπών, χήραν τε νεόγαμον γυναῖκα.

ΑΙΑΚΟΣ

Αἰτιῶ τοίνυν τὸν Μενέλαον, ὅστις ὑμᾶς ὑπὲρ
τοιαύτης γυναικὸς ἐπὶ Τροίαν ἤγαγεν.   10

ΠΡΩΤΕΣΙΛΑΟΣ

Εὖ λέγεις· ἐκεῖνόν μοι αἰτιατέον.

ΜΕΝΕΛΑΟΣ

Οὐκ ἐμέ, ὦ βέλτιστε, ἀλλὰ δικαιότερον τὸν
Πάριν, ὃς ἐμοῦ τοῦ ξένου τὴν γυναῖκα παρὰ πάντα
τὰ δίκαια ᾤχετο ἁρπάσας· οὗτος γὰρ οὐχ ὑπὸ σοῦ
μόνου, ἀλλ' ὑπὸ πάντων Ἑλλήνων τε καὶ βαρβάρων   15
ἄξιος ἄγχεσθαι τοσούτοις θανάτου αἴτιος γεγενημέ-
νος.

ΠΡΩΤΕΣΙΛΑΟΣ

Ἄμεινον οὕτω· σὲ τοιγαροῦν, ὦ Δύσπαρι, οὐκ
ἀφήσω ποτὲ ἀπὸ τῶν χειρῶν.

ΠΑΡΙΣ

Ἄδικα ποιῶν, ὦ Πρωτεσίλαε, καὶ ταῦτα ὁμό-
τεχνον ὄντα σοι· ἐρωτικὸς γὰρ καὶ αὐτός εἰμι καὶ
5 τῷ αὐτῷ θεῷ κατέσχημαι· οἶσθα δὲ ὡς ἀκούσιόν
τί ἐστιν καί τις ἡμᾶς δαίμων ἄγει ἔνθα ἂν ἐθέλῃ, καὶ
ἀδύνατόν ἐστιν ἀντιτάττεσθαι αὐτῷ.

ΠΡΩΤΕΣΙΛΑΟΣ

2. Εὖ λέγεις. εἴθε οὖν μοι τὸν Ἔρωτα ἐν-
ταῦθα λαβεῖν δυνατὸν ἦν.

ΑΙΑΚΟΣ

10 Ἐγώ σοι καὶ περὶ τοῦ Ἔρωτος ἀποκρινοῦμαι
τὰ δίκαια· φήσει γὰρ αὐτὸς μὲν τοῦ ἐρᾶν τῷ
Πάριδι ἴσως γεγενῆσθαι αἴτιος, τοῦ θανάτου δέ
σοι οὐδένα ἄλλον, ὦ Πρωτεσίλαε, ἢ σεαυτόν, ὃς
ἐκλαθόμενος τῆς νεογάμου γυναικός, ἐπεὶ προσεφέ-
15 ρεσθε τῇ Τρῳάδι, οὕτως φιλοκινδύνως καὶ ἀπονε-
νοημένως προεπήδησας τῶν ἄλλων δόξης ἐρασθείς,
δι’ ἣν πρῶτος ἐν τῇ ἀποβάσει ἀπέθανες.

ΠΡΩΤΕΣΙΛΑΟΣ

Οὐκοῦν καὶ ὑπὲρ ἐμαυτοῦ σοι, ὦ Αἰακέ, ἀποκρι-
νοῦμαι δικαιότερα· οὐ γὰρ ἐγὼ τούτων αἴτιος,
20 ἀλλὰ ἡ Μοῖρα καὶ τὸ ἐξ ἀρχῆς οὕτως ἐπικεκλῶσθαι.

ΑΙΑΚΟΣ

Ὀρθῶς· τί οὖν τούτους αἰτιᾷ;

28

ΠΡΩΤΕΣΙΛΑΟΥ, ΠΛΟΥΤΩΝΟΣ ΚΑΙ ΠΕΡΣΕΦΟΝΗΣ

ΠΡΩΤΕΣΙΛΑΟΣ

1. Ὦ δέσποτα καὶ βασιλεῦ καὶ ἡμέτερε Ζεῦ καὶ σὺ Δήμητρος θύγατερ, μὴ ὑπερίδητε δέησιν ἐρωτικήν.

ΠΛΟΥΤΩΝ

Σὺ δὲ τίνων δέῃ παρ' ἡμῶν; ἢ τίς ὢν τυγχάνεις;

ΠΡΩΤΕΣΙΛΑΟΣ

Εἰμὶ μὲν Πρωτεσίλαος ὁ Ἰφίκλου Φυλάκιος   5
συστρατιώτης τῶν Ἀχαιῶν καὶ πρῶτος ἀποθανὼν
τῶν ἐπ' Ἰλίῳ. δέομαι δὲ ἀφεθεὶς πρὸς ὀλίγον
ἀναβιῶναι πάλιν.

ΠΛΟΥΤΩΝ

Τοῦτον μὲν τὸν ἔρωτα, ὦ Πρωτεσίλαε, πάντες
νεκροὶ ἐρῶσιν, πλὴν οὐδεὶς ἂν αὐτῶν τύχοι.   10

ΠΡΩΤΕΣΙΛΑΟΣ

Ἀλλ' οὐ τοῦ ζῆν, Ἀϊδωνεῦ, ἐρῶ ἔγωγε, τῆς
γυναικὸς δέ, ἣν νεόγαμον ἔτι ἐν τῷ θαλάμῳ κατα-
λιπὼν ᾠχόμην ἀποπλέων, εἶτα ὁ κακοδαίμων ἐν
τῇ ἀποβάσει ἀπέθανον ὑπὸ τοῦ Ἕκτορος. ὁ οὖν
ἔρως τῆς γυναικὸς οὐ μετρίως ἀποκναίει με, ὦ   15
δέσποτα, καὶ βούλομαι κἂν πρὸς ὀλίγον ὀφθεὶς αὐτῇ
καταβῆναι πάλιν.

ΠΛΟΥΤΩΝ

2. Οὐκ ἔπιες, ὦ Πρωτεσίλαε, τὸ Λήθης ὕδωρ;

ΠΡΩΤΕΣΙΛΑΟΣ

Καὶ μάλα, ὦ δέσποτα· τὸ δὲ πρᾶγμα ὑπέρογκον ἦν.

ΠΛΟΥΤΩΝ

Οὐκοῦν περίμεινον· ἀφίξεται γὰρ κἀκείνη ποτὲ
5 καὶ οὐδὲ σὲ ἀνελθεῖν δεήσει.

ΠΡΩΤΕΣΙΛΑΟΣ

Ἀλλ' οὐ φέρω τὴν διατριβήν, ὦ Πλούτων·
ἠράσθης δὲ καὶ αὐτὸς ἤδη καὶ οἶσθα οἷον τὸ ἐρᾶν
ἐστιν.

ΠΛΟΥΤΩΝ

Εἶτα τί σε ὀνήσει μίαν ἡμέραν ἀναβιῶναι μετ'
10 ὀλίγον τὰ αὐτὰ ὀδυρόμενον;

ΠΡΩΤΕΣΙΛΑΟΣ

Οἶμαι πείσειν κἀκείνην ἀκολουθεῖν παρ' ὑμᾶς,
ὥστε ἀνθ' ἑνὸς δύο νεκροὺς λήψῃ μετ' ὀλίγον.

ΠΛΟΥΤΩΝ

Οὐ θέμις γενέσθαι ταῦτα οὐδὲ γέγονε πώποτε.

ΠΡΩΤΕΣΙΛΑΟΣ

3. Ἀναμνήσω σε, ὦ Πλούτων· Ὀρφεῖ γὰρ δι'
15 αὐτὴν ταύτην τὴν αἰτίαν τὴν Εὐρυδίκην παρέδοτε
καὶ τὴν ὁμογενῆ μου Ἄλκηστιν παρεπέμψατε
Ἡρακλεῖ χαριζόμενοι.

ΠΛΟΥΤΩΝ

Θελήσεις δὲ οὕτως κρανίον γυμνὸν ὢν καὶ
ἄμορφον τῇ καλῇ σου ἐκείνῃ νύμφῃ φανῆναι; πῶς
δὲ κἀκείνη προσήσεταί σε οὐδὲ διαγνῶναι δυναμένη;
φοβήσεται γάρ, εὖ οἶδα, καὶ φεύξεταί σε καὶ μάτην
ἔσῃ τοσαύτην ὁδὸν ἀνεληλυθώς.   5

ΠΕΡΣΕΦΟΝΗ

Οὐκοῦν, ὦ ἄνερ, σὺ καὶ τοῦτο ἴασαι καὶ τὸν
Ἑρμῆν κέλευσον, ἐπειδὰν ἐν τῷ φωτὶ ἤδη ὁ Πρωτε-
σίλαος ᾖ, καθικόμενον ἐν τῇ ῥάβδῳ νεανίαν εὐθὺς
καλὸν ἀπεργάσασθαι αὐτόν, οἷος ἦν ἐκ τοῦ παστοῦ.

ΠΛΟΥΤΩΝ

Ἐπεὶ Φερσεφόνῃ συνδοκεῖ, ἀναγαγὼν τοῦτον   10
αὖθις ποίησον νυμφίον· σὺ δὲ μέμνησο μίαν λαβὼν
ἡμέραν.

29

ΔΙΟΓΕΝΟΥΣ ΚΑΙ ΜΑΥΣΩΛΟΥ

ΔΙΟΓΕΝΗΣ

1. Ὦ Κάρ, ἐπὶ τίνι μέγα φρονεῖς καὶ πάντων
ἡμῶν προτιμᾶσθαι ἀξιοῖς;

ΜΑΥΣΩΛΟΣ

Καὶ ἐπὶ τῇ βασιλείᾳ μέν, ὦ Σινωπεῦ, ὃς ἐβασίλ-   15
ευσα Καρίας μὲν ἁπάσης, ἦρξα δὲ καὶ Λυδῶν ἐνίων
καὶ νήσους δέ τινας ὑπηγαγόμην καὶ ἄχρι Μιλήτου
ἐπέβην τὰ πολλὰ τῆς Ἰωνίας καταστρεφόμενος· καὶ
καλὸς ἦν καὶ μέγας καὶ ἐν πολέμοις καρτερός· τὸ

δὲ μέγιστον, ὅτι ἐν Ἁλικαρνασσῷ μνῆμα παμμέγεθες
ἔχω ἐπικείμενον, ἡλίκον οὐκ ἄλλος νεκρός, ἀλλ' οὐδὲ
οὕτως ἐς κάλλος ἐξησκημένον, ἵππων καὶ ἀνδρῶν
ἐς τὸ ἀκριβέστατον εἰκασμένων λίθου τοῦ καλλίστου,
5 οἷον οὐδὲ νεὼν εὕροι τις ἂν ῥᾳδίως. οὐ δοκῶ σοι
δικαίως ἐπὶ τούτοις μέγα φρονεῖν;

ΔΙΟΓΕΝΗΣ

2. Ἐπὶ τῇ βασιλείᾳ φῂς καὶ τῷ κάλλει καὶ τῷ
βάρει τοῦ τάφου;

ΜΑΥΣΩΛΟΣ

Νὴ Δί' ἐπὶ τούτοις.

ΔΙΟΓΕΝΗΣ

10 Ἀλλ', ὦ καλὲ Μαύσωλε, οὔτε ἡ ἰσχὺς ἔτι σοι
ἐκείνη οὔτε ἡ μορφὴ πάρεστιν· εἰ γοῦν τινα
ἑλοίμεθα δικαστὴν εὐμορφίας πέρι, οὐκ ἔχω εἰπεῖν,
τίνος ἕνεκα τὸ σὸν κρανίον προτιμηθείη ἂν τοῦ
ἐμοῦ· φαλακρὰ γὰρ ἄμφω καὶ γυμνά, καὶ τοὺς
15 ὀδόντας ὁμοίως προφαίνομεν καὶ τοὺς ὀφθαλμοὺς
ἀφῃρήμεθα καὶ τὰς ῥῖνας ἀποσεσιμώμεθα. ὁ δὲ
τάφος καὶ οἱ πολυτελεῖς ἐκεῖνοι λίθοι Ἁλικαρνασ-
σεῦσι μὲν ἴσως εἶεν ἐπιδείκνυσθαι καὶ φιλοτιμεῖ-
σθαι πρὸς ·ούς ξένους, ὡς δή τι μέγα οἰκοδόμημα
20 αὐτοῖς ἐστιν· σὺ δέ, ὦ βέλτιστε, οὐχ ὁρῶ ὅ τι
ἀπολαύεις αὐτοῦ, πλὴν εἰ μὴ τοῦτο φῇς, ὅτι μᾶλλον
ἡμῶν ἀχθοφορεῖς ὑπὸ τηλικούτοις λίθοις πιεζόμενος.

ΜΑΥΣΩΛΟΣ

3. Ἀνόνητα οὖν μοι ἐκεῖνα πάντα καὶ ἰσότιμος
ἔσται Μαύσωλος καὶ Διογένης;

ΔΙΟΓΕΝΗΣ

Οὐκ ἰσότιμος, ὦ γενναιότατε, οὐ γὰρ· Μαύ-
σωλος μὲν γὰρ οἰμώξεται μεμνημένος τῶν ὑπὲρ
γῆς, ἐν οἷς εὐδαιμονεῖν ᾤετο, Διογένης δὲ κατα-
γελάσεται αὐτοῦ. καὶ τάφον ὁ μὲν ἐν Ἁλικαρ-
νασσῷ ἐρεῖ ἑαυτοῦ ὑπὸ Ἀρτεμισίας τῆς γυναικὸς 5
καὶ ἀδελφῆς κατεσκευασμένον, ὁ Διογένης δὲ τοῦ
μὲν σώματος εἰ καί τινα τάφον ἔχει οὐκ οἶδεν·
οὐδὲ γὰρ ἔμελεν αὐτῷ τούτου· λόγον δὲ τοῖς ἀρί-
στοις περὶ τούτου καταλέλοιπεν ἀνδρὸς βίον βεβι-
ωκὼς ὑψηλότερον, ὦ Καρῶν ἀνδραποδωδέστατε, 10
τοῦ σοῦ μνήματος καὶ ἐν βεβαιοτέρῳ χωρίῳ κατε-
σκευασμένον.

30

ΝΙΡΕΩΣ ΚΑΙ ΘΕΡΣΙΤΟΥ ΚΑΙ
ΜΕΝΙΠΠΟΥ

ΝΙΡΕΥΣ

1. Ἰδοὺ δή, Μένιππος οὑτοσὶ δικάσει, πότερος
εὐμορφότερός ἐστιν. εἰπέ, ὦ Μένιππε, οὐ καλλίων
σοι δοκῶ; 15

ΜΕΝΙΠΠΟΣ

Τίνες δὲ καὶ ἔστε; πρότερον, οἶμαι, χρὴ γὰρ
τοῦτο εἰδέναι.

ΝΙΡΕΥΣ

Νιρεὺς καὶ Θερσίτης.

ΜΕΝΙΠΠΟΣ

Πότερος οὖν ὁ Νιρεὺς καὶ πότερος ὁ Θερσίτης;
οὐδέπω γὰρ τοῦτο δῆλον. 20

ΘΕΡΣΙΤΗΣ

Ἐν μὲν ἤδη τοῦτο ἔχω, ὅτι ὅμοιός εἰμί σοι καὶ
οὐδὲν τηλικοῦτον διαφέρεις ἡλίκον σε ᾽Ὅμηρος
ἐκεῖνος ὁ τυφλὸς ἐπήνεσεν ἁπάντων εὐμορφότερον
προσειπών, ἀλλ' ὁ φοξὸς ἐγὼ καὶ ψεδνὸς οὐδὲν
5 χείρων ἐφάνην τῷ δικαστῇ. ὅρα δὲ σύ, ὦ Μένιππε,
ὅντινα καὶ εὐμορφότερον ἡγῇ.

ΝΙΡΕΥΣ

Ἐμέ γε τὸν Ἀγλαΐας καὶ Χάροπος, "ὃς κάλλιστος
ἀνὴρ ὑπὸ ᾽Ίλιον ἦλθον."

ΜΕΝΙΠΠΟΣ

2. Ἀλλ' οὐχὶ καὶ ὑπὸ γῆν, ὡς οἶμαι, κάλλιστος
10 ἦλθες, ἀλλὰ τὰ μὲν ὀστᾶ ὅμοια, τὸ δὲ κρανίον
ταύτῃ μόνον ἄρα διακρίνοιτο ἀπὸ τοῦ Θερσίτου
κρανίου, ὅτι εὔθρυπτον τὸ σόν· ἀλαπαδνὸν γὰρ
αὐτὸ καὶ οὐκ ἀνδρῶδες ἔχεις.

ΝΙΡΕΥΣ

Καὶ μὴν ἐροῦ ᾽Ὅμηρον, ὁποῖος ἦν, ὁπότε συνε-
15 στράτευον τοῖς Ἀχαιοῖς.

ΜΕΝΙΠΠΟΣ

Ὀνείρατά μοι λέγεις· ἐγὼ δὲ ἃ βλέπω   καὶ νῦν
ἔχεις, ἐκεῖνα δέ οἱ τότε ἴσασιν.

ΝΙΡΕΥΣ

Οὔκουν ἐγὼ ἐνταῦθα εὐμορφότερός εἰμι, ὦ
Μένιππε;

ΜΕΝΙΠΠΟΣ

Οὔτε σὺ οὔτε ἄλλος εὔμορφος· ἰσοτιμία γὰρ ἐν ᾅδου καὶ ὅμοιοι ἅπαντες.

ΘΕΡΣΙΤΗΣ

Ἐμοὶ μὲν καὶ τοῦτο ἱκανόν.

ΕΝΑΛΙΟΙ ΔΙΑΛΟΓΟΙ

1

ΔΩΡΙΔΟΣ ΚΑΙ ΓΑΛΑΤΕΙΑΣ

ΔΩΡΙΣ

1. Καλὸν ἐραστήν, ὦ Γαλάτεια, τὸν Σικελὸν τοῦτον ποιμένα φασὶν ἐπιμεμηνέναι σοί.

ΓΑΛΑΤΕΙΑ

Μὴ σκῶπτε, Δωρί· Ποσειδῶνος γὰρ υἱός ἐστιν, ὁποῖος ἂν ᾖ.

ΔΩΡΙΣ

Τί οὖν; εἰ καὶ τοῦ Διὸς αὐτοῦ παῖς ὢν ἄγριος   5
οὕτως καὶ λάσιος ἐφαίνετο καί, τὸ πάντων ἀμορφό-
τατον, μονόφθαλμος, οἴει τὸ γένος ἄν τι ὀνῆσαι
αὐτὸν πρὸς τὴν μορφήν;

ΓΑΛΑΤΕΙΑ

Οὐδὲ τὸ λάσιον αὐτοῦ καί, ὡς φής, ἄγριον   10
ἄμορφόν ἐστιν—ἀνδρῶδες γάρ—ὅ τε ὀφθαλμὸς ἐπι-
πρέπει τῷ μετώπῳ οὐδὲν ἐνδεέστερον ὁρῶν ἢ εἰ δύ'
ἦσαν.

ΔΩΡΙΣ

Ἔοικας, ὦ Γαλάτεια, οὐκ ἐραστὴν ἀλλ' ἐρώ-
μενον ἔχειν τὸν Πολύφημον, οἷα ἐπαινεῖς αὐτόν.

ΓΑΛΑΤΕΙΑ

2. Οὐκ ἐρώμενον, ἀλλὰ τὸ πάνυ ὀνειδιστικὸν
τοῦτο οὐ φέρω ὑμῶν, καί μοι δοκεῖτε ὑπὸ φθόνου
αὐτὸ ποιεῖν, ὅτι ποιμαίνων ποτὲ ἀπὸ τῆς σκοπῆς
παιζούσας ἡμᾶς ἰδὼν ἐπὶ τῆς ἠϊόνος ἐν τοῖς πρόποσι
5 τῆς Αἴτνης, καθ' ὃ μεταξὺ τοῦ ὄρους καὶ τῆς θαλάσσης
αἰγιαλὸς ἀπομηκύνεται, ὑμᾶς μὲν οὐδὲ προσέβλε-
ψεν, ἐγὼ δὲ ἐξ ἁπασῶν ἡ καλλίστη ἔδοξα, καὶ
μόνη ἐμοὶ ἐπεῖχε τὸν ὀφθαλμόν. ταῦτα ὑμᾶς ἀνιᾷ·
δεῖγμα γάρ, ὡς ἀμείνων εἰμὶ καὶ ἀξιέραστος,
10 ὑμεῖς δὲ παρώφθητε.

ΔΩΡΙΣ

Εἰ ποιμένι καὶ ἐνδεεῖ τὴν ὄψιν καλὴ ἔδοξας,
ἐπίφθονος οἴει γεγονέναι; καίτοι τί ἄλλο ἐν σοὶ
ἐπαινέσαι εἶχεν ἢ τὸ λευκὸν μόνον; καὶ τοῦτο,
οἶμαι, ὅτι συνήθης ἐστὶ τυρῷ καὶ γάλακτι· πάντα
15 οὖν τὰ ὅμοια τούτοις ἡγεῖται καλά. 3. ἐπεὶ τά γε
ἄλλα ὁπόταν ἐθελήσῃς μαθεῖν, οἵα τυγχάνεις οὖσα
τὴν ὄψιν, ἀπὸ πέτρας τινός, εἴ ποτε γαλήνη εἴη,
ἐπικύψασα ἐς τὸ ὕδωρ ἰδὲ σεαυτὴν οὐδὲν ἄλλο ἢ
χροιὰν λευκὴν ἀκριβῶς· οὐκ ἐπαινεῖται δὲ τοῦτο,
20 ἢν μὴ ἐπιπρέπῃ αὐτῷ καὶ τὸ ἐρύθημα.

ΓΑΛΑΤΕΙΑ

Καὶ μὴν ἐγὼ μὲν ἡ ἀκράτως λευκὴ ὅμως ἐραστὴν
ἔχω κἂν τοῦτον, ὑμῶν δὲ οὐκ ἔστιν ἥντινα ἢ ποιμὴν
ἢ ναύτης ἢ πορθμεὺς ἐπαινεῖ· ὁ δέ γε Πολύφημος
τά τε ἄλλα καὶ μουσικός ἐστι.

ΔΩΡΙΣ

4. Σιώπα, ὦ Γαλάτεια· ἠκούσαμεν αὐτοῦ ᾄδοντος ὁπότε ἐκώμασε πρῴην ἐπὶ σέ· Ἀφροδίτη φίλη, ὅνον ἄν τις ὀγκᾶσθαι ἔδοξεν. καὶ αὐτὴ δὲ ἡ πηκτὶς οἵα; κρανίον ἐλάφου γυμνὸν τῶν σαρκῶν, καὶ τὰ μὲν κέρατα πήχεις ὥσπερ ἦσαν, ζυγώσας δὲ αὐτὰ καὶ 5 ἐνάψας τὰ νεῦρα, οὐδὲ κολλάβοις περιστρέψας, ἐμελῴδει ἄμουσόν τι καὶ ἀπῳδόν, ἄλλο μὲν αὐτὸς βοῶν, ἄλλο δὲ ἡ λύρα ὑπήχει, ὥστε οὐδὲ κατέχειν τὸν γέλωτα ἐδυνάμεθα ἐπὶ τῷ ἐρωτικῷ ἐκείνῳ ᾄσματι· ἡ μὲν γὰρ Ἠχὼ οὐδὲ ἀποκρίνεσθαι αὐτῷ 10 ἤθελεν οὕτω λάλος οὖσα βρυχομένῳ, ἀλλ' ᾐσχύνετο, εἰ φανείη μιμουμένη τραχεῖαν ᾠδὴν καὶ κατα-γέλαστον. **5.** ἔφερεν δὲ ὁ ἐπέραστος ἐν ταῖς ἀγκάλαις ἀθυρμάτιον ἄρκτου σκύλακα τὸ λάσιον αὐτῷ προσεοικότα. τίς οὐκ ἂν φθονήσειέ σοι, ὦ 15 Γαλάτεια, τοιούτου ἐραστοῦ;

ΓΑΛΑΤΕΙΑ

Οὐκοῦν σύ, Δωρί, δεῖξον ἡμῖν τὸν σεαυτῆς, καλλίω δῆλον ὅτι ὄντα καὶ ᾠδικώτερον καὶ κιθα-ρίζειν ἄμεινον ἐπιστάμενον.

ΔΩΡΙΣ

Ἀλλὰ ἐραστὴς μὲν οὐδείς ἔστι μοι οὐδὲ σεμνύ- 20 νομαι ἐπέραστος εἶναι · τοιοῦτος δὲ οἷος ὁ Κύκλωψ ἐστί, κινάβρας ἀπόζων ὥσπερ ὁ τράγος, ὠμοβόρος, ὥς φασι, καὶ σιτούμενος τοὺς ἐπιδημοῦντας τῶν ξένων, σοὶ γένοιτο καὶ πάντοτε σὺ ἀντερῴης αὐτοῦ.

2

ΚΥΚΛΩΠΟΣ ΚΑΙ ΠΟΣΕΙΔΩΝΟΣ

ΚΥΚΛΩΨ

1. Ὦ πάτερ, οἷα πέπονθα ὑπὸ τοῦ καταράτου ξένου, ὃς μεθύσας ἐξετύφλωσέ με κοιμωμένῳ ἐπιχειρήσας.

ΠΟΣΕΙΔΩΝ

Τίς δὲ ἦν ὁ ταῦτα τολμήσας, ὦ Πολύφημε;

ΚΥΚΛΩΨ

5 Τὸ μὲν πρῶτον Οὖτιν ἑαυτὸν ἀπεκάλει, ἐπεὶ δὲ διέφυγε καὶ ἔξω ἦν βέλους, Ὀδυσσεὺς ὀνομάζεσθαι ἔφη.

ΠΟΣΕΙΔΩΝ

Οἶδα ὃν λέγεις, τὸν Ἰθακήσιον· ἐξ Ἰλίου δ' ἀνέπλει. ἀλλὰ πῶς ταῦτα ἔπραξεν οὐδὲ πάνυ
10 εὐθαρσὴς ὤν;

ΚΥΚΛΩΨ

2. Κατέλαβον αὐτοὺς ἐν τῷ ἄντρῳ ἀπὸ τῆς νομῆς ἀναστρέψας πολλούς τινας, ἐπιβουλεύοντας δῆλον ὅτι τοῖς ποιμνίοις· ἐπεὶ γὰρ ἐπέθηκα τῇ θύρᾳ τὸ πῶμα—πέτρα δέ ἐστί μοι παμμεγέθης—καὶ τὸ πῦρ
15 ἀνέκαυσα ἐναυσάμενος ὃ ἔφερον δένδρον ἀπὸ τοῦ ὄρους, ἐφάνησαν ἀποκρύπτειν αὐτοὺς πειρώμενοι· ἐγὼ δὲ συλλαβών τινας αὐτῶν, ὥσπερ εἰκὸς ἦν, κατέφαγον λῃστάς γε ὄντας. ἐνταῦθα ὁ πανουργότατος ἐκεῖνος, εἴτε Οὖτις εἴτε Ὀδυσσεὺς ἦν,
20 δίδωσί μοι πιεῖν φάρμακόν τι ἐγχέας, ἡδὺ μὲν καὶ εὔοσμον, ἐπιβουλότατον δὲ καὶ ταραχωδέστατον·

ἅπαντα γὰρ εὐθὺς ἐδόκει μοι περιφέρεσθαι πιόντι
καὶ τὸ σπήλαιον αὐτὸ ἀνεστρέφετο καὶ οὐκέτι
ὅλως ἐν ἐμαυτοῦ ἤμην, τέλος δὲ εἰς ὕπνον κατε-
σπάσθην. ὁ δὲ ἀποξύνας τὸν μοχλὸν καὶ πυρώσας
προσέτι ἐτύφλωσέ με καθεύδοντα, καὶ ἀπ' ἐκείνου 5
τυφλός εἰμί σοι, ὦ Πόσειδον.

ΠΟΣΕΙΔΩΝ

3. Ὡς βαθὺν ἐκοιμήθης, ὦ τέκνον, ὃς οὐκ
ἐξέθορες μεταξὺ τυφλούμενος. ὁ δ' οὖν Ὀδυσσεὺς
πῶς διέφυγεν; οὐ γὰρ ἄν, εὖ οἶδ' ὅτι, ἠδυνήθη
ἀποκινῆσαι τὴν πέτραν ἀπὸ τῆς θύρας. 10

ΚΥΚΛΩΨ

Ἀλλ' ἐγὼ ἀφεῖλον, ὡς μᾶλλον αὐτὸν λάβοιμι
ἐξιόντα, καὶ καθίσας παρὰ τὴν θύραν ἐθήρων τὰς
χεῖρας ἐκπετάσας, μόνα παρεὶς τὰ πρόβατα εἰς τὴν
νομήν, ἐντειλάμενος τῷ κριῷ ὅσα ἐχρῆν πράττειν
αὐτὸν ὑπὲρ ἐμοῦ. 15

ΠΟΣΕΙΔΩΝ

4. Μανθάνω· ὑπ' ἐκείνοις ἔλαθον ὑπεξελθόντες· σὲ δὲ
τοὺς ἄλλους Κύκλωπας ἔδει ἐπιβοήσασθαι ἐπ' αὐτόν.

ΚΥΚΛΩΨ

Συνεκάλεσα, ὦ πάτερ, καὶ ἧκον· ἐπεὶ δὲ
ἤροντο τοῦ ἐπιβουλεύοντος τοὔνομα κἀγὼ ἔφην ὅτι
Οὖτίς ἐστι, μελαγχολᾶν οἰηθέντες με ἀπιόντες 20
ᾤχοντο. οὕτω κατεσοφίσατό με ὁ κατάρατος τῷ
ὀνόματι. καὶ ὃ μάλιστα ἠνίασέ με, ὅτι καὶ ὀνειδίζων
ἐμοὶ τὴν συμφοράν, Οὐδὲ ὁ πατήρ, φησίν, ὁ
Ποσειδῶν ἰάσεται σε.

ΠΟΣΕΙΔΩΝ

Θάρρει, ὦ τέκνον· ἀμυνοῦμαι γὰρ αὐτόν, ὡς
μάθῃ ὅτι, εἰ καὶ πήρωσίν μοι τῶν ὀφθαλμῶν
ἰᾶσθαι ἀδύνατον, τὰ γοῦν τῶν πλεόντων [τὸ σῴζειν
αὐτοὺς καὶ ἀπολλύναι] ἐπ' ἐμοί ἐστι· πλεῖ δὲ ἔτι.

3

ΠΟΣΕΙΔΩΝΟΣ ΚΑΙ ΑΛΦΕΙΟΥ

ΠΟΣΕΙΔΩΝ

5   1. Τί τοῦτο, ὦ Ἀλφειέ; μόνος τῶν ἄλλων ἐμ-
πεσὼν ἐς τὸ πέλαγος οὔτε ἀναμίγνυσαι τῇ ἅλμῃ, ὡς
νόμος ποταμοῖς ἅπασιν, οὔτε ἀναπαύεις σεαυτὸν
διαχυθείς, ἀλλὰ διὰ τῆς θαλάσσης συνεστὼς καὶ γλυκὺ
φυλάττων τὸ ῥεῖθρον, ἀμιγὴς ἔτι καὶ καθαρὸς
10   ἐπείγῃ, οὐκ οἶδ ὅπου, βύθιος ὑποδὺς καθάπερ οἱ
λάροι καὶ ἐρωδιοί; καὶ ἔοικας ἀνακύψειν που
καὶ αὖθις ἀναφανεῖν σεαυτόν.

ΑΛΦΕΙΟΣ

Ἐρωτικόν τι τὸ πρᾶγμά ἐστιν, ὦ Πόσειδον, ὥστε
μὴ ἔλεγχε· ἠράσθης δὲ καὶ αὐτὸς πολλάκις.

ΠΟΣΕΙΔΩΝ

15   Γυναικός, ὦ Ἀλφειέ, ἢ νύμφης ἐρᾷς ἢ καὶ τῶν
Νηρεΐδων ἁλίας;

ΑΛΦΕΙΟΣ

Οὔκ, ἀλλὰ πηγῆς, ὦ Πόσειδον.

ΠΟΣΕΙΔΩΝ

Ἡ δὲ ποῦ σοι γῆς αὕτη ῥεῖ;

ΑΛΦΕΙΟΣ

Νησιῶτίς ἐστι Σικελή· Ἀρέθουσαν αὐτὴν ὀνομάζουσιν.

ΠΟΣΕΙΔΩΝ

2. Οἶδα οὐκ ἄμορφον, ὦ Ἀλφειέ, τὴν Ἀρέ-   5
θουσαν, ἀλλὰ διαυγής ἐστι καὶ διὰ καθαροῦ
ἀναβλύζει καὶ τὸ ὕδωρ ἐπιπρέπει ταῖς ψηφῖσιν
ὅλον ὑπὲρ αὐτῶν φαινόμενον ἀργυροειδές.

ΑΛΦΕΙΟΣ

Ὡς ἀληθῶς οἶσθα τὴν πηγήν, ὦ Πόσειδον· παρ'
ἐκείνην οὖν ἀπέρχομαι.   10

ΠΟΣΕΙΔΩΝ

Ἀλλ' ἄπιθι μὲν καὶ εὐτύχει ἐν τῷ ἔρωτι· ἐκεῖνο
δέ μοι εἰπέ, ποῦ τὴν Ἀρέθουσαν εἶδες αὐτὸς μὲν
Ἀρκὰς ὤν, ἡ δὲ ἐν Συρακούσαις ἐστίν;

ΑΛΦΕΙΟΣ

Ἐπειγόμενόν με κατέχεις, ὦ Πόσειδον, περίεργα
ἐρωτῶν.   15

ΠΟΣΕΙΔΩΝ

Εὖ λέγεις· χώρει παρὰ τὴν ἀγαπωμένην, καὶ
ἀναδὺς ἀπὸ τῆς θαλάσσης συναναμίγνυσο   τῇ
πηγῇ καὶ ἓν ὕδωρ γίγνεσθε.

4

ΜΕΝΕΛΑΟΥ ΚΑΙ ΠΡΩΤΕΩΣ

ΜΕΝΕΛΑΟΣ

1. Ἀλλὰ ὕδωρ μέν σε γενέσθαι, ὦ Πρωτεῦ, οὐκ
ἀπίθανον, ἐνάλιόν γε ὄντα, καὶ δένδρον, ἔτι φορητόν,
καὶ εἰς λέοντα δὲ εἰ ἀλλαγείης, ὅμως οὐδὲ τοῦτο
ἔξω πίστεως· εἰ δὲ καὶ πῦρ γίγνεσθαι δυνατὸν ἐν
5 τῇ θαλάσσῃ οἰκοῦντά σε, τοῦτο πάνυ θαυμάζω καὶ
ἀπιστῶ.

ΠΡΩΤΕΥΣ

Μὴ θαυμάσῃς, ὦ Μενέλαε · γίγνομαι γάρ.

ΜΕΝΕΛΑΟΣ

Εἶδον καὶ αὐτός· ἀλλά μοι δοκεῖς—εἰρήσεται
γὰρ πρὸς σέ—γοητείαν τινὰ προσάγειν τῷ πρά-
10 γματι καὶ τοὺς ὀφθαλμοὺς ἐξαπατᾶν τῶν ὁρώντων
αὐτὸς οὐδὲν τοιοῦτο γιγνόμενος.

ΠΡΩΤΕΥΣ

2. Καὶ τίς ἂν ἡ ἀπάτη ἐπὶ τῶν οὕτως ἐναργῶν
γένοιτο; οὐκ ἀνεῳγμένοις τοῖς ὀφθαλμοῖς εἶδες, εἰς
ὅσα μετεποίησα ἐμαυτόν; εἰ δὲ ἀπιστεῖς καὶ τὸ
15 πρᾶγμά σοι ψευδὲς εἶναι δοκεῖ, καὶ φαντασία τις
πρὸ τῶν ὀφθαλμῶν ἱσταμένη, ἐπειδὰν πῦρ γένωμαι,
προσένεγκέ μοι, ὦ γενναῖε, τὴν χεῖρα· εἴσῃ γάρ,
εἰ ὁρῶμαι μόνον ἢ καὶ τὸ κάειν τότε μοι πρόσεστιν.

ΜΕΝΕΛΑΟΣ

Οὐκ ἀσφαλὴς ἡ πεῖρα, ὦ Πρωτεῦ.

ΠΡΩΤΕΥΣ

Σὺ δέ μοι, ὦ Μενέλαε, δοκεῖς οὐδὲ πολύποδα
ἑωρακέναι πώποτε οὐδὲ ἃ πάσχει ὁ ἰχθῦς οὗτος
εἰδέναι.

ΜΕΝΕΛΑΟΣ

Ἀλλὰ τὸν μὲν πολύποδα εἶδον, ἃ δὲ πάσχει, ἡδέως
ἂν μάθοιμι παρὰ σοῦ.   5

ΠΡΩΤΕΥΣ

3. Ὁποίᾳ ἂν πέτρᾳ προσελθὼν ἁρμόσῃ τὰς
κοτύλας καὶ προσφὺς ἔχηται κατὰ τὰς πλεκτάνας,
ἐκείνῃ ὅμοιον ἐργάζεται ἑαυτὸν καὶ μεταβάλλει τὴν
χροίαν μιμούμενος τὴν πέτραν, ὡς λανθάνειν τοὺς
ἁλιέας μὴ διαλλάττων μηδὲ ἐπίσημος ὢν διὰ   10
τοῦτο, ἀλλὰ ἐοικὼς τῷ λίθῳ.

ΜΕΝΕΛΑΟΣ

Φασὶ ταῦτα· τὸ δὲ σὸν πολλῷ παραδοξότερον,
ὦ Πρωτεῦ.

ΠΡΩΤΕΥΣ

Οὐκ οἶδα, ὦ Μενέλαε, ὅτινι ἂν ἄλλῳ πιστεύσειας
τοῖς σεαυτοῦ ὀφθαλμοῖς ἀπιστῶν.   15

ΜΕΝΕΛΑΟΣ

Εἶδον· ἀλλὰ τὸ πρᾶγμα τεράστιον, ὁ αὐτὸς πῦρ
καὶ ὕδωρ.

5

ΠΟΣΕΙΔΩΝΟΣ ΚΑΙ ΔΕΛΦΙΝΩΝ

ΠΟΣΕΙΔΩΝ

1. Εὖ γε, ὦ Δελφῖνες, ὅτι ἀεὶ φιλάνθρωποί ἐστε, καὶ πάλαι μὲν τὸ τῆς Ἰνοῦς παιδίον ἐπὶ τὸν Ἰσθμὸν ἐκομίσατε ὑποδεξάμενοι ἀπὸ τῶν Σκειρωνίδων μετὰ τῆς μητρὸς ἐμπεσόν, καὶ νῦν σὺ τὸν κιθαρῳδὸν
5 τουτονὶ τὸν ἐκ Μηθύμνης ἀναλαβὼν ἐξενήξω ἐς Ταίναρον αὐτῇ σκευῇ καὶ κιθάρᾳ, οὐδὲ περιεῖδες κακῶς ὑπὸ τῶν ναυτῶν ἀπολλύμενον.

ΔΕΛΦΙΝΕΣ

Μὴ θαυμάσῃς, ὦ Πόσειδον, εἰ τοὺς ἀνθρώπους εὖ ποιοῦμεν ἐξ ἀνθρώπων γε καὶ αὐτοὶ ἰχθύες
10 γενόμενοι. Καὶ μέμφομαί γε τῷ Διονύσῳ, ὅτι ἡμᾶς καταναυμαχήσας καὶ μετέβαλε, δέον χειρώσασθαι μόνον, ὥσπερ τοὺς ἄλλους ὑπηγάγετο.

ΠΟΣΕΙΔΩΝ

Πῶς δ' οὖν τὰ κατὰ τὸν Ἀρίονα τοῦτον ἐγένετο, ὦ Δελφίν;

ΔΕΛΦΙΝΕΣ

15 2. Ὁ Περίανδρος, οἶμαι, ἔχαιρεν αὐτῷ καὶ πολλάκις μετεπέμπετο αὐτὸν ἐπὶ τῇ τέχνῃ, ὁ δὲ πλουτήσας παρὰ τοῦ τυράννου ἐπεθύμησεν πλεύσας οἴκαδε εἰς τὴν Μήθυμναν ἐπιδείξασθαι τὸν πλοῦτον, καὶ ἐπιβὰς πορθμείου τινὸς κακούργων ἀνδρῶν ὡς

ἔδειξεν πολὺν ἄγων χρυσόν τε καὶ ἄργυρον, ἐπεὶ
κατὰ μέσον τὸ Αἰγαῖον ἐγένετο, ἐπιβουλεύουσιν
αὐτῷ οἱ ναῦται · ὁ δὲ—ἠκροώμην γὰρ ἅπαντα
παρανέων τῷ σκάφει—'Επεὶ ταῦτα ὑμῖν δέδοκται,
ἔφη, ἀλλὰ τὴν σκευὴν ἀναλαβόντα με καὶ ᾄσαντα 5
θρῆνόν τινα ἐπ' ἐμαυτῷ ἑκόντα ἐάσατε ῥῖψαι
ἐμαυτόν. ἐπέτρεψαν οἱ ναῦται καὶ ἀνέλαβε τὴν
σκευὴν καὶ ᾖσε πάνυ λιγυρόν, καὶ ἔπεσεν εἰς τὴν
θάλασσαν ὡς αὐτίκα πάντως ἀποθανούμενος·
ἐγὼ δὲ ὑπολαβὼν καὶ ἀναθέμενος αὐτὸν ἐξενηξάμην 10
ἔχων εἰς Ταίναρον.

ΠΟΣΕΙΔΩΝ

'Επαινῶ σε τῆς φιλομουσίας· ἄξιον γὰρ τὸν
μισθὸν ἀπέδωκας αὐτῷ τῆς ἀκροάσεως.

6

ΠΟΣΕΙΔΩΝΟΣ ΚΑΙ ΝΗΡΕΙΔΩΝ

ΠΟΣΕΙΔΩΝ

1. Τὸ μὲν στενὸν τοῦτο, ἔνθα ἡ παῖς κατη-
νέχθη, 'Ελλήσποντος ἀπ' αὐτῆς καλείσθω· τὸν δὲ 15
νεκρὸν ὑμεῖς, ὦ Νηρεΐδες, παραλαβοῦσαι τῇ Τρῳάδι
προσενέγκατε, ὡς ταφείη ὑπὸ τῶν ἐπιχωρίων.

ΑΜΦΙΤΡΙΤΗ

Μηδαμῶς, ὦ Πόσειδον, ἀλλ' ἐνταῦθα ἐν τῷ
ἐπωνύμῳ πελάγει τεθάφθω· ἐλεοῦμεν γὰρ αὐτὴν
οἴκτιστα ὑπὸ τῆς μητρυιᾶς πεπονθυῖαν. 20

ΠΟΣΕΙΔΩΝ

Τοῦτο μέν, ὦ Ἀμφιτρίτη, οὐ θέμις· οὐδὲ ἄλλως
καλὸν ἐνταῦθά που κεῖσθαι ὑπὸ τῇ ψάμμῳ αὐτήν,
ἀλλ᾽ ὅπερ ἔφην ἐν τῇ Τρῳάδι ἢ ἐν Χερρονήσῳ
τεθάψεται. ἐκεῖνο δὲ παραμύθιον οὐ μικρὸν ἔσται
5 αὐτῇ, ὅτι μετ᾽ ὀλίγον τὰ αὐτὰ καὶ ἡ Ἰνὼ πείσεται
καὶ ἐμπεσεῖται ὑπὸ τοῦ Ἀθάμαντος διωκομένη ἐς
τὸ πέλαγος ἀπ᾽ ἄκρου τοῦ Κιθαιρῶνος, καθ᾽ ὅπερ
καθήκει ἐς τὴν θάλασσαν, ἔχουσα καὶ τὸν υἱὸν ἐπὶ
τῆς ἀγκάλης. ἀλλὰ κἀκείνην σῶσαι δεήσει χαρι-
10 σαμένους τῷ Διονύσῳ· τροφὸς γὰρ αὐτοῦ καὶ
τίτθη ἡ Ἰνώ.

ΑΜΦΙΤΡΙΤΗ

2. Οὐκ ἐχρῆν οὕτω πονηρὰν οὖσαν.

ΠΟΣΕΙΔΩΝ

Ἀλλὰ τῷ Διονύσῳ ἀχαριστεῖν, ὦ Ἀμφιτρίτη, οὐκ
ἄξιον.

ΝΗΡΕΙΔΕΣ

15 Αὕτη δὲ ἄρα τί παθοῦσα κατέπεσεν ἀπὸ τοῦ
κριοῦ, ὁ ἀδελφὸς δὲ ὁ Φρίξος ἀσφαλῶς ὀχεῖται;

ΠΟΣΕΙΔΩΝ

Εἰκότως· νεανίας γὰρ καὶ δύναται ἀντέχειν
πρὸς τὴν φοράν, ἡ δὲ ὑπ᾽ ἀηθείας ἐπιβᾶσα ὀχήματος
παραδόξου καὶ ἀπιδοῦσα ἐς βάθος ἀχανές, ἐκπλα-
20 γεῖσα καὶ τῷ θάλπει   ἅμα συσχεθεῖσα καὶ ἰλιγ-
γιάσασα πρὸς τὸ σφοδρὸν τῆς πτήσεως ἀκρατὴς
ἐγένετο τῶν κεράτων τοῦ κριοῦ, ὧν τέως ἐπείληπτο,
καὶ κατέπεσεν ἐς τὸ πέλαγος.

ΝΗΡΕΙΔΕΣ

Οὔκουν ἐχρῆν τὴν μητέρα τὴν Νεφέλην βοη-
θῆσαι πιπτούσῃ;

ΠΟΣΕΙΔΩΝ

᾿Εχρῆν· ἀλλ᾿ ἡ Μοῖρα τῆς Νεφέλης πολλῷ
δυνατωτέρα.

7

ΠΑΝΟΠΗΣ ΚΑΙ ΓΑΛΗΝΗΣ

ΠΑΝΟΠΗ

1. Εἶδες, ὦ Γαλήνη, χθὲς οἷα ἐποίησεν ἡ ῍Ερις 5
παρὰ τὸ δεῖπνον ἐν Θετταλίᾳ, διότι μὴ καὶ αὐτὴ
ἐκλήθη εἰς τὸ συμπόσιον;

ΓΑΛΗΝΗ

Οὐ συνειστιώμην ὑμῖν ἔγωγε· ὁ γὰρ Ποσειδῶν
ἐκέλευσέ μέ, ὦ Πανόπη, ἀκύμαντον ἐν τοσούτῳ
φυλάττειν τὸ πέλαγος. τί δ᾿ οὖν ἐποίησεν ἡ ῍Ερις 10
μὴ παροῦσα;

ΠΑΝΟΠΗ

῾Η Θέτις μὲν ἤδη καὶ ὁ Πηλεὺς ἀπεληλύθεσαν
ἐς τὸν θάλαμον ὑπὸ τῆς Ἀμφιτρίτης καὶ τοῦ Ποσει-
δῶνος παραπεμφθέντες, ἡ ῍Ερις δὲ ἐν τοσούτῳ
λαθοῦσα πάντας—ἐδυνήθη δὲ ῥᾳδίως, τῶν μὲν 15
πινόντων, ἐνίων δὲ κροτούντων ἢ τῷ Ἀπόλλωνι
κιθαρίζοντι ἢ ταῖς Μούσαις ᾀδούσαις, προσεχόντων
τὸν νοῦν—ἐνέβαλεν ἐς τὸ συμπόσιον μῆλόν τι
πάγκαλον, χρυσοῦν ὅλον, ὦ Γαλήνη· ἐπεγέγραπτο
δὲ "ἡ καλὴ λαβέτω." κυλινδούμενον δὲ τοῦτο 20
ὥσπερ ἐξεπίτηδες ἧκεν ἔνθα ῍Ηρα τε καὶ Ἀφροδίτη

καὶ Ἀθηνᾶ κατεκλίνι ντο. 2. κἀπειδὴ ὁ Ἑρμῆς
ἀνελόμενος ἐπελέξατο τὰ γεγραμμένα, αἱ μὲν
Νηρεΐδες ἡμεῖς ἐσιωπήσαμεν. τί γὰρ ἔδει ποιεῖν
ἐκείνων παρουσῶν; αἱ δὲ ἀντεποιοῦντο ἑκάστη καὶ
5   αὐτῆς εἶναι τὸ μῆλον ἠξίουν, καὶ εἰ μή γε ὁ Ζεὺς
διέστησεν αὐτάς, καὶ ἄχρι χειρῶν ἂν τὸ πρᾶγμα
προὐχώρησεν. ἀλλ' ἐκεῖνος, Αὐτὸς μὲν οὐ κρινῶ,
φησί, περὶ τούτου,—καίτοι ἐκεῖναι αὐτὸν δικάσαι
ἠξίουν—ἄπιτε δὲ ἐς τὴν Ἴδην παρὰ τὸν Πριάμου
10   παῖδα, ὃς οἶδέ τε διαγνῶναι τὸ κάλλιον φιλόκαλος
ὤν, καὶ οὐκ ἂν ἐκεῖνος κρίναι κακῶς.

ΓΑΛΗΝΗ

Τί οὖν αἱ θεαί, ὦ Πανόπη;

ΠΑΝΟΠΗ

Τήμερον, οἶμαι, ἀπίασιν εἰς τὴν Ἴδην, καί τις
ἥξει μετὰ μικρὸν ἀπαγγέλλων ἡμῖν τὴν κρατοῦσαν.

ΓΑΛΗΝΗ

15   Ἤδη σοί φημι, οὐκ ἄλλη κρατήσει τῆς Ἀφρο-
δίτης ἀγωνιζομένης, ἢν μὴ πάνυ ὁ διαιτητὴς
ἀμβλυώττῃ.

8

ΤΡΙΤΩΝΟΣ ΚΑΙ ΠΟΣΕΙΔΩΝΟΣ

ΤΡΙΤΩΝ

1. Ἐπὶ τὴν Λέρναν, ὦ Πόσειδον, παραγίνεται
καθ' ἑκάστην ἡμέραν ὑδρευσομένη παρθένος, πάγ-
20   καλόν τι χρῆμα· οὐκ οἶδα ἔγωγε καλλίω παῖδα
ἰδών.

ΠΟΣΕΙΔΩΝ

Ἐλευθέραν τινά, ὦ Τρίτων, λέγεις, ἢ θεράπαινά
τις ὑδροφόρος ἐστίν;

ΤΡΙΤΩΝ

Οὐ μὲν οὖν, ἀλλὰ τοῦ Αἰγυπτίου ἐκείνου θυγάτηρ,
μία τῶν πεντήκοντα καὶ αὐτή, Ἀμυμώνη τοὔνομα·
ἐπυθόμην γὰρ ἥτις καλεῖται καὶ τὸ γένος. ὁ Δαναὸς 5
δὲ σκληραγωγεῖ τὰς θυγατέρας καὶ αὐτουργεῖν δι-
δάσκει καὶ πέμπει ὕδωρ τε ἀρυσομένας καὶ πρὸς τὰ
ἄλλα παιδεύει ἀόκνους εἶναι αὐτάς.

ΠΟΣΕΙΔΩΝ

2. Μόνη δὲ παραγίνεται μακρὰν οὕτω τὴν ὁδὸν ἐξ
Ἄργους εἰς Λέρναν; 10

ΤΡΙΤΩΝ

Μόνη· πολυδίψιον δὲ τὸ Ἄργος, ὡς οἶσθα·
ὥστε ἀνάγκη ἀεὶ ὑδροφορεῖν.

ΠΟΣΕΙΔΩΝ

Ὦ Τρίτων, οὐ μετρίως με διετάραξας περὶ τῆς
παιδὸς εἰπών· ὥστε ἴωμεν ἐπ' αὐτήν.

ΤΡΙΤΩΝ

Ἴωμεν· ἤδη γὰρ καιρὸς τῆς ὑδροφορίας· καὶ 15
σχεδόν που κατὰ μέσην τὴν ὁδόν ἐστιν ἰοῦσα ἐς τὴν
Λέρναν.

ΠΟΣΕΙΔΩΝ

Οὐκοῦν ζεῦξον τὸ ἅρμα· ἢ τοῦτο μὲν πολλὴν
ἔχει τὴν διατριβὴν ὑπάγειν τοὺς ἵππους τῇ ζεύγλῃ
καὶ τὸ ἅρμα ἐπισκευάζειν, σὺ δὲ ἀλλὰ δελφῖνά μοί 20
τινα τῶν ὠκέων παράστησον· ἀφιππάσομαι γὰρ
ἐπ' αὐτοῦ τάχιστα.

ΤΡΙΤΩΝ

Ἰδού σοι οὑτοσὶ δελφίνων ὁ ὠκύτατος.

ΠΟΣΕΙΔΩΝ

Εὖ γε· ἀπελαύνωμεν· σὺ δὲ παρανήχου, ὦ
Τρίτων. κἀπειδὴ πάρεσμεν εἰς τὴν Λέρναν, ἐγὼ
μὲν λοχήσω ἐνταῦθά που, σὺ δὲ ἀποσκόπει·
5 ὁπόταν αἴσθῃ προσιοῦσαν αὐτήν—

ΤΡΙΤΩΝ

Αὕτη σοι πλησίον.

ΠΟΣΕΙΔΩΝ

3. Καλή, ὦ Τρίτων, καὶ ὡραία παρθένος· ἀλλὰ
συλληπτέα ἡμῖν ἐστιν.

ΑΜΥΜΩΝΗ

Ἄνθρωπε, ποῖ με συναρπάσας ἄγεις; ἀνδρα-
10 ποδιστὴς εἶ, καὶ ἔοικας ἡμῖν ὑπ᾽ Αἰγύπτου τοῦ
θείου ἐπιπεμφθῆναι· ὥστε βοήσομαι τὸν πατέρα.

ΤΡΙΤΩΝ

Σιώπησον, ὦ Ἀμυμώνη· Ποσειδῶν ἐστι.

ΑΜΥΜΩΝΗ

Τί " Ποσειδῶν" λέγεις; τί βιάζῃ με, ὦ ἄνθρωπε,
καὶ εἰς τὴν θάλασσαν καθέλκεις; ἐγὼ δὲ ἀποπνιγή-
15 σομαι ἡ ἀθλία καταδῦσα.

ΠΟΣΕΙΔΩΝ

Θάρρει, οὐδὲν δεινὸν μὴ πάθῃς· ἀλλὰ καὶ
πηγὴν ἐπώνυμον ἀναδοθῆναί σοι ποιήσω ἐνταῦθα

πατάξας τῇ τριαίνῃ τὴν πέτραν πλησίον τοῦ
κλύσματος, καὶ σὺ εὐδαίμων ἔσῃ καὶ μόνη τῶν
ἀδελφῶν οὐχ ὑδροφορήσεις ἀποθανοῦσα.

9

ΙΡΙΔΟΣ ΚΑΙ ΠΟΣΕΙΔΩΝΟΣ

ΙΡΙΣ

1. Τὴν νῆσον τὴν πλανωμένην, ὦ Πόσειδον, ἣν
ἀποσπασθεῖσαν τῆς Σικελίας ὕφαλον ἔτι νήχεσθαι   5
συμβέβηκεν, ταύτην, φησὶν ὁ Ζεύς, στῆσον ἤδη καὶ
ἀνάφηνον καὶ ποίησον ἤδη δῆλον ἐν τῷ Αἰγαίῳ
μέσῳ βεβαίως μένειν στηρίξας πάνυ ἀσφαλῶς·
δεῖται γάρ τι αὐτῆς.

ΠΟΣΕΙΔΩΝ

Πεπράξεται ταῦτα, ὦ ῏Ιρι. τίνα δ' ὅμως παρέ-   10
ξει τὴν χρείαν αὐτῷ ἀναφανεῖσα καὶ μηκέτι πλέ-
ουσα;

ΙΡΙΣ

Τὴν Λητὼ ἐπ' αὐτῆς δεῖ ἀποκυῆσαι · ἤδη δὲ
πονήρως ὑπὸ τῶν ὠδίνων ἔχει.

ΠΟΣΕΙΔΩΝ

Τί οὖν; οὐχ ἱκανὸς ὁ οὐρανὸς ἐντεκεῖν; εἰ δὲ μὴ   15
οὗτος, ἀλλ' ἥ γε γῆ πᾶσα οὐκ ἂν ὑποδέξασθαι
δύναιτο τὰς γονὰς αὐτῆς;

ΙΡΙΣ

Οὔκ, ὦ Πόσειδον· ἡ Ἥρα γὰρ ὅρκῳ μεγάλῳ
κατέλαβε τὴν γῆν, μὴ παρασχεῖν τῇ Λητοῖ τῶν
ὠδίνων ὑποδοχήν. ἡ τοίνυν νῆσος αὕτη ἀνώμοτός
ἐστιν· ἀφανὴς γὰρ ἦν.

ΠΟΣΕΙΔΩΝ

5   2. Συνίημι. στῆθι, ὦ νῆσε, καὶ ἀνάδυθι αὖθις ἐκ
τοῦ βυθοῦ καὶ μηκέτι ὑποφέρου, ἀλλὰ βεβαίως μένε
καὶ ὑπόδεξαι, ὦ εὐδαιμονεσάτη, τοῦ ἀδελφοῦ τα
τέκνα δύο, τοὺς καλλίστους τῶν θεῶν· καὶ ὑμεῖς, ὦ
Τρίτωνες, διαπορθμεύσατε τὴν Λητὼ ἐς αὐτήν· καὶ
10   γαληνὰ ἅπαντα ἔστω. τὸν δράκοντα δέ, ὃς νῦν
ἐξοιστρεῖ αὐτὴν φοβῶν, τὰ νεογνὰ ἐπειδὰν τεχθῇ,
αὐτίκα μέτεισι καὶ τιμωρήσει τῇ μητρί. σὺ δὲ
ἀπάγγελλε τῷ Διὶ ἅπαντα εἶναι εὐτρεπῆ· ἕστηκεν
ἡ Δῆλος· ἡκέτω ἡ Λητὼ ἤδη καὶ τικτέτω.

10

ΞΑΝΘΟΥ ΚΑΙ ΘΑΛΑΣΣΗΣ

ΞΑΝΘΟΣ

15   1. Δέξαι με, ὦ θάλασσα, δεινὰ πεπονθότα καὶ
κατάσβεσόν μου τὰ τραύματα.

ΘΑΛΑΣΣΑ

Τί τοῦτο, ὦ Ξάνθε; τίς σε κατέκαυσεν;

ΞΑΝΘΟΣ

Ὁ Ἥφαιστος. ἀλλ' ἀπηνθράκωμαι ὅλος ὁ
κακοδαίμων καὶ ζέω.

ΘΑΛΑΣΣΑ

Διὰ τί δαί σοι καὶ ἐνέβαλε τὸ πῦρ;

ΞΑΝΘΟΣ

Διὰ τὸν ταύτης υἱὸν τῆς Θέτιδος· ἐπεὶ γὰρ
φονεύοντα τοὺς Φρύγας ἱκετεύσας οὐκ ἔπαυσα τῆς
ὀργῆς, ἀλλ' ὑπὸ τῶν νεκρῶν ἐνέφραττέ μοι τὸν
ῥοῦν, ἐλεήσας τοὺς ἀθλίους ἐπῆλθον ἐπικλύσαι 5
ἐθέλων, ὡς φοβηθεὶς ἀπόσχοιτο τῶν ἀνδρῶν. 2.
ἐνταῦθα ὁ "Ηφαιστος—ἔτυχε γὰρ πλησίον που ὤν—
πᾶν οἶμαι ὅσον ἐν τῇ καμίνῳ πῦρ εἶχεν καὶ ὅσον
ἐν τῇ Αἴτνῃ φέρων ἐπῆλθέ μοι, καὶ ἔκαυσε μὲν τὰς
πτελέας μου καὶ μυρίκας, ὤπτησε δὲ καὶ τοὺς 10
κακοδαίμονας ἰχθῦς καὶ τὰς ἐγχέλεις, αὐτὸν δὲ ἐμὲ
ὑπερκαχλάσαι ποιήσας μικροῦ δεῖν ὅλον ξηρὸν
εἴργασται. ὁρᾷς γοῦν ὅπως διάκειμαι ἀπὸ τῶν
ἐγκαυμάτων.

ΘΑΛΑΣΣΑ

Θολερός, ὦ Ξάνθε, καὶ θερμός, ὡς εἰκός, τὸ 15
αἷμα μὲν ἀπὸ τῶν νεκρῶν, ἡ θέρμη δέ, ὡς φῄς, ἀπὸ
τοῦ πυρός· καὶ εἰκότως, ὦ Ξάνθε, ὃς ἐπὶ τὸν ἐμὸν
υἱ<ων>ὸν ὥρμησας οὐκ αἰδεσθεὶς ὅτι Νηρεῖδος υἱὸς ἦν.

ΞΑΝΘΟΣ

Οὐκ ἔδει οὖν ἐλεῆσαι γείτονας ὄντας τους
Φρύγας; 20

ΘΑΛΑΣΣΑ

Τὸν "Ηφαιστον δὲ οὐκ ἔδει ἐλεῆσαι Θέτιδος υἱὸν
ὄντα τὸν Ἀχιλλέα;

11

ΝΟΤΟΥ ΚΑΙ ΖΕΦΥΡΟΥ

ΝΟΤΟΣ

1. Ταύτην, ὦ Ζέφυρε, τὴν δάμαλιν, ἣν διὰ τοῦ
πελάγους εἰς Αἴγυπτον ὁ Ἑρμῆς ἄγει, ὁ Ζεὺς
5 διεκόρησεν ἁλοὺς ἔρωτι;

ΖΕΦΥΡΟΣ

Ναί, ὦ Νότε· οὐ δάμαλις δὲ τότε, ἀλλὰ παῖς
ἦν τοῦ ποταμοῦ Ἰνάχου· νῦν δὲ ἡ "Ηρα τοιαύτην
ἐποίησεν αὐτὴν ζηλοτυπήσασα, ὅτι πάνυ ἑώρα
ἐρῶντα τὸν Δία.

ΝΟΤΟΣ

10   Νῦν δὲ ἔτι ἐρᾷ τῆς βοός;

ΖΕΦΥΡΟΣ

Καὶ μάλα, καὶ διὰ τοῦτο αὐτὴν εἰς Αἴγυπτον
ἔπεμψεν καὶ ἡμῖν προσέταξε μὴ κυμαίνειν τὴν
θάλασσαν ἔστ' ἂν διανήξεται, ὡς ἀποτεκοῦσα ἐκεῖ
—κυεῖ δὲ ἤδη—θεὸς γένοιτο καὶ αὐτὴ καὶ τὸ
15   τεχθέν.

ΝΟΤΟΣ

2. Ἡ δάμαλις θεός;

ΖΕΦΥΡΟΣ

Καὶ μάλα, ὦ Νότε· ἄρξει τε, ὡς ὁ Ἑρμῆς ἔφη, τῶν πλεόντων καὶ ἡμῶν ἔσται δέσποινα, ὅντινα ἂν ἡμῶν ἐθέλῃ ἐκπέμψαι ἢ κωλῦσαι ἐπιπνεῖν.

ΝΟΤΟΣ

Θεραπευτέα τοιγαροῦν, ὦ Ζέφυρε, ἤδη δέσποινά γε οὖσα. εὐνουστέρα γὰρ ἂν οὕτως γένοιτο.   5

ΖΕΦΥΡΟΣ

Ἀλλ' ἤδη γὰρ διεπέρασε καὶ ἐξένευσεν ἐς τὴν γῆν. ὁρᾷς ὅπως οὐκέτι μὲν τετραποδητὶ βαδίζει, ἀνορθώσας δὲ αὐτὴν ὁ Ἑρμῆς γυναῖκα παγκάλην αὖθις ἐποίησεν;

ΝΟΤΟΣ

Παράδοξα γοῦν ταῦτα, ὦ Ζέφυρε· οὐκέτι τὰ   10
κέρατα οὐδὲ οὐρὰ καὶ δίχηλα τὰ σκέλη, ἀλλ' ἐπέραστος κόρη. ὁ μέντοι Ἑρμῆς τί παθὼν μεταβέβληκεν ἑαυτὸν καὶ ἀντὶ νεανίου κυνοπρόσωπος γεγένηται;

ΖΕΦΥΡΟΣ

Μὴ πολυπραγμονῶμεν, ὅτι ἄμεινον ἐκεῖνος οἶδε τὸ   15
πρακτέον.

12

ΔΩΡΙΔΟΣ ΚΑΙ ΘΕΤΙΔΟΣ

ΔΩΡΙΣ

1. Τί δακρύεις, ὦ Θέτι;

ΘΕΤΙΣ

Καλλίστην, ὦ Δωρί, κόρην εἶδον ἐς κιβωτὸν ὑπὸ
τοῦ πατρὸς ἐμβληθεῖσαν, αὐτήν τε καὶ βρέφος αὐ-
τῆς ἀρτιγέννητον· ἐκέλευσεν δὲ ὁ πατὴρ τοὺς
ναύτας ἀναλαβόντας τὸ κιβώτιον, ἐπειδὰν πολὺ
5   τῆς γῆς ἀποσπάσωσιν, ἀφεῖναι εἰς τὴν θάλασσαν,
ὡς ἀπόλοιτο ἡ ἀθλία, καὶ αὐτὴ καὶ τὸ βρέφος.

ΔΩΡΙΣ

Τίνος ἕνεκα, ὦ ἀδελφή; εἰπέ, εἴ τι   ἔμαθες
ἀκριβῶς.

ΘΕΤΙΣ

Ἅπαντα. ὁ γὰρ Ἀκρίσιος ὁ πατὴρ αὐτῆς καλλίστην
10   οὖσαν ἐπαρθένευεν ἐς χαλκοῦν τινα θάλαμον ἐμβαλών·
εἶτα, εἰ μὲν ἀληθὲς οὐκ ἔχω εἰπεῖν, φασὶ δ' οὖν
τὸν Δία χρυσὸν   γενόμενον ῥυῆναι διὰ τοῦ ὀρόφου
ἐπ' αὐτήν, δεξαμένην δὲ ἐκείνην ἐς τὸν κόλπον
καταρρέοντα τὸν θεὸν ἐγκύμονα γενέσθαι. τοῦτο
15   αἰσθόμενος ὁ πατήρ, ἄγριός τις καὶ ζηλότυπος
γέρων, ἠγανάκτησε καὶ ὑπό τινος μεμοιχεῦσθαι
οἰηθεὶς αὐτὴν ἐμβάλλει εἰς τὴν κιβωτὸν ἄρτι
τετοκυῖαν.

ΔΩΡΙΣ

2. Ἡ δὲ τί ἔπραττεν, ὦ Θέτι, ὁπότε καθίετο;

ΘΕΤΙΣ

20   Ὑπὲρ αὑτῆς μὲν ἐσίγα, ὦ Δωρί, καὶ ἔφερε τὴν
καταδίκην. τὸ βρέφος δὲ παρῃτεῖτο μὴ ἀποθανεῖν

δακρύουσα καὶ τῷ πάππῳ δεικνύουσα αὐτό, κάλ-
λιστον ὄν· τὸ δὲ ὑπ' ἀγνοίας τῶν κακῶν ὑπεμειδία
πρὸς τὴν θάλασσαν. ὑποπίμπλαμαι αὖθις τοὺς
ὀφθαλμοὺς δακρύων μνημονεύσασα αὐτῶν.

ΔΩΡΙΣ

Κἀμὲ δακρῦσαι ἐποίησας. ἀλλ' ἤδη τεθνᾶσιν;   5

ΘΕΤΙΣ

Οὐδαμῶς· νήχεται γὰρ ἔτι ἡ κιβωτὸς ἀμφὶ τὴν
Σέριφον ζῶντας αὐτοὺς φυλάττουσα.

ΔΩΡΙΣ

Τί οὖν οὐχὶ σῴζομεν αὐτοὺς τοῖς ἁλιεῦσι τούτοις
ἐμβαλοῦσαι ἐς τὰ δίκτυα τοῖς Σεριφίοις; οἱ δὲ ἀνα-
σπάσαντες σώσουσι δῆλον ὅτι.   10

ΘΕΤΙΣ

Εὖ λέγεις, οὕτω ποιῶμεν· μὴ γὰρ ἀπολέσθω
μήτε αὐτὴ μήτε τὸ παιδίον οὕτως ὂν καλόν.

13

ΕΝΙΠΕΩΣ ΚΑΙ ΠΟΣΕΙΔΩΝΟΣ

ΕΝΙΠΕΥΣ

1. Οὐ καλὰ ταῦτα, ὦ Πόσειδον· εἰρήσεται γὰρ
τἀληθές· ὑπελθών μου τὴν ἐρωμένην εἰκασθεὶς
ἐμοὶ διεκόρησας τὴν παῖδα· ἡ δὲ ᾤετο ὑπ'   15
ἐμοῦ αὐτὸ πεπονθέναι καὶ διὰ τοῦτο παρεῖχεν
ἑαυτήν.

ΠΟΣΕΙΔΩΝ

Σὺ γάρ, ὦ 'Ενιπεῦ, ὑπεροπτικὸς ἦσθα καὶ βραδύς,
ὃς κόρης οὕτω καλῆς φοιτώσης ὁσημέραι παρὰ σέ,
ἀπολλυμένης ὑπὸ τοῦ ἔρωτος, ὑπερεώρας καὶ
ἔχαιρες λυπῶν αὐτήν, ἡ δὲ περὶ τὰς ὄχθας ἀλύουσα
5 καὶ ἐπεμβαίνουσα καὶ λουομένη ἐνίοτε ηὔχετό σοι
ἐντυχεῖν, σὺ δὲ ἐθρύπτου πρὸς αὐτήν.

ΕΝΙΠΕΥΣ

2. Τί οὖν; διὰ τοῦτο ἐχρῆν σε προαρπάσαι τὸν
ἔρωτα καὶ καθυποκρίνασθαι 'Ενιπέα ἀντὶ Ποσειδῶ-
νος εἶναι καὶ κατασοφίσασθαι τὴν Τυρὼ ἀφελῆ
10 κόρην οὖσαν;

ΠΟΣΕΙΔΩΝ

'Οψὲ ζηλοτυπεῖς, ὦ 'Ενιπεῦ, ὑπερόπτης πρό-
τερον ὤν· ἡ Τυρὼ δὲ οὐδὲν δεινὸν πέπονθεν
οἰομένη ὑπὸ σοῦ διακεκορῆσθαι.

ΕΝΙΠΕΥΣ

Οὐ μὲν οὖν· ἔφησθα γὰρ ἀπιὼν ὅτι Ποσειδῶν
15 ἦσθα. ὃ καὶ μάλιστα ἐλύπησεν αὐτήν· καὶ ἐγὼ
τοῦτο ἠδίκημαι, ὅτι τὰ ἐμὰ σὺ ηὐφραίνου τότε καὶ
περιστήσας πορφύρεόν τι κῦμα, ὅπερ ὑμᾶς συνέκρυ-
πτεν ἅμα, συνῆσθα τῇ παιδὶ ἀντ' ἐμοῦ.

ΠΟΣΕΙΔΩΝ

Ναί· σὺ γὰρ οὐκ ἤθελες, ὦ 'Ενιπεῦ.

14

ΤΡΙΤΩΝΟΣ ΚΑΙ ΝΗΡΕΙΔΩΝ

ΤΡΙΤΩΝ

1. Τὸ κῆτος ὑμῶν, ὦ Νηρεῖδες, ὃ ἐπὶ τὴν τοῦ Κηφέως θυγατέρα τὴν Ἀνδρομέδαν ἐπέμψατε, οὔτε τὴν παῖδα ἠδίκησεν, ὡς οἴεσθε, καὶ αὐτὸ ἤδη τέθνηκεν.

ΝΗΡΕΙΔΕΣ

Ὑπὸ τίνος, ὦ Τρίτων; ἢ ὁ Κηφεὺς καθάπερ   5
δέλεαρ προθεὶς τὴν κόρην ἀπέκτεινεν ἐπιών, λοχήσας
μετὰ πολλῆς δυνάμεως;

ΤΡΙΤΩΝ

Οὔκ· ἀλλὰ ἴστε, οἶμαι, ὦ Ἰφιάνασσα, τὸν
Περσέα, τὸ τῆς Δανάης παιδίον, ὃ μετὰ τῆς μητρὸς
ἐν τῇ κιβωτῷ ἐμβληθὲν εἰς τὴν θάλασσαν ὑπὸ τοῦ   10
μητροπάτορος ἐσώσατε οἰκτείρασαι αὐτούς.

ΙΦΙΑΝΑΣΣΑ

Οἶδα ὃν λέγεις· εἰκὸς δὲ ἤδη νεανίαν εἶναι καὶ
μάλα γενναῖόν τε καὶ καλὸν ἰδεῖν.

ΤΡΙΤΩΝ

Οὗτος ἀπέκτεινεν τὸ κῆτος.

ΙΦΙΑΝΑΣΣΑ

Διὰ τί, ὦ Τρίτων; οὐ γὰρ δὴ σῶστρα ἡμῖν τοι-   15
αῦτα ἐκτίνειν αὐτὸν ἐχρῆν.

ΤΡΙΤΩΝ

2. Ἐγὼ ὑμῖν φράσω τὸ πᾶν ὡς ἐγένετο· ἐστάλη
μὲν οὗτος ἐπὶ τὰς Γοργόνας ἆθλόν τινα τῷ βασιλεῖ
ἐπιτελῶν, ἐπεὶ δὲ ἀφίκετο εἰς τὴν Λιβύην—

ΙΦΙΑΝΑΣΣΑ

Πῶς, ὦ Τρίτων; μόνος; ἢ καὶ ἄλλους συμμά-
5 χους ἦγεν; ἄλλως γὰρ δύσπορος ἡ ὁδός.

ΤΡΙΤΩΝ

Διὰ τοῦ ἀέρος· ὑπόπτερον γὰρ αὐτὸν ἡ Ἀθηνᾶ
ἔθηκεν. ἐπεὶ δ᾽ οὖν ἦκεν ὅπου διῃτῶντο, αἱ μὲν
ἐκάθευδον, οἶμαι, ὁ δὲ ἀποτεμὼν τῆς Μεδούσης τὴν
κεφαλὴν ᾤχετο ἀποπτάμενος.

ΙΦΙΑΝΑΣΣΑ

10 Πῶς ἰδών; ἀθέατοι γάρ εἰσιν· ἢ ὃς ἂν ἴδῃ, οὐκ
ἄν τι ἄλλο μετὰ ταύτας ἴδοι.

ΤΡΙΤΩΝ

Ἡ Ἀθηνᾶ τὴν ἀσπίδα προφαίνουσα—τοιαῦτα γὰρ
ἤκουσα διηγουμένου αὐτοῦ πρὸς τὴν Ἀνδρομέδαν
καὶ πρὸς τὸν Κηφέα ὕστερον—ἡ Ἀθηνᾶ δὴ ἐπὶ τῆς
15 ἀσπίδος ἀποστιλβούσης ὥσπερ ἐπὶ κατόπτρου
παρέσχεν αὐτῷ ἰδεῖν τὴν εἰκόνα τῆς Μεδούσης·
εἶτα λαβόμενος τῇ λαιᾷ τῆς κόμης, ἐνορῶν δ᾽ ἐς
τὴν εἰκόνα, τῇ δεξιᾷ τὴν ἅρπην ἔχων, ἀπέτεμεν τὴν
κεφαλὴν αὐτῆς, καὶ πρὶν ἀνεγρέσθαι τὰς ἀδελφὰς
20 ἀνέπτατο. 3. ἐπεὶ δὲ κατὰ τὴν παράλιον ταύτην
Αἰθιοπίαν ἐγένετο, ἤδη πρόσγειος πετόμενος, ὁρᾷ
τὴν Ἀνδρομέδαν προκειμένην ἐπί τινος πέτρας
προβλῆτος προσπεπατταλευμένην, καλλίστην, ὦ

θεοί, καθειμένην τὰς κόμας, ἡμίγυμνον πολὺ ἔνερθε
τῶν μαστῶν· καὶ τὸ μὲν πρῶτον οἰκτείρας τὴν
τύχην αὐτῆς ἀνηρώτα τὴν αἰτίαν τῆς καταδίκης,
κατὰ μικρὸν δὲ ἁλοὺς ἔρωτι—ἐχρῆν γὰρ σεσῶσθαι
τὴν παῖδα—βοηθεῖν διέγνω· καὶ ἐπειδὴ τὸ κῆτος 5
ἐπῄει μάλα φοβερὸν ὡς καταπιόμενον τὴν
Ἀνδρομέδαν, ὑπεραιωρηθεὶς ὁ νεανίσκος πρόκωπον
ἔχων τὴν ἅρπην τῇ μὲν καθικνεῖται, τῇ δὲ προδει-
κνὺς τὴν Γοργόνα λίθον ἐποίει αὐτό, τὸ δὲ τέθνηκεν
ὁμοῦ καὶ πέπηγεν αὐτοῦ τὰ πολλά, ὅσα εἶδε τὴν 10
Μέδουσαν· ὁ δὲ λύσας τὰ δεσμὰ τῆς παρθένου,
ὑποσχὼν τὴν χεῖρα ὑπεδέξατο ἀκροποδητὶ κατ-
ιοῦσαν ἐκ τῆς πέτρας ὀλισθηρᾶς οὔσης, καὶ νῦν
γαμεῖ ἐν τοῦ Κηφέως καὶ ἀπάξει αὐτὴν εἰς Ἄργος,
ὥστε ἀντὶ θανάτου γάμον οὐ τὸν τυχόντα εὕρετο. 15

ΙΦΙΑΝΑΣΣΑ

4. Ἐγὼ μὲν οὐ πάνυ τῷ γεγονότι ἄχθομαι· τί
γὰρ ἡ παῖς ἠδίκει ἡμᾶς, εἰ ἡ μήτηρ αὐτῆς
ἐμεγαλαυχεῖτο καὶ ἠξίου εἶναι καλλίων;

ΔΩΡΙΣ

Ὅτι οὕτως ἂν ἤλγησεν ἐπὶ τῇ θυγατρὶ μήτηρ
γε οὖσα. 20

ΙΦΙΑΝΑΣΣΑ

Μηκέτι μεμνώμεθα, ὦ Δωρί, ἐκείνων, εἴ τι
βάρβαρος γυνὴ ὑπὲρ τὴν ἀξίαν ἐλάλησεν· ἱκανὴν
γὰρ ἡμῖν τιμωρίαν ἔδωκεν φοβηθεῖσα ἐπὶ τῇ παιδί.
χαίρωμεν οὖν τῷ γάμῳ.

15

ΖΕΦΥΡΟΥ ΚΑΙ ΝΟΤΟΥ

ΖΕΦΥΡΟΣ

1. Οὐ πώποτε πομπὴν ἐγὼ μεγαλοπρεπεστέραν εἶδον ἐν τῇ θαλάσσῃ, ἀφ' οὗ γέ εἰμι καὶ πνέω. σὺ δὲ οὐκ εἶδες, ὦ Νότε;

ΝΟΤΟΣ

Τίνα ταύτην λέγεις, ὦ Ζέφυρε, τὴν πομπήν; ἢ
5 τίνες οἱ πέμποντες ἦσαν;

ΖΕΦΥΡΟΣ

Ἡδίστου θεάματος ἀπελείφθης, οἷον οὐκ ἂν ἄλλο ἴδοις ἔτι.

ΝΟΤΟΣ

Περὶ τὴν ἐρυθρὰν γὰρ θάλασσαν εἰργαζόμην, ἐπέπνευσα δὲ καὶ μέρος τῆς Ἰνδικῆς, ὅσα παράλια
10 τῆς χώρας· οὐδὲν οὖν οἶδα ὧν λέγεις.

ΖΕΦΥΡΟΣ

Ἀλλὰ τὸν Σιδώνιόν γε Ἀγήνορα οἶδας;

ΝΟΤΟΣ

Ναί· τὸν τῆς Εὐρώπης πατέρα. τί μήν;

ΖΕΦΥΡΟΣ

Περὶ αὐτῆς ἐκείνης διηγήσομαί σοι.

ΝΟΤΟΣ

Μῶν ὅτι ὁ Ζεὺς ἐραστὴς τῆς παιδὸς ἐκ πολλοῦ;
15 τοῦτο γὰρ καὶ πάλαι ἠπιστάμην.

ΖΕΦΥΡΟΣ

Οὐκοῦν τὸν μὲν ἔρωτα οἶσθα, τὰ μετὰ ταῦτα δὲ
ἤδη ἄκουσον. 2. ἡ μὲν Εὐρώπη κατεληλύθει ἐπὶ τὴν
ἠϊόνα παίζουσα τὰς ἡλικιώτιδας παραλαβοῦσα, ὁ
Ζεὺς δὲ ταύρῳ εἰκάσας ἑαυτὸν συνέπαιζεν αὐταῖς
κάλλιστος φαινόμενος· λευκός τε γὰρ ἦν ἀκριβῶς   5
καὶ τὰ κέρατα εὐκαμπὴς καὶ τὸ βλέμμα ἥμερος·
ἐσκίρτα οὖν καὶ αὐτὸς ἐπὶ τῆς ἠϊόνος καὶ ἐμυκᾶτο
ἥδιστον, ὥστε τὴν Εὐρώπην τολμῆσαι καὶ ἀναβῆναι
αὐτόν. ὡς δὲ τοῦτο ἐγένετο, δρομαῖος μὲν ὁ
Ζεὺς ὥρμησεν ἐπὶ τὴν θάλασσαν φέρων αὐτὴν καὶ   10
ἐνήχετο ἐμπεσών, ἡ δὲ πάνυ ἐκπλαγὴς τῷ πράγ-
ματι τῇ λαιᾷ μὲν εἴχετο τοῦ κέρατος, ὡς μὴ
ἀπολισθάνοι, τῇ ἑτέρᾳ δὲ ἠνεμωμένον τὸν πέπλον
συνεῖχεν.

ΝΟΤΟΣ

3. Ἡδὺ τοῦτο θέαμα εἶδες, ὦ Ζέφυρε, καὶ   15
ἐρωτικόν, νηχόμενον τὸν Δία καὶ φέροντα τὴν
ἀγαπωμένην.

ΖΕΦΥΡΟΣ

Καὶ μὴν τὰ μετὰ ταῦτα ἡδίω παρὰ πολύ, ὦ
Νότε· ἤ τε γὰρ θάλασσα εὐθὺς ἀκύμων ἐγένετο καὶ
τὴν γαλήνην ἐπισπασαμένη λείαν παρεῖχεν ἑαυτήν,   20
ἡμεῖς δὲ πάντες ἡσυχίαν ἄγοντες οὐδὲν ἄλλο ἢ
θεαταὶ μόνον τῶν γιγνομένων παρηκολουθοῦμεν,
Ἔρωτες δὲ παραπετόμενοι μικρὸν ὑπὲρ τὴν
θάλασσαν, ὡς ἐνίοτε ἄκροις τοῖς ποσὶν ἐπιψαύειν
τοῦ ὕδατος, ἡμμένας τὰς δᾷδας φέροντες ᾖδον ἅμα   25
τὸν ὑμέναιον, αἱ Νηρεΐδες δὲ ἀναδῦσαι παρίππευον

ἐπὶ τῶν δελφίνων ἐπικροτοῦσαι ἡμίγυμνοι τὰ
πολλά, τό τε τῶν Τριτώνων γένος καὶ εἴ τι ἄλλο
μὴ φοβερὸν ἰδεῖν τῶν θαλασσίων ἅπαντα περιεχό-
ρευε τὴν παῖδα· ὁ μὲν γὰρ Ποσειδῶν ἐπιβεβηκὼς
5 ἅρματος, παροχουμένην τὴν Ἀμφιτρίτην ἔχων,
προῆγε γεγηθὼς ὁδοποιῶν νηχομένῳ τῷ ἀδελφῷ·
ἐπὶ πᾶσι δὲ τὴν Ἀφροδίτην δύο Τρίτωνες ἔφερον
ἐπὶ κόγχης κατακειμένην, ἄνθη παντοῖα ἐπιπάτ-
τουσαν τῇ νύμφῃ. 4. ταῦτα ἐκ Φοινίκης ἄχρι τῆς
10 Κρήτης ἐγένετο· ἐπεὶ δὲ ἐπέβη τῇ νήσῳ ὁ μὲν
ταῦρος οὐκέτι ἐφαίνετο, ἐπιλαβόμενος δὲ τῆς
χειρὸς ὁ Ζεὺς ἀπῆγε τὴν Εὐρώπην εἰς τὸ Δικταῖον
ἄντρον ἐρυθριῶσαν καὶ κάτω ὁρῶσαν· ἠπίστατο
γὰρ ἤδη ἐφ' ὅτῳ ἄγοιτο. ἡμεῖς δὲ ἐμπεσόντες
15 ἄλλο ἄλλος τοῦ πελάγους μέρος διεκυμαίνομεν.

ΝΟΤΟΣ

Ὦ μακάριε Ζέφυρε τῆς θέας· ἐγὼ δὲ γρῦπας
καὶ ἐλέφαντας καὶ μέλανας ἀνθρώπους ἑώρων.

ΘΕΩΝ ΔΙΑΛΟΓΟΙ

1

ΑΡΕΩΣ ΚΑΙ ΕΡΜΟΥ

ΑΡΗΣ

1. Ἤκουσας, ὦ Ἑρμῆ, οἷα ἠπείλησεν ἡμῖν ὁ Ζεύς, ὡς ὑπεροπτικὰ καὶ ὡς ἀπίθανα; Ἤν ἐθελήσω, φησίν, ἐγὼ μὲν ἐκ τοῦ οὐρανοῦ σειρὰν καθήσω, ὑμεῖς δὲ ἀποκρεμασθέντες κατασπᾶν βιάσεσθέ με, ἀλλὰ μάτην πονήσετε· οὐ γὰρ δὴ καθελκύσετε· εἰ δὲ 5 ἐγὼ θελήσαιμι ἀνελκύσαι, οὐ μόνον ὑμᾶς, ἀλλὰ καὶ τὴν γῆν ἅμα καὶ τὴν θάλασσαν συνανασπάσας μετεωριῶ· καὶ τἆλλα ὅσα καὶ σὺ ἀκήκοας. ἐγὼ δὲ ὅτι μὲν καθ᾽ ἕνα πάντων ἀμείνων καὶ ἰσχυρό- τερός ἐστιν οὐκ ἂν ἀρνηθείην, ὁμοῦ δὲ τῶν τοσούτων 10 ὑπερφέρειν, ὡς μὴ καταβαρήσειν αὐτόν, ἢν καὶ τὴν γῆν καὶ τὴν θάλασσαν προσλάβωμεν, οὐκ ἂν πεισθείην.

ΕΡΜΗΣ

2. Εὐφήμει. ὦ Ἄρες· οὐ γὰρ ἀσφαλὲς λέγειν τὰ τοιαῦτα, μὴ καί τι κακὸν ἀπολαύσωμεν τῆς 15 φλυαρίας.

ΑΡΗΣ

Οἴει γάρ με πρὸς πάντας ἂν ταῦτα εἰπεῖν, οὐχὶ δὲ πρὸς μόνον σέ, ὃν ἐχεμυθήσειν ἠπιστάμην; ὃ

119

γοῦν μάλιστα γελοῖον ἔδοξέ μοι ἀκούοντι μεταξὺ
τῆς ἀπειλῆς, οὐκ ἂν δυναίμην σιωπῆσαι πρὸς σέ·
μέμνημαι γὰρ οὐ πρὸ πολλοῦ, ὁπότε ὁ Ποσειδῶν
καὶ ἡ "Ηρα καὶ ἡ Ἀθηνᾶ ἐπαναστάντες ἐπεβούλευον
5 ξυνδῆσαι λαβόντες αὐτόν, ὡς παντοῖος ἦν δεδιώς,
καὶ ταῦτα τρεῖς ὄντας, καὶ εἰ μή γε ἡ Θέτις
κατελεήσασα ἐκάλεσεν αὐτῷ σύμμαχον Βριάρεων
ἑκατόγχειρα ὄντα, κἂν ἐδέδετο αὐτῷ κεραυνῷ καὶ
βροντῇ. ταῦτα λογιζομένῳ ἐπῄει μοι γελᾶν ἐπὶ τῇ
10 καλλιρρημοσύνῃ αὐτοῦ.

ΕΡΜΗΣ

Σιώπα, φημί· οὐ γὰρ ἀσφαλὲς οὔτε σοὶ λέγειν
οὔτ' ἐμοὶ ἀκούειν τὰ τοιαῦτα.

2

ΠΑΝΟΣ ΚΑΙ ΕΡΜΟΥ

ΠΑΝ

1. Χαῖρε, ὦ πάτερ Ἑρμῆ.

ΕΡΜΗΣ

Νὴ καὶ σύ γε. ἀλλὰ πῶς ἐγὼ σὸς πατήρ;

ΠΑΝ

15 Οὐχ ὁ Κυλλήνιος Ἑρμῆς ὢν τυγχάνεις;

ΕΡΜΗΣ

Καὶ μάλα. πῶς οὖν υἱὸς ἐμὸς εἶ;

ΠΑΝ

Μοιχίδιός εἰμι, ἐξ ἔρωτός σοι γενόμενος.

ΕΡΜΗΣ

Νὴ Δία, τράγου ἴσως τινὸς μοιχεύσαντος αἶγα·
ἐμοὶ γὰρ πῶς, κέρατα ἔχων καὶ ῥῖνα τοιαύτην καὶ
πώγωνα λάσιον καὶ σκέλη δίχαλα καὶ τραγικὰ καὶ
οὐρὰν ὑπὲρ τὰς πυγάς;   5

ΠΑΝ

Ὅσα ἂν ἀποσκώψῃς με, τὸν σεαυτοῦ υἱόν, ὦ
πάτερ, ἐπονείδιστον ἀποφαίνεις, μᾶλλον δὲ σεαυτόν,
ὃς τοιαῦτα γεννᾷς καὶ παιδοποιεῖς, ἐγὼ δὲ ἀναί-
τιος.

ΕΡΜΗΣ

Τίνα καὶ φῄς σου μητέρα; ἤ που ἔλαθον αἶγα   10
μοιχεύσας ἔγωγε;

ΠΑΝ

Οὐκ αἶγα ἐμοίχευσας, ἀλλ' ἀνάμνησον σεαυτόν,
εἴ ποτε ἐν Ἀρκαδίᾳ παῖδα ἐλευθέραν ἐβιάσω. τί δα-
κὼν τὸν δάκτυλον ζητεῖς καὶ ἐπὶ πολὺ ἀπορεῖς; τὴν
Ἰκαρίου λέγω Πηνελόπην.   15

ΕΡΜΗΣ

Εἶτα τί παθοῦσα ἐκείνη ἀντ' ἐμοῦ τράγῳ σε
ὅμοιον ἔτεκεν;

ΠΑΝ

2. Αὐτῆς ἐκείνης λόγον σοι ἐρῶ· ὅτε γάρ με
ἐξέπεμπεν ἐπὶ τὴν Ἀρκαδίαν, Ὦ παῖ, μήτηρ μέν
σοι, ἔφη, ἐγώ εἰμι, Πηνελόπη ἡ Σπαρτιᾶτις, τὸν
πατέρα δὲ γίνωσκε θεὸν ἔχων Ἑρμῆν Μαίας καὶ
5 Διός. εἰ δὲ κερασφόρος καὶ τραγοσκελὴς εἶ, μὴ
λυπείτω σε· ὁπότε γάρ μοι συνῄει ὁ πατὴρ ὁ σός,
τράγῳ ἑαυτὸν ἀπείκασεν, ὡς λάθοι, καὶ διὰ τοῦτο
ὅμοιος ἀπέβης τῷ τράγῳ.

ΕΡΜΗΣ

Νὴ Δία, μέμνημαι ποιήσας τοιοῦτόν τι. ἐγὼ οὖν
10 ὁ ἐπὶ κάλλει μέγα φρονῶν, ἔτι ἀγένειος αὐτὸς ὢν
σὸς πατὴρ κεκλήσομαι καὶ γέλωτα ὀφλήσω παρὰ
πᾶσιν ἐπὶ τῇ εὐπαιδίᾳ;

ΠΑΝ

3. Καὶ μὴν οὐ καταισχυνῶ σε, ὦ πάτερ· μου-
σικός τε γάρ εἰμι καὶ συρίζω πάνυ καπυρόν, καὶ ὁ
15 Διόνυσος οὐδὲν ἐμοῦ ἄνευ ποιεῖν δύναται, ἀλλὰ
ἑταῖρον καὶ θιασώτην πεποίηταί με, καὶ ἡγοῦμαι
αὐτῷ τοῦ χοροῦ· καὶ τὰ ποίμνια δὲ εἰ θεάσαιό μου,
ὁπόσα περὶ Τεγέαν καὶ ἀνὰ τὸ Παρθένιον ἔχω,
πάνυ ἡσθήσῃ· ἄρχω δὲ καὶ τῆς Ἀρκαδίας ἁπάσης·
20 πρώην δὲ καὶ Ἀθηναίοις συμμαχήσας οὕτως
ἠρίστευσα Μαραθῶνι, ὥστε καὶ ἀριστεῖον ᾑρέθη
μοι τὸ ὑπὸ τῇ ἀκροπόλει σπήλαιον. ἢν γοῦν εἰς
Ἀθήνας ἔλθῃς, εἴσῃ ὅσον ἐκεῖ τοῦ Πανὸς ὄνομα.

ΕΡΜΗΣ

4. Εἰπὲ δέ μοι, γεγάμηκας, ὦ Πάν, ἤδη; τοῦτο
γάρ, οἶμαι, καλοῦσίν σε.

ΠΑΝ

Οὐδαμῶς, ὦ πάτερ· ἐρωτικὸς γάρ εἰμι καὶ οὐκ
ἂν ἀγαπήσαιμι συνὼν μιᾷ.

ΕΡΜΗΣ

Ταῖς οὖν αἰξὶ δηλαδὴ ἐπιχειρεῖς.   5

ΠΑΝ

Σὺ μὲν σκώπτεις, ἐγὼ δὲ τῇ τε Ἠχοῖ καὶ τῇ
Πίτυϊ σύνειμι καὶ ἁπάσαις ταῖς τοῦ Διονύσου
Μαινάσι καὶ πάνυ σπουδάζομαι πρὸς αὐτῶν.

ΕΡΜΗΣ

Οἶσθα οὖν, ὦ τέκνον, ὅ τι χαρίσῃ τὸ πρῶτον
αἰτοῦντί μοι;   10

ΠΑΝ

Πρόσταττε, ὦ πάτερ· ἡμεῖς μὲν ἴδωμεν ταῦτα.

ΕΡΜΗΣ

Καὶ πρόσιθί μοι καὶ φιλοφρονοῦ· πατέρα δὲ ὅρα
μὴ καλέσῃς με ἄλλου ἀκούοντος.

3

ΑΠΟΛΛΩΝΟΣ ΚΑΙ ΔΙΟΝΥΣΟΥ

ΑΠΟΛΛΩΝ

1. Τί ἂν λέγοιμεν; ὁμομητρίους, ὦ Διόνυσε,
ἀδελφοὺς ὄντας Ἔρωτα καὶ Ἑρμαφρόδιτον καὶ   15

Πρίαπον, ἀνομοιοτάτους εἶναι τὰς μορφὰς καὶ τὰ
ἐπιτηδεύματα; ὁ μὲν γὰρ πάγκαλος καὶ τοξότης
καὶ δύναμιν οὐ μικρὰν περιβεβλημένος, ἀπάντων
ἄρχων, ὁ δὲ θῆλυς καὶ ἡμίανδρος καὶ ἀμφίβολος τὴν
5 ὄψιν· οὐκ ἂν διακρίναις εἴτ' ἔφηβός ἐστιν εἴτε καὶ
παρθένος· ὁ δὲ καὶ πέρα τοῦ εὐπρεποῦς ἀνδρικὸς
ὁ Πρίαπος.

ΔΙΟΝΥΣΟΣ

Μηδὲν θαυμάσῃς, ὦ Ἄπολλον· οὐ γὰρ Ἀφρο-
δίτη αἰτία τούτου, ἀλλὰ οἱ πατέρες διάφοροι γεγε-
10 νημένοι, ὅπου γε καὶ ὁμοπάτριοι πολλάκις ἐκ μιᾶς
γαστρός, ὁ μὲν ἄρσην, ἡ δὲ θήλεια, ὥσπερ ὑμεῖς,
γίνονται.

ΑΠΟΛΛΩΝ

Ναί· ἀλλ' ἡμεῖς ὅμοιοί ἐσμεν καὶ ταὐτὰ ἐπι-
τηδεύομεν· τοξόται γὰρ ἄμφω.

ΔΙΟΝΥΣΟΣ

15 Μέχρι μὲν τόξου τὰ αὐτά, ὦ Ἄπολλον, ἐκεῖνα
δὲ οὐχ ὅμοια, ὅτι ἡ μὲν Ἄρτεμις ξενοκτονεῖ ἐν
Σκύθαις, σὺ δέ μαντεύῃ καὶ ἰᾷ τοὺς κάμνοντας.

ΑΠΟΛΛΩΝ

Οἴει γὰρ τὴν ἀδελφὴν χαίρειν τοῖς Σκύθαις,
ἥ γε καὶ παρεσκεύασται, ἥν τις Ἕλλην ἀφίκηταί
20 ποτε εἰς τὴν Ταυρικήν, συνεκπλεῦσαι μετ' αὐτοῦ
μυσαττομένη τὰς σφαγάς;

ΔΙΟΝΥΣΟΣ

2. Εὖ γε ἐκείνη ποιοῦσα. ὁ μέντοι Πρίαπος, γελοῖον γάρ τί σοι διηγήσομαι, πρῴην ἐν Λαμψάκῳ γενόμενος, ἐγὼ μὲν παρῄειν τὴν πόλιν, ὁ δὲ ὑποδεξάμενός με καὶ ξενίσας παρ' αὐτῷ, ἐπειδὴ ἀνεπαυσάμεθα, ἐν τῷ συμποσίῳ ἱκανῶς ὑποβεβρεγμένοι, 5 κατ' αὐτάς που μέσας νύκτας ἐπαναστὰς ὁ γενναῖος —αἰδοῦμαι δὲ λέγειν.

ΑΠΟΛΛΩΝ

Ἐπείρα σε, Διόνυσε;

ΔΙΟΝΥΣΟΣ

Τοιοῦτόν ἐστι.

ΑΠΟΛΛΩΝ

Σὺ δὲ τί πρὸς ταῦτα;   10

ΔΙΟΝΥΣΟΣ

Τί γὰρ ἄλλο ἢ ἐγέλασα;

ΑΠΟΛΛΩΝ

Εὖ γε, τὸ μὴ χαλεπῶς μηδὲ ἀγρίως· συγγνωστὸς γάρ, εἰ καλόν σε οὕτως ὄντα ἐπείρα.

ΔΙΟΝΥΣΟΣ

Τούτου μὲν ἕνεκα καὶ ἐπὶ σὲ ἄν, ὦ Ἄπολλον, ἀγάγοι τὴν πεῖραν· καλὸς γὰρ σὺ καὶ κομήτης, ὡς 15 καὶ νήφοντα ἄν σοι τὸν Πρίαπον ἐπιχειρῆσαι.

ΑΠΟΛΛΩΝ

Ἀλλ' οὐκ ἐπιχειρήσει γε, ὦ Διόνυσε· ἔχω γὰρ μετὰ τῆς κόμης καὶ τόξα.

4

ΕΡΜΟΥ ΚΑΙ ΜΑΙΑΣ

ΕΡΜΗΣ

1. "Εστι γάρ τις, ὦ μῆτερ, ἐν οὐρανῷ θεὸς ἀθλιώτερος ἐμοῦ;

ΜΑΙΑ

Μὴ λέγε, ὦ 'Ερμῆ, τοιοῦτον μηδέν.

ΕΡΜΗΣ

Τί μὴ λέγω, ὃς τοσαῦτα πράγματα ἔχω μόνος
5 κάμνων καὶ πρὸς τοσαύτας ὑπηρεσίας διασπώμε-
νος; ἔωθεν μὲν γὰρ ἐξαναστάντα σαίρειν τὸ
συμπόσιον δεῖ καὶ διαστρώσαντα τὴν κλισίαν
εὐθετίσαντά τε ἕκαστα   παρεστάναι τῷ Διὶ καὶ
διαφέρειν τὰς ἀγγελίας τὰς παρ' αὐτοῦ ἄνω
10 καὶ κάτω ἡμεροδρομοῦντα, καὶ ἐπανελθόντα ἔτι
κεκονιμένον παρατιθέναι τὴν ἀμβροσίαν· πρὶν
δὲ τὸν νεώνητον τοῦτον οἰνοχόον ἥκειν, καὶ
τὸ νέκταρ ἐγὼ ἐνέχεον. τὸ δὲ πάντων
δεινότατον, ὅτι μηδὲ νυκτὸς καθεύδω μόνος τῶν
15 ἄλλων, ἀλλὰ δεῖ με καὶ τότε τῷ Πλούτωνι ψυχα-
γωγεῖν καὶ νεκροπομπὸν εἶναι καὶ παρεστάναι τῷ
δικαστηρίῳ· οὐ γὰρ ἱκανά μοι τὰ τῆς ἡμέρας ἔργα,
ἐν παλαίστραις εἶναι καὶ ταῖς ἐκκλησίαις κηρύττειν
καὶ ῥήτορας ἐκδιδάσκειν, ἀλλ' ἔτι καὶ νεκρικὰ
20 συνδιαπράττειν μεμερισμένον. 2. καίτοι τὰ μὲν
τῆς Λήδας τέκνα παρ' ἡμέραν ἑκάτερος ἐν οὐρανῷ
ἢ ἐν ᾅδου εἰσίν, ἐμοὶ δὲ καθ' ἑκάστην ἡμέραν

κἀκεῖνα καὶ ταῦτα ποιεῖν ἀναγκαῖον, καὶ οἱ μὲν
Ἀλκμήνης καὶ Σεμέλης ἐκ γυναικῶν δυστήνων
γενόμενοι εὐωχοῦνται ἀφρόντιδες, ὁ δὲ Μαίας τῆς
Ἀτλαντίδος διακονοῦμαι αὐτοῖς. καὶ νῦν ἄρτι
ἥκοντά με ἀπὸ Σιδῶνος παρὰ τῆς Κάδμου θυγατρός, 5
ἐφ' ἣν πέπομφέ με ὀψόμενον ὅ τι πράττει ἡ παῖς,
μηδὲ ἀναπνεύσαντα πέπομφεν αὖθις εἰς τὸ Ἄργος
ἐπισκεψόμενον τὴν Δανάην, "εἶτ' ἐκεῖθεν εἰς
Βοιωτίαν," φησίν, "ἐλθὼν ἐν παρόδῳ τὴν Ἀντιόπην
ἰδέ." καὶ ὅλως ἀπηγόρευκα ἤδη. εἰ γοῦν δυνατὸν 10
ἦν, ἡδέως ἂν ἠξίωσα πεπρᾶσθαι, ὥσπερ οἱ ἐν γῇ
κακῶς δουλεύοντες.

MAIA

Ἔα ταῦτα, ὦ τέκνον· χρὴ γὰρ πάντα ὑπηρε-
τεῖν τῷ πατρὶ νεανίαν ὄντα. καὶ νῦν ὥσπερ
ἐπέμφθης σόβει εἰς Ἄργος, εἶτα εἰς τὴν Βοιωτίαν, 15
μὴ καὶ πληγὰς βραδύνων λάβῃς· ὀξύχολοι γὰρ οἱ
ἐρῶντες.

5

ΠΡΟΜΗΘΕΩΣ ΚΑΙ ΔΙΟΣ

ΠΡΟΜΗΘΕΥΣ

1. Λῦσόν με, ὦ Ζεῦ· δεινὰ γὰρ ἤδη πέπονθα.

ΖΕΥΣ

Λύσω σε, φῄς, ὃν ἐχρῆν βαρυτέρας πέδας
ἔχοντα καὶ τὸν Καύκασον ὅλον ὑπέρ κεφαλῆς ἐπι-
κείμενον ὑπὸ ἑκκαίδεκα γυπῶν μὴ μόνον κείρεσθαι
τὸ ἧπαρ, ἀλλὰ καὶ τοὺς ὀφθαλμοὺς ἐξορύττεσθαι,
5   ἀνθ' ὧν τοιαῦθ' ἡμῖν ζῷα τοὺς ἀνθρώπους ἔπλασας
καὶ τὸ πῦρ ἔκλεψας καὶ γυναῖκας ἐδημιούργησας;
ἃ μὲν γὰρ ἐμὲ ἐξηπάτησας ἐν τῇ νομῇ τῶν κρεῶν
ὀστᾶ πιμελῇ κεκαλυμμένα παραθεὶς καὶ τὴν
ἀμείνω τῶν μοιρῶν σεαυτῷ φυλάττων, τί χρὴ
10 λέγειν;

ΠΡΟΜΗΘΕΥΣ

Οὔκουν ἱκανὴν ἤδη τὴν δίκην ἐκτέτικα τοσοῦτον
χρόνον τῷ Καυκάσῳ προσηλωμένος τὸν κάκιστα
ὀρνέων ἀπολούμενον ἀετὸν τρέφων τῷ ἥπατι;

ΖΕΥΣ

Οὐδὲ πολλοστημόριον τοῦτο ὧν σε δεῖ παθεῖν.

ΠΡΟΜΗΘΕΥΣ

15 Καὶ μὴν οὐκ ἀμισθί με λύσεις, ἀλλά σοι μηνύσω
τι, ὦ Ζεῦ, πάνυ ἀναγκαῖον.

ΖΕΥΣ

2. Κατασοφίζῃ με, ὦ Προμηθεῦ.

ΠΡΟΜΗΘΕΥΣ

Καὶ τί πλέον ἕξω; οὐ γὰρ ἀγνοήσεις αὖθις
ἔνθα ὁ Καύκασός ἐστιν, οὐδὲ ἀπορήσεις δεσμῶν, ἤν
20 τι τεχνάζων ἁλίσκωμαι.

ΖΕΥΣ

Εἰπὲ πρότερον ὅντινα μισθὸν ἀποτίσεις ἀναγκαῖον ἡμῖν ὄντα.

ΠΡΟΜΗΘΕΥΣ

Ἢν εἴπω ἐφ' ὅ τι βαδίζεις νῦν, ἀξιόπιστος ἔσομαί σοι καὶ περὶ τῶν ὑπολοίπων μαντευόμενος;

ΖΕΥΣ

Πῶς γὰρ οὔ;   5

ΠΡΟΜΗΘΕΥΣ

Παρὰ τὴν Θέτιν, συνεσόμενος αὐτῇ.

ΖΕΥΣ

Τουτὶ μὲν ἔγνως · τί δ' οὖν τὸ ἐπὶ τούτῳ;
δοκεῖς γὰρ ἀληθές τι ἐρεῖν.

ΠΡΟΜΗΘΕΥΣ

Μηδέν, ὦ Ζεῦ, κοινωνήσῃς τῇ Νηρεΐδι· ἢν γὰρ
αὕτη κυοφορήσῃ ἐκ σοῦ, τὸ τεχθὲν ἴσα ἐργάσεταί   10
σε οἷα καὶ σὺ ἔδρασας —

ΖΕΥΣ

Τοῦτο φής, ἐκπεσεῖσθαί με τῆς ἀρχῆς;

ΠΡΟΜΗΘΕΥΣ

Μὴ γένοιτο, ὦ Ζεῦ. πλὴν τοιοῦτό γε ἡ μῖξις
αὐτῆς ἀπειλεῖ.

ΖΕΥΣ

Χαιρέτω τοιγαροῦν ἡ Θέτις· σὲ δὲ ὁ Ἥφαιστος   15
ἐπὶ τούτοις λυσάτω.

6

ΕΡΩΤΟΣ ΚΑΙ ΔΙΟΣ

ΕΡΩΣ

1. Ἀλλ' εἰ καί τι ἥμαρτον, ὦ Ζεῦ, σύγγνωθί μοι·
παιδίον γάρ εἰμι καὶ ἔτι ἄφρων.

ΖΕΥΣ

Σὺ παιδίον ὁ Ἔρως, ὃς ἀρχαιότερος εἶ πολὺ
Ἰαπετοῦ; ἢ διότι μὴ πώγωνα μηδὲ πολιὰς ἔφυσας,
5 διὰ ταῦτα καὶ βρέφος ἀξιοῖς νομίζεσθαι γέρων καὶ
πανοῦργος ὤν;

ΕΡΩΣ

Τί δαί σε μέγα ἠδίκησα ὁ γέρων, ὡς φῄς, ἐγώ,
διότι με καὶ πεδῆσαι διανοῇ;

ΖΕΥΣ

Σκόπει, ὦ κατάρατε, εἰ μικρά, ὃς ἐμοὶ μὲν
10 οὕτως ἐντρυφᾷς, ὥστε οὐδέν ἐστιν ὃ μὴ πεποίηκάς
με, σάτυρον, ταῦρον, χρυσόν, κύκνον, ἀετόν·
ἐμοῦ δὲ ὅλως οὐδεμίαν ἥντινα ἐρασθῆναι πεποίηκας,
οὐδὲ συνῆκα ἡδὺς γυναικὶ διὰ σὲ γεγενημένος,
ἀλλά με δεῖ μαγγανεύειν ἐπ' αὐτὰς καὶ κρύπτειν
15 ἐμαυτόν· αἱ δὲ τὸν μὲν ταῦρον ἢ κύκνον φιλοῦσιν,
ἐμὲ δὲ ἢν ἴδωσι, τεθνᾶσιν ὑπὸ τοῦ δέους.

ΕΡΩΣ

2. Εἰκότως· οὐ γὰρ φέρουσιν, ὦ Ζεῦ, θνηταὶ
οὖσαι τὴν σὴν πρόσοψιν.

ΖΕΥΣ

Πῶς οὖν τὸν Ἀπόλλω ὁ Βράγχος καὶ ὁ Ὑά-
κινθος φιλοῦσιν;

ΕΡΩΣ

Ἀλλὰ ἡ Δάφνη κἀκεῖνον ἔφευγε καίτοι κο- 5
μήτην καὶ ἀγένειον ὄντα. εἰ δ' ἐθέλεις ἐπέραστος
εἶναι, μὴ ἐπίσειε τὴν αἰγίδα μηδὲ τὸν κεραυνὸν
φέρε, ἀλλ' ὡς ἥδιστον ποίει σεαυτὸν, ἁπαλὸν
ὀφθῆναι, καθειμένος βοστρύχους, τῇ μίτρᾳ τού-
τους ἀνειλημμένος, πορφυρίδα ἔχε, ὑποδέου χρυ- 10
σίδας, ὑπ' αὐλῷ καὶ τυμπάνοις εὔρυθμα βαῖνε, καὶ
ὄψει ὅτι πλείους ἀκολουθήσουσί σοι τῶν Διονύσου
Μαινάδων.

ΖΕΥΣ

Ἄπαγε· οὐκ ἂν δεξαίμην ἐπέραστος εἶναι
τοιοῦτος γενόμενος. 15

ΕΡΩΣ

Οὐκοῦν, ὦ Ζεῦ, μηδὲ ἐρᾶν θέλε ῥᾴδιον γὰρ
τοῦτό γε.

ΖΕΥΣ

Οὔκ, ἀλλὰ ἐρᾶν μέν, ἀπραγμονέστερον δὲ
αὐτῶν ἐπιτυγχάνειν· ἐπὶ τούτοις αὐτοῖς ἀφίημί
σε. 20

7

ΔΙΟΣ ΚΑΙ ΕΡΜΟΥ

ΖΕΥΣ

Τὴν τοῦ Ἰνάχου παῖδα τὴν καλὴν οἶσθα, ὦ Ἑρμῆ;

ΕΡΜΗΣ

Ναί· τὴν Ἰὼ λέγεις;

ΖΕΥΣ

Οὐκέτι παῖς ἐκείνη ἐστίν, ἀλλὰ δάμαλις.

ΕΡΜΗΣ

5 Τεράστιον τοῦτο· τῷ τρόπῳ δ' ἐνηλλάγη;

ΖΕΥΣ

Ζηλοτυπήσασα ἡ Ἥρα μετέβαλεν αὐτήν. ἀλλὰ καὶ καινὸν ἄλλο τι δεινὸν ἐπιμεμηχάνηται τῇ κακοδαίμονι· βουκόλον τινὰ πολυόμματον Ἄργον τοὔνομα ἐπέστησεν, ὃς νέμει τὴν δάμαλιν ἄϋπνος
10 ὤν.

ΕΡΜΗΣ

Τί οὖν ἡμᾶς χρὴ ποιεῖν;

ΖΕΥΣ

Καταπτάμενος ἐς τὴν Νεμέαν—ἐκεῖ δέ που ὁ Ἄργος βουκολεῖ—ἐκεῖνον ἀπόκτεινον, τὴν δὲ Ἰὼ διὰ τοῦ πελάγους ἐς τὴν Αἴγυπτον ἀγαγὼν Ἶσιν
15 ποίησον· καὶ τὸ λοιπὸν ἔστω θεὸς τῶν ἐκεῖ καὶ τὸν Νεῖλον ἀναγέτω καὶ τοὺς ἀνέμους ἐπιπεμπέτω καὶ σῳζέτω τοὺς πλέοντας.

8

ΔΙΟΣ ΚΑΙ ΗΡΑΣ

ΗΡΑ

1. Ἐξ οὗ τὸ μειράκιον τοῦτο, ὦ Ζεῦ, τὸ Φρύγιον ἀπὸ τῆς Ἴδης ἁρπάσας δεῦρο ἀνήγαγες, ἔλαττόν μοι τὸν νοῦν προσέχεις.

ΖΕΥΣ

Καὶ τοῦτο γάρ, ὦ Ἥρα, ζηλοτυπεῖς ἤδη ἀφε- 5
λὲς οὕτω καὶ ἀλυπότατον; ἐγὼ δὲ ᾤμην ταῖς
γυναιξὶ μόναις χαλεπήν σε εἶναι, ὁπόσαι ἂν
ὁμιλήσωσί μοι.

ΗΡΑ

2. Οὐδ' ἐκεῖνα μὲν εὖ ποιεῖς οὐδὲ πρέποντα
σεαυτῷ ὃς ἁπάντων θεῶν δεσπότης ὢν ἀπολιπὼν
ἐμὲ τὴν νόμῳ γαμετὴν ἐπὶ τὴν γῆν κάτει μοιχεύσων, 10
χρυσίον ἢ σάτυρος ἢ ταῦρος γενόμενος. πλὴν ἀλλ'
ἐκεῖναι μέν σοι κἂν ἐν γῇ μένουσι, τὸ δὲ Ἰδαῖον
τουτὶ παιδίον ἁρπάσας ἀνέπτης, ὦ γενναιότατε
ἀετῶν, καὶ συνοικεῖ ἡμῖν ἐπὶ κεφαλήν μοι ἐπαχθέν,
οἰνοχοοῦν δὴ τῷ λόγῳ. οὕτως ἠπόρεις οἰνοχόων, 15
καὶ ἀπηγορεύκασιν ἄρα ἥ τε Ἥβη καὶ ὁ Ἥφαιστος
διακονούμενοι; σὺ δὲ καὶ τὴν κύλικα οὐκ ἂν
ἄλλως λάβοις παρ' αὐτοῦ ἢ φιλήσας πρότερον
αὐτὸν ἁπάντων ὁρώντων, καὶ τὸ φίλημά σοι ἥδιον
τοῦ νέκταρος, καὶ διὰ τοῦτο οὐδὲ διψῶν πολλάκις 20
αἰτεῖς πιεῖν· ὁτὲ δὲ καὶ ἀπογευσάμενος μόνον

ἔδωκας ἐκείνῳ, καὶ πιόντος ἀπολαβὼν τὴν κύλικα
ὅσον ὑπόλοιπον ἐν αὐτῇ πίνεις, ὅθεν καὶ ὁ παῖς
ἔπιε καὶ ἔνθα προσήρμοσε τὰ χείλη, ἵνα καὶ
πίνῃς ἅμα καὶ φιλῇς· πρώην δὲ ὁ βασιλεὺς καὶ
5 ἁπάντων πατὴρ ἀποθέμενος τὴν αἰγίδα καὶ τὸν κε-
ραυνὸν ἐκάθησο ἀστραγαλίζων μετ' αὐτοῦ ὁ
πώγωνα τηλικοῦτον καθειμένος. ἅπαντα οὖν ὁρῶ
ταῦτα, ὥστε μὴ οἴου λανθάνειν.

ΖΕΥΣ

3. Καὶ τί δεινόν, ὦ Ἥρα, μειράκιον οὕτω
10 καλὸν μεταξὺ πίνοντα καταφιλεῖν καὶ ἥδεσθαι
ἀμφοῖν καὶ τῷ φιλήματι καὶ τῷ νέκταρι; ἢν
γοῦν ἐπιτρέψω αὐτῷ κἂν ἅπαξ φιλῆσαί σε, οὐκέτι
μέμψῃ μοι προτιμότερον τοῦ νέκταρος οἰομένῳ
τὸ φίλημα εἶναι.

ΗΡΑ

15 Παιδεραστῶν οὗτοι λόγοι. ἐγὼ δὲ μὴ οὕτω
μανείην ὡς τὰ χείλη προσενεγκεῖν τῷ μαλθακῷ
τούτῳ Φρυγὶ οὕτως ἐκτεθηλυμμένῳ.

ΖΕΥΣ

Μή μοι λοιδοροῦ, ὦ γενναιοτάτη, τοῖς παιδικοῖς·
οὑτοσὶ γὰρ ὁ θηλυδρίας, ὁ βάρβαρος, ὁ μαλθακός,
20 ἡδίων ἐμοὶ καὶ ποθεινότερος—οὐ βούλομαι δὲ εἰ-
πεῖν, μή σε παροξύνω ἐπὶ πλέον.

ΗΡΑ

4. Εἴθε καὶ γαμήσειας αὐτὸν ἐμοῦ γε οὕνεκα·
μέμνησο γοῦν οἷά μοι διὰ τὸν οἰνοχόον τοῦτον
ἐμπαροινεῖς.

ΖΕΥΣ

Οὔκ, ἀλλὰ τὸν "Ηφαιστον ἔδει τὸν σὸν υἱὸν
οἰνοχοεῖν ἡμῖν χωλεύοντα, ἐκ τῆς καμίνου ἥκοντα,
ἔτι τῶν σπινθήρων ἀνάπλεων, ἄρτι τὴν πυράγραν
ἀποτεθειμένον, καὶ ἀπ' ἐκείνων αὐτοῦ τῶν δακτύλων
λαμβάνειν ἡμᾶς τὴν κύλικα καὶ ἐπισπασαμένους γε   5
φιλῆσαι μεταξύ, ὃν οὐδ' ἂν ἡ μήτηρ σὺ ἡδέως φιλή-
σειας ὑπὸ τῆς ἀσβόλου κατηθαλωμένον τὸ πρόσωπον.
ἡδίω ταῦτα · οὐ γάρ; καὶ παρὰ πολὺ ὁ οἰνοχόος
ἐκεῖνος ἔπρεπε τῷ συμποσίῳ τῶν θεῶν, ὁ
Γανυμήδης δὲ καταπεμπτέος αὖθις ἐς τὴν "Ιδην ·   10
καθάριος γὰρ καὶ ῥοδοδάκτυλος καὶ ἐπισταμένως
ὀρέγει τὸ ἔκπωμα, καὶ ὅ σε λυπεῖ μάλιστα, καὶ
φιλεῖ ἥδιον τοῦ νέκταρος.

ΗΡΑ

5. Νῦν καὶ χωλός, ὦ Ζεῦ, ὁ "Ηφαιστος καὶ οἱ
δάκτυλοι αὐτοῦ ἀνάξιοι τῆς σῆς κύλικος καὶ   15
ἀσβόλου μεστός ἐστι, καὶ ναυτιᾷς ὁρῶν αὐτόν,
ἐξ ὅτου τὸν καλὸν κομήτην τοῦτον ἡ "Ιδη ἀνέθρεψε·
πάλαι δὲ οὐχ ἑώρας ταῦτα, οὐδ' οἱ σπινθῆρες
οὐδὲ ἡ κάμινος ἀπέτρεπόν σε μὴ οὐχὶ πίνειν παρ'
αὐτοῦ.   20

ΖΕΥΣ

Λυπεῖς, ὦ "Ηρα, σεαυτήν, οὐδὲν ἄλλο, κἀμοὶ
ἐπιτείνεις τὸν ἔρωτα ζηλοτυποῦσα· εἰ δὲ ἄχθῃ
παρὰ παιδὸς ὡραίου δεχομένη τὸ ἔκπωμα, σοὶ μὲν
ὁ υἱὸς οἰνοχοείτω, σὺ δέ, ὦ Γανύμηδες, ἐμοὶ μόνῳ
ἀναδίδου τὴν κύλικα καὶ ἐφ' ἑκάστῃ δὶς φίλει με   25

καὶ ὅτε πλήρη ὀρέγοις κᾆτα αὖθις ὁπότε παρ' ἐμοῦ
ἀπολαμβάνοις. τί τοῦτο; δακρύεις; μὴ δέδιθι·
οἰμώξεται γάρ, ἤν τίς σε λυπεῖν θέλῃ.

9

ΗΡΑΣ ΚΑΙ ΔΙΟΣ

ΗΡΑ

1. Τὸν Ἰξίονα τοῦτον, ὦ Ζεῦ, ποῖόν τινα τὸν
5 τρόπον ἡγῇ;

ΖΕΥΣ

Ἄνθρωπον εἶναι χρηστόν, ὦ Ἥρα, καὶ συμ-
ποτικόν · οὐ γὰρ ἂν συνῆν ἡμῖν ἀνάξιος τοῦ συμπο-
σίου ὤν.

ΗΡΑ

Ἀλλὰ ἀνάξιός ἐστιν, ὑβριστής γε ὤν· ὥστε
10 μηκέτι συνέστω.

ΖΕΥΣ

Τί δαὶ ὕβρισε; χρὴ γάρ, οἶμαι, κἀμὲ εἰδέναι.

ΗΡΑ

Τί γὰρ ἄλλο;—καίτοι αἰσχύνομαι εἰπεῖν αὐτό·
τοιοῦτόν ἐστιν ὃ ἐτόλμησεν.

ΖΕΥΣ

Καὶ μὴν διὰ τοῦτο καὶ μᾶλλον εἴποις ἄν, ὅσῳ
15 καὶ αἰσχροῖς ἐπεχείρησε. μῶν δ' οὖν ἐπείρα τινά;
συνίημι γὰρ ὁποῖόν τι τὸ αἰσχρόν, ὅπερ ἂν σὺ
ὀκνήσειας εἰπεῖν.

HPA

2. Αὐτὴν ἐμέ, οὐκ ἄλλην τινά, ὦ Ζεῦ, πολὺν
ἤδη χρόνον. καὶ τὸ μὲν πρῶτον ἠγνόουν τὸ πρᾶγμα,
διότι ἀτενὲς ἀφεώρα εἰς ἐμέ· ὁ δὲ καὶ ἔστενε καὶ
ὑπεδάκρυε, καὶ εἴ ποτε πιοῦσα παραδοίην τῷ
Γανυμήδει τὸ ἔκπωμα, ὁ δὲ ᾔτει ἐν αὐτῷ ἐκείνῳ   5
πιεῖν καὶ λαβὼν ἐφίλει μεταξὺ καὶ πρὸς τοὺς
ὀφθαλμοὺς προσῆγε καὶ αὖθις ἀφεώρα ἐς ἐμέ·
ταῦτα δὲ ἤδη συνίην ἐρωτικὰ ὄντα. καὶ ἐπὶ πολὺ
μὲν ᾐδούμην λέγειν πρὸς σὲ καὶ ᾤμην παύσεσθαι
τῆς μανίας τὸν ἄνθρωπον· ἐπεὶ δὲ καὶ λόγους ἐτόλ-   10
μησέ μοι προσενεγκεῖν, ἐγὼ μὲν ἀφεῖσα αὐτὸν ἔτι
δακρύοντα καὶ προκυλινδούμενον, ἐπιφραξαμένη τὰ
ὦτα, ὡς μηδὲ ἀκούσαιμι αὐτοῦ ὑβριστικὰ ἱκετεύον-
τος, ἀπῆλθον σοὶ φράσουσα· σὺ δὲ αὐτὸς ὅρα,
ὅπως μέτει τὸν ἄνδρα.   15

ΖΕΥΣ

3. Εὖ γε ὁ κατάρατος· ἐπ' ἐμὲ αὐτὸν καὶ μέχρι
τῶν Ἥρας γάμων; τοσοῦτον ἐμεθύσθη τοῦ νέκτα-
ρος; ἀλλ' ἡμεῖς τούτων αἴτιοι καὶ πέρα τοῦ
μετρίου φιλάνθρωποι, οἵ γε καὶ συμπότας αὐτοὺς
ἐποιησάμεθα. συγγνωστοὶ οὖν, εἰ πιόντες ὅμοια   20
ἡμῖν καὶ ἰδόντες οὐράνια κάλλη καὶ οἷα οὔ ποτε
εἶδον ἐπὶ γῆς, ἐπεθύμησαν ἀπολαῦσαι αὐτῶν
ἔρωτι ἁλόντες· ὁ δ' ἔρως βίαιόν τί ἐστι καὶ οὐκ
ἀνθρώπων μόνον ἄρχει, ἀλλὰ καὶ ἡμῶν αὐτῶν
ἐνίοτε.   25

HPA

Σοῦ μὲν καὶ πάνυ οὗτός γε δεσπότης ἐστὶ καὶ
ἄγει σε καὶ φέρει τῆς ῥινός, φασίν, ἕλκων, καὶ σὺ

ἔπῃ αὐτῷ ἔνθα ἂν ἡγῆταί σοι, καὶ ἀλλάττῃ ῥᾳδίως
ἐς ὅ τι ἂν κελεύσῃ, καὶ ὅλως κτῆμα καὶ παιδιὰ τοῦ
ἔρωτος σύ γε· καὶ νῦν τῷ Ἰξίονι οἶδα καθότι
συγγνώμην ἀπονέμεις ἅτε καὶ αὐτὸς μοιχεύσας
5 ποτὲ αὐτοῦ τὴν γυναῖκα, ἥ σοι τὸν Πειρίθουν
ἔτεκεν.

ΖΕΥΣ

4. Ἔτι γὰρ σὺ μέμνησαι ἐκείνων, εἴ τι ἐγὼ
ἔπαιξα εἰς γῆν κατελθών; ἀτὰρ οἶσθα ὅ μοι δοκεῖ
περὶ τοῦ Ἰξίονος; κολάζειν μὲν μηδαμῶς αὐτὸν
10 μηδὲ ἀπωθεῖν τοῦ συμποσίου· σκαιὸν γάρ· ἐπεὶ
δὲ ἐρᾷ καὶ ὡς φῇς δακρύει καὶ ἀφόρητα πάσχει—

ΗΡΑ

Τί, ὦ Ζεῦ; δέδια γάρ, μή τι ὑβριστικὸν καὶ σὺ
εἴπῃς.

ΖΕΥΣ

Οὐδαμῶς· ἀλλ' εἴδωλον ἐκ νεφέλης πλασά-
15 μενοι αὐτῇ σοι ὅμοιον, ἐπειδὰν λυθῇ τὸ συμπόσιον
κἀκεῖνος ἀγρυπνῇ, ὡς τὸ εἰκός, ὑπὸ τοῦ ἔρωτος,
παρακατακλίνωμεν αὐτῷ φέροντες· οὕτω γὰρ ἂν
παύσαιτο ἀνιώμενος οἰηθεὶς τετυχηκέναι τῆς ἐπιθυ-
μίας.

ΗΡΑ

20 Ἄπαγε, μὴ ὥρασιν ἵκοιτο τῶν ὑπὲρ αὐτὸν
ἐπιθυμῶν.

ΖΕΥΣ

Ὅμως ὑπόμεινον, ὦ Ἥρα. ἢ τί γὰρ ἂν καὶ
πάθοις δεινὸν ἀπὸ τοῦ πλάσματος, εἰ νεφέλῃ ὁ
Ἰξίων συνέσται;

HPA

5. Ἀλλὰ ἡ νεφέλη ἐγὼ εἶναι δόξω, καὶ τὸ αἰσχρὸν
ἐπ’ ἐμὲ ἥξει διὰ τὴν ὁμοιότητα.

ΖΕΥΣ

Οὐδὲν τοῦτο φῄς· οὔτε γὰρ ἡ νεφέλη ποτὲ
"Ηρα γένοιτ’ ἂν οὔτε σὺ νεφέλη· ὁ δ’ Ἰξίων μόνον
ἐξαπατηθήσεται.   5

HPA

Ἀλλὰ οἱ πάντες ἄνθρωποι ἀπειρόκαλοί εἰσιν·
αὐχήσει κατελθὼν ἴσως καὶ διηγήσεται ἅπασι
λέγων συγγεγενῆσθαι τῇ "Ηρᾳ καὶ σύλλε-
κτρος εἶναι τῷ Διί, καί που τάχα ἐρᾶν με φήσειεν
αὐτοῦ, οἱ δὲ πιστεύσουσιν οὐκ εἰδότες ὡς νεφέλῃ   10
συνῆν.

ΖΕΥΣ

Οὐκοῦν, ἤν τι τοιοῦτον εἴπῃ, ἐς τὸν ᾅδην ἐμπεσὼν
τροχῷ ἄθλιος προσδεθεὶς συμπεριενεχθήσεται μετ’
αὐτοῦ ἀεὶ καὶ πόνον ἄπαυστον ἕξει δίκην διδοὺς οὐ
τοῦ ἔρωτος—οὐ γὰρ δεινὸν τοῦτό γε—ἀλλὰ τῆς   15
μεγαλαυχίας.

10

ΔΙΟΣ ΚΑΙ ΓΑΝΥΜΗΔΟΥΣ

ΖΕΥΣ

1. Ἄγε, ὦ Γανύμηδες—ἥκομεν γὰρ ἔνθα ἐχρῆν—
φίλησόν με ἤδη, ὅπως εἰδῇς οὐκέτι ῥάμφος

ἀγκύλον ἔχοντα οὐδ' ὄνυχας ὀξεῖς οὐδὲ **πτερά**,
οἷος ἐφαινόμην σοι πτηνὸς εἶναι δοκῶν.

ΓΑΝΥΜΗΔΗΣ

Ἄνθρωπε, οὐκ ἀετὸς ἄρτι ἦσθα καὶ κατα-
πτάμενος ἥρπασάς με ἀπὸ μέσου τοῦ ποιμνίου;
5   πῶς οὖν τὰ μὲν πτερά σοι ἐκεῖνα ἐξερρύηκε, σὺ δὲ
ἄλλος ἤδη ἀναπέφηνας;

ΖΕΥΣ

Ἀλλ' οὔτε ἄνθρωπον ὁρᾷς, ὦ μειράκιον, οὔτε
ἀετόν, ὁ δὲ πάντων βασιλεὺς τῶν θεῶν οὗτός εἰμι
πρὸς τὸν καιρὸν ἀλλάξας ἐμαυτόν.

ΓΑΝΥΜΗΔΗΣ

10   Τί φής; σὺ γὰρ **εἶ ὁ Πὰν** ἐκεῖνος; εἶτα πῶς
σύριγγα οὐκ ἔχεις **οὐδὲ κέρατα** οὐδὲ λάσιος **εἶ τὰ**
σκέλη;

ΖΕΥΣ

Μόνον γὰρ ἐκεῖνον ἡγῇ θεόν;

ΓΑΝΥΜΗΔΗΣ

Ναί· καὶ θύομέν γε αὐτῷ ἔνορχιν τράγον ἐπὶ
15   τὸ σπήλαιον ἄγοντες, ἔνθα ἔστηκε· σὺ δὲ ἀνδραποδι-
στής τις εἶναί μοι δοκεῖς.

ΖΕΥΣ

2. Εἰπέ μοι, Διὸς δὲ οὐκ ἤκουσας ὄνομα οὐδὲ
βωμὸν εἶδες ἐν τῷ Γαργάρῳ τοῦ ὕοντος καὶ βρον-
τῶντος καὶ ἀστραπὰς ποιοῦντος;

ΓΑΝΥΜΗΔΗΣ

Σύ, ὦ βέλτιστε, φῄς εἶναι, ὃς πρῴην κατέχεας
ἡμῖν τὴν πολλὴν χάλαζαν, ὁ οἰκεῖν ὑπεράνω λεγό-
μενος, ὁ ποιῶν τὸν ψόφον, ᾧ τὸν κριὸν ὁ πατὴρ
ἔθυσεν; εἶτα τί ἀδικήσαντά με ἀνήρπασας, ὦ
βασιλεῦ τῶν θεῶν; τὰ δὲ πρόβατα ἴσως οἱ λύκοι   5
διαρπάσονται ἤδη ἐρήμοις ἐπιπεσόντες.

ΖΕΥΣ

Ἔτι γὰρ μέλει σοι τῶν προβάτων ἀθανάτῳ
γεγενημένῳ καὶ ἐνταῦθα συνεσομένῳ μεθ' ἡμῶν;

ΓΑΝΥΜΗΔΗΣ

Τί λέγεις; οὐ γὰρ κατάξεις με ἤδη ἐς τὴν Ἴδην
τήμερον;   10

ΖΕΥΣ

Οὐδαμῶς· ἐπεὶ μάτην ἀετὸς ἂν εἴην ἀντὶ θεοῦ
γεγενημένος.

ΓΑΝΥΜΗΔΗΣ

Οὐκοῦν ἐπιζητήσει με ὁ πατὴρ καὶ ἀγανακτήσει
μὴ εὑρίσκων, καὶ πληγὰς ὕστερον λήψομαι καταλι-
πὼν τὸ ποίμνιον.   15

ΖΕΥΣ

Ποῦ γὰρ ἐκεῖνος ὄψεταί σε;

ΓΑΝΥΜΗΔΗΣ

Μηδαμῶς· ποθῶ γὰρ ἤδη αὐτόν. εἰ δὲ ἀπά-
ξεις με, ὑπισχνοῦμαί σοι καὶ ἄλλον παρ' αὐτοῦ
κριὸν τυθήσεσθαι λύτρα ὑπὲρ ἐμοῦ. ἔχομεν δὲ τὸν
τριετῆ, τὸν μέγαν, ὃς ἡγεῖται πρὸς τὴν νομήν.   20

ΖΕΥΣ

3. Ὡς ἀφελὴς ὁ παῖς ἐστι καὶ ἁπλοϊκὸς καὶ
αὐτὸ δὴ τοῦτο παῖς ἔτι.—ἀλλ', ὦ Γανύμηδες,
ἐκεῖνα μὲν πάντα χαίρειν ἔα καὶ ἐπιλάθου αὐτῶν,
τοῦ ποιμνίου καὶ τῆς Ἴδης. σὺ δὲ—ἤδη γὰρ
5 ἐπουράνιος εἶ—πολλὰ εὖ ποιήσεις ἐντεῦθεν καὶ τὸν
πατέρα καὶ πατρίδα, καὶ ἀντὶ μὲν τυροῦ καὶ
γάλακτος ἀμβροσίαν ἔδῃ καὶ νέκταρ πίῃ· τοῦτο
μέντοι καὶ τοῖς ἄλλοις ἡμῖν αὐτὸς παρέξεις
ἐγχέων· τὸ δὲ μέγιστον, οὐκέτι ἄνθρωπος, ἀλλ'
10 ἀθάνατος γενήσῃ, καὶ ἀστέρα σου φαίνεσθαι
ποιήσω κάλλιστον, καὶ ὅλως εὐδαίμων ἔσῃ.

ΓΑΝΥΜΗΔΗΣ

Ἢν δὲ παίζειν ἐπιθυμήσω, τίς συμπαίξεταί μοι;
ἐν γὰρ τῇ Ἴδῃ πολλοὶ ἡλικιῶται ἦμεν.

ΖΕΥΣ

Ἔχεις κἀνταῦθα τὸν συμπαιξόμενόν σοι τουτονὶ
15 τὸν Ἔρωτα καὶ ἀστραγάλους μάλα πολλούς. θάρ-
ρει μόνον καὶ φαιδρὸς ἴσθι καὶ μηδὲν ἐπιπόθει τῶν
κάτω.

ΓΑΝΥΜΗΔΗΣ

4. Τί δαὶ ὑμῖν χρήσιμος ἂν γενοίμην; ἢ ποι-
μαίνειν δεήσει κἀνταῦθα;

ΖΕΥΣ

20 Οὔκ, ἀλλ' οἰνοχοήσεις καὶ ἐπὶ τοῦ νέκταρος
τετάξῃ καὶ ἐπιμελήσῃ τοῦ συμποσίου.

ΓΑΝΥΜΗΔΗΣ

Τοῦτο μὲν οὐ χαλεπόν· οἶδα γὰρ ὡς χρὴ
ἐγχέαι τὸ γάλα καὶ ἀναδοῦναι τὸ κισσύβιον.

ΖΕΥΣ

Ἰδού, πάλιν οὗτος γάλακτος μνημονεύει καὶ
ἀνθρώποις διακονήσεσθαι οἴεται· ταυτὶ δ' ὁ
οὐρανός ἐστι, καὶ πίνομεν, ὥσπερ ἔφην, τὸ νέκταρ.   5

ΓΑΝΥΜΗΔΗΣ

Ἥδιον, ὦ Ζεῦ, τοῦ γάλακτος;

ΖΕΥΣ

Εἴσῃ μετ' ὀλίγον καὶ γευσάμενος οὐκέτι πο-
θήσεις τὸ γάλα.

ΓΑΝΥΜΗΔΗΣ

Κοιμήσομαι δὲ ποῦ τῆς νυκτός; ἢ μετὰ τοῦ
ἡλικιώτου Ἔρωτος;   10

ΖΕΥΣ

Οὔκ, ἀλλὰ διὰ τοῦτό σε ἀνήρπασα, ὡς ἅμα
καθεύδοιμεν.

ΓΑΝΥΜΗΔΗΣ

Μόνος γὰρ οὐκ ἂν δύναιο, ἀλλὰ ἥδιόν σοι καθεύδειν
μετ' ἐμοῦ;

ΖΕΥΣ

Ναί, μετά γε τοιούτου οἷος εἶ σύ, Γανύμηδες,   15
οὕτω καλός.

ΓΑΝΥΜΗΔΗΣ

5. Τί γάρ σε πρὸς τὸν ὕπνον ὀνήσει τὸ κάλλος;

ΖΕΥΣ

Ἔχει τι θέλγητρον ἡδὺ καὶ μαλακώτερον ἐπάγει αὐτόν.

ΓΑΝΥΜΗΔΗΣ

Καὶ μὴν ὅ γε πατὴρ ἤχθετό μοι συγκαθεύδοντι
5 καὶ διηγεῖτο ἕωθεν, ὡς ἀφεῖλον αὐτοῦ τὸν ὕπνον
στρεφόμενος καὶ λακτίζων καί τι φθεγγόμενος
μεταξὺ ὁπότε καθεύδοιμι· ὥστε παρὰ τὴν μητέρα
ἔπεμπέ με κοιμησόμενον ὡς τὰ πολλά. ὥρα δή
σοι, εἰ διὰ τοῦτο, ὡς φῄς, ἀνήρπασάς με, κατα-
10 θεῖναι αὖθις εἰς τὴν γῆν, ἢ πράγματα ἕξεις ἀγρυ-
πνῶν· ἐνοχλήσω γάρ σε συνεχῶς στρεφόμε-
νος.

ΖΕΥΣ

Τοῦτ' αὐτό μοι τὸ ἥδιστον ποιήσεις, εἰ ἀγρυπνή-
σαιμι μετὰ σοῦ φιλῶν πολλάκις καὶ περιπτύσσων.

ΓΑΝΥΜΗΔΗΣ

15 Αὐτὸς ἂν εἰδείης· ἐγὼ δὲ κοιμήσομαι σοῦ κα-
ταφιλοῦντος.

ΖΕΥΣ

Εἰσόμεθα τότε ὃ πρακτέον. νῦν δὲ ἄπαγε
αὐτόν, ὦ Ἑρμῆ, καὶ πιόντα τῆς ἀθανασίας ἄγε
οἰνοχοήσοντα ἡμῖν διδάξας πρότερον ὡς χρὴ
20 ὀρέγειν τὸν σκύφον.

11

ΗΦΑΙΣΤΟΥ ΚΑΙ ΑΠΟΛΛΩΝΟΣ

ΗΦΑΙΣΤΟΣ

1. Ἑώρακας, ὦ Ἄπολλον, τὸ τῆς Μαίας βρέφος τὸ ἄρτι τεχθέν, ὡς καλόν τέ ἐστι καὶ προσγελᾷ πᾶσι καὶ δηλοῖ ἤδη μέγα τι ἀγαθὸν ἀποβησόμενον;

ΑΠΟΛΛΩΝ

Ἐκεῖνο τὸ βρέφος, ὦ Ἥφαιστε, ἢ μέγα ἀγαθόν, ὃ τοῦ Ἰαπετοῦ πρεσβύτερόν ἐστιν ὅσον ἐπὶ τῇ παν-   5
ουργίᾳ;

ΗΦΑΙΣΤΟΣ

Καὶ τί ἂν ἀδικῆσαι δύναιτο ἀρτίτοκον ὄν;

ΑΠΟΛΛΩΝ

Ἐρώτα τὸν Ποσειδῶνα, οὗ τὴν τρίαιναν ἔκλε-
ψεν, ἢ τὸν Ἄρη· καὶ τούτου γὰρ ἐξείλκυσε λαθὸν
ἐκ τοῦ κολεοῦ τὸ ξίφος, ἵνα μὴ ἐμαυτὸν λέγω, ὃν   10
ἀφώπλισε τοῦ τόξου καὶ τῶν βελῶν.

ΗΦΑΙΣΤΟΣ

2. Τὸ νεογνὸν ταῦτα, ὃ μόλις ἔστηκε, τὸ ἐν τοῖς
σπαργάνοις;

ΑΠΟΛΛΩΝ

Εἴσῃ, ὦ Ἥφαιστε, ἤν σοι προσέλθῃ μόνον.

ΗΦΑΙΣΤΟΣ

Καὶ μὴν προσῆλθεν ἤδη.

ΑΠΟΛΛΩΝ

Τί οὖν; πάντα ἔχεις τὰ ἐργαλεῖα καὶ οὐδὲν ἀπόλωλεν αὐτῶν;

ΗΦΑΙΣΤΟΣ

Πάντα, ὦ Ἄπολλον.

ΑΠΟΛΛΩΝ

5 Ὅμως ἐπίσκεψαι ἀκριβῶς.

ΗΦΑΙΣΤΟΣ

Μὰ Δία, τὴν πυράγραν οὐχ ὁρῶ.

ΑΠΟΛΛΩΝ

Ἀλλ' ὄψει που ἐν τοῖς σπαργάνοις αὐτὴν τοῦ βρέφους.

ΗΦΑΙΣΤΟΣ

Οὕτως ὀξύχειρ ἐστὶ καθάπερ ἐν τῇ γαστρὶ ἐκ-
10 μελετήσας τὴν κλεπτικήν;

ΑΠΟΛΛΩΝ

3. Οὐ γὰρ ἤκουσας αὐτοῦ καὶ λαλοῦντος ἤδη
στωμύλα καὶ ἐπίτροχα· ὁ δὲ καὶ διακονεῖσθαι
ἡμῖν ἐθέλει. χθὲς δὲ προκαλεσάμενος τὸν Ἔρωτα
κατεπάλαισεν εὐθὺς οὐκ οἶδ' ὅπως ὑφελὼν τὼ
15 πόδε· εἶτα μεταξὺ ἐπαινούμενος, τῆς Ἀφροδίτης
μὲν τὸν κεστὸν ἔκλεψε προσπτυξαμένης αὐτὸν ἐπὶ
τῇ νίκῃ, τοῦ Διὸς δὲ γελῶντος ἔτι τὸ σκῆπτρον·
εἰ δὲ μὴ βαρύτερος ὁ κεραυνὸς ἦν καὶ πολὺ τὸ πῦρ
εἶχε, κἀκεῖνον ἂν ὑφείλετο.

ΗΦΑΙΣΤΟΣ

Ὑπέρδριμύν τινα τὸν παῖδα φῄς.

ΑΠΟΛΛΩΝ

Οὐ μόνον, ἀλλ' ἤδη καὶ μουσικόν.

ΗΦΑΙΣΤΟΣ

Τῷ τοῦτο τεκμαίρεσθαι ἔχεις;

ΑΠΟΛΛΩΝ

4. Χελώνην που νεκρὰν εὑρὼν ὄργανον ἀπ'
αὐτῆς συνεπήξατο· πήχεις γὰρ ἐναρμόσας καὶ   5
ζυγώσας, ἔπειτα κολλάβους ἐμπήξας καὶ μαγάδιον
ὑποθεὶς καὶ ἐντεινάμενος ἑπτὰ χορδὰς μελῳδεῖ
πάνυ γλαφυρόν, ὦ Ἥφαιστε, καὶ ἐναρμόνιον, ὡς
κἀμὲ αὐτῷ φθονεῖν πάλαι κιθαρίζειν ἀσκοῦντα.
ἔλεγε δὲ ἡ Μαῖα, ὡς μηδὲ μένοι τὰς νύκτας ἐν τῷ   10
οὐρανῷ, ἀλλ' ὑπὸ περιεργίας ἄχρι τοῦ ᾅδου
κατίοι, κλέψων τι κἀκεῖθεν δηλαδή. ὑπόπτερος δ'
ἐστὶ καὶ ῥάβδον τινὰ πεποίηται θαυμασίαν τὴν
δύναμιν, ᾗ ψυχαγωγεῖ καὶ κατάγει τοὺς νεκρούς.

ΗΦΑΙΣΤΟΣ

Ἐγὼ ἐκείνην ἔδωκα αὐτῷ παίγνιον εἶναι.   15

ΑΠΟΛΛΩΝ

Τοιγαροῦν ἀπέδωκέ σοι τὸν μισθόν, τὴν πυ-
άγραν—

ΗΦΑΙΣΤΟΣ

Εὖ γε ὑπέμνησας· ὥστε βαδιοῦμαι ἀποληψό-
μενος αὐτήν, εἴ που ὡς φῂς εὑρεθείη ἐν τοῖς
σπαργάνοις.   20

12

ΠΟΣΕΙΔΩΝΟΣ ΚΑΙ ΕΡΜΟΥ

ΠΟΣΕΙΔΩΝ

1. Ἔστιν, ὦ Ἑρμῆ, νῦν ἐντυχεῖν τῷ Διί;

ΕΡΜΗΣ

Οὐδαμῶς, ὦ Πόσειδον.

ΠΟΣΕΙΔΩΝ

Ὅμως προσάγγειλον αὐτῷ.

ΕΡΜΗΣ

Μὴ ἐνόχλει, φημί· ἄκαιρον γάρ ἐστιν, ὥστε οὐκ
5 ἂν ἴδοις αὐτὸν ἐν τῷ παρόντι.

ΠΟΣΕΙΔΩΝ

Μῶν τῇ Ἥρᾳ σύνεστιν;

ΕΡΜΗΣ

Οὔκ, ἀλλ᾽ ἑτεροῖόν τί ἐστιν.

ΠΟΣΕΙΔΩΝ

Συνίημι· ὁ Γανυμήδης ἔνδον.

ΕΡΜΗΣ

Οὐδὲ τοῦτο· ἀλλὰ μαλακῶς ἔχει αὐτός.

ΠΟΣΕΙΔΩΝ

10 Πόθεν, ὦ Ἑρμῆ; δεινὸν γὰρ τοῦτο φής.

ΕΡΜΗΣ

Αἰσχύνομαι εἰπεῖν, τοιοῦτόν ἐστιν.

ΠΟΣΕΙΔΩΝ

Ἀλλὰ οὐ χρὴ πρὸς ἐμὲ θεῖόν γε ὄντα.

ΕΡΜΗΣ

Τέτοκεν ἀρτίως, ὦ Πόσειδον.

ΠΟΣΕΙΔΩΝ

Ἄπαγε, τέτοκεν ἐκεῖνος; ἐκ τίνος; οὐκοῦν
ἐλελήθει ἡμᾶς ἀνδρόγυνος ὤν; ἀλλὰ οὐδὲ ἐπεσή-
μανεν ἡ γαστὴρ αὐτῷ ὄγκον τινά.   5

ΕΡΜΗΣ

Εὖ λέγεις· οὐ γὰρ ἐκείνη εἶχε τὸ ἔμβρυον.

ΠΟΣΕΙΔΩΝ

Οἶδα· ἐκ τῆς κεφαλῆς ἔτεκεν αὖθις ὥσπερ τὴν
Ἀθηνᾶν· τοκάδα γὰρ τὴν κεφαλὴν ἔχει.

ΕΡΜΗΣ

Οὔκ, ἀλλὰ ἐν τῷ μηρῷ ἐκύει τὸ τῆς Σεμέλης
βρέφος.   10

ΠΟΣΕΙΔΩΝ

Εὖ γε ὁ γενναῖος, ὡς ὅλος ἡμῖν κυοφορεῖ καὶ
πανταχόθι τοῦ σώματος. ἀλλὰ τίς ἡ Σεμέλη ἐστί;

ΕΡΜΗΣ

2. Θηβαία, τῶν Κάδμου θυγατέρων μία. ταύτῃ
συνελθὼν ἐγκύμονα ἐποίησεν.

ΠΟΣΕΙΔΩΝ

Εἶτα ἔτεκεν, ὦ Ἑρμῆ, ἀντ᾿ ἐκείνης;   15

ΕΡΜΗΣ

Καὶ μάλα, εἰ καὶ παράδοξον εἶναί σοι δοκει τὴν
μὲν γὰρ Σεμέλην ὑπελθοῦσα ἡ "Ηρα—οἶσθα ὡς ζη-
λότυπός ἐστι—πείθει αἰτῆσαι παρὰ τοῦ Διὸς μετὰ
βροντῶν καὶ ἀστραπῶν ἥκειν παρ' αὐτήν ὡς
5 δὲ ἐπείσθη καὶ ἦκεν ἔχων καὶ τὸν κεραυνόν,
ἀνεφλέγη ὁ ὄροφος, καὶ ἡ Σεμέλη μὲν διαφθείρεται
ὑπὸ τοῦ πυρός, ἐμὲ δὲ κελεύει ἀνατεμόντα τὴν
γαστέρα τῆς γυναικὸς ἀνακομίσαι ἀτελὲς ἔτι αὐτῷ
τὸ ἔμβρυον ἑπτάμηνον· καὶ ἐπειδὴ ἐποίησα,
10 διελὼν τὸν ἑαυτοῦ μηρὸν ἐντίθησιν, ὡς ἀποτελε-
σθείη ἐνταῦθα, καὶ νῦν τρίτῳ ἤδη μηνὶ ἐξέτεκεν αὐτὸ
καὶ μαλακῶς ἀπὸ τῶν ὠδίνων ἔχει.

ΠΟΣΕΙΔΩΝ

Νῦν οὖν ποῦ τὸ βρέφος ἐστίν;

ΕΡΜΗΣ

'Ες τὴν Νῦσαν ἀποκομίσας παρέδωκα ταῖς Νύμ-
15 φαις ἀνατρέφειν Διόνυσον αὐτὸν ἐπονομασθέντα.

ΠΟΣΕΙΔΩΝ

Οὐκοῦν ἀμφότερα τοῦ Διονύσου τούτου καὶ
μήτηρ καὶ πατὴρ ὁ ἀδελφός ἐστιν;

ΕΡΜΗΣ

"Εοικεν. ἄπειμι δ' οὖν ὕδωρ αὐτῷ πρὸς τὸ
τραῦμα οἴσων καὶ τὰ ἄλλα ποιήσων ἃ νομίζεται
20 ὥσπερ λεχοῖ.

13

ΗΦΑΙΣΤΟΥ ΚΑΙ ΔΙΟΣ

ΗΦΑΙΣΤΟΣ

Τί με, ὦ Ζεῦ, δεῖ ποιεῖν; ἥκω γάρ, ὡς ἐκέ-
λευσας, ἔχων τὸν πέλεκυν ὀξύτατον, εἰ καὶ λίθους
δέοι μιᾷ πληγῇ διατεμεῖν.

ΖΕΥΣ

Εὖ γε, ὦ Ἥφαιστε· ἀλλὰ δίελέ μου τὴν κε-
φαλὴν εἰς δύο κατενεγκών.   5

ΗΦΑΙΣΤΟΣ

Πειρᾷ μου, εἰ μέμηνα; πρόσταττε δ' οὖν τἀληθὲς
ὅπερ θέλεις σοι γενέσθαι.

ΖΕΥΣ

Τοῦτο αὐτό, διαιρεθῆναί μοι τὸ κρανίον· εἰ δὲ
ἀπειθήσεις, οὐ νῦν πρῶτον ὀργιζομένου πειράσῃ μου.
ἀλλὰ χρὴ καθικνεῖσθαι παντὶ τῷ θυμῷ μηδὲ μέλλειν·   10
ἀπόλλυμαι γὰρ ὑπὸ τῶν ὠδίνων, αἵ μοι τὸν
ἐγκέφαλον ἀναστρέφουσιν.

ΗΦΑΙΣΤΟΣ

Ὅρα, ὦ Ζεῦ, μὴ κακόν τι ποιήσωμεν· ὀξὺς γὰρ
ὁ πέλεκύς ἐστι καὶ οὐκ ἀναιμωτὶ οὐδὲ κατὰ τὴν
Εἰλήθυιαν μαιώσεταί σε.   15

ΖΕΥΣ

Κατένεγκε μόνον, ὦ Ἥφαιστε, θαρρῶν· οἶδα
γὰρ ἐγὼ τὸ σύμφερον.

ΗΦΑΙΣΤΟΣ

Κατοίσω· τί γὰρ χρὴ ποιεῖν σοῦ κελεύοντος;
τί τοῦτο; κόρη ἔνοπλος; μέγα, ὦ Ζεῦ, κακὸν
5 εἶχες ἐν τῇ κεφαλῇ· εἰκότως γοῦν ὀξύθυμος ἦσθα
τηλικαύτην ὑπὸ τὴν μήνιγγα παρθένον ζωογονῶν
καὶ ταῦτα ἔνοπλον· ἢ που στρατόπεδον, οὐ
κεφαλὴν ἐλελήθεις ἔχων. ἡ δὲ πηδᾷ καὶ πυρ-
ριχίζει καὶ τὴν ἀσπίδα τινάσσει καὶ τὸ δόρυ
10 πάλλει καὶ ἐνθουσιᾷ καὶ τὸ μέγιστον, καλὴ πάνυ
καὶ ἀκμαία γεγένηται δὴ ἐν βραχεῖ· γλαυκῶπις
μέν, ἀλλὰ κοσμεῖ τοῦτο ἡ κόρυς. ὥστε, ὦ Ζεῦ,
μαίωτρά μοι ἀπόδος ἐγγυήσας ἤδη αὐτήν.

ΖΕΥΣ

Ἀδύνατα αἰτεῖς, ὦ Ἥφαιστε· παρθένος γὰρ ἀεὶ
15 ἐθελήσει μένειν. ἐγὼ δ' οὖν τό γε ἐπ' ἐμοὶ οὐδὲν
ἀντιλέγω.

ΗΦΑΙΣΤΟΣ

Τοῦτ' ἐβουλόμην· ἐμοὶ μελήσει τὰ λοιπά, καὶ
ἤδη συναρπάσω αὐτήν.

ΖΕΥΣ

Εἴ σοι ῥᾴδιον, οὕτω ποίει· πλὴν οἶδα ὅτι
20 ἀδυνάτων ἐρᾷς.

14

ΕΡΜΟΥ ΚΑΙ ΗΛΙΟΥ

ΕΡΜΗΣ

1. Ὦ Ἥλιε, μὴ ἐλάσῃς τήμερον, ὁ Ζεύς φησι,
μηδὲ αὔριον μηδὲ εἰς τρίτην ἡμέραν, ἀλλὰ ἔνδον
μένε, καὶ τὸ μεταξὺ μία τις ἔστω νὺξ μακρά·
ὥστε λυέτωσαν μὲν αἱ Ὧραι αὖθις τοὺς ἵππους, σὺ
δὲ σβέσον τὸ πῦρ καὶ ἀνάπαυε διὰ μακροῦ σεαυτόν.   5

ΗΛΙΟΣ

Καινὰ ταῦτα, ὦ Ἑρμῆ, καὶ ἀλλόκοτα ἥκεις
παραγγέλλων. ἀλλὰ μὴ παραβαίνειν τι ἔδοξα ἐν
τῷ δρόμῳ καὶ ἔξω ἐλάσαι τῶν ὅρων, κᾆτά μοι
ἄχθεται καὶ τὴν νυκτα τριπλασίαν τῆς ἡμέρας
ποιῆσαι διέγνωκεν;   10

ΕΡΜΗΣ

Οὐδὲν τοιοῦτον, οὐδὲ ἐς ἀεὶ τοῦτο ἔσται· δεῖται
δέ τι νῦν αὐτὸς ἐπιμηκεστέραν γενέσθαι οἱ τὴν
νύκτα.

ΗΛΙΟΣ

Ποῦ δὲ καὶ ἔστιν ἢ πόθεν ἐξεπέμφθης ταῦτα
διαγγελῶν μοι;   15

ΕΡΜΗΣ

Ἐκ Βοιωτίας, ὦ Ἥλιε, παρὰ τῆς Ἀμφιτρύωνος,
ᾗ σύνεστιν ἐρῶν αὐτῆς.

ΗΛΙΟΣ

Εἶτα οὐχ ἱκανὴ νὺξ μία;

ΕΡΜΗΣ

Οὐδαμῶς· τεχθῆναι γάρ τινα δεῖ ἐκ τῆς ὁμι-
λίας ταύτης μέγαν καὶ πολύμοχθον· τοῦτον οὖν
ἐν μιᾷ νυκτὶ ἀποτελεσθῆναι ἀδύνατον.

ΗΛΙΟΣ

5   2. Ἀλλὰ τελεσιουργείτω μὲν ἀγαθῇ τύχῃ. ταῦ-
τα δ᾽ οὖν, ὦ Ἑρμῆ, οὐκ ἐγίνετο ἐπὶ τοῦ Κρόνου—
αὐτοὶ γὰρ ἡμεῖς ἐσμεν—οὐδὲ ἀπόκοιτός ποτε
ἐκεῖνος παρὰ τῆς Ῥέας ἦν οὐδὲ ἀπολιπὼν ἂν τὸν
οὐρανὸν ἐν Θήβαις ἐκοιμᾶτο, ἀλλὰ ἡμέρα μὲν ἦν ἡ
10   ἡμέρα, νὺξ δὲ κατὰ μέτρον τὸ αὐτῆς ἀνάλογον
ταῖς ὥραις, ξένον δὲ ἢ παρηλλαγμένον οὐδέν, οὐδ᾽
ἂν ἐκοινώνησέ ποτε ἐκεῖνος θνητῇ γυναικί· νῦν δὲ
δυστήνου γυναίου ἔνεκα χρὴ ἀνεστράφθαι τὰ πάντα
καὶ ἀκαμπεστέρους μὲν γενέσθαι τοὺς ἵππους ὑπὸ
15   τῆς ἀργίας, δύσπορον δὲ τὴν ὁδὸν ἀτριβῆ μένουσαν
τριῶν ἑξῆς ἡμερῶν, τοὺς δὲ ἀνθρώπους ἀθλίους
ἐν σκοτεινῷ διαβιοῦν. τοιαῦτα ἀπολαύσονται τῶν
Διὸς ἐρώτων καὶ καθεδοῦνται περιμένοντες, ἔστ᾽
ἂν ἐκεῖνος ἀποτελέσῃ τὸν ἀθλητήν, ὃν λέγεις, ὑπὸ
20   μακρῷ τῷ ζόφῳ.

ΕΡΜΗΣ

Σιώπα, ὦ Ἥλιε, μή τι κακὸν ἀπολαύσῃς τῶν
λόγων. ἐγὼ δὲ παρὰ τὴν Σελήνην ἀπελθὼν καὶ τὸν

Ὕπνον ἀπαγγελῶ κἀκείνοις ἅπερ ὁ Ζεὺς ἐπέστειλε,
τὴν μὲν σχολῇ προβαίνειν, τὸν δὲ Ὕπνον μὴ
ἀνεῖναι τοὺς ἀνθρώπους, ὡς ἀγνοήσωσι μακρὰν
οὕτω τὴν νύκτα γεγενημένην.

15

ΔΙΟΣ, ΑΣΚΛΗΠΙΟΥ ΚΑΙ ΗΡΑΚΛΕΟΥΣ

ΖΕΥΣ

1. Παύσασθε, ὦ Ἀσκληπιὲ καὶ Ἡράκλεις,   5
ἐρίζοντες πρὸς ἀλλήλους ὥσπερ ἄνθρωποι· ἀπρεπῆ
γὰρ ταῦτα καὶ ἀλλότρια τοῦ συμποσίου τῶν θεῶν.

ΗΡΑΚΛΗΣ

Ἀλλὰ θέλεις, ὦ Ζεῦ, τουτονὶ τὸν φαρμακέα
προκατακλίνεσθαί μου;

ΑΣΚΛΗΠΙΟΣ

Νὴ Δία· καὶ γάρ ἀμείνων εἰμί.   10

ΗΡΑΚΛΗΣ

Κατὰ τί, ὦ ἐμβρόντητε; ἢ ὅτι σε ὁ Ζεὺς
ἐκεραύνωσεν ἃ μὴ θέμις ποιοῦντα, νῦν δὲ κατ' ἔλεον
αὖθις ἀθανασίας μετείληφας;

ΑΣΚΛΗΠΙΟΣ

Ἐπιλέλησαι γὰρ καὶ σύ, ὦ Ἡράκλεις, ἐν τῇ
Οἴτῃ καταφλεγείς, ὅτι μοι ὀνειδίζεις τὸ πῦρ;   15

ΗΡΑΚΛΗΣ

Οὔκουν ἴσα καὶ ὅμοια βεβίωται ἡμῖν, ὃς Διὸς
μὲν υἱός εἰμι, τοσαῦτα δὲ πεπόνηκα ἐκκαθαίρων
τὸν βίον, θηρία καταγωνιζόμενος καὶ ἀνθρώπους
ὑβριστὰς τιμωρούμενος· σὺ δὲ ῥιζοτόμος εἶ καὶ
5 ἀγύρτης, ἐν ἀθλίοις δὲ ἴσως ἀνθρώποις χρήσιμος
ἐπιθέσει τῶν φαρμάκων, ἀνδρῶδες δὲ οὐδὲν
ἐπιδεδειγμένος.

ΑΣΚΛΗΠΙΟΣ

Οὐ λέγεις, ὅτι σου τὰ ἐγκαύματα ἰασάμην, ὅτε
πρώην ἀνῆλθες ἡμίφλεκτος ὑπ' ἀμφοῖν διεφθορὼς τὸ
10 σῶμα, καὶ τοῦ χιτῶνος καὶ μετὰ τοῦτο τοῦ
πυρός; ἐγὼ δὲ εἰ καὶ μηδὲν ἄλλο, οὔτε ἐδούλευσα
ὥσπερ σὺ οὔτε ἔξαινον ἔρια ἐν Λυδίᾳ πορφυρίδα
ἐνδεδυκὼς καὶ παιόμενος ὑπὸ τῆς Ὀμφάλης χρυσῷ
σανδάλῳ, ἀλλὰ οὐδὲ μελαγχολήσας ἀπέκτεινα τὰ
15 τέκνα καὶ τὴν γυναῖκα.

ΗΡΑΚΛΗΣ

Εἰ μὴ παύσῃ λοιδορούμενός μοι, αὐτίκα μάλα
εἴσῃ ὅτι οὐ πολύ σε ὀνήσει ἡ ἀθανασία, ἐπεὶ
ἀράμενός σε ῥίψω ἐπὶ κεφαλὴν ἐκ τοῦ οὐρανοῦ,
ὥστε μηδὲ τὸν Παιῶνα ἰάσασθαί σε τὸ κρανίον
20 συντριβέντα.

ΖΕΥΣ

Παύσασθε, φημί, καὶ μὴ ἐπιταράττετε ἡμῖν
τὴν εὐωχίαν, ἢ ἀμφοτέρους ὑμᾶς ἀποπέμψομαι

τοῦ συμποσίου. καίτοι εὔγνωμον, ὦ Ἡράκλεις,
προκατακλίνεσθαί σου τὸν Ἀσκληπιὸν ἅτε καὶ
πρότερον ἀποθανόντα.

16

ΕΡΜΟΥ ΚΑΙ ΑΠΟΛΛΩΝΟΣ

ΕΡΜΗΣ

1. Τί κατηφὴς εἶ, ὦ Ἄπολλον;

ΑΠΟΛΛΩΝ

Ὅτι, ὦ Ἑρμῆ, δυστυχῶ ἐν τοῖς ἐρωτικοῖς.   5

ΕΡΜΗΣ

Ἄξιον μὲν λύπης τὸ τοιοῦτο· σὺ δὲ τί δυστυχεῖς;
ἢ τὸ κατὰ τὴν Δάφνην σε λυπεῖ ἔτι;

ΑΠΟΛΛΩΝ

Οὐδαμῶς· ἀλλὰ ἐρώμενον πενθῶ τὸν Λάκωνα
τὸν Οἰβάλου.

ΕΡΜΗΣ

Τέθνηκε γάρ, εἰπέ μοι, ὁ Ὑάκινθος;   10

ΑΠΟΛΛΩΝ

Καὶ μάλα.

ΕΡΜΗΣ

Πρὸς τίνος, ὦ Ἄπολλον; ἢ τίς οὕτως ἀνέρα-
στος ἦν ὡς ἀποκτεῖναι τὸ καλὸν ἐκεῖνο μειράκιον;

ΑΠΟΛΛΩΝ

Αὐτοῦ ἐμοῦ τὸ ἔργον.

ΕΡΜΗΣ

Οὐκοῦν ἐμάνης, ὦ Ἄπολλον;

ΑΠΟΛΛΩΝ

Οὔκ, ἀλλὰ δυστύχημά τι ἀκούσιον ἐγένετο.

ΕΡΜΗΣ

Πῶς; ἐθέλω γὰρ ἀκοῦσαι τὸν τρόπον.

ΑΠΟΛΛΩΝ

2. Δισκεύειν ἐμάνθανε κἀγὼ συνεδίσκευον αὐτῷ,
5 ὁ δὲ κάκιστα ἀνέμων ἀπολούμενος ὁ Ζέφυρος ἦρα
μὲν ἐκ πολλοῦ καὶ αὐτός, ἀμελούμενος δὲ καὶ μὴ
φέρων τὴν ὑπεροψίαν ταῦτα εἰργάσατο· ἐγὼ μὲν
ἀνέρριψα, ὥσπερ εἰώθειμεν, τὸν δίσκον εἰς τὸ ἄνω, ὁ
δὲ ἀπὸ τοῦ Ταϋγέτου καταπνεύσας ἐπὶ κεφαλὴν τῷ
10 παιδὶ ἐνέσεισε φέρων   αὐτόν, ὥστε ἀπὸ τῆς
πληγῆς αἷμα ῥυῆναι πολὺ καὶ τὸν παῖδα εὐθὺς
ἀποθανεῖν. ἀλλὰ ἐγὼ τὸν μὲν Ζέφυρον αὐτίκα
ἠμυνάμην κατατοξεύσας, φεύγοντι ἐπισπόμενος ἄχρι
τοῦ ὄρους, τῷ παιδὶ δὲ καὶ τὸν τάφον μὲν ἐχωσάμην
15 ἐν Ἀμύκλαις, ὅπου ὁ δίσκος αὐτὸν κατέβαλε, καὶ
ἀπὸ τοῦ αἵματος ἄνθος ἀναδοῦναι τὴν γῆν ἐποίησα
ἥδιστον, ὦ Ἑρμῆ, καὶ εὐανθέστατον ἀνθῶν
ἁπάντων, ἔτι καὶ γράμματα ἔχον ἐπαιάζοντα τῷ
νεκρῷ. ἆρά σοι ἀλόγως λελυπῆσθαι δοκῶ;

ΕΡΜΗΣ

20 Ναί, ὦ Ἄπολλον· ᾔδεις γὰρ θνητὸν πεποιη-
μένος τὸν ἐρώμενον· ὥστε μὴ ἄχθου ἀποθανόντος.

17

ΕΡΜΟΥ ΚΑΙ ΑΠΟΛΛΩΝΟΣ

ΕΡΜΗΣ

1. Τὸ δὲ καὶ χωλὸν αὐτὸν ὄντα καὶ τέχνην ἔχοντα βάναυσον, ὦ Ἄπολλον, τὰς καλλίστας γεγαμηκέναι, τὴν Ἀφροδίτην καὶ τὴν Χάριν.

ΑΠΟΛΛΩΝ

Εὐποτμία τις, ὦ Ἑρμῆ· πλὴν ἐκεῖνό γε θαυμάζω, τὸ ἀνέχεσθαι συνούσας αὐτῷ, καὶ μάλιστα   5
ὅταν ὁρῶσιν ἱδρῶτι ῥεόμενον, εἰς τὴν κάμινον ἐπικεκυφότα, πολλὴν αἰθάλην ἐπὶ τοῦ προσώπου ἔχοντα· καὶ ὅμως τοιοῦτον ὄντα περιβάλλουσί τε αὐτὸν καὶ φιλοῦσι καὶ ξυγκαθεύδουσι.

ΕΡΜΗΣ

Τοῦτο καὶ αὐτὸς ἀγανακτῶ καὶ τῷ Ἡφαίστῳ   10
φθονῶ· σὺ δὲ κόμα, ὦ Ἄπολλον, καὶ κιθάριζε καὶ μέγα ἐπὶ τῷ κάλλει φρόνει, κἀγὼ ἐπὶ τῇ εὐεξίᾳ, καὶ τῇ λύρᾳ· εἶτα, ἐπειδὰν κοιμᾶσθαι δέῃ, μόνοι καθευδήσομεν.

ΑΠΟΛΛΩΝ

2. Ἐγὼ μὲν καὶ ἄλλως ἀναφρόδιτός εἰμι εἰς τὰ   15
ἐρωτικὰ καὶ δύο γοῦν, οὓς μάλιστα ὑπερηγάπησα, τὴν Δάφνην καὶ τὸν Ὑάκινθον· ἡ μὲν ἀποδιδράσκει με καὶ μισεῖ, ὥστε εἵλετο ξύλον γενέσθαι

μᾶλλον ἢ ἐμοὶ ξυνεῖναι, ὁ δὲ ἀπώλετο ὑπὸ τοῦ
δίσκου, καὶ νῦν ἀντ' ἐκείνων στεφάνους ἔχω.

ΕΡΜΗΣ

Ἐγὼ δὲ ἤδη ποτὲ τὴν Ἀφροδίτην—ἀλλὰ οὐ χρὴ
αὐχεῖν.

ΑΠΟΛΛΩΝ

5   Οἶδα, καὶ τὸν Ἑρμαφρόδιτον ἐκ σοῦ λέγεται
τετοκέναι. πλὴν ἐκεῖνό μοι εἰπέ, εἴ τι οἶσθα,
πῶς οὐ ζηλοτυπεῖ ἡ Ἀφροδίτη τὴν Χάριν ἢ ἡ Χάρις
αὐτήν.

ΕΡΜΗΣ

3. "Οτι, ὦ Ἄπολλον, ἐκείνη μὲν αὐτῷ ἐν τῇ
10   Λήμνῳ σύνεστιν, ἡ δὲ Ἀφροδίτη ἐν τῷ οὐρανῷ·
ἄλλως τε περὶ τὸν Ἄρη ἔχει τὰ πολλὰ κἀκείνου
ἐρᾷ, ὥστε ὀλίγον αὐτῇ τοῦ χαλκέως τούτου μέλει.

ΑΠΟΛΛΩΝ

Καὶ ταῦτα οἴει τὸν Ἥφαιστον εἰδέναι;

ΕΡΜΗΣ

Οἶδεν· ἀλλὰ τί ἂν δρᾶσαι δύναιτο γενναῖον
15   ὁρῶν νεανίαν καὶ στρατιώτην αὐτόν; ὥστε τὴν
ἡσυχίαν ἄγει· πλὴν ἀπειλεῖ γε δεσμά τινα
ἐπιμηχανήσεσθαι αὐτοῖς καὶ συλλήψεσθαι σαγη-
νεύσας ἐπὶ τῆς εὐνῆς.

ΑΠΟΛΛΩΝΟΣ

Οὐκ οἶδα· εὐξαίμην δ' ἂν αὐτὸς ὁ ξυλληφθη-
20   σόμενος εἶναι.

18

ΗΡΑΣ ΚΑΙ ΛΗΤΟΥΣ

ΗΡΑ

1. Καλὰ μέν, ὦ Λητοῖ, καὶ τὰ τέκνα ἔτεκες τῷ Διί.

ΛΗΤΩ

Οὐ πᾶσαι γάρ, ὦ Ἥρα, τοιούτους τίκτειν δυνάμεθα, οἷος ὁ Ἥφαιστός ἐστιν.

ΗΡΑ

Ἀλλ' οὖν οὗτος, εἰ καὶ χωλός, ἀλλ' ὅμως χρήσιμός   5
γέ ἐστι τεχνίτης ὢν ἄριστος καὶ κατακεκόσμηκεν ἡμῖν
τὸν οὐρανὸν καὶ τὴν Ἀφροδίτην γεγάμηκε καὶ
σπουδάζεται πρὸς αὐτῆς, οἱ δὲ σοὶ παῖδες ἡ
μὲν αὐτῶν ἀρρενικὴ πέρα τοῦ μετρίου καὶ ὄρειος,
καὶ τὸ τελευταῖον ἐς τὴν Σκυθίαν ἀπελθοῦσα   10
πάντες ἴσασιν οἷα ἐσθίει ξενοκτονοῦσα καὶ μιμου
μένη τοὺς Σκύθας αὐτοὺς ἀνθρωποφάγους ὄντας·
ὁ δὲ Ἀπόλλων προσποιεῖται μὲν πάντα εἰδέναι καὶ
τοξεύειν καὶ κιθαρίζειν καὶ ἰατρὸς εἶναι καὶ μαντεύε
σθαι καὶ καταστησάμενος ἐργαστήρια τῆς μαντι   15
κῆς τὸ μὲν ἐν Δελφοῖς, τὸ δὲ ἐν Κλάρῳ καὶ ἐν
Κολοφῶνι καὶ ἐν Διδύμοις ἐξαπατᾷ τοὺς χρω
μένους αὐτῷ λοξὰ καὶ ἐπαμφοτερίζοντα πρὸς
ἑκάτερον τῆς ἐρωτήσεως ἀποκρινόμενος, πρὸς τὸ
ἀκίνδυνον εἶναι τὸ σφάλμα. καὶ πλουτεῖ μὲν ἀπὸ   20
τοῦ τοιούτου· πολλοὶ γὰρ οἱ ἀνόητοι καὶ παρέχοντες

αὐτοὺς καταγοητεύεσθαι· πλὴν οὐκ ἀγνοεῖταί
γε ὑπὸ τῶν ξυνετωτέρων τὰ πολλὰ τερατευόμενος·
αὐτὸς γοῦν ὁ μάντις ἠγνόει μὲν ὅτι φονεύσει τὸν
ἐρώμενον τῷ δίσκῳ, οὐ προεμαντεύετο δὲ ὡς
5 φεύξεται αὐτὸν ἡ Δάφνη, καὶ ταῦτα οὕτω καλὸν
καὶ κομήτην ὄντα· ὥστε οὐχ ὁρῶ καθότι καλλιτε-
κνοτέρα τῆς Νιόβης ἔδοξας.

ΛΗΤΩ

2. Ταῦτα μέντοι   τὰ τέκνα, ἡ ξενοκτόνος καὶ
ὁ ψευδόμαντις, οἶδα, ὅπως λυπεῖ σε ὁρώμενα ἐν τοῖς
10 θεοῖς, καὶ μάλιστα ὁπόταν ἡ μὲν ἐπαινῆται ἐς τὸ
κάλλος, ὁ δὲ κιθαρίζῃ ἐν τῷ συμποσίῳ θαυμαζόμε-
νος ὑφ' ἁπάντων.

ΗΡΑ

Ἐγέλασα, ὦ Λητοῖ· ἐκεῖνος θαυμαστός, ὃν ὁ
Μαρσύας, εἰ τὰ δίκαια αἱ Μοῦσαι δικάσαι ἤθελον,
15 ἀπέδειρεν ἂν αὐτὸς κρατήσας τῇ μουσικῇ· νῦν δὲ
κατασοφισθεὶς ἄθλιος ἀπόλωλεν ἀδίκως ἁλούς· ἡ
δὲ καλή σου παρθένος οὕτω καλή ἐστιν, ὥστε ἐπεὶ
ἔμαθεν ὀφθεῖσα ὑπὸ τοῦ Ἀκταίωνος, φοβηθεῖσα μὴ
ὁ νεανίσκος ἐξαγορεύσῃ τὸ αἶσχος αὐτῆς, ἐπαφῆκεν
20 αὐτῷ τοὺς κύνας· ἐῶ γὰρ λέγειν ὅτι οὐδὲ τὰς
τεκούσας ἐμαιοῦτο παρθένος γε αὐτὴ οὖσα.

ΛΗΤΩ

Μέγα, ὦ Ἥρα, φρονεῖς, ὅτι ξύνει τῷ Διὶ καὶ
συμβασιλεύεις αὐτῷ, καὶ διὰ τοῦτο ὑβρίζεις ἀδεῶς·

πλὴν ἀλλ' ὄψομαί σε μετ' ὀλίγον αὖθις δακρύουσαν,
ὁπόταν σε καταλιπὼν ἐς τὴν γῆν κατίῃ ταῦρος
ἢ κύκνος γενόμενος.

19

ΑΦΡΟΔΙΤΗΣ ΚΑΙ ΣΕΛΗΝΗΣ

ΑΦΡΟΔΙΤΗ

1. Τί ταῦτα, ὦ Σελήνη, φασὶ ποιεῖν σε; ὁπό-
ταν κατὰ τὴν Καρίαν γένῃ, ἱστάναι μέν σε τὸ ζεῦγος 5
ἀφορῶσαν ἐς τὸν 'Ενδυμίωνα καθεύδοντα ὑπαί-
θριον ἅτε κυνηγέτην ὄντα, ἐνίοτε δὲ καὶ καταβαίνειν
παρ' αὐτὸν ἐκ μέσης τῆς ὁδοῦ;

ΣΕΛΗΝΗ

'Ερώτα, ὦ 'Αφροδίτη, τὸν σὸν υἱόν, ὅς μοι
τούτων αἴτιος. 10

ΑΦΡΟΔΙΤΗ

"Εα· ἐκεῖνος ὑβριστής ἐστιν· ἐμὲ γοῦν αὐτὴν
τὴν μητέρα οἷα δέδρακεν, ἄρτι μὲν ἐς τὴν "Ιδην
κατάγων 'Αγχίσου ἕνεκα τοῦ 'Ιλιέως, ἄρτι δὲ ἐς
τὸν Λίβανον ἐπὶ τὸ 'Ασσύριον ἐκεῖνο μειράκιον,
ὃ καὶ τῇ Φερσεφάττῃ ἐπέραστον ποιήσας ἐξ 15
ἡμισείας ἀφείλετό με τὸν ἐρώμενον· ὥστε
πολλάκις ἠπείλησα, εἰ μὴ παύσεται τοιαῦτα
ποιῶν, κλάσειν μὲν αὐτοῦ τὰ τόξα καὶ τὴν φαρέτραν,
περιαιρήσειν δὲ καὶ τὰ πτερά· ἤδη δὲ καὶ πληγὰς
αὐτῷ ἐνέτεινα ἐς τὰς πυγὰς τῷ σανδάλῳ· ὁ δὲ, 20
οὐκ οἶδ' ὅπως, τὸ παραυτίκα δεδιὼς καὶ ἱκετεύων

μετ' ὀλίγον ἐπιλέλησται ἀπάντων. 2. ἀτὰρ εἰπέ
μοι, καλὸς ὁ 'Ενδυμίων ἐστίν; ἀπαραμύθητον γὰρ
οὕτως τὸ δεινόν.

ΣΕΛΗΝΗ

'Εμοὶ μὲν καὶ πάνυ καλός, ὦ 'Αφροδίτη, δοκεῖ,
5 καὶ μάλιστα ὅταν ὑποβαλλόμενος ἐπὶ τῆς πέτρας
τὴν χλαμύδα καθεύδῃ τῇ λαιᾷ μὲν ἔχων τὰ ἀκόντια
ἤδη ἐκ τῆς χειρὸς ὑπορρέοντα, ἡ δεξιὰ δὲ περὶ τὴν
κεφαλὴν ἐς τὸ ἄνω ἐπικεκλασμένη ἐπιπρέπῃ τῷ
προσώπῳ περικειμένη, ὁ δὲ ὑπὸ τοῦ ὕπνου λελυμέ-
10 νος ἀναπνέῃ τὸ ἀμβρόσιον ἐκεῖνο ἆσθμα. τότε
τοίνυν ἐγὼ ἀψοφητὶ κατιοῦσα ἐπ' ἄκρων τῶν
δακτύλων βεβηκυῖα ὡς ἂν μὴ ἀνεγρόμενος ἐκταραχ-
θείη—οἶσθα· τί οὖν ἄν σοι λέγοιμι τὰ μετὰ ταῦτα;
πλὴν ἀπόλλυμαί γε ὑπὸ τοῦ ἔρωτος.

20

ΑΦΡΟΔΙΤΗΣ ΚΑΙ ΕΡΩΤΟΣ

ΑΦΡΟΔΙΤΗ

15 1. 'Ω τέκνον "Ερως, ὅρα οἷα ποιεῖς· οὐ τὰ ἐν
τῇ γῇ λέγω, ὁπόσα τοὺς ἀνθρώπους ἀναπείθεις καθ'
αὑτῶν ἢ κατ' ἀλλήλων ἐργάζεσθαι, ἀλλὰ καὶ τὰ ἐν
τῷ οὐρανῷ, ὃς τὸν μὲν Δία πολύμορφον ἐπιδει-
κνύεις ἀλλάττων ἐς ὅ τι ἄν σοι ἐπὶ τοῦ καιροῦ δοκῇ,
20 τὴν Σελήνην δὲ καθαιρεῖς ἐκ τοῦ οὐρανοῦ, τὸν
"Ηλιον δὲ παρὰ τῇ Κλυμένῃ βραδύνειν ἐνίοτε
ἀναγκάζεις ἐπιλελησμένον τῆς ἱππασίας· ἃ μὲν γὰρ

ἐς ἐμὲ τὴν μητέρα ὑβρίζεις, θαρρῶν ποιεῖς. ἀλλὰ σύ,
ὦ τολμηρότατε, καὶ τὴν 'Ρέαν αὐτὴν γραῦν ἤδη καὶ
μητέρα τοσούτων θεῶν οὖσαν ἀνέπεισας παιδε-
ραστεῖν καὶ τὸ Φρύγιον μειράκιον ποθεῖν, καὶ νῦν
ἐκείνη μέμηνεν ὑπὸ σοῦ καὶ ζευξαμένη τοὺς λέοντας,   5
παραλαβοῦσα καὶ τοὺς Κορύβαντας ἅτε μανικοὺς καὶ
αὐτοὺς ὄντας, ἄνω καὶ κάτω τὴν Ἴδην περιπο-
λοῦσιν, ἡ μὲν ὀλολύζουσα ἐπὶ τῷ Ἄττῃ, οἱ Κορύ-
βαντες δὲ ὁ μὲν αὐτῶν τέμνεται ξίφει τὸν πῆχυν, ὁ
δὲ ἀνεὶς τὴν κόμην ἵεται μεμηνὼς διὰ τῶν ὀρῶν, ὁ   10
δὲ αὐλεῖ τῷ κέρατι, ὁ δὲ ἐπιβομβεῖ τῷ τυμπάνῳ ἢ
ἐπικτυπεῖ τῷ κυμβάλῳ, καὶ ὅλως θόρυβος καὶ
μανία τὰ ἐν τῇ Ἴδῃ ἅπαντά ἐστι. δέδια τοίνυν
ἅπαντα, δέδια τὸ τοιοῦτο ἡ τὸ μέγα σε κακὸν ἐγὼ
τεκοῦσα, μὴ ἀπομανεῖσά ποτε ἡ 'Ρέα ἢ καὶ μᾶλλον   15
ἔτι ἐν αὐτῇ οὖσα κελεύσῃ τοὺς Κορύβαντας συλλα-
βόντας σε διασπάσασθαι ἢ τοῖς λέουσι παραβαλεῖν·
ταῦτα δέδια κινδυνεύοντά σε ὁρῶσα.

ΕΡΩΣ

2. Θάρρει, μῆτερ, ἐπεὶ καὶ τοῖς λέουσιν αὐτοῖς
ἤδη ξυνήθης εἰμί, καὶ πολλάκις ἐπαναβὰς ἐπὶ τὰ   20
νῶτα καὶ τῆς κόμης λαβόμενος ἡνιοχῶ αὐτούς, οἱ
δὲ σαίνουσί με καὶ χεῖρα δεχόμενοι ἐς τὸ στόμα
περιλιχμησάμενοι ἀποδιδόασί μοι. αὐτὴ μὲν γὰρ ἡ
'Ρέα πότε ἂν ἐκείνη σχολὴν ἀγάγοι ἐπ' ἐμὲ ὅλη
οὖσα ἐν τῷ Ἄττῃ; καίτοι τί ἐγὼ ἀδικῶ δεικνὺς τὰ   25
καλὰ οἷά ἐστιν; ὑμεῖς δὲ μὴ ἐφίεσθε τῶν καλῶν
μὴ τοίνυν ἐμὲ αἰτιᾶσθε τούτων. ἢ θέλεις σύ, ὦ
μῆτερ, αὐτὴ μηκέτι ἐρᾶν μήτε σὲ τοῦ Ἄρεως
μήτε ἐκεῖνον σοῦ;

ΑΦΡΟΔΙΤΗ

Ὡς δεινὸς εἶ καὶ κρατεῖς ἁπάντων· ἀλλὰ
μεμνήσῃ μού ποτε τῶν λόγων.

21

ΑΠΟΛΛΩΝΟΣ ΚΑΙ ΕΡΜΟΥ

ΑΠΟΛΛΩΝ

1. Τί γελᾷς, ὦ Ἑρμῆ;

ΕΡΜΗΣ

Ὅτι γελοιότατα, ὦ Ἄπολλον, εἶδον.

ΑΠΟΛΛΩΝ

5   Εἰπὲ οὖν, ὡς καὶ αὐτὸς ἀκούσας ἔχω ξυγγελᾶν.

ΕΡΜΗΣ

Ἡ Ἀφροδίτη ξυνοῦσα τῷ Ἄρει κατείληπται καὶ
ὁ Ἥφαιστος ἔδησεν αὐτοὺς ξυλλαβών.

ΑΠΟΛΛΩΝ

Πῶς; ἡδὺ γάρ τι ἐρεῖν ἔοικας.

ΕΡΜΗΣ

Ἐκ πολλοῦ, οἶμαι, ταῦτα εἰδὼς ἐθήρευεν αὐτούς,
10   καὶ περὶ τὴν εὐνὴν ἀφανῆ δεσμὰ περιθεὶς εἰργά-
ζετο ἀπελθὼν ἐπὶ τὴν κάμινον· εἶτα ὁ μὲν Ἄρης
ἐσέρχεται λαθών, ὡς ᾤετο, καθορᾷ δὲ αὐτὸν ὁ
Ἥλιος καὶ λέγει πρὸς τὸν Ἥφαιστον. ἐπεὶ δὲ
ἐπέβησαν τοῦ λέχους καὶ ἐν ἔργῳ ἦσαν καὶ ἐντὸς
15   ἐγεγένηντο τῶν ἀρκύων, περιπλέκεται μὲν αὐτοῖς

τὰ δεσμά, ἐφίσταται δὲ ὁ Ἥφαιστος. ἐκείνη μὲν
οὖν—καὶ γὰρ ἔτυχε γυμνὴ οὖσα—οὐκ εἶχεν ὅπως
ἐγκαλύψαιτο αἰδουμένη, ὁ δὲ Ἄρης τὰ μὲν
πρῶτα διαφυγεῖν ἐπειρᾶτο καὶ ἤλπιζε ῥήξειν τὰ
δεσμά, ἔπειτα δὲ, συνεὶς ἐν ἀφύκτῳ ἐχόμενον 5
ἑαυτὸν, ἱκέτευεν.

ΑΠΟΛΛΩΝ

2. Τί οὖν; ἀπέλυσεν αὐτὸν ὁ Ἥφαιστος;

ΕΡΜΗΣ

Οὐδέπω, ἀλλὰ ξυγκαλέσας τοὺς θεοὺς ἐπι-
δείκνυται τὴν μοιχείαν αὐτοῖς· οἱ δὲ γυμνοὶ
ἀμφότεροι κάτω νενευκότες ξυνδεδεμένοι ἐρυθριῶσι, 10
καὶ τὸ θέαμα ἥδιστον ἐμοὶ ἔδοξε, μονονουχὶ αὐτὸ
γινόμενον τὸ ἔργον.

ΑΠΟΛΛΩΝ

Ὁ δὲ χαλκεὺς ἐκεῖνος οὐκ αἰδεῖται καὶ αὐτὸς
ἐπιδεικνύμενος τὴν αἰσχύνην τοῦ γάμου;

ΕΡΜΗΣ

Μὰ Δί᾿, ὅς γε καὶ ἐπιγελᾷ ἐφεστὼς αὐτοῖς. 15
ἐγὼ μέντοι, εἰ χρὴ τἀληθὲς εἰπεῖν, ἐφθόνουν τῷ
Ἄρει μὴ μόνον μοιχεύσαντι τὴν καλλίστην θεόν,
ἀλλὰ καὶ δεδεμένῳ μετ᾿ αὐτῆς.

ΑΠΟΛΛΩΝ

Οὐκοῦν καὶ δεδέσθαι ἂν ὑπέμεινας ἐπὶ τούτῳ;

ΕΡΜΗΣ

Σὺ δ᾿ οὐκ ἄν, ὦ Ἄπολλον; ἰδὲ μόνον ἐπελθών· 20
ἐπαινέσομαι γάρ σε, ἢν μὴ τὰ ὅμοια καὶ αὐτὸς
εὔξῃ ἰδών.

22

ΗΡΑΣ ΚΑΙ ΔΙΟΣ

ΗΡΑ

1. Ἐγὼ μὲν ἠσχυνόμην ἄν, ὦ Ζεῦ, εἴ μοι
τοιοῦτος υἱὸς ἦν, θῆλυς οὕτω καὶ διεφθαρμένος ὑπὸ
τῆς μέθης, μίτρᾳ μὲν ἀναδεδεμένος τὴν κόμην, τὰ
πολλὰ δὲ μαινομέναις γυναιξὶ συνών, ἁβρότερος
5 αὐτῶν ἐκείνων, ὑπὸ τυμπάνοις καὶ αὐλῷ καὶ
κυμβάλοις χορεύων, καὶ ὅλως παντὶ μᾶλλον ἐοικὼς
ἢ σοὶ τῷ πατρί.

ΖΕΥΣ

Καὶ μὴν οὗτός γε ὁ θηλυμίτρης, ὁ ἁβρότερος τῶν
γυναικῶν οὐ μόνον, ὦ Ἥρα, τὴν Λυδίαν ἐχει-
10 ρώσατο καὶ τοὺς κατοικοῦντας τὸν Τμῶλον ἔλαβε
καὶ Θρᾷκας ὑπηγάγετο, ἀλλὰ καὶ ἐπ' Ἰνδοὺς
ἐλάσας τῷ γυναικείῳ τούτῳ στρατιωτικῷ τούς τε
ἐλέφαντας εἷλε καὶ τῆς χώρας ἐκράτησε καὶ τὸν
βασιλέα πρὸς ὀλίγον ἀντιστῆναι τολμήσαντα αἰχμά-
15 λωτον ἀπήγαγε, καὶ ταῦτα πάντα ἔπραξεν ὀρχού-
μενος ἅμα καὶ χορεύων θύρσοις χρώμενος κιττί-
νοις. μεθύων, ὡς φής, καὶ ἐνθεάζων. εἰ δέ τις

ἐπεχείρησε λοιδορήσασθαι αὐτῷ ὑβρίσας ἐς τὴν
τελετήν, καὶ τοῦτον ἐτιμωρήσατο ἢ καταδήσας
τοῖς κλήμασιν ἢ διασπασθῆναι ποιήσας ὑπὸ τῆς
μητρὸς ὥσπερ νεβρόν. ὁρᾷς ὡς ἀνδρεῖα ταῦτα καὶ
οὐκ ἀνάξια τοῦ πατρός; εἰ δὲ παιδιὰ καὶ τρυφὴ   5
πρόσεστιν αὐτοῖς, οὐδεὶς φθόνος, καὶ μάλιστα εἰ
λογίσαιτό τις, οἷος ἂν οὗτος νήφων ἦν, ὅπου
ταῦτα μεθύων ποιεῖ.

HPA

2. Σύ μοι δοκεῖς ἐπαινέσεσθαι καὶ τὸ εὕρεμα
αὐτοῦ, τὴν ἄμπελον καὶ τὸν οἶνον, καὶ ταῦτα ὁρῶν   10
οἷα οἱ μεθυσθέντες ποιοῦσι σφαλλόμενοι καὶ πρὸς
ὕβριν τρεπόμενοι καὶ ὅλως μεμηνότες ὑπὸ τοῦ ποτοῦ·
τὸν γοῦν Ἰκάριον, ᾧ πρώτῳ ἔδωκεν τὸ κλῆμα,
οἱ ξυμπόται αὐτοὶ διέφθειραν παίοντες ταῖς
δικέλλαις.   15

ZEYΣ

Οὐδὲν τοῦτο φής· οὐ γάρ οἶνος ταῦτα οὐδὲ ὁ Διόνυ-
σος ποιεῖ, τὸ δὲ ἄμετρον τῆς πόσεως καὶ τὸ πέρα το-
καλῶς ἔχοντος ἐμφορεῖσθαι τοῦ ἀκράτου. ὃς δ' ἂν
ἔμμετρα πίνῃ, ἱλαρώτερος μὲν καὶ ἡδίων γένοιτ' ἄν·
οἷον δὲ ὁ Ἰκάριος ἔπαθεν, οὐδὲν ἂν ἐργάσαιτο   20
οὐδένα τῶν ξυμποτῶν . ἀλλὰ σὺ ἔτι ζηλοτυπεῖν
ἔοικας, ὦ Ἥρα, καὶ τῆς Σεμέλης μνημονεύειν, ἥ
γε διαβάλλεις τοῦ Διονύσου τὰ κάλλιστα.

23

ΑΦΡΟΔΙΤΗΣ ΚΑΙ ΕΡΩΤΟΣ

ΑΦΡΟΔΙΤΗ

1. Τί δήποτε, ὦ Ἔρως, τοὺς μὲν ἄλλους
θεοὺς κατηγωνίσω ἅπαντας, τὸν Δία, τὸν Ποσειδῶ,
τὸν Ἀπόλλω, τὴν Ῥέαν, ἐμὲ τὴν μητέρα, μόνης δὲ
ἀπέχῃ τῆς Ἀθηνᾶς καὶ ἐπ' ἐκείνης ἄπυρος μέν σοι
5 ἡ δᾴς, κενὴ δὲ οἰστῶν ἡ φαρέτρα, σὺ δὲ ἄτοξος εἶ
καὶ ἄστοχος;

ΕΡΩΣ

Δέδια, ὦ μῆτερ, αὐτήν· φοβερὰ γάρ ἐστι καὶ
χαροπὴ καὶ δεινῶς ἀνδρική· ὁπόταν γοῦν ἐντεινά-
μενος τὸ τόξον ἴω ἐπ' αὐτήν, ἐπισείουσα τὸν
10 λόφον ἐκπλήττει με καὶ ὑπότρομος γίνομαι καὶ
ἀπορρεῖ μου τὰ τοξεύματα ἐκ τῶν χειρῶν.

ΑΦΡΟΔΙΤΗ

Ὁ Ἄρης γὰρ οὐ φοβερώτερος ἦν; καὶ ὅμως
ἀφώπλισας αὐτὸν καὶ νενίκηκας.

ΕΡΩΣ

Ἀλλὰ ἐκεῖνος ἑκὼν προσίεταί με καὶ προσκα-
15 λεῖται, ἡ Ἀθηνᾶ δὲ ὑφορᾶται ἀεί, καί ποτε ἐγὼ
μὲν ἄλλως παρέπτην πλησίον ἔχων τὴν λαμπάδα,
ἡ δέ, " Εἴ μοι πρόσει," φησί, "νὴ τὸν πατέρα, τῷ
δορατίῳ σε διαπείρασα ἢ τοῦ ποδὸς λαβομένη καὶ
ἐς τὸν Τάρταρον ἐμβαλοῦσα ἢ αὐτὴ διασπασαμένη—"
20 πολλὰ τοιαῦτα ἠπείλησε· καὶ ὁρᾷ δὲ δριμὺ καὶ ἐπὶ
τοῦ στήθους ἔχει πρόσωπόν τι φοβερὸν ἐχίδναις
κατάκομον, ὅπερ ἐγὼ μάλιστα δέδια· μορμολύτ-
τεται γάρ με καὶ φεύγω, ὅταν ἴδω αὐτό.

ΑΦΡΟΔΙΤΗ

2. Ἀλλὰ τὴν μὲν Ἀθηνᾶν δέδιας, ὡς φής, καὶ
τὴν Γοργόνα, καὶ ταῦτα μὴ φοβηθεὶς τὸν κεραυνὸν
τοῦ Διός. αἱ δὲ Μοῦσαι διὰ τί σοι ἄτρωτοι καὶ
ἔξω βελῶν εἰσιν; κἀκεῖναι λόφους ἐπισείουσιν καὶ
Γοργόνας προφαίνουσιν;   5

ΕΡΩΣ

Αἰδοῦμαι αὐτάς, ὦ μῆτερ· σεμναὶ γάρ εἰσιν καὶ
ἀεί τι φροντίζουσιν καὶ περὶ ᾠδὴν ἔχουσι καὶ ἐγὼ
παρίσταμαι πολλάκις αὐταῖς κηλούμενος ὑπὸ τοῦ
μέλους.

ΑΦΡΟΔΙΤΗ

Ἔα καὶ ταύτας, ὅτι σεμναί· τὴν δὲ Ἄρτεμιν τίνος   10
ἕνεκα οὐ τιτρώσκεις;

ΕΡΩΣ

Τὸ μὲν ὅλον οὐδὲ καταλαβεῖν αὐτὴν οἷόν τε
φεύγουσαν ἀεὶ διὰ τῶν ὀρῶν· εἶτα καὶ ἴδιόν τινα
ἔρωτα ἤδη ἐρᾷ.

ΑΦΡΟΔΙΤΗ

Τίνος, ὦ τέκνον;   15

ΕΡΩΣ

Θήρας καὶ ἐλάφων καὶ νεβρῶν, αἱρεῖν τε διώ-
κουσα καὶ κατατοξεύειν, καὶ ὅλως πρὸς τῷ τοιούτῳ
ἐστίν· ἐπεὶ τόν γε ἀδελφὸν αὐτῆς, καίτοι τοξότην
καὶ αὐτὸν ὄντα καὶ ἑκηβόλον—

ΑΦΡΟΔΙΤΗ

Οἶδα, ὦ τέκνον, πολλὰ ἐκεῖνον ἐτόξευσας.   20

24

ΔΙΟΣ ΚΑΙ ΗΛΙΟΥ

ΖΕΥΣ

1. Οἷα πεποίηκας, ὦ Τιτάνων κάκιστε; ἀπο-
λώλεκας τὰ ἐν τῇ γῇ ἅπαντα, μειρακίῳ ἀνοήτῳ
πιστεύσας τὸ ἅρμα, ὃς τὰ μὲν κατέφλεξε πρόσγειος
ἐνεχθείς, τὰ δὲ ὑπὸ κρύους διαφθαρῆναι ἐποίησε
5 πολὺ αὐτῶν ἀποσπάσας τὸ πῦρ, καὶ ὅλως οὐδὲν ὅ
τι οὐ ξυνετάραξε καὶ ξυνέχεε, καὶ εἰ μὴ ἐγὼ ξυνεὶς
τὸ γιγνόμενον κατέβαλον αὐτὸν τῷ κεραυνῷ, οὐδὲ
λείψανον ἀνθρώπων ἐπέμεινεν ἄν· τοιοῦτον ἡμῖν
τὸν καλὸν ἡνίοχον καὶ διφρηλάτην ἐκπέπομφας.

ΗΛΙΟΣ

10 Ἥμαρτον, ὦ Ζεῦ, ἀλλὰ μὴ χαλέπαινε, εἰ ἐπεί-
σθην υἱῷ πολλὰ ἱκετεύοντι· πόθεν γὰρ ἂν καὶ
ἤλπισα τηλικοῦτο γενήσεσθαι κακόν;

ΖΕΥΣ

Οὐκ ᾔδεις, ὅσης ἐδεῖτο ἀκριβείας τὸ πρᾶγμα καὶ
ὡς, εἰ βραχύ τις ἐκβαίη τῆς ὁδοῦ, οἴχεται πάντα;
15 ἠγνόεις δὲ καὶ τῶν ἵππων τὸν θυμόν, ὡς δεῖ ξυνέχειν
ἀνάγκη τὸν χαλινόν; εἰ γὰρ ἐνδοίη τις, ἀφηνιάζου-
σιν εὐθύς, ὥσπερ ἀμέλει καὶ τοῦτον ἐξήνεγκαν,
ἄρτι μὲν ἐπὶ τὰ λαιά, μετ' ὀλίγον δὲ ἐπὶ τὰ δεξιά,
καὶ ἐς τὸ ἐναντίον τοῦ δρόμου ἐνίοτε, καὶ ἄνω καὶ
20 κάτω, ὅλως ἔνθα ἐβούλοντο αὐτοί· ὁ δὲ οὐκ
εἶχεν ὅ τι χρήσαιτο αὐτοῖς.

ΗΛΙΟΣ

2. Πάντα μὲν ἠπιστάμην ταῦτα καὶ διὰ τοῦτο
ἀντεῖχον ἐπὶ πολὺ καὶ οὐκ ἐπίστευον αὐτῷ τὴν
ἔλασιν· ἐπεὶ δὲ κατελιπάρησε δακρύων καὶ ἡ
μήτηρ Κλυμένη μετ' αὐτοῦ, ἀναβιβασάμενος ἐπὶ
τὸ ἅρμα ὑπεθέμην, ὅπως μὲν χρὴ βεβηκέναι αὐτόν,   5
ἐφ' ὁπόσον δὲ ἐς τὸ ἄνω ἀφέντα ὑπερενεχθῆναι,
εἶτα ἐς τὸ κάταντες αὖθις ἐπινεύειν καὶ ὡς ἐγκρατῆ
εἶναι τῶν ἡνιῶν καὶ μὴ ἐφιέναι τῷ θυμῷ τῶν
ἵππων· εἶπον δὲ καὶ ἡλίκος ὁ κίνδυνος, εἰ μὴ ὀρθὴν
ἐλαύνοι· ὁ δὲ—παῖς γὰρ ἦν—ἐπιβὰς τοσούτου   10
πυρὸς καὶ ἐπικύψας ἐς βάθος ἀχανὲς ἐξεπλάγη, ὡς
τὸ εἰκός· οἱ δὲ ἵπποι ὡς ᾔσθοντο οὐκ ὄντα ἐμὲ τὸν
ἐπιβεβηκότα, καταφρονήσαντες τοῦ μειρακίου ἐξε-
τράποντο τῆς ὁδοῦ καὶ τὰ δεινὰ ταῦτα ἐποίησαν·
ὁ δὲ τὰς ἡνίας ἀφείς, οἶμαι δεδιὼς μὴ ἐκπέσῃ αὐτός,   15
εἴχετο τῆς ἄντυγος. ἀλλὰ ἐκεῖνός τε ἤδη ἔχει
τὴν δίκην κἀμοί, ὦ Ζεῦ, ἱκανὸν τὸ πένθος

ΖΕΥΣ

Ἱκανὸν λέγεις τοιαῦτα τολμήσας; νῦν μὲν οὖν
συγγνώμην ἀπονέμω σοι, ἐς δὲ τὸ λοιπόν, ἤν τι
ὅμοιον παρανομήσῃς ἤ τινα τοιοῦτον σεαυτοῦ   20
διάδοχον ἐκπέμψῃς, αὐτίκα εἴσῃ, ὁπόσον τοῦ σοῦ
πυρὸς ὁ κεραυνὸς πυρωδέστερος. ὥστε ἐκεῖνον μὲν αἱ
ἀδελφαὶ θαπτέτωσαν ἐπὶ τῷ Ἠριδανῷ, ἵναπερ ἔπεσεν
ἐκδιφρευθείς, ἤλεκτρον ἐπ' αὐτῷ δακρύουσαι καὶ
αἴγειροι γενέσθωσαν ἐπὶ τῷ πάθει, σὺ δὲ ξυμπηξά-   25
μενος τὸ ἅρμα—κατέαγε δὲ καὶ ὁ ῥυμὸς αὐτοῦ καὶ
ἅτερος τῶν τροχῶν συντέτριπται—ἔλαυνε ἐπαγαγὼν
τοὺς ἵππους. ἀλλὰ μέμνησο τούτων ἀπάντων.

25

ΑΠΟΛΛΩΝΟΣ ΚΑΙ ΕΡΜΟΥ

ΑΠΟΛΛΩΝ

1. "Εχεις·μοι εἰπεῖν, ὦ 'Ερμῆ, πότερος ὁ Κά-
στωρ ἐστὶ τούτων ἢ πότερος ὁ Πολυδεύκης; ἐγὼ
γὰρ οὐκ ἂν διακρίναιμι αὐτούς.

ΕΡΜΗΣ

'Ο μὲν χθὲς ἡμῖν ξυγγενόμενος ἐκεῖνος Κάστωρ
5 ἦν, οὗτος δὲ Πολυδεύκης.

ΑΠΟΛΛΩΝ

Πῶς διαγινώσκεις; ὅμοιοι γάρ.

ΕΡΜΗΣ

"Οτι οὗτος μέν, ὦ "Απολλον, ἔχει ἐπὶ τοῦ
προσώπου τὰ ἴχνη τῶν τραυμάτων ἃ ἔλαβε παρὰ
τῶν ἀνταγωνιστῶν πυκτεύων, καὶ μάλιστα ὁπόσα
10 ὑπὸ τοῦ Βέβρυκος Ἀμύκου ἐτρώθη τῷ Ἰάσονι
συμπλέων, ἅτερος δὲ οὐδὲν τοιοῦτον ἐμφαίνει, ἀλλὰ
καθαρός ἐστι καὶ ἀπαθὴς τὸ πρόσωπον.

ΑΠΟΛΛΩΝ

"Ωνησας διδάξας τὰ γνωρίσματα, ἐπεὶ τά γε
ἄλλα πάντα ἴσα, τοῦ ᾠοῦ τὸ ἡμίτομον καὶ ἀστὴρ
15 ὑπεράνω καὶ ἀκόντιον ἐν τῇ χειρὶ καὶ ἵππος ἑκατέρῳ
λευκός, ὥστε πολλάκις ἐγὼ τὸν μὲν προσεῖπον
Κάστορα Πολυδεύκην ὄντα, τὸν δὲ τῷ τοῦ Πολυδεύ-
κους ὀνόματι. ἀτὰρ εἰπέ μοι καὶ τόδε, τί δήποτε
οὐκ ἄμφω ξύνεισιν ἡμῖν, ἀλλ' ἐξ ἡμισείας ἄρτι μὲν
20 νεκρός, ἄρτι δὲ θεός ἐστιν ἅτερος αὐτῶν;

ΕΡΜΗΣ

Ὑπὸ φιλαδελφίας τοῦτο ποιοῦσιν· ἐπεὶ γὰρ ἔδει
ἕνα μὲν τεθνάναι τῶν Λήδας υἱέων, ἕνα δὲ ἀθάνα-
τον εἶναι, ἐνείμαντο οὕτως αὐτοὶ τὴν ἀθανασίαν.

ΑΠΟΛΛΩΝ

Οὐ ξυνετήν, ὦ Ἑρμῆ, τὴν νομήν, οἵ γε οὐδὲ
ὄψονται οὕτως ἀλλήλους, ὅπερ ἐπόθουν, οἶμαι,   5
μάλιστα· πῶς γάρ, ὁ μὲν παρὰ θεοῖς, ὁ δὲ παρὰ
τοῖς φθιτοῖς ὤν; πλὴν ἀλλ' ὥσπερ ἐγὼ μαντεύομαι,
ὁ δὲ Ἀσκληπιὸς ἰᾶται, σὺ δὲ παλαίειν διδάσκεις
παιδοτρίβης ἄριστος ὤν, ἡ δὲ Ἄρτεμις μαιεύεται
καὶ τῶν ἄλλων ἕκαστος ἔχει τινὰ τέχνην ἢ θεοῖς ἢ   10
ἀνθρώποις χρησίμην, οὗτοι δὲ τί ποιήσουσιν ἡμῖν;
ἢ ἀργοὶ εὐωχήσονται τηλικοῦτοι ὄντες;

ΕΡΜΗΣ

Οὐδαμῶς, ἀλλὰ προστέτακται αὐτοῖν ὑπηρε-
τεῖν τῷ Ποσειδῶνι καὶ καθιππεύειν δεῖ τὸ πέλαγος
καὶ ἐάν που ναύτας χειμαζομένους ἴδωσιν, ἐπικαθί-   15
σαντας ἐπὶ τὸ πλοῖον σῴζειν τοὺς ἐμπλέοντας.

ΑΠΟΛΛΩΝ

Ἀγαθήν, ὦ Ἑρμῆ, καὶ σωτήριον λέγεις τὴν
τέχνην.

NOTES

absol.: absolute
acc.: accusative
act.: active
adj.: adjective
adv.: adverb(ial)
AJA: *American Journal of Archaeology*
aor.: aorist
AP: Palatine Anthology, Greek Anthology
app.: apposition
art.: article
cond.: condition(al)
conj.: conjunction
cpd.: compound
dat.: dative
DD: *Dialogues of the Dead*
depon.: deponent
DG: *Dialogues of the Gods*
dim.: diminutive
dir.: direct
disc.: discourse
DS: *Dialogues of the Sea-Gods*
Eng.: English
esp.: especially
fem.: feminine
freq.: frequent(ly)
fut.: future
gen.: genitive
IG: *Inscriptiones Graecae*
imperat.: imperative
imperf.: imperfect
impers.: impersonal
ind.: indicative
indef.: indefinite
indir.: indirect
inf.: infinitive
infreq.: infrequent(ly)
interrog.: interrogative
intrans.: intransitive
irreg.: irregular
JHS: *Journal of Hellenic Studies*
κτλ: καὶ τὰ λοιπά, etc.

Lat.: Latin
lit.: literal(ly)
LSJ: Liddell-Scott-Jones, *Greek-English Lexicon*
Luc.: Lucian (in citations)
masc.: masculine
mid.: middle
n.: note (in the note numbers, a final zero indicates an introductory note to a dialogue.)
neg.: negative
neut.: neuter
nom.: nominative
obj.: object
opt.: optative
partcp.: participle
pass.: passive
pc: postclassical; after B.C. 325
pd: poetic diction
perf.: perfect
perh.: perhaps
pers.: person(al)
plu.: plural
plup.: pluperfect
potent.: potential
pred.: predicate
prep.: preposition
refl.: reflexive
reg.: regular(ly)
rel.: relative
sc.: *scilicet,* understand
sing.: singular
subj.: subject
subjv.: subjunctive
subst.: substantive
superl.: superlative
s.v.: *sub verbo,* under the item
trans.: transitive
vb: verb
voc.: vocative
w.: with (in grammatical explanations)

NOTES TO DIALOGUES OF THE DEAD

1. Diogenes and Polydeuces

1.0.0 This first *Dialogue of the Dead* sets the tone for the collection. It introduces by reference, but not in person, a Cynic whose works greatly influenced Lucian (cf. p.xviii, above), Menippus of Gadara in Palestine, who lived in the first half of the third century B.C. Menippus was a pupil of the Cynic Metrocles, who in turn was a pupil of Diogenes (400?–325? B.C.). Diogenes was an early leader of the Cynic school founded by Antisthenes. The school probably got its name from the gymnasium Cynosarges, where Antisthenes taught, but it was generally thought to have been so called from the doglike churlishness of its members. Born at Sinope on the Euxine Sea, Diogenes came to Athens as an exile and earned the epithet of ὁ κύων by his personal manners, whatever may have been the origin of the name of the sect to which he belonged.

Here Diogenes addresses Polydeuces (called Pollux by the Romans), the twin brother of Castor (cf. n. 174.0.0). Polydeuces had generously arranged to share his immortality with his mortal twin on the basis of daily rotation. Since Polydeuces is about to take his turn in the world above, he can carry Diogenes' message from the lower world to the still living Menippus.

The genitives in the title depend on the unexpressed noun διάλογος, as regularly in the titles of these Dialogues as here edited.

1.1 f. ἐπειδὰν τάχιστα: "as soon as."

1.2 σόν: "your (turn)," in agreement w. the inf. ἀναβιῶναι.

1.3 τὸν κύνα: Diogenes here gives Menippus his own epithet (cf. n. 1.0.0).

1.4 Κράνειον: the Craneum, a suburb of Corinth, where Diogenes lived when he was not at Athens, and where he was buried. Cf. n. 33.9.0.

1.5 Λυκείῳ: the Lyceum, Aristotle's school northeast of Athens.

1.6 *a*   εἰπεῖν: depends on ἐντέλλομαι, 1.1.

1.6 *b*   ὅτι, as often, introduces the actual words used, or to be used, and thus serves as a quotation mark.

1.6–8   σοί . . . κελεύει . . . ἥκειν: the dat. and inf. w. κελεύω are Homeric and pc.

1.7   σοι: "by you," dat. of agent w. a pass. vb. in the perf. system.

1.9   ἐκεῖ: "there," from Diogenes' point of view, i.e., in the world above.

1.10 *a*   πολύ: the question which follows is made into a neuter noun by the article which precedes it (cf. n. 42.7 *b*).

1.10 *b*   ὅλως: "at all," often w. a neg., here implied. A papyrus from the third century of our era has the word in the sense "actually," "really," which may be intended here.

1.14   ἐκ: "on the basis of."

1.15   καὶ ὅτι: the ὅτι clause parallels the phrase ἐκ . . . οἰμωγῆς as a modifier of διαγινωσκομένους, "and in that . . ."

1.17 *a*   ἥκειν: the inf. w. subj. acc. unexpressed (e.g., Μένιππον; with this the partcp. ἐμπλησάμενον [ἐμπίμπλημι] agrees) forms a clause of indir. command parallel w. ταῦτα as the obj. of λέγε (as we might use "tell" in two senses: "tell him this, and tell him to . . .").

1.17 *b*   θέρμων (note accent): gen. w. vb. of filling, "w. lupines," a vegetable. The gen. construction is abandoned when a cond. clause begins: "if he should find . . . (let him fill his knapsack with these too)." The lupine is a food of the poor or of the voluntarily ascetic. Known to us mostly as an ornamental flower (the bluebonnet, state flower of Texas, is *Lupinus subcarnosus*), the lupine contains flat, round seeds or beans, which are edible after being steeped in water to remove their bitterness (hence Vergil's *tristis lupinus*, *Georg.* 1.75). When dried, the beans were used as stage money in Roman comedy.

1.19   κείμενον: "dedicated," lit., "lying (there)." A monthly purificatory offering (καθάρσιον [ἱερόν]) of food, Ἑκάτης δεῖπνον, was placed on Hecate's crossroads shrine; eggs customarily formed part of the offering.

2.2   ὁποῖός τις: "what sort of man." For the use of τις, cf. n. 110.15 f. Diogenes interrupts before Polydeuces can complete his request, e.g., w. εἰπέ κτλ.

2.5 τὰ πολλά: adv. acc., "generally."

2.8 Βούλει . . . ἐντείλωμαί τι: "May I please send a bit of advice . . . ?" Lit., "Are you willing, am I to send . . . ?" This is a survival of an old paratactic construction.

2.11 *a* Τὸ . . . ὅλον: adv. acc., "altogether."

2.11 *b* παρεγγύα (imperat.): often a military term, "pass the word along," here w. inf.

2.11 *c* ληροῦσι: supplementary partcp. w. παύομαι, here in agreement w. αὐτοῖς, indir. obj. of παρεγγύα; ληροῦσι is paralleled by four other partcps.

2.12 *a* τῶν ὅλων: gen. of τὰ ὅλα, "the universe."

2.12 *b* κέρατα φύουσιν ἀλλήλοις: "growing horns on one another." This refers to a sophistic quibble: "What you haven't lost, you still have; you haven't lost horns; ergo, you have horns!" There may be a double meaning here; in late Greek, as in various modern European languages, "to grow horns on a man" means to cuckold him, to seduce his wife.

2.13 ποιοῦσι: "making up," that is, making up riddles about; another sophistic quibble, in the form of a dilemma posed to a mother: "If a crocodile seizes your child and promises to return it if you tell the reptile accurately what it intends to do, what do you tell it?" The dilemma is intended to be insoluble; if the mother says, "You will give it up," the crocodile says, "You're wrong," and eats the child. If she says "You will not give it up," the crocodile does give it up. In thus proving the mother wrong, the reptile is deemed justified in seizing the child again and devouring it.

2.14 τὸν νοῦν: personified as the object of διδάσκουσι.

2.15 φάσκουσι: the pres. is somewhat strange. Lucian either means us to understand that Polydeuces has had disagreements with philosophers before or intends us to take the pres. as equivalent to a fut., "I can just hear them saying . . ." Cf. n. 13.17.

2.16 κατηγοροῦντα: circumstantial partcp. of cause, "on the ground that I . . ."

3.1 οἰμώζειν: "to cry οἴμοι (Poor me!)," here in the inf. of indir. command w. λέγε, "Tell him to have a bad time," "Tell them to go hang!" The imperat. of οἰμώζω was used as a curse, "Go wail!" i.e., "Damn you!" For the lit. use of the vb., cf. 4.1.

3.3   Τοῖς πλουσίοις: favorite targets of Lucian's satire.

3.5   τιμωρεῖσθε ἑαυτούς: cf. the title of a comedy of Menander, adapted by Terence as *Heauton Timoroumenos*, "The Self-Tormentor." Here, as not infreq., the third pers. refl. is used instead of the second.

3.7   ἕνα ὀβολόν: the small coin put in a corpse's mouth to pay Charon's ferry fare. Any attempt to attach present-day values to the units of Athenian currency is largely illusory. The column below headed "1897" represents values assigned by scholars at the end of the last century; perhaps a tenfold multiplication would give some idea of values in the 1970's in terms of wages and prices:

		1897	1970's
ὀβολός	obol	$ 0.03	$ 0.30
δραχμή	drachma	0.18	1.80
μνᾶ	mna (mina)	18.00	180.00
τάλαντον	talent	1,080.00	10,800.00

The four units shown are primarily units of weight (cf. n. 55.16 f.).

3.9   Εἰρήσεται: fut. perf. pass. of the Homeric verb εἴρω, "say." The Attic fut. is ἐρῶ, the perf. of which, εἴρηκα, is often assigned to λέγω, as we assign "went" (originally the past of "wend") to "go." Here the fut. perf. tense implies the certainty of the action, "it is as good as said."

3.11   Μεγίλλῳ . . . Δαμοξένῳ: otherwise unknown, perhaps invented by Lucian.

3.14   ἔστιν: the accent indicates the "existential" use of εἰμί, "exist," as contrasted with the copulative.

3.15   φασί: "(as) they say," to mark a proverbial utterance.

3.15 f.   τοῦ κάλλους: gen. of separation.

3.19   Λάκων: as born to Leda, queen of Sparta.

3.20   τῷ πράγματι: "the state of affairs."

4.2   ἰσοτιμίαν, καὶ ὅτι: cf. n. 32.5 *a*. The equality of the dead in the lower world is a favorite theme of Lucian's.

4.4 *a*   Λακεδαιμονίοις . . . τοῖς σοῖς: cf. n. 3.19. The vb. ἐπιτιμέω, "censure," "blame," is used w. the dat. of the pers., the acc. (here ταῦτα) of the thing found fault with.

4.4 *b*   εἰ δοκεῖ: "if you please," lit., "if it seems (good)"; perh. Diogenes is thought of as anticipating the coming rebuff.

4.5   λέγων ἐκλελύσθαι αὐτούς: the substance of ταῦτα, that they have slackened, have relaxed. The vb. ἐκλύω is used of unstringing a bow. By Lucian's time, the severe discipline which made the term "Spartan" proverbial had long since been relaxed. So well aware were Lucian's contemporaries of the slackening that an attempt was actually made under the Emperor Septimius Severus (A.D. 193–211) to revive the old Spartan regime.

4.6–8 A good example of Greek ethnocentrism in the narrow sense, chauvinism as regards one's own city-state.

4.9 *a* Ἐάσωμεν: "Let's forget," "Let's skip."

4.9 *b* οἷς: "to those whom" (as if αὐτοῖς οὕς); this is the so-called attraction of the acc. case of the rel. to the case of a gen. or dat. antecedent, expressed or (as here) implied.

4.10 ἀπένεγκον: first aor. imperat. of ἀποφέρω, "deliver." Also found, for φέρω and cpds., is the second aor. imperat. ἔνεγκε (cf. 96.17). Attic writers apparently preferred the latter, save where considerations of meter or hiatus dictated the choice of the former; Lucian seems to use the two forms as free alternants (cf. Eng. "lighted" and "lit").

2. Charon and Menippus

4.11.0 Here we meet Menippus in person (cf. n. 1.0.0) in a confrontation with Charon, the ferryman of the dead. Menippus is presented as so authentic a Cynic that he died not even possessing an obol to be put in his mouth (n. 3.7). Apparently the fare was collected after the crossing (cf. 4.13 διεπορθμεύσαμεν).

4.13 ἀνθ' ὧν: i.e., αὐτὰ (τὰ πορθμεῖα) ἀντὶ ὧν. Here (contrast n. 4.9 *b*) the acc. antecedent is to be inferred from the gen. rel. pronoun.

4.14 f. Though Lucian is quite free in his use of μή where the strict Attic pattern calls for οὐ, we can see the Attic pattern here in two aspects: (1) in 4.14 μή is appropriate to the cond. force of the circumstantial partcp., "if one doesn't have"; (2) in 4.15, μή is in accord w. the generalizing, descriptive force of ἔχων which modifies the indef. τις, "anyone who doesn't have."

5.1 Εἰ: the interrog. use of εἰ to mean "whether" is derived from its cond. meaning "if"; cf. Hom. *Il.* 1.83, φράσαι εἴ με σαώσεις, "tell me whether you will save me." The pattern is developed from an original meaning, "if you are going to save me, say so!"

5.2 *a*   ἄγξω σε: here, as often, Lucian deliberately overlooks the fact that he is dealing with the dead who need fear no further harm; neither choking, as here, nor drowning, as at 51.1 f. To have done otherwise would have deprived this set of dialogues of many dramatic effects. On the other hand, when it suits him, he takes the position that the dead are beyond harm (cf. 27.17 f., also 7.7). Cf. also n. 29.4 f.

5.2 *b*   Πλούτωνα: note the choice of deity; contrast Hermes' Δία, 5.9.

5.4   σου: despite its position, this goes w. τὸ κράνιον. The words τῷ ξύλῳ seem to refer to Menippus' staff, though at 51.15 he is represented as directing that it be thrown away—apparently an oversight on Lucian's part.

5.6 *a*   Charon's indignant question is not a direct reply to Menippus' threat but represents the boatman's fears from his own point of view: hence μάτην, "all for nothing."

5.6 *b*   ἔσῃ πεπλευκώς: periphrastic fut. perf., "is it going to turn out that you have . . . ?"

5.7–10   Here Hermes is in his role as ψυχοπομπός, "conductor of souls" from the upper to the lower world (cf. n. 126.0.0).

5.9 *a*   ὀναίμην: second aor. opt. mid. of ὀνίνημι, "profit," "do well," lit., "May I do well," used ironically of a desperate situation, "I'll need all the luck I can get!"

5.9 *b*   καί: "too," in addition to all my other troubles (cf. n. 126.0.0).

5.9 f.   ὑπερεκτίνειν: the vb. is original w. Lucian.

5.13 *a*   πλὴν ἀλλ(ά): the use of this combination to break off one thought and pass on to another is pc.

5.13 *b*   ὅ γε μὴ ἔχω: ind. in simple pres. cond. rel. clause, followed by potent. opt.

5.14   οὐκ ᾔδεις . . . δέον: "didn't you know it was necessary?" The word δέον, originally the neut. partcp. of the impers. δεῖ, "it is necessary," is regularly used without a copulative vb.; here the copula would have been in the inf. in indir. disc. w. οἶδα.

6.3   προῖκα: adv. acc., "as a gift," "gratis."

6.9   Οὐκοῦν: "then"; note the accent and contrast οὔκουν, "not therefore."

6.10 *a*   Χάριεν λέγεις: ironical, "that's a lovely proposition."
6.10 f.   ἵνα . . . προσλάβω: ironic expression of purpose, like our "only to," "he ran to the door of the bus, only to have it shut in his face!"
6.10 *b*   καί: cf. n. 5.9 *b*.
6.11   Αἰακοῦ: Aeacus is regarded by Lucian not as one of the infernal judges (cf. n. 58.21–59.4), but as the officer in charge of the sentry post and tollhouse at the entrance to Hades with Cerberus as his aide-de-camp.
6.14   Cf. n. 1.17 *b*, 1.19.
6.15   κύνα: cf. n. 1.3.
6.16 *a*   οἷα: exclamatory, "What sort of things!"
6.16 *b*   ἐπιβατῶν: gen., obj. of καταγελῶν (7.1); though ἐπισκώπτων in that line governs the acc., Lucian feels no need to repeat the noun in a new case.
7.4   μέλει: impers., "be of concern," w. dat. of pers. concerned, gen. of that which causes the concern. The gen. οὐδενός is ambiguous here as between masc. and neut. and is perh. intended to be so, "He doesn't care for anyone or anything!"

3.   Complaint of the Dead to Pluto about Menippus

7.8.0   Croesus of Lydia speaks on behalf of himself and of two royal colleagues, Sardanapallos (Assur-bani-pal) of Assyria and Midas of Persia, all proverbial for extreme wealth and therefore particular objects of Menippus' scorn (cf. n. 3.3). Pluto, whose very name connotes wealth, is inclined to be soft towards their late majesties (cf. 8.7–11), but this does not move Menippus at all.
7.8   Οὐ φέρομεν: the ind. here expresses determination rather than simple fact, as we might say, "I'm not buying any car without seat belts!"
7.9   ὥστε here is used as a coordinating conj., "and so," rather than as a subordinating conj. w. ind. or inf., "so that," "with the result that."
7.11   ὁμόνεκρος: apparently coined by Lucian for this passage on the model, e.g., of Herodotus, 9.16, ὁμοτράπεζος, "fellow diner." Cf. also n. 80.3 f. *b*.
8.1   A condensed expression for which Eng. idiom would lead us to expect τί ταῦτά ἐστιν ἅ φασιν.
8.3   ὄντας: cf. n. 2.16.
8.5   περιέχονται: περιέχομαι in the sense "hold close

to," "be fond of," is not found in Attic prose, but is freq. in Herodotus.

8.7 οὐ χρή: "you shouldn't," not merely "it isn't necessary."

8.13 οὕτω γινώσκετε: "grasp this fact," lit., "understand (the situation) in this way"; οὕτω is explained by the following ὡς w. gen. absol., equivalent to indir. disc.

8.14 ἔνθα . . . ἂν ἴητε: "wherever you go"; cond. rel. clause, fut. more vivid =ἐάν ποι ἴητε.

8.15 κατᾴδων: lit., "charm by singing." It is used ironically.

9.2 f. πάντων ἐκείνων ἀφῃρημένοι: a rare use of the gen. of separation w. this vb.; more usual would be the acc. of retained obj., since the normal pattern w. this vb. in the act. sense of "deprive" calls for two accs. Cf. 163.16 ἀφείλετό με τὸν ἐρώμενον, "took my lover away from me."

9.8 a τὸ γνῶθι σαυτόν: the famous command "Know thyself!" (on the art. cf. n. 1.10 a), sometimes attributed to the Spartan sage Chilon (sixth century B.C.), sometimes said to have been given him as a response by the Delphic oracle, was inscribed on the temple of Apollo at Delphi.

9.8 b συνείρων: "continually repeating."

9.10 ἐπᾳδόμενον: pres. part. pass.; contrast ἐπᾴσομαι 9.8, fut. mid. depon.

4. Menippus and Cerberus

9.11.0 Menippus appears again, this time in conversation with Cerberus, the three-headed watchdog of Hades (cf. n. 6.11). In Menippus' opening speech Lucian plays upon the philosopher's epithet of ὁ κύων (cf. n. 1.3).

9.12 πρὸς τῆς Στυγός: the scholiast comments τὸ τῆς Στυγὸς ὕδωρ ὅρκον φασὶν θεῶν, καὶ κυρίως ἐν ᾿Αιδου εἶναι τοῦτο.

9.14 a θεόν: Lucian goes a bit far in having Menippus attribute divinity to Cerberus, though immortal he was certainly supposed to be.

9.14 b μή: w. inf. it is used w. εἰκός (ἐστι), "it is likely," and other expressions of strong belief or hope.

9.15 ὅποτε ἐθέλοις: the use of the opt. in a cond. rel. clause referring to the general pres. (instead of the Attic ἄν w. subjv.) is pc.

10.2 ζόφον: "gloom," pd, pc.

10.3 a τῷ κωνείῳ: the words, if genuine (they are suspected of being an interpolation: cf. n. 94.3–4) are to be taken w. διαμέλλοντα, "slowed down by the hemlock."

10.3 *b*   κατέσπασα: "dragged down," w. gen. of the part grasped.

10.5   παντοῖος ἐγίνετο: "was beside himself," lit., "became of every kind," i.e., tried every device in desperation. The expression perh. grew out of the Proteus myth (cf. n. 96.0.0).

10.7   τοῦ πράγματος: cf. n. 3.20.

10.9   πεισόμενος: fut. of πάσχω.

10.10   ὡς θαυμάσονται: ὡς w. fut. ind. expressing purpose, rare but not unknown in Attic Greek.

10.11 f.   ὅλως . . . εἰπεῖν ἂν ἔχοιμι: "I might perhaps be able to state in general"; Cerberus' generalization is set forth in the rest of the sentence. The professorial tone seems a deliberate parody.

10.15   τοῦ γένους: "your breed," as if the Cynics were really dogs.

10.16   ὅτι μή: the use of μή in causal clauses introd. by ὅτι is pc. Cf. n. 158.6.

10.17 f.   οἰμώζειν: cf. n. 3.1.

5.   Menippus and Hermes

10.19.0   Hermes figures here not only as ψυχοπομπός (cf. n. 5.7–10), but as a general interpreter and explainer; cf. the vb. ἑρμηνεύω, "interpret," "explain."

11.1 *a*   πλήν: cf. n. 5.13 *a*; used alone, this is quite classical in the sense "however." Here it correlates w. μέν (cf. n. 69.9).

11.1 *b*   κατ᾽ ἐκεῖνο: "over there" (with a gesture).

11.2–4   A list of mortals, some of whom had been beloved by divinities (Hyacinth, Apollo; Narcissus, Echo; Tyro, Poseidon; Leda, Zeus), while others, like Helen (cf. 11.10–16) were otherwise famous for their beauty. For Achilles and Nireus, cf. Hom. *Il.* 2.673 f. Νιρεύς, ὃς κάλλιστος ἀνὴρ ὑπὸ ᾽Ίλιον ἦλθε/τῶν ἄλλων Δαναῶν μετ᾽ ἀμύμονα Πηλεΐωνα.

11.6   σαρκῶν: cf. n. 3.15 f.

11.13 *a*   αἱ χίλιαι νῆες: cf. Marlowe, *Faustus* 1328 f. (Scene 13), "Was this the face that launched a thousand ships,/ and burnt the topless towers of Ilium?

11.13 *b*   ἐπληρώθησαν: "were (fully) manned"; note the cognate Lat. *-plē-* in Eng. "(the ship's) complement," its full crew.

11.18 *a*   ἔφης . . . ἄν: i.e., if you *had* seen her. The more usual Attic form is ἔφησθα (cf. 4.7, and n. 28.1).

11.18 *b*   καί: "too" (cf. n. 11.18 f).

11.18 f.   The quotation is from Hom. *Il.* 3.157. The words are spoken by old men of Troy on the walls near the Scaean gate. In Homer the subj. of πάσχειν is Τρῶας καὶ . . . Ἀχαιούς.

11.21 *a*   δῆλον ὅτι: i.e., δῆλόν ἐστιν ὅτι, "it is obvious that," sometimes written in one word as an adv., δηλονότι "obviously."

11.21 *b*   δόξει: the cond., which begins as less vivid fut., εἴ τις βλέποι, changes in the conclusion to the fut. ind. of the more vivid form.

12.1–3   συνίεσαν . . . πονοῦντες: συνίημι, "understand," w. partcp. in indir. disc.

12.5   ὥστε: cf. n. 7.9, here used to conclude the discussion, "Well, anyhow . . . ."

12.7   μετελεύσομαι: cf. n. 5.7–10.

6.   Menippus and Aeacus

12.8.0   Continuing his investigation of the lower world, Menippus interrogates Aeacus (cf. n. 6.11).

12.11   κεφαλαιώδη: pc.

12.12   διεπέρασεν: pc in this trans. sense; in Attic the vb. is intrans.

12.13   τὴν λίμνην καὶ τὸν Πυριφλεγέθοντα: the first is the Acherusian lake, the λίμνη μεγάλη of Aristoph. *Frogs* 137, which, in the account followed by Lucian (cf. *On Funerals* 3), must first be crossed in Charon's ferryboat; the second, Pyriphlegethon or simply Phlegethon, a river of fire, is one of the principal streams of the lower world.

12.15   Οἶδα . . . σέ, ὅτι πυλωρεῖς: the subj. of πυλωρεῖς is anticipated (prolepsis) as the obj. of οἶδα; cf. the King James Version's "I know thee who thou art."

12.16 *a*   βασιλέα: i.e., Pluto.

12.16 *b*   τὰς Ἐρινῦς: In Lucian's *Downward Journey* 23 f., Tisiphone, one of the Furies, serves as a bailiff in Rhadamanthys' infernal court.

12.17   τοὺς πάλαι: adv. used adjectively, "those of old."

13.2   Idomeneus, king of Crete, though not as famous as the others named, fought valiantly at Troy; in Hom. *Il.* 2.650 he is called δουρικλυτός.

13.5 οἷα: exclamatory adv. acc., neut. plu., "how . . . !"

13.7 f. *a* κόνις πάντα καὶ λῆρος . . . κάρηνα: the nouns are in app. w., the adj. modifies κεφάλαια, "chief characters."

13.7 f. *b* ἀμενηνὰ . . . κάρηνα: "strengthless   heads," Homeric epithet for the dead.

13.9–11 Of the five worthies named, the middle three have already come to our notice as unwilling recipients (at a later time) of Menippus' attentions (cf. n. 7.8.0). Cyrus, son of Cambyses, king of Persia in the sixth century B.C., receives no further notice. On Xerxes, king of Persia in the fifth century, cf. n. 13.12–14.

13.12 σέ . . . ἔφριττε: φρίττω w. acc. is pd, pc.

13.12–14 ζευγνύντα . . . πλεῖν ἐπιθυμοῦντα: Xerxes' antithetical feats in bridging the Hellespont with boats and cutting a ship canal through Athos in his attack on Greece were topics of which the rhetoricians never tired.

13.15 f. πατάξαι . . . κατὰ κόρρης: a pc phrase for the Attic π. ἐπὶ κόρρης, "punch in the jaw."

13.17 διαθρύπτεις: the pres. ind. of a fut. action regarded as inevitable (cf. n. 2.15).

13.19 *a* Οὐκοῦν ἀλλὰ . . . γε πάντως: the proliferation of qualifying words gives a tone of reluctant acquiescence.

13.19 *b* προσπτύσομαι: the mid. seems to express Menippus' personal satisfaction in the act of contempt; the fut. of this vb. is regularly act. in form.

14.1 Βούλει: "would you like (me to . . .)"; contrast n. 2.8; the difference is contextual, not structural.

14.3 f. Pythagoras (sixth century B.C.), expounder of the doctrine of the transmigration of souls, was reported as having claimed to be the reincarnation of the Homeric hero Euphorbus (*Il.* 16.808 f.); there was also the belief that the soul of Pythagoras–Euphorbus had once been Apollo's.

14.5 Μὴ (χαῖρε): "Damn you!" lit., "Don't rejoice!" The καί is retained from the usual courteous reply, χαῖρε καὶ σύ, "You, too, rejoice!" The word-play is well conveyed by the Loeb translation, which renders χαῖρε as "Good day to you" and μὴ καὶ σύ γε as "And a bad day to you."

14.6 χρησοῦς . . . μηρός: among the miraculous feats attributed to Pythagoras by his followers in later days was his appearance at the Olympic games with a golden thighbone.

14.7 φέρε, "come!" in paratactic association w. a subjv. of indir. command or request (cf. n. 2.8).

14.8 πήρα, like the staff ordered thrown away at 51.15 (cf. n. 5.4).

14.9 Κυάμους: the Pythagoreans were forbidden to eat beans. Lucian follows the version which attributes the taboo to the idea that beans contain the souls of one's ancestors. A late pseudo-Pythagorean verse reads Ἴσόν τοι κυάμους τε φαγεῖν κεφαλάς τε τοκήων.

14.13–15 The Seven Sages, in addition to Solon of Athens, Thales of Miletus, and Pittacus of Mytilene, are variously named in the tradition (cf. n. 9.8 a). The Cynic is represented as preferring their common-sense wisdom to the elaborate speculations of the philosophers.

15.1 f. τῶν ἄλλων: partitive gen. w. μόνοι.

15.3 ἐξηνθηκώς: in the sense of "blossom out," the word is often used, as here, of skin eruptions.

15.4 Ἐμπεδοκλῆς: he is said to have died while investigating the volcano of Mt. Aetna in Sicily. Malicious gossip had it that he jumped into the volcano in order to conceal the manner of his death and thus acquire the reputation of immortality (cf. n. 15.6 a, and 15.10).

15.6 a χαλκόπου (voc.): "you with the bronze slippers!" Lucian gives a humorous twist to the adj., which in Homer and other poets means "brazen-footed," either in the sense of "strong-hoofed," of horses, or of "relentless in pursuit." Here the reference is to one of Empedocles' bronze sandals, which was said to have been flung clear of the crater by volcanic action, thus exposing the fraud of Empedocles' alleged translation to heaven.

15.6 b τί παθών: lit., "having experienced what (did you . . . ?)," i.e., "what happened to make you . . . ?" Contrast τί μαθών, "what put it into your head to . . . ?"

15.8 μελαγχολία: the nom. shows that the lit. meaning of τί παθών was no longer felt; otherwise we would have found the acc. as the obj. of παθών. Cf. n. 93.20, n. 156.14 f.

15.10 a ἀπηνθράκωσεν: the vb. is original w. Lucian.

15.10 b αὐταῖς κρηπῖσιν: "boots and all," a freq. pattern w. the intensive αὐτός and the dat. of accompaniment. Lucian has overlooked or decided to ignore the inconsistency between this expression (perh. proverbial) and the slipper story (n. 15.6 a).

15.11 πλήν: cf. n. 11.1 *a*.

15.12 τεθνεώς: partcp. in indir. disc. w. pass. of φωράω, "be caught in the act."

15.14 f. Palamedes, like Nestor, was a Homeric hero noted for intelligence. In Plat. *Apol.* 41 B, Socrates expresses pleasure at the thought of conversing in the lower world with Palamedes (like himself, unjustly condemned to death by his inferiors).

15.15 τὰ πολλά: cf. n. 2.5.

15.16 ἐβουλόμην: "I should like"; in Attic Greek, ἄν was used w. this vb. in this sense; ἐβουλόμην without ἄν in Attic regularly refers to an unattainable wish.

16.8 Cf. n. 31.15.

16.13 ἧκε παρὰ σοί: the so-called "pregnant" use of the dat. w. a prep. modifying a vb. of motion, where the acc. would be more usual; the dat. expresses in advance, so to speak, the state of rest resulting from the motion.

16.13 f. Ἀρίστιππος ἢ Πλάτων: like Plato, whose preeminence is expressed by αὐτός, Aristippus was a pupil of Socrates; he founded the Cyrenaic school, which taught that pleasure is the *summum bonum*.

16.15 *a* τοὺς ... τυράννους: the plu. generalizes; Plato visited only one tyrant of Syracuse, Dionysius II (though on two separate occasions).

16.15 *b* θεραπύειν: here "flatter" rather than simply "serve."

17.2 f. τὰ ... τοιαῦτα: acc. of respect, "as to such things," i.e., "as far as reputation is concerned."

17.4 f. *a* ταῦτα ... οὐδὲν εἰδότα: a very compressed expression. The acc. ταῦτα is the obj. of οἴονται and serves to reintroduce the idea of σε θαυμάσιον... ἄνδρα γεγενῆσθαι καὶ πάντα ἐγνωκέναι, with the pronominal element of which, σε, the word εἰδότα is in agreement as a circumstantial partcp. of concession, "although you knew" nothing.

17.4 f. *b* οἶμαι ... λέγειν: Lucian has Menippus deliberately take at face value Socrates' ironic protestations of complete ignorance; cf. Socrates' reply.

17.9 f. Χαρμίδης ... Φαῖδρος ... ⟨Ἀλκιβιάδης⟩ ὁ τοῦ Κλεινίου: three handsome Athenians who as youths were Socrates' pupils. Alcibiades (450?–400) and Charmides (440?–403) were noted as political figures, Phaedrus (450?–400) only as a Socratic philosopher. On the word pattern, cf. n. 24.6 f.

17.11 μέτει: μέτειμι (εἶμι *ibo*), "pursue."

17.12 τέχνην: reference may be either to Socrates' philosophical pursuits, in which case τῶν καλῶν is the gen. of τὰ καλά (the Good as an object of Socrates' constant inquiry), or else to his alleged homosexual activities, in which case τῶν καλῶν is the gen. of οἱ καλοί. Perhaps we are to take this as a *double entendre*.

17.14 εἰ δοκεῖ: cf. n. 4.4 *b*.

17.15 Μά: neg., "No, by . . . !" For the proper names, cf. n. 7.8.0, n. 13.9–11.

18.1 καὶ . . . ἡμᾶς: the καί brings Aeacus' situation into emphatic juxtaposition with Menippus'; just as *you* don't want to miss the pleasure of ridiculing their fallen majesties, so *I* don't want any runaway shade to get by *me*. Cf. n. 26.6.

7.   Menippus and Tantalus

18.4.0   Tantalus was condemned to perpetual thirst for having disclosed secrets learned at Zeus's banquet table, where, though mortal, he had been invited as a guest. Lucian has Menippus examine skeptically the notion of the ability of the dead to suffer punishment.

18.4 f.   ἐπὶ τῇ λίμνῃ: "at the lake"; in the more usual account, Tantalus is *in* the water up to his chin: so Hom. *Od.* 11.583, ἑστεῶτ' ἐν λίμνῃ.

18.6 *a*   ἀπόλωλα (perf. of ἀπόλλυμαι): I'm ruined (Lat. *perii*).

18.6 *b*   δίψους: the form δίψος alternates freely w. δίψα (cf. 19.17).

18.7   Οὕτως . . . ὡς: w. inf. of result, neg. μή; ὥστε is much more usual than ὡς in this construction.

18.12   φθάνω w. partcp. means "succeed in doing something (i.e., the action denoted by the partcp.) *before* something else happens." Here it is used w. the aor. βρέξας; in Attic the pres. of φθάνω is regularly supplemented by the pres. partcp.

18.16 *a*   καί: "anyhow" (or, "why do you *need* . . . ?" [cf. n. 26.6]).

18.16 *b*   δέῃ: "have need of," w. gen. (but cf. n. 105.9).

19.2   πεινῆν καὶ διψῆν: pres. infs. act.; in these forms, α + ε contract to η instead of to long α; contrast τιμᾶν.

19.5   ὡς: "as if."

19.7–10   Τί δ' οὖν . . . τόπον: cf. n. 5.2 *a*.

19.9 γάρ corresponds to the neg. implied as the answer to the question δέδιας . . .;: "(surely not), for . . ."

19.10 ἐντεῦθεν εἰς: "(taking you) from here to . . ." For a similar statement concerning the lack of still another afterlife, cf. n. 21.17 f.

19.12 μηδὲν δεόμενον: "although it doesn't need to be done at all," circumstantial partcp. of concession modifying the articular inf. For the meaning of δεόμενον, cf. Xen Cyr. 2.3.3, τῶν πράττεσθαι δεομένων, "of the things that have to be done."

19.14 ἐλλεβόρου: (sometimes w. rough breathing, hence the Eng. spelling) a drink made from the herb hellebore was believed to be a cure for insanity.

19.15 f. τοῖς . . . δεδηγμένοις: those bitten by mad dogs may contract hydrophobia, lit., "a (morbid) dread of water."

19.20 ὡς: "on the ground that," "in as much as."

20.1 a ἐκ: "as a result of."

20.1 b τοῦ ὕδατος: gen. w. διψάω.

8. Menippus and Chiron

20.3.0 Chiron, a benevolent and wise centaur, was famous as the teacher of Achilles. Born immortal, but incurably and painfully wounded, he exchanged his immortality for Prometheus' mortality, and thus gained relief from his sufferings. Lucian ignores the story of the centaur's painful wound, and writes as if Chiron had decided to die for another reason, which is set forth in this Dialogue.

20.11 ζῶντα ὁρᾶν τὸ φῶς: cf. Eur. Iph. A. 1250, τὸ φῶς τόδ' ἀνθρώποισιν ἥδιστον βλέπειν; cf. 66.11.

20.12–21.3 The distaste for a regular, routined existence here expressed by Chiron is a general trait of modern Greek culture, where περιπέτειες, "vicissitudes," are esteemed in preference to monotony even if the changes are sometimes disagreeable.

20.15 αἱ αὐταί: these words, pred. to αἱ ὧραι, without a copula, start a new sentence structure.

21.1 ἀκολοθοῦντα θάτερον: just as in the preceeding ἅπαντα . . . ἕκαστον, both adjs. modify τὰ γιγνόμενα: the plurals modify the neut. plu. taken as a whole, the singulars apply to each element taken separately (partitive app.: cf. Eng. "They all came, each bringing his own book.")

21.3 μὴ μετασχεῖν: "non-sharing," "doing without." The

addition of μή is an editorial conjecture to make sense
of the otherwise meaningless inf.; another remedy pro-
posed is the substitution of another vb., one meaning
"change," e.g., μεταβαλεῖν.

21.5 ἀφ' οὖ: "since" (temporal), pc in this sense.

21.6 ἰσοτιμία: cf. n. 4.2.

21.8 ἄλλως τε (often ἄλλως τε καί, "both otherwise
and . . ."): "especially," "above all."

21.9 f. διψῆν . . . πεινῆν: cf. n. 19.2.

21.11 περιπίπτης σεαυτῷ: "fall into your own trap."

21.11 f. .ἐς τὸ αὐτό . . . περιστῇ: "come around to the same
point (again)."

21.15 a προσκορές: pc.

21.15 b καί: "(then) also."

21.16 ἄν γένοιτο, καὶ δεήσει: for the shift from the
potent. opt. to the fut. ind., cf. n. 11.21 b, though here
we are not dealing with the two parts of a cond.

21.17 ἐντεῦθεν εἰς: cf. n. 19.10.

21.17 f. ὅπερ . . . ἀδύνατον: the traditional conclusion of a
geometric *reductio ad absurdum*. Cf. e.g., Eucl. *Elem.*
1.7, ὅπερ ἐστὶν ἀδύνατον. On the lack of another afterlife,
cf. n. 19.10.

21.19 Τί . . . ἂν πάθοι τις . . .; : a variant of the Attic τί
πάθω;, "What am I to do?" (lit., ". . . experience?").
Both formulae embody either an actual request for ad-
vice, or a rhetorical expression of bewilderment. Here
the Attic expression is made general by the shift from
the first pers. to the indef. third; the mood is also shifted
to the potent. opt. "What could one possibly do?"
Menippus chooses to take Chiron's question not as
rhetorical, but as an actual request for advice, which he
proceeds to give.

22.1 φασί: cf. n. 3.15. Here we are dealing, not with a
proverb, but with what was apparently conventional
wisdom. The advice is expressed in the form of an inf.
clause w. subj. acc.

22.1 f. ἀρέσκεσθαι . . . παροῦσι: the vbs. ἀρέσκομαι (pass.)
and ἀγαπάω (intrans.), "be pleased," "be contented,"
are both used with a dat. of cause, here τοῖς παροῦσι
(from τὰ παρόντα).

9. Menippus and Tiresias

22.4.0 Here Menippus is shown ridiculing Tiresias, the

blind and aged prophet of Thebes. He was fabled to owe both his blindness and his gift of prophecy to the role which he played in a dispute between Hera and Zeus. The two deities had an argument as to whether the man or the woman derived greater pleasure from sexual intercourse. Zeus maintained that it was the woman, Hera the man. Tiresias, through a magical transformation and retransformation, had spent seven years as a woman; he was therefore called upon as uniquely qualified to decide the matter. He decided in favor of Zeus' contention. Hera, angered, struck him blind; Zeus, in partial compensation, made him a prophet and greatly lengthened his life span.

22.4 εἰ: cf. n. 5.1; καί, "too," as well as being dead.

22.7 f. Φινεύς . . . Λυγκεύς: blind and "lynx-eyed" respectively. The former gave up his sight in return for longevity; the latter was said to have been able to see through an oak plank.

22.9 τῶν ποιητῶν: Tiresias' story is referred to in the *Melampodia* ascribed to Hesiod and in Lycophron, *Alex.* 682 f.

22.11 a ἡδίονος: pred. to ὁποτέρου (τῶν βίων).

22.11 b ἐπειράθης (πειράομαι): "find by experience" to be so and so, w. gen.

22.16 διαφέρεσθαι (mid.): "quarrel."

22.19 Μηδείας: cf. Eur. *Med.* 248–51.

23.1 ἀθλίας οὔσας: supply τὰς γυναῖκας from the preceding γυναικεῖον.

23.9 a ἤμην: this imperf. mid. form of εἰμί (w. no discernible mid. force) is rare in Attic Greek; many editors have emended out of existence the few incidences found in the MSS (cf. n. 84.18).

23.9 b ὅλως: cf. n. 1.10 b, first sentence.

23.10 f. ἐβουλόμην: cf. n. 15.16.

23.14 ἀπεφράγη: second aor. pass. of ἀποφράττω, "seal up"; ἀπεστάθησαν, "dropped off," aor. pass. of ἀφίστημι, a medical term.

23.18 εἰ: cf. n. 5.1.

24.1–3 Οὐ χρὴ γὰρ ἀπιστεῖν, . . . ἀλλὰ . . . παραδέχεσθαι . . . ; : "You mean (γάρ) I shouldn't disbelieve, but accept . . . ?"

24.2 βλᾶκα: acc. as second member of a comparison w. καθάπερ, and thus agreeing in case w. the unexpressed ἐμέ, subj. of the inf.

24.6 f.   τὴν Ἀηδόνα ἢ τὴν Δάφνην ἢ ‹τὴν Καλλιστὼ› τὴν τοῦ Λυκάονος θυγατέρα: Aedon was turned into a nightingale, Daphne into a laurel tree, Callisto into a bear. For the pattern (1) name, (2) name, (3) designation by a phrase consisting of word for son or daughter and gen. of father's name, cf. 17.9 f.

24.8 *a*   εἴσομαι: fut. of οἶδα.

24.8 *b*   καί emphasizes λέγουσι (what they *say*, in contrast to what you would have me believe). Cf. n. 26.6.

24.13   ἐπήρωσεν: the general term "maim" is used instead of the specific τυφλόω, "blind."

24.16   ἔχῃ . . . τῶν ψευσμάτων: "you hold on to lies"; cf. n. 10.3 *b*.

10.   Menippus, Amphilochus, and Trophonius

25.0.0   Amphilochus, one of the minor heroes of the Trojan war, was worshiped by the Greeks as a god; the Athenians raised an altar to him, and there was an oracle of his in Cilicia. Pausanias, a contemporary of Lucian's, says (1.34.3) that this oracle was most highly regarded in his time. Amphilochus receives merely passing mention here; the Dialogue is mainly concerned with Trophonius, a Boeotian prince who was also worshiped as an oracular god after his death. The caves in which his oracle was located may still be seen near Lebadea in Boeotia. Suppliants seeking responses had to go through an elaborate ceremony, including the wearing of linen robes, the descent into the caves through a long, narrow opening, and the offering of a honey cake. Cf. n. 161.14–162.6.

25.1 *a*   Σφώ: the dual subj. is used, as often, w. a plu. partcp. and other plu. vb. forms.

25.1 *b*   μέντοι: we are supposed to be listening to a conversation begun before we started to hear it.

25.2   οὐκ οἶδ' ὅπως: the parenthetical expression looks forward to the vbs. to come.

25.3   δοκεῖτε: "seem (to be)," "have the reputation [δόξα, cf. 25.6 f.] (of being)."

25.4   ὑπειλήφασιν: ὑπολαμβάνω.

25.10   οὗτος ἂν εἰδείη: "it's his lookout," lit., "he would be able to know" (cf. 144.15, 144.17).

25.11   αὐτῷ: "by him," dat. of agent w. verbal in -τέος expressing necessity.

25.15 γάρ: the postponement of this word to a point so far along in the sentence is unusual in Attic Greek.

25.17 εἰσερπύσω: pc.

25.19 *a* γοητείᾳ: here in a derogatory sense, "hocus-pocus."

25.19 *b* πρός: "in the name of," "by," ironically, as if followed by the name of a divinity.

25.20–**26**.7 The attack on the concept of the demigod is continued in the next Dialogue.

26.6 καί: a usage difficult to explain but characteristically Greek. An overtranslation would be "in addition," i.e., "I don't know what you mean in addition (to what I'm about to say)." Practically, it is best left untranslated, and represented in oral translation, if at all, by vocal stress. So the modern Greek, asked for some information which he doesn't have, or doesn't want to give, says Ξέρω κ' ἐγώ; (κ' = καί), "Do I know (in addition [to whoever may be supposed to know])?" or, as we might say, "How should *I* know?", the emphasis on *I* carrying about the same implication as the κ' in the modern Greek expression. Here, "I don't know what you *mean*, but what I *do* see is . . ." Cf. n. 18.1, n. 24.8 *b*.

11. Diogenes and Heracles

26.8.0 Here Diogenes takes up the attack on the concept of the demigod launched by Menippus in the preceding Dialogue. Heracles is a prime example of this concept. His labors in improving the condition of the world by extirpating destructive monsters made him the prototype of the deified king or emperor.

26.9 *a* μὰ τὸν Ἡρακλέα: at 27.18–28.1, Lucian again plays on the common use of Heracles' name in adjurations. The neg. μά (cf. n. 17.15) corresponds to οὐ in the preceding line.

26.9 *b* λεοντῇ: for this item in the dictionary, cf. the uncontracted λεοντέη, fem. of λεόντεος.

26.11 καλλίνικε: an epithet of Heracles made famous by Archilochus' hymn to the deity (Budé p. 79) beginning ῏Ω καλλίνικε, χαῖρ' ἄναξ Ἡράκλεες, with the triple refrain τήνελλα καλλίνικε, in which the first word imitates the sound of strings being plucked. Here the word is used to point up the contrast between the glorious victor and the wretched inhabitant of the lower world.

26.14 ἔχει: as a wife; cf. Hom. *Od.* 11.601–604 (Odysseus enumerates the shades which he saw): τὸν δὲ μετ' εἰσενόησα βίην Ἡρακληείην,/εἴδωλον· αὐτὸς δὲ μετ' ἀθανάτοισι θεοῖσι/τέρπεται ἐν θαλίης καὶ ἔχει καλλίσφυρον Ἥβην,/παῖδα Διὸς μεγάλοιο καὶ Ἥρης χρυσοπεδίλου. The word εἴδωλον and the phrase μετ' ἀθανάτοισι θεοῖσι(ν) are quoted at 29.15 f. below.

26.16 f. ἐξ ἡμισείας (μοίρας): this prep. phrase for "by halves" is pc: Demosth. 19.277 has ἐφ' ἡμισείᾳ. The dat. τῷ ἡμίσει w. which the sentence concludes is also apparently pc in the same sense.

27.3 ἄντανδρον: this word is found only in Lucian.

27.7 μή: pc as the neg. w. a supplementary partcp. in indir. disc.; Attic has οὐ.

27.10 ἐῴκειν: the ending -ειν is pc for the Attic -η in the first pers. sing. plup. ind. act.

27.11–18 For another instance in which, worsted in argument, Heracles threatens violence, cf. 156.16–20. Here Diogenes is shown making quite explicit the emptiness of such threats to those already dead (17 f.) ἐγὼ δὲ τί ἂν ἔτι φοβοίμην σε ἅπαξ τεθνεώς; contrast n. 5.2 *a*.

27.12 f. ὅρα . . . μὴ . . . ἐστὶ . . . εἶ . . . γεγάμηκεν: ὅρα μή w. the ind. (pres., imperf., perf.) means "consider carefully whether so-and-so is (was) not the case," meaning that the speaker has good reason to believe that it is (was) the case (cf. Soph. *El.* 584, Plato *Theat.* 145BC).

27.17 γυμνόν: i.e., out of its bow case, ready for action (cf. Hom. *Od.* 11.607, γυμνὸν τόξον ἔχων).

28.1 συνῇς: the form ᾖς, either independently or, as here, in cpds. is a pc variation of the classical ᾖσθα.

28.8 Ἀμφιτρύωνος: Amphitryon was the mortal husband of Alcmene; it was upon her that Zeus engendered Heracles, having tricked her by assuming her spouse's shape. Note that it is the mortal foster father, and not the mortal mother, who is thought of as contributing a portion of mortality to the demigod.

28.13 *a*   κατὰ τὸ αὐτό: "at one and the same time."

28.13 *b*   ὑπ': the use of this prep. w. τίκτω, in the sense of a woman's bearing a child to a man, is Homeric (e.g., *Il.* 2.714); Lucian's choice of a Homeric locution is probably intentional.

28.14 ἐλελήθειτε: plup. of λανθάνω, with the supplementary partcp. carrying what for us is the main idea, as is usual w. this vb.

28.18 ἐκτὸς εἰ μή: pc for "unless."

28.21 δυεῖν for δυοῖν first appears about 300 B.C.

29.3 Ἀμφιτρυωνιάδη: by the use of this patronymic, Lucian shows Diogenes as accepting, ironically, the theory of double parentage set forth at 28.8–11, since it is the mortal portion he is addressing; contrast καλλίνικε, n. 26.11.

29.4 f. ἀσώματον εἴδωλον: Lucian never makes clear his concept of the relationship between a dead man's "incorporeal image" and his skull and bones, which are substantial enough to be shattered by a kick (cf. 13.17 f.). For a similar unresolved contradiction, cf. n. 5.2 *a*.

29.16 For the quotation, cf. n. 26.14.

12. Philip and Alexander

30.0.0 At the Oasis of Siwah in Egypt Alexander the Great was greeted by the priest of Ammon as the son of that god (often identified by later Greeks and by the Romans with Zeus and Jupiter). He was entitled to that greeting because, as the conqueror of Darius, he had become the Pharaoh of Egypt, and as such was regarded by the Egyptians as Ammon's son. There is no evidence that Alexander ever claimed to be the son of Ammon. It is likely, however, that he did request and was granted deification by the Greek cities constituting the League of Corinth. Cf. Tarn 2.347–73; Balsdon.

30.1 f. οὐκ . . . ἔξαρνος . . . μὴ οὐκ: the cpd. conj. μὴ οὐ is reg. after neg. verbs of denying, forbidding, and the like.

30.5 μάντευμα: the priestly greeting mentioned in n. 30.0.0 was commonly regarded as an oracular response of Ammon. In fact, however, what the oracle did reply to Alexander was never made public by him, except for his saying that Ammon had told him to what gods he should sacrifice.

30.8 ἐξαπατηθησόμενον: the fut. partcp. expressing purpose w. παρέχω is rare.; the inf. is the reg. Attic usage.

30.9 κατεπλάγησαν: καταπλήττομαι "be panic-stricken," may be used, as here, w. an acc. expressing the cause of the panic.

30.10 οὐδείς is in partitive app. w. βάρβαροι (cf. n. 21.1); the plu. is resumed in οἰόμενοι.

30.13 πελτίδια: "small shields." The word is very rare; the more usual word is πελτάριον, the plu. of which is read here in one MS.

30.14 προβεβλημένοις: προβάλλομαι, "hold out in front of one," "use as a weapon."

30.16 καὶ τὸ ... ὁπλιτικόν: note the change in case from the preceding gens.; καί marks the beginning of the new construction.

31.1 καί: "even"; what grounds, if any, Lucian had for having Philip speak thus disparagingly of the Paeonians (Macedonia's neighbors to the North) is not clear.

31.3 μύριοι: later famous as Xenophon's ten thousand, who by their fighting and subsequent march demonstrated the comparative weakness of the Persian soldiery.

31.4 *a* Κλεάρχου: Clearchus of Sparta (450?–401), commander under Cyrus of the ten thousand Greek mercenaries until his treacherous murder by the Persians.

31.4 *b* ἀνελθόντες: "going up (i.e., into the interior of Persia)"; cf. the prep. in the title of Xenophon's *Anabasis*.

31.4 *c* ἐκράτησαν: strictly speaking, the ten thousand did not complete the defeat of the Persians, since the death of Cyrus on the battlefield snatched victory from their hands at the very moment of the enemy's rout.

31.5 f. πρὶν ἢ τόξευμα ἐξικνεῖσθαι: πρὶν ἤ w. inf. clause occurs rarely, if ever, in Attic, but is common in pc Greek.

31.9–12 οὐ διαστήσας ... ἕνεκα: the tactics of sowing dissension, and of using bribery, perjury, and false promises were commonly imputed to Philip by pro-Athenian writers. He was said to have boasted that he could take any city into which a donkey laden with gold could gain access.

31.12 f. τοὺς "Ελληνας ... τοὺς μὲν ... Θηβαίους δέ: the distributive οἱ μὲν ... , οἱ δέ, "some ... others," is here altered to make the second term specific instead of general.

31.13 Θηβαίους: Alexander punished (μετέρχομαι) the Thebans by razing their city to the ground, sparing only the house of the poet Pindar.

31.15–18 Κλεῖτος ... ἐτόλμησεν: Alexander's slaying of his

friend Clitus removed one of the few men who dared
to speak to him frankly. There were basic political
differences between the two men.

31.15 ἀπήγγειλε: Lucian's dead are not presented as having
any supernatural knowledge of affairs in the upper
world; they rely on those recently dead to keep them
informed. Cf. 16.8.

31.22 f. ἐῶ ... λέγειν: "I forbear to mention," "I pass
over" (cf. n. 4.9 a); ἐάω w. inf. is not found in Attic
prose in this sense, but in Herodotus and the poets. We
find here an example of the rhetorical figure παράλειψις
(Late Lat. *praeteritio*), in which the speaker pretends to
pass over a point and thus succeeds in calling attention
to it without the need of substantiation or of elaboration.

31.23 f. λέουσι ... ἄνδρας: that this happened to Lysi-
machus (for the plu. cf. n. 16.15 a) is reported by Pliny
Nat. Hist. 8.21.54; Quintus Curtius 8.1.17 denies the
story, which is rejected by modern scholarship.

31.25 Ἡφαιστίωνα: of this man, Tarn 1.117 says, " Alexander
clung to him as his second self, though the reason is no-
where given." Lucian is probably echoing some gossip
about homosexual relations between the two men.

32.1 ἀπέσχου: ἀπέχομαι, "keep one's hands off," w. gen.

32.5 a καί: "and (I mean)"; this is the epexegetic (explana-
tory) καί.

32.5 b Ὀξυδράκαις: the Oxydracae or Sudracae were a
people of India with whom Alexander fought. In the
course of the assault, he was the first to jump inside
their fortifications.

32.7 f. μὴ καλόν: "ignoble"; this usage (μή w. an adj.) is
quite classical, and is not to be confused with that dis-
cussed in n. 10.16, where μή modifies a verb introduced
by ὅτι.

32.12 αἵματι ῥεόμενον: the pass. of ῥέω w. dat. in the sense
of "be dripping with" is pd.

32.13 γέλως: "occasion for laughter," "food for laughter."

32.14 a ᾗ καί: "and in this way also."

32.14 b γόης: cf. n. 25.19 a.

32.16 ἀποψύχοντα: pd in the sense of "fainting," "swoon-
ing."

32.17 τῶν ἰατρῶν: gen. w. δέομαι of the person asked; the
gen. is often used of the thing asked; here the inf. is
used instead.

32.21 κατὰ νόμον: "according to the custom (of)," "in the manner (of)."

32.22 ἔφης: cf. n. 11.18 *a*.

32.24 κατορθουμένων: "(your) accomplishments," lit., "things set right."

32.25 *a* ἐνδεές: "falling short (of expectations)," "*manqué*."

32.25 *b* ὑπό: "at the hands of," "through the agency of."

32.25 *c* δοκοῦν: circumstantial partcp. w. cond. force, "if it seemed."

33.2 ʽΗρακλεῖ: on Heracles as the prototype of the god-king, cf. n. 26.8.0; Dionysus, another of Zeus's sons by a mortal mother (cf. n. 100.10), was also noted for his services to mankind.

33.3 τὴν Ἄορνον ἐκείνην: "that far-off Aornos"; perh. the demonstrative is intended to distinguish, here in the lower world, between the Indian Mt. Ūṇa-sar (which the Greeks called Ἄορνος) "in the mountains north of the Buner River, near the Indus" (Tarn 1.90 f.) and Lake Avernus in Italy (Ἄορνος λίμνη) regarded as an entrance to Hades. Diod. Sic. 17.85 says that Heracles attempted unsuccessfully to storm τὴν πέτραν τὴν Ἄορνον καλουμένην.

33.7 f. οὐδὲ . . . ἀπομαθήσῃ . . . γνώσῃ . . . συνήσεις: the neg. futs. have the effect of an impatient command, like our "Won't you . . . ?"

33.8 *a* γνώσῃ σεαυτόν: cf. n. 9.8 *a*.

33.8 *b* συνήσεις: cf. n. 12.1–3.

13. Diogenes and Alexander

33.9.0 Plutarch (*Alex*. 14) tells the story, not otherwise authenticated, of Alexander's confrontation with the great Cynic. Diogenes had refused to join the throng of eminent Greeks clustering about Alexander; the latter, piqued by curiosity, went to the Craneum (n. 1.4), where he found the philosopher sunning himself. The king, in his lordly way, asked Diogenes if there was anything he could do for him. "Yes," replied the Cynic, "stand a bit out of the way of my sunshine."

33.13 f. Cf. n. 30.0.0, 30.5.

33.15 ἐτεθνήκειν: cf. n. 27.10.

33.16 ὤν: cf. n. 32.25 *c*.

34.1–4 A story was current that Olympias, Alexander's

mother, was visited in bed by a divinity in the form of a snake, which thus became Alexander's father.

34.1 *a* Καὶ μὴν καί: "and indeed . . . also"; the first καί is connective, the second additive; μήν is emphatic.

34.1 *b* ὅμοια: "things (just) like (the lie just mentioned)," i.e., equally false.

34.2 ὁμιλεῖν: here used in the sense of "have sexual intercourse with."

34.3 τεχθῆναι: the aor. pass. of τίκτω is not Attic.

34.11 καταλέλοιπας: i.e., as an inheritance.

34.12 f. ἔφθασα: cf. n. 18.12; the inf. w. φθάνω is mostly pc.

34.13 ἤ: "or (rather)."

34.14 Περδίκκᾳ τὸν δακτύλιον ἐπέδωκα: Perdiccas was one of Alexander's lieutenant generals, and his chief adviser in the last period before his death. The dying Alexander's handing over to him of his signet ring signified a bestowal of immediate supreme military authority, but not a succession to the kingship.

34.16–21 Truth and invention are combined in this inventory. The Greeks of the League of Corinth did elect Alexander as their leader, and as general for the purpose of invading Asia (both posts had been held by his father Philip). They did, at his request, grant him deification; his request seems to have been based on political grounds. However, no temples were built to him on Greek soil, nor were sacrifices made to him by Greeks (cf. Tarn 1.4 f., 2.370–73).

34.17 παρειληφότα: παραλαμβάνω.

34.19 τοῖς δώδεκα θεοῖς: in the Ionic-Attic tradition, these were: Zeus, Poseidon, Apollo, Ares, Hermes, and Hephaestus; Hera, Demeter, Artemis, Aphrodite, Athena and Hestia.

35.1 f. κεῖμαι τριακοστὴν ἡμέραν ταύτην: the acc. of extent of time is used w. the pres. to express the duration of an action or state begun in the past and continuing into the pres. An ordinal numeral often, as here, w. a demonstrative adj., expresses the number of units of time that have elapsed. Both ends of the series are counted. If a man arrived in town the day before yesterday, the Athenians would say of him, Ἐπιδημεῖ τρίτην ἡμέραν ταύτην, where we say, "He's been here for two days."

35.2 Πτολεμαῖος: Ptolemy (367?–283?), founder of the

Ptolemaic dynasty, ruled Egypt as Ptolemy I Soter from 304 until his death. During Alexander's kingship, Ptolemy's official title was not that of the king's ὑπασπιστής, "shield-bearer," apparently used here with a measure of contempt. In fact, he was designated Alexander's ἑταῖρος, σωματοφύλαξ (cf. 35.15) and ἐδέατρος, "companion, bodyguard, and high steward." There was a tradition that Ptolemy was Alexander's half brother.

35.3 f.   ἐν ποσίν: "in the way," "bothersome"; cf. ἐμποδών, "hindering," and the Lat. *impedimentum*.

35.6   μὴ γελάσω: deliberative subjv., lit., "Am I not to laugh?" i.e., "How can I help laughing?"

35.11 f.   οὐ γὰρ . . . εὐκαταφρόνητος: cf. n. 6.11.

35.18 f.   καὶ τὸ ἐπίσημον εἶναι: the articular inf., w. subj. acc. σέ unexpressed, parallels the ten preceding nouns; all eleven substs. are in apposition w. εὐδαιμονίαν.

35.19 f.   διαδεδεμένον . . . τὴν   κεφαλήν,   πορφυρίδα   ἐμπεπορπημένον: "with your head bound, your purple cloak fastened with a brooch." The perf. mid. partcps. mean that the person has just performed the actions upon himself, i.e., on a part of his body or of his clothing.

35.21   ὑπέρ (or ὑπὸ) τὴν μνήμην: whichever prep. we read (the MSS differ) this is an unusual expression. It may simply mean "(come) to your recollection," ". . . to your mind." If ὑπέρ is the correct reading, the phrase may possibly mean "(pass) beyond your recollection," i.e., recede toward complete oblivion, even in your own mind. But the advice which Diogenes gives Alexander at the end of the Dialogue, to drink the waters of Lethe so that he *may* forget, argues against this.

35.22   ταῦτα: anticipates the following inf. of indir. command.

35.23   Ἀριστοτέλης: at the invitation of Philip, the great philosopher became Alexander's tutor.

35.25 f.   ἐπιτριπτότατος: ἐπίτριπτος, "damned," "scoundrelly," "vile." The epithet reflects the curse ἐπιτριβείης, "damn   you,"   lit.,   "may   you   be   rubbed   out," ". . . crushed to bits."

35.26–36.1   ἐμὲ μόνον ἔασον τὰ Ἀριστοτέλους εἰδέναι: "let me be the sole expert on matters concerning A.," lit., "let me alone understand . . ."

36.3   ἐπαινῶ: sc. ἐμέ.

36.3 f. ἄρτι μὲν . . . ἄρτι δέ: "now . . . now," pc.

36.4 *a* ὡς . . . ὄν: "on the ground that it was," "under the pretense that it was"; a freq. use of ὡς w. partcp.

36.4 *b* τἀγαθοῦ: cf. n. 36.9 f. *b*.

36.6 *a* τοῦτο: i.e., τὸν πλοῦτον, attracted to the gender of the pred. (τὸ)ἀγαθόν; cf. n. 36.9 f. *b*.

36.6 *b* ὡς μὴ αἰσχύνοιτο: ὡς introduces a clause of purpose (here w. opt. in past sequence); not common in Attic writers, who prefer ἵνα.

36.9 f. *a* λυπεῖσθαι . . . ἐπὶ . . . ἐκείνοις: "to grieve for these things."

36.9 f. *b* ὡς ἐπὶ μεγίστοις ἀγαθοῖς: "as for (i.e., believing them to be) very great goods"; but τὰ μέγιστα ἀγαθά is not the Greek for the Lat. *summum bonum*; that is simply τὸ ἀγαθόν (cf. τἀγαθοῦ 36.4) or τἀγαθὸν καὶ τὸ ἄριστον (Arist. *Eth. Nich.* 1094a).

36.10 f. μικρῷ . . . ἔμπροσθεν: "a moment ago" (cf. 35.15–20); the dat. is that of measure of difference.

36.12 δράσεις: cf. n. 33.7 f.; but here the affirmative is used.

36.13 ἐλλέβορος: cf. n. 19.14.

36.14 *a* κἄν: used by pc writers to reinforce an imperat. "you'd better do so-and-so."

36.14 *b* χανδόν: "plentifully," pd, pc.

36.17 Κλεῖτον ἐκεῖνον: "the well-known C.," or perh. "C. over there," with a gesture (cf. n. 31.15–18).

36.18 Καλλισθένην: like Lysimachus (cf. n. 31.23 f.), Callisthenes, nephew of Aristotle, was said by later writers to have been thrown to a lion.

36.19 *a* ὡς: cf. n. 36.6 *b*.

36.19 *b* ὧν: i.e., ἐκείνων ἅ (cf. n. 4.9 *b*). The gen. is used here w. ἀμύνομαι, "punish," as reg. w. vbs. of like meaning, to denote the grounds of the penalty.

36.20 τὴν ἑτέραν . . . ταύτην: i.e., ὁδόν.

14.   Hermes and Charon

36.22.0   In connection with his function as ψυχοπομπός (cf. n. 5.7–10), Hermes is here represented by Lucian as a sort of purchasing agent, buying for Charon in the upper world what he needs for the maintenance of his boat.

36.22 εἰ δοκεῖ: cf. n. 4.4 *b*.

37.3 *a* ἐντειλαμένῳ: sc. σοι.

37.3 *b* πέντε δραχμῶν: the gen. of price is echoed in 37.4

πολλοῦ, and in 37.5 τῶν πέντε. For the values of the coins, cf. n. 3.7.

37.5 *a* Ἀϊδωνέα: this name (a lengthened form of ''Αιδης) is reg. found only in the poets, referring to Hades or Pluto.

37.5 *b* ὠνησάμην: for the aor. of ὠνέομαι, "buy," Attic reg. uses ἐπριάμην, from a different stem.

37.11 ὡς ἐπιπλάσαι: "(enough) to plaster up"; inf. of intended result is more usually introd. by ὥστε.

37.12 ἀνεωγότα: the use of the second perf. form of ἀνοίγνυμι in an intrans. sense, "the things that have opened up," "cracks," is pc.

37.14 ἄξια: "cheap," lit., "worth (the cost)."

38.4 ἐνέσται: ἔνεστι, "it is possible"; the subj. of the impers. vb. is an inf., or an inf. clause w. subj. acc. (here the unexpressed ἐμέ, which is mod. by a partcp.; cf. n. 38.5).

38.5 παραλογιζόμενον: "calculating fraudulently," either by jacking up the price in response to the increased demand, or by turning in less than the amount collected to Aeacus (cf. n. 6.11) under cover of the confusion.

38.7 καθεδοῦμαι: Attic fut. of καθέζομαι. The fut. ind. alternates w. the subjv. in expressions of deliberation: 'am I to sit . . . ?"

38.8 ὡς ἂν . . . ἀπολάβοιμι: the potent. opt. used w. ὡς in a clause of purpose (contrast 36.6 *b*), an unusual construction: "so that I might . . ." (cf. 64.19).

38.12 ὄφλημα: in Attic writers, only of a debt confirmed by a court judgment; pc of any debt.

38.14 ἀνάπλεῳ: Attic nom. plu. of ἀνάπλεως, "quite full."

15. Pluto and Hermes

39.3.0 Satirized here, in the four Dialogues which follow, and in DD 21, is the practice of legacy hunting. This, in the days of the Roman Empire, became a veritable profession at Rome (*captatio*) and spread eastward to the Greek-speaking peoples as well. The names of the persons mentioned or participating in this group of Dialogues are, for the most part, fictitious, as in the Greek New Comedy.

39.5 πεντακισμύριοι: Pluto uses the conventional language of exaggeration; Hermes, who apparently has first hand knowledge of the situation, sets the number of Eucrates' legacy hunters at seven (40.15).

39.7–11 ἔασον ... κατάσπασον: Hermes is addressed as if, in addition to being ψυχοπομπός (cf. n. 5.7–10), he had some control over the length of men's lives.

39.7 ἐπί: "in addition to."

39.9 εἴ γε οἷόν τε ἦν: "if indeed it were possible," the imperf. ind. in an unreal cond.

39.13 f. τί ... παθόντες: "what has come over them that ..."; cf. n. 15.6 *b*.

39.15 οὐδὲν προσήκοντες: Greek opinion was very strongly opposed to the inheritance of property by nonrelatives, considering it virtually unnatural (cf. ἡ φύσις, 42.24).

39.16 καί: "even though"; καίπερ is more frequently used than the simple καί w. a concessive partcp. The contrast is pointed up by ὅμως in the next line.

39.17 νοσοῦντος: in the gen. absol. the gen. of the partcp. may stand alone when the noun or pronoun can easily be supplied from the context, as here Εὐκράτους or αὐτοῦ.

40.3 προαπίτωσαν: the vb. προάπειμι (εἶμι, ibo), "depart before," w. gen., is apparently a coinage of Lucian's. The form ἴτωσαν, pres. imperat. third plu., is a pc alternative for ἰόντων; cf. ἡκέτωσαν, 40.13, for the more usual ἡκόντων; so -σθωσαν for -σθων in mid. forms.

40.5 πείσονται: πάσχω.

40.6 διαβουκολεῖ: apparently a coinage of Lucian's from βουκυλέω "herd cattle" (cf. βούκολος, "cowherd"); the same image is continued in βόσκονται, 40.9.

40.7 *a* ἐλπίζει: the reading of the MSS; it seems more likely that Lucian wrote ἐπελπίζει (as Jensius conjectured), "fills (them) with false hopes," than the MSS reading, "(the old man) has hopes (of his own)."

40.7 *b* 'αἰεὶ θανέοντι ἐοικώς': MacLeod 81 suggests that this is a parody of Homer's description of Heracles in *Od.* 11.608 (cf. n. 26.14, n. 27.17), αἰεὶ βαλέοντι ἐοικώς, "looking like one ever on the point of shooting." If MacLeod is right, the form θανέοντι is a complete put-on, modeled for the purpose on βαλέοντι, the uncontracted Homeric form of the fut. act. partcp. of βάλλω, -βαλῶ, ἔβαλον. Though there is no form θανῶ of θνήσκω (the mid. -θανοῦμαι is used instead), Lucian, if he created the form θανέοντι, undoubtedly meant us to take it as paralleling the fut. βαλέοντι; the pseudo-quotation would thus mean, "looking like one ever on

the point of dying," cf. 43.2 ἀεὶ τεθνήξεσθαι δοκῶν. If
MacLeod's ingenious suggestion is wrong, we must
read ἀεὶ θανόντι ἐοικώς, "always looking like one who
has died."

40.7 c ἔρρωται: ῥώννυμι.

40.9 βόσκονται: cf. n. 40.6.

40.11 'Ιόλεως: Iolaus was a Thessalian hero, friend and helper
of Heracles, who, in his old age, was restored to youth
by Hebe (cf. ἀν**η**β**η**σάτω) at Heracles' request.

40.13 ἡκέτωσαν: cf. n. 40.3.

40.14 μετελεύσομαι: ἐλεύσομαι as fut. of ἔρχομαι is very
rare in Attic prose, freq. as pd, pc.

40.16 παραπέμψει: i.e., to the grave.

16. Terpsion and Pluto

41.0.0 Terpsion's name connotes addiction to pleasure
(cf. τέρψις). The lampooning of legacy hunters continues.

41.4 εἴ γε: "if, indeed," w. ind., of an admitted fact, like
Lat. *si quidem*, virtually equivalent to a causal conj. The
clause thus introduced gives the reason why the situation
is called δικαιότατον.

41.6 παρά: "throughout."

41.11–13 τὸν   μηκέτι . . . δυνάμενον . . . ἀποθνήσκειν: the
substance of Terpsion's new legislation, as Pluto ironic-
ally calls it, is expressed as an inf. clause.

41.13 τὸ δέ: "but this"; even without a preceding μέν, the
collocation ὁ δέ, ἡ δέ, τὸ δὲ may mean "but he, she, it,"
a relic of the original function of ὁ, ἡ, τό as a demon-
strative, still seen in Homer.

41.14 ⟨τὴν Μοῖραν καὶ τὴν φύσιν⟩ ταύτης αἰτιῶμαι τῆς
διατάξεως: the vb. αἰτιάομαι is used w. the acc. of the
person accused (here supplied from the end of the last
sentence), the gen. of the ground of the accusation.

41.15 ἑξῆς πως: "in some sort of regular order."

41.16 f. ὅστις καὶ . . . μετ' αὐτόν: note the force of καί here
"he who is likewise after him in age."

41.20 ἐπικεκυφότα: ἐπικύπτω, lean upon." The "inten-
sive" perf. is equivalent to a strengthened pres.; e.g.,
κέχηνα, "keep one's mouth open" (χάσκω).

41.20–42.1 ῥῖνα . . . ὀφθαλμούς: cf. n. 17.2 f.

42.4 "ἄνω . . . ποταμῶν": the complete quotation (Eur. *Med.*
410) explains the gen.: ἄνω ποταμῶν ἱερῶν χωροῦσι

παγαί, "the founts of the holy rivers run uphill"; this became proverbial for a reversal of the order of nature.

42.4 f. ἢ τὸ τελευταῖον: "or, at least," lit., "or, (as) the last thing," i.e., the furthest from what I really want that I would find acceptable—a sort of ultimatum. This is an uncommon usage.

42.5 καὶ τεθνήξεται: καί is emphatic, "*will* die."

42.6 f. ἵνα μὴ . . . ἂν . . . ἐθεράπευον: "so that they wouldn't keep on . . ." The imperf. ind. w. ἄν in the conclusion of an unreal cond. ("If they knew, they wouldn't keep on . . ."), is here introduced, in an unusual contruction, by a conj. which reg. introduces the subjv. or opt. of purpose.

42.7 *a* νῦν δέ: "as things are." This expression is freq. used to recall the hearer or reader from a hypothetical situation to the real state of affairs.

42.7 *b* τὸ τῆς παροιμίας: a good example of the substantive-making power of the neut. article, as in τὸ τοῦ Σόλωνος, "the (maxim) of Solon," Plat. *Lach.* 188B. Here ἡ παροιμία takes the place of the name of the coiner of the proverb, "as the proverb says." Cf. n. 1.10 *a*.

42.7 f. ἡ ἅμαξα . . . ἐκφέρει: the reg. form of the proverb is Ἅμαξα τὸν βοῦν ἕλκει, "wagon draws the ox," or, as we say, "the cart before the horse." Lucian deliberately substitutes for ἕλκω the vb. ἐκφέρω, the technical term for carrying out a corpse for burial.

42.11 ἐπιχαίνετε: pc.

42.12 *a* εἰσποιεῖτε: w. acc. and dat., "give (a son) to (someone in adoption)."

42.12 *b* φέροντες: the partcp. φέρων, modifying the subj. of a vb. of throwing, giving, dedicating, or entrusting, adds the idea of vigorously purposive action to the meaning of the main vb., "insisted (on offering yourselves)."

42.13 ὀφλισκάνετε: lit., "owe," properly of a debt confirmed by court order (cf. n. 38.12), then generally, as here, of anything which one brings upon oneself, "you make a laughingstock of yourselves."

42.18 ἔντεκνοι: a word coined by Lucian as an antonym to ἄτεκνοι.

42.21 πλάττονται: w. inf., "pretend," pc.

42.24 φύσις: cf. n. 39.15.

42.25 *a* οἱ δέ: "the others" (cf. n. 41.13).

42.25 *b* ὑποπρίουσι: the cpd. is original w. Lucian, the prefix adding the notion of secrecy. Lucian is very fond of ὑπό cpds., in which the prefix often has a dim. effect. Cf. n. 43.3 f.; also 45.12, 111.2 f., 170.10, and esp. 125.5.

42.26 ἀπομυγέντες: "cheated," lit., "having had their noses wiped," cf. Ter. *Phorm.* 682 *emunxi argento senes*; cf. also French *tirer les vers du nez*. There are no other examples of an aor. pass. in -μυγ- from μύσσω (μύττω) or its cpds. The same must be said of an aor. pass. in -σμυγ- from ἀποσμύχομαι, "be burned up," which appears in a variant reading here.

43.1 ἐμοῦ: "of my property," lit., "of me," the person being identified w. his goods, partitive gen. w. πόσα.

43.3 f. μύχιόν τι . . . ὑποκρώζων: "making some little inward croaking noise"; the vb. is original w. Lucian (cf. n. 42.25 *b*).

43.4 *a* ὥστ': here w. inf. clause of result (contrast n. 7.9, n. 12.5, n. 37.11). The text is, however, uncertain.

43.4 *b* ὅσον: adverbial, "almost," w. αὐτίκα.

43.5 *a* ἐπιβήσειν (ἐπιβαίνω), "that I would (very soon) put (the remains) in (an urn or coffin)." The inf. depends on οἰόμενον; the fut. act. form as a trans. vb. is pd, pc; for intrans. use of aor., cf. 166.14. Both trans. and intrans. uses are construed w. gen. of place.

43.5 *b* τὰ πολλά: "most" of what I had.

43.7 τὰ πολλά: cf. n. 2.5; contrast 43.5.

43.11 ἐφειστήκει θαπτομένῳ: "attended (ἐφίστημι) my funeral."

43.14 πλουτῶν: appropriately said by Πλούτων.

43.20 προελεύσονται: cf. n. 40.14.

17. Zenophantus and Callidemides

44.0.0 The attack on legacy hunters continues.

44.1 δέ: cf. n. 25.1 *b*.

44.3 παρῇς: cf. n. 28.1.

44.5 τὸ . . . ἐμόν: "my case"; no particular noun is to be thought of; cf. n. 1.10 *a*.

44.10 f. ἐπ' ἐμοί: "to my advantage" (prob. an extension of the dat. of purpose), i.e., leaving me as his heir.

44.12 *a* ἐπεγίνετο: "was stretching out," lit., "was happening after" (one might have expected it to stop), an unusual meaning.

44.12 *b*   Τιθωνόν: Tithonus was a human being granted immortality at the request of his wife, the goddess Dawn. However, she neglected to ask for, and he did not receive, eternal youth. He therefore kept on aging through the centuries and finally shriveled up to assume the form of a grasshopper.

44.14 *a*   πριάμενος: cf. n. 37.5 *b*.

44.14 *b*   ἀνέπεισα: in a derogatory sense, "suborned," "misled."

44.15   ἐπειδὰν τάχιστα: cf. n. 1.1 f.

44.15 f.   πίνει . . . ‹οἶνον› ζωρότερον: "drinks his wine strong," lit., purer, i.e., than that mixed with the usual amount of water. This is an echo of Hom. *Il.* 9.203 ζωρότερον . . . κέραιε, "mix (the wine so as to be) purer," i.e., with less water; this became proverbial.

44.16   ἐμβαλόντα: the obj. αὐτό, which the vb. shares w. ἔχειν, refers to φάρμακον, 44.14.

44.17 f.   εἰ . . . τοῦτο ποιήσει: εἰ w. fut. ind. in an emotional fut. cond., "if only he will do this . . .!"

44.20 f.   ἐρεῖν ἔοικας: "you seem about to say"; expressions like this are common as signs of keen interest; they may be derived from the *stichomythia* of Greek drama, dialogues in which the speakers are assigned alternate lines.

45.1   ἥκομεν: i.e., to dinner.

45.4   οὐκ οἶδ᾽ ὅπως: cf. n. 25.2. Here the parenthetical expression looks both forward and backward.

45.5   ἀφάρμακτον: pc.

45.6 f.   ἔπινεν . . . ἐκείμην: the imperfs. seem aimed at recapturing the sense of ongoing action, "here he was, drinking, and there was I, lying . . . ."

45.8   ἔδει: the imperf. of vbs. of necessity is used to express the propriety (or impropriety) of an action begun in the past and continuing into the pres.

45.11   τί: obj. of some such unexpressed vb. as ἐποίησε.

45.12   ὑπεταράχθη: cf. n. 42.25 *b*. The vb. is pd, pc.

45.13 f.   οἷα . . . εἴργασται: an indir. exclamation (cf. n. 6.16 *a*) giving the reason for what precedes. Cf. Hom. *Il.* 6.166 ἄνακτα χόλος λάβεν, οἷον ἄκουσεν.

45.15 *a*   οὐδέ: "neither"; this corresponds to the implication in the preceding sentence that the old man had not acted properly in laughing.

45.15 *b*   τὴν ἐπίτομον ‹ὁδόν› . . . τραπέσθαι: "to take a short cut"; ὁδόν unexpressed is cognate acc. The second

aor. mid. of τρέπω is very rare in Attic, the reg. form
being the second aor. pass. ἐτράπην.

45.16 f.   ἧκε . . . βραδύτερος: as the adj. shows, the subj. of
ἧκε is ὁ γέρων. The image of walking down a road is
shifted from Callidemides, who had taken a short cut,
to Ptoeodorus, whose slow gait would have brought him
by the highway to where the young man wanted him
to be.

18.   Cnemon and Damippus

45.18.0   More on legacy hunters.

45.18 f.   Cf. n. 42.7 *b*, n. 42.7 f. In this proverb, some such
vb. as αἱρεῖ is to be supplied.

46.1 f.   Τί . . . ὅ τι: the dir. interrog. τίς, τί is replaced in
indir. questions by ὅστις, ὅ τι; so ποῦ by ὅπου, κτλ.

46.2   ἀκούσιον: "unwanted," "unwelcome"; though the
form is Attic (for ἀεκούσιος), the use of the adj. in this
sense (rather than "unwilling," "constrained") seems
original w. Lucian. Contrast n. 80.5 f.

46.3   κατασοφισθείς: pc.

46.4   παραλιπών: "leaving in the lurch."

46.7   ἐπὶ θανάτῳ: usually means "for death," e.g., 73.26,
συνελάμβανεν ἐπὶ θανάτῳ, "had (them) arrested in order
to put (them) to death." Here the context shows that the
expression is used (perh. ironically) to mean "in con-
templation of death," i.e., in order to inherit.

46.10 f.   ὡς . . ζηλώσειεν: cf. n. 36.6 *b*.

46.12   Cf. n. 45.11.

46.12 f.   Τί . . . Ὅ τι: cf. n. 46.1 f.

19.   Simylus and Polystratus

47.2.0   The last of the present series on legacy hunters. Cf.
DD 21.

47.2   ποτέ: "at last," lit., "at some time."

47.3   οὐ πολὺ ἀποδέοντα: "not much short of"; ἀποδέω is
often used as part of a subtractive element in calculations;
ἐπί w. dat., 47.5, is additive.

47.8   Ὑπερήδιστα: this super-superlative is apparently
Lucian's own coinage. Cf. ὑπερήδοντο, 48.11.

47.11   Τὸ μὲν πρῶτον: i.e., for the first period of time after
Simylus' death. The μέν is not picked up by a corre-
sponding δέ (μέν *solitarium*); it has the force of "at
least," "at all events."

47.12 παῖδες ... γυναῖκες: note the bisexuality here expressed.

47.14 Σικελίᾳ: Sicily was proverbial for luxurious living.

48.2 ἔωθεν: the Roman custom of the *salutatio*, at which those who would curry the favor of the powerful and rich paid them a ceremonial visit very early in the morning, seems to have spread during the Empire to the Greek-speaking peoples (cf. n. 39.3.0, and Plut. *Moral.* 94AB).

48.3 μετὰ δέ: Attic prose uses μετὰ δὲ ταῦτα for "afterwards"; μετὰ δέ alone is found in Herodotus and the poets.

48.7 Ἐγέλασα: in the inceptive aor., "I've started to laugh," where we would say, "You make me laugh" (cf. n. 35.6).

48.10 φαλακρόν, ὡς ὁρᾷς: Lucian forgets or chooses to ignore the fact that he has imputed baldness to all the inhabitants of the lower world (cf. 16.2 f.).

48.12 f. ὅντινα ἄν ... προσέβλεψα: past cond. rel. clause (= ἐάν τινα προσέβλεψα) w. aor. ind. and ἄν, an unusual pattern; ἄν apparently signifies repetitiveness, as more commonly w. the imperf. ind. (cf. 49.13).

48.13–15 Phaon was an old and ugly ferryman of Mytilene, according to legend, whom Aphrodite restored to youth and made handsome as a reward for giving her passage in his boat. In a story which was apparently an invention of the New Comedy, the poetess Sappho is said to have died by throwing herself off a cliff because of her unrequited love for Phaon.

48.16 ἐξ ὑπαρχῆς: "anew," "afresh."

48.17 τοιοῦτος: i.e., as he had described himself in his preceding speech.

49.4 f. μανθάνω ... τὸ κάλλος ... ὅτι ... ἦν: cf. n. 12.15.

49.5 χρυσῆς: a freq. epithet of Aphrodite in the general sense of "excellent," "lovely," but here twisted to have the quite material sense of "golden," i.e., financially valuable.

49.7 μονονουχί: i.e., μόνον οὐχί, "all but," "nearly," lit., "only not"—often μόνον οὐ or μονονού.

49.8 ἐθρυπτόμην: "I would act coy."

49.10 ἐν τῇ ... φιλοτιμίᾳ: "in ambitious rivalry." Attic uses the dat. without prep. w. the vb. ὑπερβάλλομαι, as does Lucian himself at 59.16 f.

49.13 *a* ὁ δ': i.e., ἕκαστος, supplied from ἕκαστον in the previous line; but the δ' does not correspond to the μέν of 49.12; this function is reserved for δέ of 49.14.

49.13 *b* ἐπίστευεν . . . ἄν: "would believe (it)"; cf. n. 48.12 f., at end.

49.14 f. τὰς ἀληθεῖς . . . ἐκείνας: "the well-known (device of a) real will" (cf. n. 36.17).

49.15 οἰμώζειν: cf. n. 3.1; the inf. expresses the essence of the bequest; that this essence was merely verbal is emphasized by φράσας.

49.17 αἱ τελευταῖαι: i.e., διαθῆκαι.

49.18–20 Cf. n. 39.15. Here Polystratus shows his contempt for popular opinion.

49.20 Φρύγα: on the contempt for the Phrygians felt by the Greeks of classical times, cf. n. 77.12 *a*, n. 133.2.

50.3 Cf. n. 47.12.

50.5 ὄλεθρος: "a pest."

50.7 ἐκληρονόμησέ μου: both gen. and acc. w. this vb. in the sense of "inherit from" are pc; the acc. is more freq.

50.8 ὑπεξυρημένος: ὑποξυράομαι, "cut off some (ὑπό) of one's (beard, hair)," pd, pc. Presumably a fancy style of beard is meant.

50.9 *a* Κόδρου: Codrus, as the last king of Athens, is the symbol of old-line aristocracy.

50.9 *b* Νιρέως: cf. n. 11.2–4.

20. Charon and Hermes

50.13.0 On the pretext that his small and timeworn ferryboat is in danger of capsizing from an overload and of drowning his passengers, Charon insists that the dead strip themselves of all encumbrances. In carrying out the order, Hermes includes psychic as well as physical burdens among the items to be jettisoned (cf. the strange mixture of the two at 55.1–11).

50.13 Ἀκούσατε: note the plu.; Charon addresses both Hermes and the dead he is escorting.

50.14 *a* ὑμῖν: though it is Charon's boat, he views its perilous condition as the passengers' concern (cf. n. 5.2 *a*).

50.14 *b* ὑπόσαθρον: found only in Lucian (cf. n. 42.25 *b*).

50.15 f. ἐπὶ θάτερα (i.e., τὰ ἕτερα); "to one side or the other," a freq. use of ἕτερος w. the article, referring alternately to each member of a natural pair.

51.7 *a* μελήσει: cf. n. 7.4. Here the vb. has an articular inf. as its subj., an unusual pattern.

51.7 *b* ἀπὸ τούτου: "after this," "from now on."

51.9 ἀποβαλών: parallel w. ψιλός and therefore forming a verbal periphrasis w. ἦ. Periphrastic combinations of εἰμί and an aor. partcp. are much rarer than those w. perf. or pres.

51.14 *a* Here we see Menippus at the beginning of the crossing (cf. DD 2).

51.14 *b* ἰδού: the second aor. imperat. mid. of ὁράω, w. accent changed from the circumflex to the acute-grave, became an interjection, "See!" used parenthetically, i.e., w. no effect on the structure of the rest of the sentence.

51.15 ἀπερρίφθων: perf. imperat. pass. third plu. of ἀπορρίπτω, "let them be cast away." Cf. n. 5.4, n. 14.8.

51.18 προεδρίαν: the privilege of a front seat at public games and similar events was bestowed as an honor on distinguished visitors.

51.20 Χαρμόλεως: the actual name of an inhabitant of Masilia; here apparently attributed to an imaginary Megarian homosexual favorite because of its etymology, Χάρμα (χαίρω), λαός.

52.2 *a* αὐτοῖς φιλήμασι: cf. n. 15.10 *b*.

52.2 *b* κόμην: despite the wearing of long hair by the warlike Spartans, the trait was generally considered in classical and postclassical times as a sign of effeminacy in men, cf. Eur. *Bacch.* 453–455.

52.4 εὔζωνος: "lightly equipped," used, for example of the hoplites when they were without their heavy shields.

52.7 Λάμπιχος: not the name of any known historical character; cf. λάμπω, "shine."

53.7 Δαμασίας: the name of two victors in the Olympic games: D. of Amphipolis, winner in 320 B.C., and D. of Kydonia in Crete, winner in A.D. 25.

53.8 f. ἐν ταῖς παλαίστραις: as Ἑρμῆς Ἐναγώνιος, Hermes was the god most frequently regarded as presiding over athletic contests. In an inscription from Tinos now in the National Museum at Athens, Hermes is called παλαιστρίτας (*IG* 12.5, p. 283, No. 911).

54.2 Κράτων: Crato, either an actual namesake of an early Greek painter of Sicyon (cf. n. 58.11), or a character invented by Lucian bearing the name and ethnic provenience of the painter.

54.5 f. εἴ ποτε . . . ἀνεκήρυξεν: the εἰ clause interrupts and is parallel to the series of nouns γένος, δόξαν, ἐπιγραφάς; its use is perh. due to Lucian's desire to avoid the pc ἀνακήρυξις, "proclamation."

54.8 μνημονευόμενα: "(even if barely) mentioned."

54.9 f. Τί . . . ἂν . . . πάθοιμι: cf. n. 21.19.

54.12 τρόπαιον: a pillar on which armor captured from the enemy was hung as a sign of victory. Thus the general is not only in armor himself, but carries a monument decorated with armor despoiled from the enemy.

54.18 a ἐπηρκώς: ἐπαίρω. Cf. Menander, Frag. 39 Kock (p. 316 Loeb) οἱ τὰς ὀφρῦς αἴροντες, "the highbrows."

54.18 b ὁ ἐπί: w. gen., denotes an official in charge of a particular sphere of activity; here the philosopher is mockingly called the "worries officer."

55.1 τὸ σχῆμα: "your clothing."

55.3 κενοδοξίαν: pc.

55.4 f. ἐρωτήσεις . . . πολυπλόκους: cf. n. 2.12 b, n. 2.13.

55.5 ματαιοπονίαν: pc.

55.11 ἀμείνων: the nom. of an adj. is reg. used within the articular inf. (when this is in the gen., dat., or, as here, acc.) if the inf. expresses an act or state of the subj. of the main vb.: here the subj. of ἀπόθου, namely, the philosopher.

55.16 f. πέντε μναῖ: "nearly five pounds." The classic μνά weighed about 436 grams (just under a pound); it was subdivided into 100 δραχμαί (thus of 4.36 grams each); the δραχμή was further subdivided into 6 ὀβολοί. At the other end of the scale, a τάλαντον weighed 60 μναῖ, or about 26.20 kilograms (nearly 59 pounds). The use of all these terms for monetary units refers to corresponding weights of silver or gold (cf. n. 3.7).

55.17 τοὐλάχιστον: τὸ ἐλάχιστον.

55.20 τῶν ναυπηγικῶν: added as if an afterthought to clarify πέλεκυν: "(one of) those used for shipbuilding (I mean)." The use of a partitive gen. depending on a noun without an article, denoting the sort of person or thing referred to, is found elsewhere in Lucian: cf. n. 94.16, n. 103.21. Contrast n. 61.12.

55.21 ἐπικόπῳ: in pred. relationship to τῇ ἀποβάθρᾳ, "as a chopping block." The noun ἐπίκοπον is pc.

56.4 a ἀναπέφηνας: the perf. act. of ἀναφαίνω, "disclose," "show," is sometimes, as here, used intransitively, "appear plainly."

56.4 *b* κινάβραν: a pc word for the characteristics of a goat: its rank odor (cf. n. 91.22) or (as here) its beard.
56.5 Βούλει . . . ἀφέλωμαι: cf. n. 2.8.
56.7 ἐπῆρκεν: cf. n. 54.18 *a*.
56.12 πολλά: cognate acc. w. χρησιμεύσασαν, "having served many useful purposes," w. dat. αὐτῷ. The vb. was rejected by strict Atticists.
56.16 τῶν ἄλλων: partitive gen. w. μόνος.
56.17 καί: emphatic, "by all means," "indeed."
57.1 ὁ ῥήτωρ δὲ σύ: an unusual place for δέ, reg. ὁ ῥήτωρ, σὺ δέ.
57.2 ἀπεραντολογίαν: pc.
57.6–8 λύε . . . εὔθυνε: note the variations in tense among the vbs. here: pres., aor., perf., aor., pres. It would probably be hypercritical to attempt to assign to each of these a separate aspectual connotation: e.g., "get busy untying," "let's (once and for all) raise," "let (it) be in a raised state." If the indication of such differences is not the purpose of the variation, it is prob. impracticable to discover what influences of rhythm or of general or idiosyncratic speech patterns underlie the choice of tenses here.
57.6 ἀπόγεια: pc in the sense of "mooring cables," as here.
57.10 δεδῃωμένος: "having been shorn (of)," perf. pass. partcp. of δῃόω.
57.11 f. The philosopher's reply is purposely represented as a mealymouthed absurdity; nothing has happened to interfere with a belief in the immortality of the soul.
57.14 Τὰ ποῖα: the article refers to the preceding ἄλλα, "what sort of things (do you mean by) 'the (other things')?"
57.17 f. χαμαιτυπεῖα: "low resorts," "brothels," pc.
58.2 f. ἔσπευσα . . . μηδενός: Lucian here follows a tradition of dubious authenticity, that Menippus hanged himself.
58.3 μηδενός: w. a circumstantial partcp. of concession Attic Greek would have used a compound of οὐ, not of μή (cf. n. 4.14 f).
58.8 συνέχεται: "is being handled roughly"; (cf. n. 100.20 *b*).
58.10 Διόφαντον: the name of an Attic orator of the fourth century B.C., apparently chosen here by Lucian as a typical name of a rhetor.
58.11 Σικυῶνι: Sicyon was located to the west of Corinth.

58.17　οἴκτιστον: "a most piteous lament"; οἴκτιστος is
the irreg. superl. of οἰκτρός. Some such noun as θρῆνος
must be supplied, for the neut. sing. superl. of adjs.
is not used as an adv. (Lucian uses the plu. οἴκτιστα
adverbially).

58.19　θάπτωσι: grimly ironical. Normally the Greeks
regarded as the most horrible misfortune which could
befall a man the lack of a proper burial, and the conse-
quent devouring of the body by dogs and birds (cf.
Hom. *Il.* 1.4 f.).

58.21–59.4　δικαστήριον . . . δικασθῆναι . . . ὁ ἑκάστου βίος:
in the tradition from Plato onward, the infernal
judgment seat is usually represented as presided over
by three judges: Rhadamanthys and Minos of Crete,
who were brothers, with Aeacus as the third. Lucian, as
we have seen, assigns a different duty to Aeacus (cf.
n. 6.11). Rhadamanthys is not mentioned in our
Dialogues, though he appears in the *Downward Journey*
(cf. n. 12.16 *b*). For a scene in Minos' courtroom, cf.
DD 24.

58.22　εὐθεῖαν: cf. n. 36.20.

59.1　Εὐπλοιεῖτε: plu. to include Charon.

59.3 f.　τρόχους . . . λίθους . . . γῦπας: the three punishments
belong respectively to Ixion, Sisyphus, and Tityos (cf.
n. 69.1 *b*).

21.　Crates and Diogenes

59.5.0　Crates of Thebes (360?–280?) was a pupil of Diog-
enes' (cf. n. 1.0.0). He took the Cynic doctrine of poverty
so seriously that he distributed his considerable wealth
to his fellow citizens and lived in a penniless state. He
is thus a proper protagonist in a renewed attack on
legacy hunters (cf. n. 39.3.0).

59.5–7　Μοίριχον . . . Ἀριστέας: apparently invented charac-
ters.

59.5　ἐγίνωσκες: for the pres. system of γι(γ)νώσκω used in
the sense of "know," cf. Demosth. *De corona* 276, οἶδ᾽
ὅτι γιγνώσκετε τοῦτον ἅπαντες, "I am sure that you
all know him (Aeschines) well."

59.8　ἐπιλέγειν, "quote." The quotation is from Hom. *Il.*
23.724, where Ajax challenges Odysseus to wrestle with
him, saying, "You throw me or I you!" Aristeas turns
this into a proposal for reciprocal legacies.

59.16 f. ὑπερβαλλόμενοι . . . τῇ κολακείᾳ: on the simple dat. here, cf. n. 49.10.

60.1 Χαλδαίων παῖδες: "descendants (i.e., followers) of the Chaldeans," who were famous as soothsayers.

60.1 f. ὁ Πύθιος: i.e., Ἀπόλλων at his oracle at Delphi.

60.2 f. ἄρτι μὲν . . . ἄρτι δέ: cf. n. 36.3 f.

60.3 τὰ τάλαντα: "the scales (of Fortune)."

60.5 f. ἀκοῦσαι γὰρ ἄξιον: an expression of interest like that discussed in n. 44.20 f.

60.8 *a* Εὐνόμιον . . . Θρασυκλέα: like the principal characters, these subordinate persons are invented. It is barely possible that Lucian had in mind the etymological meanings of the names: "having good relations with the laws," "famous for courage," intending to signify two normal citizens outside of the mad career of the legacy hunters.

60.8 *b* περιῆλθον: the prep. perh. refers to a legal process whereby the property of Moerichus went to Aristeas and then, since he was dead, to his next of kin, while that of Aristeas in like manner went to Moerichus' next of kin. Militating against this interpretation is the Greeks' great dislike of the testamentary disposition of estates, and their preference for kin links as lines of inheritance (cf. n. 39.15). Thus, περιῆλθον may simply mean "came to," "devolved upon."

60.10 γενέσθαι: the aor. inf. of a fut. event, not in indir. disc., but as the object of a vb. of hoping, expecting, or the like.

60.10 f. ἀπὸ Σικυῶνος εἰς Κίρραν: hence across the Corinthian Gulf (Cirrha was a part of the Greek mainland not far from Delphi; cf. n. 58.11), a crossing which placed them at the mercy of Iapyx, the Northwest wind (60.12).

60.11 πλαγίῳ: pred. to Ἰάπυγι, "(so that it hit them) amidships."

60.15 Ἀντισθένην: philosopher of Athens, 450?–365 B.C.; he deeply influenced both Diogenes and Crates.

60.16–19 τῆς βακτηρίας . . . τὰ κτήματα: again w. κληρονομέω (cf. n. 50.7), we find an alternation between gen. and acc., this time of the thing inherited; both usages are attested for Attic.

60.19 τὰ κτήματα: in the general sense of property; the two nouns which follow are in apposition to κτήματα.

60.21 Οὐδὲν γάρ μοι τούτων ἔδει: the vb. is impers., οὐδέν adv. acc.; the dat. denotes the person in need, the gen. the thing needed.

60.24 Περσῶν: proverbial for luxury: cf. Menander Frag. 24 Kock (p. 316 Loeb), Περσικαὶ στολαί, and Hor. *Carm.* 1.38.1, *Persicos . . . apparatus.*

61.10 οὐ γὰρ εἶχον ἔνθα δέξαιντο: "they had no place to put . . ." (lit., ". . . receive . . ."); ἔνθα takes the place of, e.g., εἰς ὅ, a rel. introducing a clause of purpose. In Attic Greek, such a clause would have the fut. ind. (despite the past sequence), more rarely the fut. opt. The aor. opt. here is pd.

61.11 διερρυηκότες: the use of the perf. of διαρρέω in the sense of allowing things to flow through (as does, e.g., a leaky vessel) is pd, pc. Cf. the more common use of the verb in 61.14.

61.12 τὰ σαπρὰ τῶν βαλλαντίων: "rotten purses," lit. "the rotten (ones) of purses." Contrast n. 55.20; here the article is used w. the subst. on which the partitive gen. depends, w. no perceptible difference in meaning.

61.16 αἱ τοῦ Δαναοῦ αὗται παρθένοι: the Danaids, the fifty daughters of Danaus (cf. n. 103.3–5), forty-nine of whom, as punishment for killing their husbands, were condemned eternally to pour water into perforated jars.

61.20 f. Cf. n. 3.7.

22. Diogenes, Antisthenes, Crates

62.0.0 Three Cynic philosophers (cf. n. 1.0.0, n. 60.15, n. 59.5.0) discuss the attitudes of new arrivals to the lower world; the conversation takes place as they walk toward the entrance to Hades to contemplate the latest batch.

62.2 *a* ὥστε: cf. n. 7.9.

62.2 *b* εὐθύ as adv., "(making) straight (for)," governs the gen.

62.2 *c* τῆς καθόδου: from the standpoint of the world above, "the entrance" to Hades.

62.7 *a* ἀφεθῆναι: ἀφίημι.

62.7 *b* μόλις: "with difficulty," "reluctantly."

62.8 ἐπὶ τράχηλον ὠθοῦντος τοῦ Ἑρμοῦ: "though Hermes keeps pushing (them) headfirst," lit., ". . . applying pressure to the neck"; the gen. absol. is concessive w. ὅμως ἀντιβαίνοντας.

62.9 οὐδὲν δέον: the impers. partcp. δέον, "it being necessary," is in the acc. absol. modified by the adv. acc.

οὐδέν, "not at all," "when it doesn't serve any useful purpose at all," lit., "when it isn't at all necessary."

62.12 f. ἔοικας . . . παγγέλοια: cf. n. 44.20 f.

62.15 f. Ἰσμηνόδωρος . . . ὁ ἡμέτερος: a political figure of fourth-century Thebes, hence the adj. (cf. n. 59.5.0).

62.16 Ἀρσάκης: a royal name (one of the Greek versions of Artaxerxes) belonging to more than thirty Persian rulers. The events narrated in this Dialogue as having happened to Arsaces cannot be checked in any other source.

62.17 Ὀροίτης ὁ Ἀρμένιος: not mentioned elsewhere, perh. invented.

63.1 f. ὑπὸ τὸν . . . Κιθαιρῶνα Ἐλευσινάδε: the journey from Thebes in Boeotia to Eleusis in Attica required, until recently, that one use a road skirting Mt. Cithaeron; the town of Eleutherae, mentioned at 63.6, was on the border between Boeotia and Attica.

63.4 f. ἑαυτῷ ἐπεμέμφετο τῆς τόλμης: Lucian here combines two Attic patterns freq. found separately w. ἐπιμέμφομαι: the dat. of the person blamed, the gen. of the cause of the blame.

63.6 a πανέρημα: this cpd. w. παν- ("very") is pc; cf. παγγέλοια, 62.13, which is standard Attic, as are numerous other παν- cpds.

63.6 b ὑπό: "as a result of," as if πανέρημα were a pass. partcp. denoting a state of destruction, and as if πολέμων denoted a human agent.

63.8 καὶ ταῦτα: sc. ἐποίησε or the like. The precious objects mentioned were apparently offerings for the shrine of Demeter at Eleusis.

63.10 f. εἰς τὸ βαρβαρικὸν ἤχθετο: "was driven to (the point of indulging in) barbarian (behavior)." Presumably, like other Persian rulers after Alexander's time, he had a veneer of Hellenistic culture and normally behaved in a more cosmopolitan manner. On this remark as coming from a Hellenized Syrian, cf. n. 92.17 f.

63.14 διαπαρέντες: διαπείρω is pd, pc (cf. 63.19, 64.2).

63.14 f. ἐν τῇ . . . συμπλοκῇ: "in the engagement against the Cappadocian(s) at the Araxes" (a river in Armenia). All this is unverifiable in our sources, and probably invented for the occasion. The use of the sing. Καππαδόκης (or Καππάδοξ [the MSS vary]) for the whole Cappadocian army is a common pattern, but the sing. forms are otherwise unattested except in the grammarians.

63.17 προεξορμήσας: "running out ahead," w. gen., a rare pattern.

63.17 f. τῇ πέλτῃ: the dat. w. ὑποδύω, "get under," is also rare.

63.18 ἀποσείεται: "turned aside," lit., "shook away from himself" (mid.).

63.26 ἡ ἀκωκή: "the point" (of the spear), pd, pc.

64.1 f. ὑπὸ . . . διαπείραντα: this description of the horse's violent action justifies the remark (64.4 f.) οὐ τοῦ ἀνδρός, ἀλλὰ τοῦ ἵππου . . . τὸ ἔργον

64.8 οὐδ' . . . οὐχ ὅπως: "not even . . . much less."

64.9 Μῆδοι: the Armenians are here lumped with the Medes; Armenia long formed part of the Persian Empire. The Medes were famous horsemen. The reputation of being so accustomed to horseback riding as not to be able to walk effectively on the ground was attributed in antiquity to various equestrian peoples, among them the Huns.

64.11 ἀκροποδητί: "on tiptoe," found only in Lucian.

64.19 ὡς ἄν . . . πλεύσαιμι: cf. n. 38.8.

64.22 Σύ: note the sing.; Diogenes begins by addressing Crates alone, then includes Antisthenes and uses a plu. vb.

64.23–25 The three characters are apparently all invented for the occasion.

64.23 f. ὁ δανειστικός: this use of the adj. w. an article in place of the noun δανειστής is found only in Lucian.

64.25 ξεναγός: "leader of mercenary troops" (lit., "leader of foreigners"; in modern Greek the word means "tourist guide").

65.1 a τοῦ παιδός: cf. 38.15 φαρμάκῳ . . . ὑπὸ τοῦ παιδὸς ἀποθανών.

65.1 b ἐκ: pc use of the prep.; contrast the dat. in the quotation in 65.1 a.

65.4 ἀπεσκληκέναι: perf. inf. act. of a defective vb. meaning "wither," "dry up"; a second aor. inf. ἀποσκλῆναι is also found.

65.5 f. εἰς τὸ ἀκριβέτατον: "to the most extreme degree," modifying λεπτός. The adj. ἀκριβής usually meant "exact," "precise," in Attic, but it later acquired the sense of "stingy," which perh. underlies its use here.

65.9–11 τάλαντα . . . ὀβολούς: cf. n. 3.7.

65.9 ὁμοῦ: "all in all," or perh. "in round numbers."

65.13 δέον: i.e., αἰτιᾶσθαι (cf. n. 62.9).

65.15–17 ἀπὸ . . . παιδισκαρίου καὶ δακρύων . . . καὶ στεναγμῶν: in the word παιδισκαρίου (cf. n. 65.16 *b*) the use of the gen. w. ἀπό to denote the dir. pers. agent of a pass. vb. (cf. n. 65.17) is pc; in Attic Greek ὑπό is used in this construction. The continuation of the gen. construction to include things instead of persons is a mild instance of zeugma (jointure of two somewhat different constructions w. a superficial similarity: e.g., "He came in with great haste and a large umbrella"). The prep. ἀπό w. the gen. is reg. used w. nouns denoting things which are the cause of an action or state of being.

65.16 *a* τυχόντος: "ordinary," lit., "happening (along)."

65.16 *b* παιδισκαρίου: παιδισκάριον, "wench," is a contemptuous dim. of παιδίσκη, which, while lit. meaning simply "young woman," was often used to mean "prostitute."

65.17 ἑάλως: ἁλίσκομαι, "be defeated," often serves as the pass. of αἱρέω.

65.18 φθάσας: "getting in ahead" (of all others); this is a not uncommon use of a partcp. of φθάνω as a supplement to another vb., reversing the pattern of φθάνω as the main vb. w. the supplementary partcp. of another (cf. n. 18.12).

65.19 f. οὐδὲν προσήκουσιν: cf. n. 39.15.

65.21 *a* πλήν: cf. n. 11.1 *a*.

65.21 *b* οὐ τὴν τυχοῦσαν: cf. n. 65.16 *a*.

65.22 τερπωλὴν: pd, pc.

65.30 καὶ ταῦτα: i.e., καὶ (τί) ταῦτα ποιεῖς (cf. n. 63.8, and 66.14).

66.7 f. καλάμου καὶ ὁρμιᾶς: the implements of a simple fisherman.

66.9 ἀμυδρόν: cognate acc. w. βλέπων, w. the force of an adv., "dimly."

66.11 ἡδὺ γὰρ ἦν τὸ φῶς: cf. n. 20.11.

66.13 f. μειρακιεύῃ πρὸς τὸ χρεών: "you are acting like a young lad in the way you confront necessity"; the vb. is pc.

66.16 f. διώκειν τὸν θάνατον: "pursue death" with a view to catching up with it, i.e., with a view to dying.

66.18 ὑπίδηται: from the defective vb. ὑπειδόμην (ὑπό, εἶδον), "suspect."

66.19 f. εἰλουμένους: εἰλέω (or εἰλέω), "pack closely."

23. Ajax and Agamemnon

67.0.0   Ajax, son of Telamon, was one of the greatest heroes of the Trojan war. After Achilles' death, he was a rival claimant with Odysseus for the arms of Achilles. When these went to Odysseus, Ajax became insane with rage and grief. He attacked a flock of sheep under the delusion that they were the sons of Atreus and their followers, whom he blamed for the injustice; he then committed suicide.

67.3–6   The story of Odysseus' attempt to converse with the shade of Ajax, and of the latter's contemptuous rejection of him, is told in Hom. *Od.* 11.541–65.

67.6   μεγάλα βαίνων: cf. n. 66.9, "with great strides."

67.8 f.   ἀντεξετασθεὶς ἐπὶ τοῖς ὅπλοις: ἀντεξετάζομαι, "offer oneself to be judged in opposition" (to another); the vb. is pc in this sense. The Nereid (cf. n. 89.0.0) Thetis, Achilles' mother, offered her son's arms as a prize for the bravest hero among the Greeks; only Odysseus challenged the right of Ajax to this title.

67.12   τά γε τοιαῦτα: "just so!"; after a question, τοιαῦτα, "such," is used as an affirmative reply.

67.13   τοῦ ἀνεψιοῦ: Achilles was the paternal cousin of Ajax, since Telamon was the brother of Peleus, Achilles' father. This was a very strong tie.

67.14   ἀπείπασθε: the first aor. mid. ἀπειπάμην (ἀπεῖπον, "renounce"), is found in Herodotus and Aristotle.

67.15   τῶν ἄθλων: cf. n. 3.15 f.

67.17   Τῶν Φρυγῶν: given the Phrygians' reputation (cf. n. 77.12 *a*), Ajax's use of this term for the Trojans is particularly contemptuous of Odysseus.

68.1   Αἰτιῶ: contracted from αἰτιάου, second pers. sing. pres. imperat. mid. depon.

68.2 f.   συγγενεῖ: Ajax was related to Thetis through Achilles (cf. n. 67.13). Cf. also n. 39.15, and n. 142.5 f.

68.5   Συγγνώμη (ἐστίν): "it is pardonable."

68.7   ἐκράτησε: "got the upper hand." The vb. is used w. the gen. of that over which one has gained superiority or dominance, while the acc. is freq. used to denote the obj. of an actual military defeat (cf. n. 73.22).

68.8   ἐπί: "in the judgment of," "with . . . as judges." Cf. Hom. *Od.* 11.547, παῖδες δὲ Τρώων δίκασαν καὶ Παλλὰς Ἀθήνη (cf. n. 68.9). The Trojans would presumably know who had done them the greatest amount of damage.

68.9 ἥτις: Athena, who is said to have voted for her favorite Odysseus. In Soph. *Aj.* 51–68, Athena reveals to Odysseus that it was she who visited upon Ajax his mad delusion.

68.11 μὴ οὐχί: cpd. neg. w. inf. depending on neg. vb. of possibility.

24. Minos and Sostratus

68.13.0 Minos, in his lifetime the great king and legislator of Crete, serves in the lower world as a judge of the dead (cf. n. 58.21–59.4), meting out just punishment to the guilty, and sending the innocent (at least those of noble birth) to dwell happily in the Elysian Fields and the Isles of the Blessed. As for the malefactor here, there were several historically attested pirates named Sostratus; which of them is intended is uncertain. The Dialogue is concerned with the implications of a system of belief which attributed responsibility for human actions to Fate. Cf. DD 27.

68.14 Πυριφλεγέθοντα: cf. n. 12.13.

68.15 *a* τῆς Χιμαίρας: a destructive flame-breathing monster sharing the attributes of the she-goat (χίμαιρα), of the lion, and sometimes of the snake.

68.15 *b* ὁ . . . τύραννος: the punishment of tyrants in the lower world was a stock theme of the rhetoricians.

69.1 *a* Ἑρμῇ: functioning as διάκτορος (cf. n. 126.0.0)

69.1 *b* Τιτυόν: Tityus, a giant who had laid violent hands on Leto, was stricken by Zeus's thunderbolt and, stretched out over nine πλέθρα (about two acres) of land in the lower world, had his liver (the seat of the passions) eternally eaten out by two vultures (Hom. *Od.* 11.576–81).

69.4 ἀνθ' ὧν: cf. n. 4.9 *b*.

69.7 ἀκούσω: aor. subjv. (cf. n. 128.1); the fut. is ἀκούσομαι.

69.9 μέν, ἀλλ': for the usual μὲν . . . δέ; cf. n. 11.1 *a*.

69.11 τὴν ἀξίαν: the use of ἡ ἀξία, usually "worth," "value," to mean "just penalty" is apparently an idiosyncrasy of Lucian's.

69.14 ὡς: cf. n. 36.6 *b*.

69.17 f. Μοίρας (*bis*): here undifferentiated "Fate," an early concept which continued to exist alongside of the differentiation into three personified Fates, Atropos (the inflexible), Lachesis (the giver of lots), and Clotho (the spinner), the last of whom actually spun the thread of life for each human being (cf. 70.4 f.).

70.7 βιαζομένῳ: the mid. of βιάζω is more commonly used than the act. to mean "compel," "force."

70.11 οὐδὲ τὸ ξίφος αὐτό: "not even the sword itself" (do I hold responsible, much less the man who wielded the sword at the command of another). In Athenian law the charge of murder could be brought against an inanimate object (cf. Demosth. 23.76, Aristot. *Const. of Athens* 57.4). In the chain which leads from the one who orders the killing to the person killed, the weapon is even closer to the slain than the man who wields the sword under orders, hence, οὐδέ. We see here a reflection of Lucian's training as a pleader in the courts.

70.12 *a* πρὸς τὸν θυμόν: "for (the purposes of) his anger."

70.12 *b* τῷ πρώτῳ παρασχόντι τὴν αἰτίαν: "the prime causer of the guilt," dat. w. ὑπηρετεῖ.

70.14 f. ὅτι καὶ ἐπιδαψιλεύῃ τῷ παραδείγματι: "that you (not only accept, but) also elaborate upon my example."

70.17 *a* χάριν ἰστέον : "one must be grateful"; ἰστέον is a verbal of οἶδα; the phrase χάριν οἶδα means "feel grateful"; the article w. χάριν here refers to the particular gratitude engendered by the gift.

70.17 *b* εὐεργέτην ἀναγραπτέον: "must one register as benefactor"; though the verbal of ἀναγράφω is pc, the phrase εὐεργέτην τινὰ ἀναγράφω is Attic; cf. Plat. *Gorg.* 506C, Lys. 20.19. The custom of trying to immortalize benefactors by means of public inscriptions is very Greek (perhaps originally borrowed from the Persians), and such efforts are visible in present-day Greece in churches and other public buildings.

71.3 f. τοὺς διακονησαμένους ἀλλοτρίοις ἀγαθοῖς: "those who become benefactors by means of goods belonging to others"; for the vb., cf. n. 127.4.

71.4 f. οὐ γὰρ . . . εἰπεῖν ἔχοι τις: cf. n. 10.11 f. The potent. opt. without ἄν is most unusual for prose, though found (esp. after a neg.) in Homer and the later poets.

71.5 f. τοῖς . . . προστεταγμένοις: neut., "things ordered" (cf. n. 78.15).

71.9 *a* ἀπολαύσεις: the act. form of the fut. is pc.

71.9 *b* διότι: as often in Lucian, where Attic writers would have used the simple ὅτι.

25. Alexander, Hannibal, Minos, and Scipio

71.14.0 Lucian has reworked in dialogue form a much-told story of the judgment of Hannibal on his position among the great generals of his own and preceding ages. It is found in somewhat varied forms in Appian *Syr.* 10, Plut. *Flamin.* 21, and Livy 35.14. Scipio, a mere Roman in this Hellenocentric milieu (cf. ἐνταῦθα καὶ τὴν Ἑλλάδα φωνὴν ἐξέμαθον, 72.12 f.), does not enter the Dialogue until 76.7 (cf. n. 76.9); his name appears only as an afterthought in the title, after that of Minos.

71.14 προκεκρίσθαι: "be adjudged better," w. gen. of comparison.

71.17 δικασάτω: "render judgment," "decide"; contrast mid. δικάζομαι, "go to law," "sue."

72.6 προεδρίας: cf. n. 51.18; here, however, the term is used in the more specialized sense of "precedence," as often.

72.9 διενεγκεῖν: "be superior to," w. gen. of comparison, and (an unusual construction) the adv. acc. of the respect in which one outranks another.

72.12 ὠνάμην: here used lit. (not as in n. 5.9 *a*), "reap benefit," "derive advantage," w. acc. The form is pd, pc for earlier ὠνήμην, second aor. mid.

72.13 Ἑλλάδα: adj. fem.

72.14 *a* οὐδὲ ... ἐνέγκαιτο: "couldn't even bring in (to the contest)"; for the absence of ἄν, cf. n. 71.4 f.

72.14 *b* ταύτῃ: adv., "in this respect."

72.15 f. τὸ μηδὲν ... ὄντες: cf. n. 73.19.

72.17 περιβαλόμενοι: περιβάλλομαι, "clothe oneself," "be clothed in," w. acc. of the garment; then, metaphorically, "be invested with," "acquire" an attribute or power, again w. acc.

72.18 ὀλίγων: masc., of Hannibal's retinue. In fact, however, Hannibal did not go to Spain independently, as Lucian implies, but was brought there by his father Hamilcar in 237 B.C., when he was scarcely ten years old.

73.1 τῷ ἀδελφῷ: actually he served under his brother-in-law Hasdrubal. Lucian's error is perh. due to the fact that Hannibal's younger brother was also named Hasdrubal.

73.2 μεγίστων ἠξιώθην: "was judged worthy of the highest (command)," lit., "... of the highest things" (neut.). Hannibal was chosen commander in chief of the

Carthaginian forces in Spain upon the death of Hasdrubal in 221 B.C.

73.3 Κελτίβηρας: by this name Lucian designates native peoples of Spain. Those whom Hannibal defeated before starting on his famous march to Italy were the Olcades, the Vaccaei, and the Carpetani.

73.3 f. Γαλατῶν . . . τῶν ἑσπερίων: the adj. is used to distinguish the Gauls of what is now France from the eastern Γαλάται of Asia Minor. Hannibal defeated a Gallic tribe (named by Livy 21.26.6 as the Volcae) in 218 B.C., in the course of his march through southern Gaul on the way to Italy.

73.4 τὰ μεγάλα ὄρη: the Alps.

73.4 f. Ἠριδανόν: the name used by Greek writers for the River Po.

73.7–9 Hannibal's march against Rome (211 B.C.) is narrated out of chronological order with respect to his major defeats of the Romans at Trebia (218 B.C.) and at Cannae (216 B.C.). It is this latter battle, the worst defeat in Roman history up to that time, which is undoubtedly referred to in 73.8 f.

73.7 f. τῆς προὐχούσης . . . πόλεως: "the capital (προέχω, 'be first,' 'be pre-eminent') city," Rome itself, which Lucian studiously refrains from mentioning (cf. n. 71.14.0 end).

73.8 τοσούτους: it is estimated that about 25,000 Roman and allied troops were killed by the Carthaginians at Cannae (cf. n. 73.7–9).

73.9 δακτυλίους: the *anuli aurei*, golden rings worn only by the *equites*, "knights," in Roman Republican times. That those taken from the fingers of Roman knights slain at Cannae could be measured by the peck (Livy [23.12] says some authorities set three and one-half pecks, others only one peck as the amount collected by Hannibal's men) is a token of the magnitude of the Roman defeat.

73.10 ἀπομετρῆσαι . . . γεφυρῶσαι: the subj. of the infs. is not expressed; ἡμᾶς may be intended. The choking of rivers by the bodies of the battle-slain became a rhetorical commonplace.

73.11–14 καὶ ταῦτα . . . ὁμολογῶν: cf. n. 30.0.0, n. 30.5, n. 33.2, n. 34.16–21.

73.13 ἐνύπνια τῆς μητρός: cf. n. 34.1–4.

73.14 f. ἀντεξεταζόμενος: cf. n. 67.8 f.

73.16 Μήδους καὶ Ἀρμενίους: cf. n. 31.3; the Armenians are here included among the effeminate easterners listed at 31.1–3.

73.17 ὑποφεύγοντας πρὶν διώκειν τινά: cf. 31.5 f.

73.19 Πατρῴαν ἀρχὴν παραλαβών: in contrast w. 72.15 f., τὸ μηδὲν . . . ὄντες. Lucian is ignorant of, or purposely represents Hannibal as concealing, the almost princely position of the Barcides, Hannibal's family, in the Carthaginian state.

73.20 παρὰ πολύ: "widely," "greatly."

73.21 ὄλεθρον: cf. n. 50.5.

73.22 Δαρεῖον: on the acc., cf. n. 68.7. Darius III, Codomannus, is meant. He ruled Persia in the years 336–331 B.C. He was defeated by Alexander in 333 B.C. at Issus, a city on the Mediterranean coast somewhat north of the eastern tip of Cyprus, and at Arbela (more exactly at Gaugamela, near Nineveh in Mesopotamia) in 331 B.C.

73.23 τῶν πατρῴων: neut., "the traditions of his fathers," gen. of separation w. ἀφίστημι.

73.24 μετεδιῄτησεν: "he changed over." The text as printed gives us μεταδιαιτάω w. two accs.: cognate, δίαιταν, and external, ἑαυτόν. Some editors may be right in reading ἐς δίαιταν. The verb itself is pc and rare. Note the double augment: -ε- syllabic, -η- temporal, sometimes found in cpd. vbs.; here we have two preps.

73.25 ἐμιαιφόνει ἐν τοῖς συμποσίοις τοὺς φίλους: cf. n. 31. 15–18; on the plu. here, cf. n. 16.15 a.

73.26 a ἐπὶ θανάτῳ: cf. n. 46.7.

73.26 b ἐπ' ἴσης: "on a basis of equality"; in this sense ἐξ ἴσου is more common.

73.27 a μετεπέμπετο: i.e., ἡ πατρίς. When Scipio Africanus invaded Africa in 203 B.C., Hannibal returned to Africa, some say of his own accord. Lucian follows the tradition that he was summoned back by the Carthaginians, who had offered him little if any support during his decade and a half of campaigning in Italy.

73.27 f. b τῶν πολεμίων: note that Hannibal does not condescend to mention Scipio, though he was defeated by him at Zama in North Africa in 202 B.C.

73.29–**74**.1 ἰδιώτην . . . πρᾶγμα: the story of a trial of Hannibal by the Carthaginians following his defeat at Zama was apparently invented by Lucian or by an author whom he followed. We may have here an echo of a rhetorical school exercise: "Hannibal defends himself before a Carthaginian court." In fact, the great general, who continued to serve his native land after his defeat, fled from Carthage in 196 or 195 B.C. to escape possible harm at the hands of a Roman commission of inquiry which had come to Africa.

74.1 εὐγνωμόνως: pc in the sense "reasonably."

74.3 f. Ὅμηρον . . . ῥαψῳδῶν: Alexander "kept under his pillow a copy of the *Iliad* which Aristotle had revised for him," Tarn 1.2.

74.4 f. ὑπ᾿ Ἀριστοτέλει τῷ σοφιστῇ: the dat. w. ὑπό carries with it a connotation of subjection, "(learned) under"; the simple idea of "(taught) by" would be expressed by ὑπό w. gen. Similarly contemptuous is the use of σοφιστής rather than φιλόσοφος. Cf. 35.22–36.17, and n. 35.23, n. 35.16–36.1.

74.9 καὶ ταῦτα: "even (such trifles as) these."

74.11 ἥπερ: an emphatic form of ἥ, "than," rarely if ever found in Attic prose.

74.18 a ὅρα: cf. n. 27.12 f.; here ὀλίγον takes the place of the neg.

74.18 b εἰ κατ᾿ ὀλίγον: "if (it was only) by a small (margin that)"; i.e., you will find that it was by a large margin. Cf. n. 5.1.

74.18 c διήνεγκα: cf. n. 72.9.

74.18 d νέος: Alexander was twenty years old when he became king of Macedonia.

74.20 τεταραγμένην: there was apparently no greater confusion attending Alexander's accession than that which usually accompanies a change of rules: cf. Tarn 1.3, where the execution of conspirators mentioned in our text is also commented upon.

74.21 f. τῇ Θηβαίων ἀπωλείᾳ: cf. n. 31.13.

74.22 f. στρατηγὸς . . . χειροτονηθείς: cf. n. 34.16–21.

74.23 περιέπων: "(merely) administering."

74.24 ἀγαπᾶν: "to be content" (cf. n. 22.1 f.). The inf. in this construction is less freq. than the partcp.; one MS reads ἄρχων for ἄρχειν here.

74.25 a πᾶσαν . . . τὴν γῆν: ". . . there is no reason to suppose that he [Alexander] had formed any design of world conquest." Tarn 1.121 f.; cf. also 1.86, 1.144, and

2.378–98, esp. 2.398, "It is, I suppose, open to anyone, who so desires, to believe that Alexander *must* have wished to conquer and rule all the world . . . , but he must realise clearly that, in the present state of our knowledge, such a belief is only a speculation . . . ."

74.25 *b* ἐπινοήσας: "having set my mind on," w. acc.

74.26 ὀλίγους: Alexander was at the head of a combined army of Macedonia and the League of Corinth numbering about 30,000 infantry and 5,000 cavalry (Tarn 1.10).

74.27 Γρανικῷ: Alexander defeated the Persians at the River Granicus not far from Troy in 334 B.C.

75.3 Ἰσσόν: cf. n. 73.22.

75.3 f. μυριάδας πολλάς: Darius' troops are said by later historians to have numbered 400,000 or even 600,000. But Tarn 1.25 f. estimates that the Persian army "may have been somewhat larger than Alexander's, but it may equally well have been smaller . . . ."

75.4 τὸ ἀπὸ τούτου: cf. n. 51.7 *b*, n. 1.10 *a*; the subst. expression here is loosely used in the acc. of respect. Cf. τὸ . . . τελευταῖον, 75.20.

75.6 φησὶ . . . μή: in Attic Greek, οὔ φησι (cf. n. 4.14 f.).

75.9 f. προκινδυνεύων καὶ τιτρώσκεσθαι ἀξιῶν: cf. 32.4–17 and n. 32.5 *b*.

75.10 f. ἵνα . . . μὴ . . . διηγήσωμαι: cf. n. 31.22 f.

75.11 *a* Τύρῳ: Tyre fell to Alexander in 333 B.C. after a seven-month siege.

75.11 *b* Ἀρβήλοις: cf. n. 73.22.

75.12 τὸν Ὠκεανόν: though in a sense, by his Indian victories, Alexander made the Indian Ocean the boundary of his empire, he never reached that ocean himself (cf. Tarn 1.99).

75.14 *a* Πῶρον: Porus was an Indian ruler whom Alexander defeated in 326 B.C.

75.14 *b* Σκύθας: these "Scythians" were Saca nomads whom Alexander defeated at the River Jaxartes, southeast of the Aral Sea, in 329 B.C.

75.15 Τάναϊν: by this name Lucian means the Jaxartes (n. 75.14 *b*), which Alexander crossed in his engagement with the Sacae; the same name was given by the Greeks to the River Don, which divides Europe from Asia.

75.18–20 συγγνωστοὶ . . . πιστεύσαντες: pc construction; cf. 137.20 συγγνωστοὶ . . . εἰ . . . .

75.22 παρὰ Προυσίᾳ: Hannibal committed suicide about

182 B.C. while in exile at the court of King Prusias of
Bithynia to avoid falling into Roman hands.

75.23 f. ὡς ... ἐκράτησεν: "as for his having con-
quered ..." This phrase is used to introduce the para-
lipsis (cf. n. 31.22 f.; cf. also n. 75.10 f.) ἐῶ λέγειν ὅτι;
the omission of a verb of action w. the dats. (to be
supplied from ἐκράτησεν), and of ἦν w. the δέ clause,
corresponds to the purposely vague nature of the
rhetorical figure.

75.25 πονηρίᾳ καὶ ἀπιστίᾳ καὶ δόλοις: in the Roman
tradition, Hannibal's treachery became proverbial (*Punica
fides*). Cf. similar charges leveled against Philip (n.
31.9–12).

75.26 προφανές: "plain," "clear," i.e., honest, open.

75.27 Καπύη: Hannibal was charged by the Romans with
having wasted valuable time at Capua in debauchery: cf.
Livy 23.45 *Capuam Hannibali Cannas* (cf. n. 73.5 f.) *fuisse*.

75.29 εἰ: used in the sense of εἴ γε, cf. n. 41.4.

76.3 a Γαδείρων: Cadiz in Spain. The Straits of Gibraltar
are called Γαδειραῖος πορθμός in Plut. *Sert.* 8.

76.3 b ὑπαγόμενος: "bringing under my power."

76.4 f. ὑποπτήσσοντα ... ὁμολογοῦντα: the pres. partcps.
are probably meant to describe the Western peoples as
ready to yield and to acknowledge Alexander's sov-
ereignty; in fact, no contact between Alexander and the
West is attested.

76.7 Μὴ πρότερον (δικάσῃς), ἢν μὴ καὶ ἐμοῦ ἀκούσῃς: here
the apodosis of a fut. more vivid cond. is expressed as a
neg. command, a fairly common pattern.

76.9 καθελών: Scipio Africanus (236–184?) defeated Hanni-
bal at the Battle of Zama (n. 73.27 b) and, in that sense,
may be said to have "overpowered" Carthage; but he
did not destroy it (another sense of καθαιρέω). This was
done by Scipio Aemilianus in 146 B.C.

76.17 a ὁ νενικηκώς: w. τὸν Ἀννίβαν to be supplied as
obj., i.e., "Hannibal's conqueror."

76.17 b παραβάλλεσθαι: the mid. παραβάλλομαι, "compare,"
is rarely used as here, w. acc. (ἐμαυτόν) and dat. (ᾧ).

77.1 εὐγνώμονα: neut. plu., "sensible," "reasonable"
(things) (cf. n. 74.1).

26. Achilles and Antilochus

77.5.0 This Dialogue is based on *Od.* 11.488–91, in which the

shade of Achilles answers Odysseus' flattering words
as follows:

Μὴ δή μοι θάνατόν γε παραύδα, φαίδιμ' 'Οδυσσεῦ.
Βουλοίμην κ' ἐπάρουρος ἐὼν θητευέμεν ἄλλῳ,
ἀνδρὶ παρ' ἀκλήρῳ, ᾧ μὴ βίοτος πολὺς εἴη,
ἢ πᾶσιν νεκύεσσι καταφθιμένοισιν ἀνάσσειν.

Guthrie 122 wisely remarks, "It is safe to say that this
statement was based on very little knowledge of what the
life of a poor man's servant on earth was like." Antilochus,
Nestor's son, was killed at Troy.

77.5 Οἷα: cf. n. 6.16 a.

77.6 σοι: cf. n. 1.7, also 77.16 below.

77.7 Χείρωνος: cf. n. 20.3.0.

77.8 a Φοίνικος: Phoenix, a prince of Argos, became Achil-
les' tutor after the latter left the tutelage of Chiron; he
accompanied his pupil to the Trojan War.

77.8 b ἠκροώμην: again (cf. n. 31.15) the dead are shown as
having no supernatural knowledge of what goes on in
the world above.

77.12 a Φρύγα: the Phrygians were proverbial for their
cowardice; in classical times "Phrygian" was virtually
synonymous with "slave."

77.12 b πέρα τοῦ καλῶς ἔχοντος: the phrase modifies the
adj. which follows. The neut. τὸ καλῶς ἔχον means "that
which is noble."

77.13 Πηλέως: though Peleus' main claim to fame was as
Achilles' father, he was credited with some brave exploits
himself. At all events, an appeal to the honor of a man's
father was commonplace in the heroic tradition.

77.17 ἐξόν: neut. partcp. of ἔξεστι, "it is permitted," in
acc. absol. w. inf. βασιλεύειν; the acc. πολυχρόνιον is
in agreement w. σέ, the unexpressed subj. of the inf.

77.20 ἐκείνων: embraces the two alternatives mentioned in
77.17 f.

78.1 δοξάριον: pc, contemptuous diminutive of δόξα; it is the
latter noun which is picked up by ἐκείνη in the next line.

78.3 a εἰ καί: "even if." A great deal of scholarly discussion
has been expended on a presumed difference between καὶ
εἰ (allegedly used of a supposition), and εἰ καί (alleg-
edly used of a fact), but the data do not support the
alleged differentiation; καὶ εἰ is perh. the more emphatic
of the two.

78.3 *b*   ὅτι, like ὡς, is used to strengthen a superlative, "as . . . as possible."

78.4–9 ὁμοτιμία . . . ἰσηγορία: the egalitarianism of the lower world, which Lucian's Cynic spokesmen find so pleasing (cf. n. 4.2), is painful to the warrior-aristocrat Achilles (cf. n. 78.9 f.). The noun first listed is original with Lucian.

78.6 ζόφῳ: cf. n. 10.2.

78.9 νεκρὸς ὅμοιος: i.e., νεκρὸς νεκρῷ ὅμοιός ἐστιν.

78.9 f. ἡμὲν κακὸς ἠδὲ καὶ ἐσθλός: Hom. *Il.*. 9.319, which shows Achilles complaining bitterly that both are held in the same esteem: ἐν . . . ἰῇ τιμῇ.

78.11 ὅτι μή: pc of neg. facts, for which Attic writers used ὅτι οὐ (cf. n. 4.14 f.).

78.12 τί . . . ἄν τις πάθοι: cf. n. 21.19.

78.13 ἔδοξε: "seemed good (to)," i.e., was decided by (e.g., ἔδοξε τῇ βουλῇ, "the council decreed").

78.15 τοῖς διατεταγμένοις: pc; cf. n. 71.5 f.

78.19 αὐτόν emphatic, "(by) oneself."

78.20 Μελέαγρον: Meleager, prince of Calydon in Aetolia, famous for killing a savage and destructive boar.

78.22 ἀβίοις: pc in the sense "without a living," "poor."

78.23 Ἑταιρική: "comradely," corresponding to ἑταῖρος. Another meaning of the adj., "harlotlike," corresponds to ἑταῖρα.

78.23 f. οὐκ οἶδ' ὅπως: cf. n. 25.2.

79.3 δέδοκται: cf. n. 78.13.

79.3 f. γέλωτα ὄφλωμεν: "become a laughingstock," lit., "owe laughter" (cf. n. 42.13).

27.   Aeacus and Protesilaus

79.5.0 Protesilaus, king of Phylace in Thessaly, was the first Greek to be killed in the Trojan War. He left his kingdom right after his marriage to Laodamia, without having fully completed the marriage rites by performing the necessary sacrifices. Some commentators take 79.7 f., ἡμιτελῆ . . . τὸν δόμον, to refer to this ritual incompleteness, others regard the words as referring to the physical incompleteness of his palace, or to his failure to establish a royal "house" by fathering a son. Perhaps Lucian had two or even all three of these meanings in mind. As the Dialogue opens, Protesilaus is to be thought of as dashing at Helen to choke her (cf. n. 5.2 *a*). Like DD 24, this Dialogue examines the logical consequences of the attribution to Fate of responsibility for human actions.

79.9 Αἰτιῶ: cf. n. 68.1.

79.11 ἐκεῖνόν μοι αἰτιατέον: "I must blame *him*." The neut. verbal in -τέον governs as obj. the case normally governed by the vb. from which it comes; for the dat., cf. n. 25.11.

80.1 Δύσπαρι: the prefixing of δυσ- "evil," to Paris' name is Homeric (*Il.* 3.39, 13.769).

80.3 f. *a* Ἄδικα ... σοι: ποιῶν is to be taken twice: first, in the phrase ἄδικα ποιῶν, "It's a bad thing (you'll be) doing (if you do this)"; second, after καί, w. two accs., ταῦτα and (ἐμέ) ὄντα. The vb. ποιέω w. two accs. means "do something to someone."

80.3 f. *b* ὁμότεχνον: on the form, cf. n. 7.11; on love as a τέχνη, cf. n. 17.12, there, possibly of homosexual, here, obviously of heterosexual love; note 79.8, where Protesilaus bewails the loss of his bride.

80.5 θεῷ: Protesilaus, in 80.8, takes this to mean Eros, supplied from the preceding ἐρωτικός (cf. n. 78.1, δόξα supplied from δοξάριον); Paris' language is not quite that specific: cf. 80.6, καί τις ἡμᾶς δαίμων ἄγει.

80.5 f. ἀκούσιόν τί ἐστιν: "it (our behavior as lovers) is something involuntary."

80.11–13 αὐτός ... ἄλλον: note the shift from nom. (Eros speaks about himself) to acc. (about someone else), cf. n. 55.11.

80.14 ἐκλαθόμενος: pd, pc.

80.14 f. προσεφέρεσθε: note the plu., "you (Greeks) were nearing."

80.16 προεπήδησας: pd, pc.

80.20 τὸ ... ἐπικεκλῶσθαι: cf. n. 35.18 f. The vb. is pd, but is found in Plat. *Theat.* 169C.

80.21 τούτους: with a gesture toward the assembled shades.

28. Protesilaus, Pluto, and Persephone

81.0.0. Another Dialogue is devoted to Protesilaus. Here he appears before Pluto, ruler of the lower world, and his queen Persephone, whom Pluto had kidnaped from her mother Demeter, goddess of vegetation.

81.1 ἡμέτερε Ζεῦ: on Pluto as the Zeus of the lower world, cf. Hom. *Il.* 9.457 Ζεὺς ... καταχθόνιος, and Guthrie 217.

81.9 ἔρωτα: Pluto refers to Protesilaus' word ἐρωτικήν, 81.2 f.

81.11 Ἀϊδωνεῦ: cf. n. 37.5 *a*.

81.14 "Ἕκτορος: the slayer of Protesilaus, not mentioned by Homer, is variously identified in traditional accounts as Hector (as here), Aeneas, Euphorbus, or Achates.

81.15 ἀποκναίει: the usual Attic form of the vb. is ἀποκνάω.

81.16 αὐτῇ: the dat. of agent is rarely used except w. the perf. system or w. verbals in -τέος (cf. n. 1.7, n. 25.11); the reg. construction is ὑπό w. gen. (cf. n. 65.15).

82.1 Λήθης: Lethe, the river of forgetfulness (λανθάνω) the waters of which are drunk by the dead to remove the memory of their lives on earth. Lucian's idea that it was ineffective in Protesilaus' case may be regarded as an echo of the concept "Love Conquers All" (cf. n. 124.3 f).

82.6 οὐ φέρω: "I can't bear," lit., "I'm not bearing."

82.10 ὀδυρόμενον: circumstantial cond. partcp.

82.11 ὑμᾶς: Protesilaus has not yet accepted his status as a resident of the lower world.

82.14 Ἀναμνήσω: prob. aor. subjv. rather than fut. ind.

82.14 f. 'Ορφεῖ . . . Εὐρυδίκην: Orpheus, through the charms of his music, persuaded Pluto to allow Eurydice to return with him to the upper world.

82.16 ὁμογενῆ: Alcestis, like Protesilaus, traced her ancestry back to Aeolus. The story of her return from death as a result of Heracles' successful wrestling match with Thanatos is the theme of Euripides' *Alcestis*.

83.1 κρανίον: cf. n. 29.4 f.

83.3 προσήσεται: προσίημι.

83.4 εὖ οἶδα: parenthetical, like οὐκ οἶδ' ὅπως, n. 25.2.

83.5 ἔσῃ . . . ἀνεληλυθώς: cf. n. 5.6 *b*.

83.8 *a* καθικόμενον ἐν τῇ ῥάβδῳ: "touching him with his wand"; the use of ἐν w. the dat. to express means had its origin, apparently, in the local use of the prep., later extended. A magic wand was widely attributed to Hermes (cf. de Waele, esp. 62, and Pease 248, on Verg. *Aen.* 4. 242 f.); among its powers was that of reviving the dead.

83.8 *b* εὐθύς: adv., "immediately."

83.9 ἐκ τοῦ παστοῦ: "(coming) from the bridal chamber." The noun in this sense is pc.

83.10 Περσεφόνη συνδοκεῖ: "it is agreeable to Persephone also (as well as to me)." We have not seen any sign up to this point of Pluto's agreement, but he hurriedly associates himself with his wife's point of view. Cf. n. 162.23.

83.10 f. ἀναγαγὼν . . . νυμφίον: said to Hermes; the rest of the sentence is to Protesilaus.

83.11 λαβών: cf. n. 12.1–3.

29. Diogenes and Mausolus

83.13.0 Mausolus, king of Caria in Asia Minor, died in 353 B.C. His wife and sister (cf. n. 85.5 f.) Artemisia erected for him a magnificent tomb, which has given its name to other sumptuous mausoleums. Diogenes here undertakes the task of deflation performed in DD 3–10 by Menippus, in DD 11 by Diogenes himself.

83.15–19 Καὶ ἐπὶ τῇ βασιλείᾳ μὲν . . . καὶ καλὸς ἦν: the construction, which begins in conformity with the question, is allowed to lapse; this is anacoluthon.

83.15 ἐπί: "because of."

84.2 ἀλλ', "and what is more," brings οὐδὲ οὕτως . . . ἐξησκημένον into parallelism w. ἡλίκον οὐκ . . . .

84.3 f. *a* ἐς κάλλος . . . ἐς τὸ ἀκριβέστατον: the first phrase expresses purpose (an extension of εἰς w. acc. of end of motion), the second is adverbial and = ἀκριβέστατα. The acc. of an adj. w. εἰς as the equivalent of an adv. is found almost exclusively in pd.

84.3 f. *b* ἵππων . . . καλλίστου: some of the mausoleum friezes, and the gigantic statues of Mausolus and Artemisia, are preserved in the British Museum.

84.4 λίθου: gen. of material.

84.5 νεών: gen. ναός, Attic νεώς.

84.15 f. τοὺς ὀφθαλμοὺς . . . τὰς ῥῖνας: the accs. of retained object with pass. vbs., "we have had our eyes taken away and our noses flattened." The vb. ἀποσιμόω in the sense of "make flat-nosed" is apparently peculiar to Lucian, though the word is used in other senses by Thucydides and others.

84.18 εἶεν: on the lack of ἄν, cf. n. 71. 4 f. The MSS of Aeschylus (*Supp.* 727) as well as those of Euripides (*Iph. Taur.* 1055) have ἴσως w. opt. without ἄν. Modern editors emend the passages by inserting ἄν, but Lucian may here be imitating the construction which he found in MSS which he himself studied. The vb. εἶεν, in conjunction w. the dat. Ἁλικαρνασσεῦσι and the two infs., bears an unusual weight of meanings: "may be at the disposal of . . . for the purpose of . . ."

84.20–85.1   βέλτιστε . . . γενναιότατε: ironic;   cf.   85.10 ἀνδραποδωδέστατε.

85.1   οὐ γάρ: "for (it simply is) not (so)."

85.5   ἐρεῖ: "will proclaim"; cf. n. 3.9.

85.5 f.   γυναικὸς καὶ ἀδελφῆς: incest tabus were not valid for the kings of Egypt and other oriental monarchs.

85.9   περὶ τούτου: w. λόγον, "a report about this," explained by the words that follow the vb. καταλέλοιπεν.

85.9   ἀνδρὸς βίον: "the life of a (real) man."

30.   Nireus, Thersites, and Menippus

85.13.0   In this last Dialogue of the Dead as they are here arranged, we meet once more our friend Menippus, holding forth on one of his favorite themes, the ἰσοτιμία of the dead (87.1; here as regards beauty and ugliness). We have already met Nireus (n. 11.2–4) as the handsomest man in the *Iliad* next to Achilles; Thersites was the ugliest (*Il.* 2.219).

85.13–15   Nireus addresses the first sentence to Thersites, the second to Menippus.

85.13   Ἰδού: cf. n. 51. 14*b*.

85.16   καί: emphatic (Who *are* you, anyhow?); cf. n. 26.6, and note accent of ἔστε.

86.3   ὁ τυφλός: note the irony.

86.4   ψεδνός: pd, pc.

86.7   Ἀγλαΐας καὶ Χάροπος: Lucian follows Homer (*Il.* 2.672) in listing Nireus' mother first; the poet was presumably following metrical convenience. Aglaea was the youngest of the Graces, and thus perhaps to be thought of as surpassingly beautiful; Charops' name seems to mean 'bright-eyed.'

86.11   διακρίνοιτο: on the absence of ἄν, cf. n. 71.4 f. Here μόνον has a decidedly neg. cast.

86.12   ἀλαπαδνόν: "feeble," "powerless," a Homeric adj. deliberately used here by Lucian.

86.14   ἐροῦ: the pres. ἔρομαι, "ask," is not used in Attic prose, where it is replaced by ἐρωτάω; the poetic form is apparently intended to continue the Homeric atmosphere.

86.14 f.   συνεστράτευον: Nireus was not an Achaean, but came from the little island of Syme, north of Rhodes.

87.1   ἰσοτιμία: cf. n. 4.2.

NOTES TO DIALOGUES OF THE SEA-GODS

Whatever may have been the order in which Lucian composed the *Dialogues of the Dead, of the Sea-Gods,* and *of the Gods* (it is uncertain), the second set in the order here followed serves as an excellent transition from the gloomy depths of the lower world to the shining heights of Olympus. Here Lucian seeks out and exploits for comic effect the human foibles attributed to the Greek gods as anthropomorphically represented by authors from Homer onward.

1. Doris and Galatea

89.0.0 Doris and Galatea, "the milky one" (cf. n. 90.13), are Nereids, two of the fifty daughters of the sea-god Nereus and his wife Doris, whose namesake is our Doris (cf. also n. 67.8 f.).

89.1 f. τὸν Σικελὸν . . . ποιμένα: Polyphemus, the Cyclops, evidently not yet blinded by Odysseus.

89.2 ἐπιμεμηνέναι σοί: "is madly in love with you"; ἐπιμαίνομαι (pd, pc) has a perf. w. pres. meaning in the act. form.

89.4 ὁποῖος ἂν ᾖ: "of whatever sort he may be," cond. rel. clause of the pres. general type; the generalizing force of ὁποῖος makes it possible to apply this pattern to a particular individual.

89.5–7 εἰ . . . ἐφαίνετο . . . οἴει τὸ γένος ἂν . . . ὀνῆσαι: "if he looked . . . do you think his birth would have helped?" The apodosis of the unreal cond. is in the inf. in indir. disc. w. ἄν, reflecting an original, e.g., τὸ γένος (οὐκ) ἂν ὤνησεν.

89.7 μονόφθαλμος: found in Herodotus, otherwise pc.

89.10 f. ἐπιπρέπει: "is an ornament to," "goes well with," w. dat. The vb. is somewhat differently used below (cf. n. 90.20).

89.12 ἦσαν: note the use of the plu., not the sing. (w. ὀφθαλμός) or the dual (cf. n. 25.1 a).

89.14 οἷα: cf. n. 45.13 f.

90.1 Οὐκ ἐρώμενον: echoing the acc. of 89.14, more fully οὐκ ἐρώμενον ἔχω τὸν Πολύφημον.

90.2 *a* οὐ φέρω: cf. n. 82.6, also n. 7.8.

90.2 *b* ὑμῶν: the plu. includes other Nereids who agree w. Doris.

90.3–6 ποιμαίνων ... ἀπομηκύνεται: this is one of the many passages in the *Dialogues of the Sea-Gods* in which it is easy to believe that Lucian was influenced by a painting: the rough-looking Cyclops on his rocky crag, the lovely Nereids on the smooth beach below. For a list of notes commenting on this topic, cf. the index s.v. "art, graphic."

90.5 καθ' ὅ: "where,"; the locative sense of this expression, though rare in literary usage, is attested by Aristot. *Metaph.* 1022 a, καθ' ὃ τὸ κατὰ θέσιν λέγεται, καθ' ὃ ἕστηκεν ἢ καθ' ὃ βαδίζει ....

90.8 τὸν ὀφθαλμόν: Lucian is careful to have Galatea use the sing.

90.11 *a* ἐνδεεῖ: Doris does not accept Galatea's estimate of the situation, 89.11, οὐδὲν ἐνδεέστερον ὁρῶν.

90.11 *b* τὴν ὄψιν: acc. of respect. Here ὄψις means the faculty of sight; in 90.17, "appearance."

90.13 τὸ λευκόν: the milky whiteness attributed to Galatea's skin is of course connected with the derivation of her name from γάλα; the twelfth-century Homeric commentator Eustathius saw in the name an allusion to the milk-white foam of the sea.

90.15 f. τὰ ... ἄλλα: "for the rest," cf. n. 2.5; used differently below (cf. n. 90.24).

90.17 *a* τὴν ὄψιν: cf. n. 90.11.

90.17 *b* εἴ ποτε γαλήνη εἴη: this construction, like that discussed in n. 9.15, employs εἰ w. the opt. where Attic would use ἐάν w. subjv., in a fut. more vivid cond.; cf. ὁπόταν ἐθελήσῃς just preceding.

90.17–19 ἀπὸ πέτρας ... ἀκριβῶς: cf. n. 90.3–6.

90.20 ἐπιπρέπῃ: here "adds an agreeable touch," w. dat. (cf. n. 89.10 f).

90.22 *a* κἄν: cf. n. 36.14 *a*; here κἄν, as a strengthened καί, intensifies τοῦτον, "even *this* one (bad as you may think him)."

90.22 *b* οὐκ ἔστιν ἥντινα: the ind. (here ἐπαινεῖ) is normal in rel. clauses of result w. οὐκ ἔστιν ὅστις, "there is no one who ..." (i.e., "there is no one such that he ...).

90.24 τά τε ἄλλα καί: in addition to all his other (accomplishments), . . . also . . ." (cf. n. 21.8).

91.2 *a* ἐκώμασε: κωμάζω, "sing a serenade in honor of," w. ἐπί and acc.

91.2 *b* Ἀφροδίτη φίλη: an exclamation in the voc., as if of a mortal woman calling on the appropriate divinity to witness her astonishment.

91.3 πηκτίς: Lucian uses an unusual word for a stringed instrument, perh. an overelegant word w. a connotation of contempt (cf. λύρα, 91.8).

91.4 f. τὰ μὲν κέρατα πήχεις ὥσπερ ἦσαν: "the (deer's) horns were the horns (of the lyre), just as they were (i.e., "as is," "without change")." On the construction of a real lyre, cf. n. 147.4. In strict Attic, we should expect the sing. ἦν w. the neut. plu. subj. κέρατα; but the interposition of the plu. pred. πήχεις has evidently brought the plurality of the horns sufficiently to the fore to cause Lucian to use ἦσαν. Cf. n. 89.12.

91.7 f. ἐμελῴδει . . . ἄλλο μὲν αὐτὸς βοῶν, ἄλλο δὲ ἡ λύρα ὑπήχει: with the parallel ἄλλο μὲν . . . ἄλλο δὲ we should have expected a like parallelism between βοῶν and a form of the vb. ὑπηχέω (e.g., ἄλλο δὲ τῆς λύρας ὑπηχούσης, as suggested by Rouse), but instead Lucian starts a new sentence w. λύρα as subj., a mild form of anacoluthon.

91.7 ἄμουσον: "rude," "uncultured," rather than "unmusical," which latter idea is expressed by ἀπῳδόν (pd, pc).

91.11 *a* οὕτω λάλος οὖσα: a circumstantial partcp. of concession without καίπερ is found even in good Attic prose; here the planned contrast between λάλος οὖσα and βρυχομένῳ presumably disposed Lucian to omit καίπερ.

91.11 *b* βρυχομένῳ: if the text is correct, Lucian here uses a form based on βρύχομαι, "roar," a pd, pc by-form of the more usual βρυχάομαι.

91.11 f. ᾐσχύνετο, εἰ φανείη: where a vb. of emotion is followed by an εἰ clause stating the cause of the emotion as a mere supposition (rather than by a ὅτι clause stating it as a fact), the opt. is often used w. a past tense as in indir. disc.

91.13 ἐπέραστος: "lovely," pc.

91.14 *a* ἀθυρμάτιον: pc, diminutive of ἄθυρμα, "pet."

91.14 *b* σκύλακα: strictly, "puppy dog," but used by extension to mean "cub," the young of any animal.

91.14 *c* τὸ λάσιον: for the case, cf. n. 90.11 *b*.

91.18 δῆλον ὅτι: cf. n. 11. 21 *a*.

91.22 κινάβρας: cf. n. 56.4 *b*; here in gen. w. ἀπόζω (in Herodotus; otherwise pc), "smell of."

91.22–24 ὠμοβόρος . . . ξένων: Lucian refers to the episode of Odysseus' encounter with the Cyclops in Hom. *Od.* 9.252–479. The adj. ὠμοβόρος is pc; cf. the more usual ὠμοφάγος. The vb. ἐπιδημέω, appropriate to visitors to a city, is here used ironically of Odysseus and his followers who came to Polyphemus' cave. For the subst. use of the partcp. w. a partitive gen., cf. Demosth. 21.217, τοὺς ἐπιδημήσαντας . . . τῶν Ἑλλήνων, referring to the Greeks who had come to Athens for a religious festival.

91.24 αὐτοῦ: the use of the gen. as obj. of ἀντεράω "love in return," is apparently an idiosyncrasy of Lucian's.

2.   Cyclops and Poseidon

92.0.0. The Cyclops who was blinded by Odysseus (cf. n. 91.22–24) was Poseidon's son. Like Lucian's dead (cf. n. 31.15, n. 77.8 *b*) his gods, except for the Fates themselves, have no supernatural knowledge of events, but rely on their easy mobility and the use of messengers and spies to keep in touch with the things that interest them.

92.1 καταράτου: found in Herodotus, otherwise pd. Cf. n. 137.16.

92.2 κοιμωμένῳ: μοι is to be supplied from the preceding με, a somewhat clumsy shift.

92.5 *a* Οὖτιν: "Noman," Odysseus' famous pseudonym. This eventually tricked Polyphemus into telling his fellow Cyclopes that he had been blinded by Noman. According to Homer, they replied that if "no man" had done the deed, an illness must have come to him from Zeus (*Od.* 9.411). They left him in his misery to pray to his father Poseidon.

92.5 *b* ἀπεκάλει: note the tense; Odysseus is represented as having made frequent use of the pseudonym, doubtlessly made to fix it in the Cyclop's dull mind.

92.12 ἀναστρέψας: the intrans. use of this partcp. is characteristic of military narratives.

92.16 πειρώμενοι: cf. n. 91.11 *a*.

92.17 f. ὥσπερ . . . ὄντας: a nice bit of cross-cultural sensitivity on Lucian's part: what more natural for a cannibal-ogre than to punish sheep-stealing by anthropophagy? A product of two cultures himself, Lucian was keenly aware of differences in life styles (cf. n. 63.10 f).

92.20 f.   δίδωσί μοι πιεῖν φάρμακόν τι ἐγχέας: as a milk drinker, Polyphemus was ignorant of wine and its properties. The inf. of purpose is common w. vbs. of giving or assigning.

92.21   εὔοσμον: pd; the prose authors reg. use εὐώδης.

93.2 f.   οὐκέτι . . . ἐν ἐμαυτοῦ: i.e., οὐκ ἐν ἐμαυτοῦ οἴκῳ, "beside myself," "not in possession of my senses," lit., "not at home"; cf. Lat. *non sum apud me.*

93.3   ἤμην: cf. n. 23.9 *a.*

93.6   σοι: note the air of pathos conveyed by this dat. of feeling (the "ethical" dat., as the old grammarians called it).

93.7 *a*   'Ως: exclamatory, "How . . .!"

93.7 *b*   βαθύν: i.e., ὕπνον. cognate acc. w. ἐκοιμήθης.

93.8   ἐξέθορες: ἐκθρῴσκω; pd, pc.

93.11   μᾶλλον: "more easily," lit. simply, "more."

93.14   ἐντειλάμενος: a touch added by Lucian to the account given by Homer, *Od.* 9.447–60.

93.19   ἐπιβουλεύοντος: the pres. partcp., if strictly construed, represents Odysseus as continuing to trick Polyphemus even after the blinding and escape have been accomplished. But note the aor. κατεσοφίσατο, 93.21.

93.20   μελαγχολᾶν . . . με: "that I was mentally ill." Cf. n. 92.5 *a* for the Homeric account.

94.3–4   The words in brackets are properly deleted by editors as an interpolation: i.e., as a marginal comment which was mistakenly copied into the text at some point in the tradition. Such mistakes occurred because the margin of a MS, in addition to serving as a place for scholarly comment, was also used to rectify omissions as well as other errors. It is when a comment was taken for the correction of an omission that an interpolation might occur. Here the bracketed words interrupt and vitiate the structure of the sentence, τὰ . . . ἐπ' ἐμοί ἐστι.

94.4   ἐπ ἐμοί: "in my power."

3.   Poseidon and Alpheus

94.5.0   It was believed that the River Alpheus, which rises in southern Arcadia in the Peloponnese, and flows into the sea not far from Olympia, passed under the sea without mingling its fresh stream with the salt water, and rose again at Ortygia, a small island in the harbor of Syracuse in Sicily. Here it was believed to join the fountain of Arethusa. It was even thought that if anything was thrown into the Alpheus near Olympia, it would ultimately reach Sicily and appear in the waters of Arethusa.

94.5 τῶν ἄλλων: i.e., ποταμῶν.

94.8 συνεστώς (συνίστημι): "maintaining your consistency."

94.10 βύθιος: pred. adj. w. ὑποδύς.

94.11 ἔοικας: for the construction (not the meaning), cf. n. 44.20 f.

94.14 ἠράσθης . . . πολλάκις: besides Tyro (cf. n. 11.2–4, n. 111.13.0), Poseidon was said to have been enamored of the Gorgon Medusa, the nymph Thoosa, the mortal Hippothoe, and others.

94.16 ἁλίας (ἅλιος): "a sea(-goddess)"; w. this, Νηρεΐδων is partitive gen. (cf. n. 55.20).

95.2 a Ἡ δέ: cf. n. 41.13.

95.2 b σοι: cf. n. 93.6; but here amatory interest rather than pathos is expressed.

95.5 οὐκ ἄμορφον: cf. n. 94.10; the omission of the partcp. (here οὖσαν) with a pred. of the obj. of οἶδα is pc, and even in later periods is unusual.

95.6 διὰ καθαροῦ: "purely"; the gen. w. διά may be used to express a state or condition.

95.7 ἐπιπρέπει ταῖς ψηφῖσιν: cf. 89.10 f.

95.12 f. τὴν Ἀρέθουσαν . . . ἐστίν: a balanced construction w. μὲν . . . δέ would reg. have called for τὴν δὲ ἐν Συρακούσαις οὖσαν, but Lucian begins a new sentence w. ἡ δέ (cf. n. 91.7 f).

95.17 συναναμίγνυσο: pd, pc.

4. Menelaus and Proteus

96.0.0 Proteus, a sea-god, possessed the gift of prohecy, but was reluctant to use it. It was necessary for those who consulted him to hold him securely, for he would attempt to escape by assuming manifold forms: a wild animal, a stream, even a blaze of fire. If held firmly despite all these "protean" changes, he would finally consent to foretell the future, as Menelaus found (Hom. *Od.* 4.382–571). Here Lucian brings the two together again in a critique of the irrationalism of the myth.

96.2 φορητόν: "credible," lit., "bearable," pd, pc.

96.8 εἰρήσεται: cf. n. 3.9. Here the fut. perf. refers to action which is to take place immediately as well as certainly.

96.12 ἐπὶ τῶν οὕτως ἐναργῶν: "in the realm of things so clearly visible."

96.17 *a* προσένεγκε: on the form, cf. n. 4.10.

96.17 *b* ὦ γενναῖε: the ironic epithet (cf. n. 84.20, 85.1) prepares us for Menelaus' cowardly refusal (96.19). Menelaus was traditionally represented as somewhat timid, esp. in comparison w. Agamemnon.

97.1–17 His offer of empirical physical demonstration rejected, Proteus tries demonstration by analogy. Unlike the Greek speculative scientists, Proteus gives reasoning less probative weight than sense perception (97.14 f.).

97.1 πολύποδα: usage varies between this form (pc) and πολύπουν as the acc. sing. of πολύπους, "polyp" or "octopus." Both forms are found in the MSS of Lucian here.

97.9 ὡς λανθάνειν: cf. n. 37.11.

97.10 *a* μὴ . . . μηδέ: Attic usage would lead us to expect οὐ . . . οὐδέ (cf. n. 4.14 f., n. 58.3, n. 75.6).

97.10 *b* διαλάττων: "differing (from the rock)."

5. Poseidon and the Dolphins

98.0.0 The ancients were well aware of the extraordinary intelligence of the dolphin. The legend of the poet Arion, retold below (cf. Herod. 1.23 f.), and the story of a dolphin who established an affectionate friendship with a little boy (Pliny *Ep.* 9.33) are examples of this awareness.

98.2 Ἰνοῦς: Ino, the daughter of Cadmus, married Athamas, king of Thebes, and bore him two sons: Melicertes (the παιδίον here mentioned), and Learchus. Hera, angered at Ino's kindness to Dionysus, Zeus' son by Semele (cf. n. 100.10), sent a Fury to drive Athamas mad. He, believing Ino and her children to be a lioness and its whelps, pursued them, and killed Learchus. To escape her husband's madness, Ino jumped with Melicertes from a lofty crag into the sea. Here the crag is identified as one of the Σκειρωνίδες, on the southern shore of the Isthmus of Corinth, but cf. n. 100.7 .

98.4 σύ: Poseidon turns from the Dolphins as a group to address the particular creature who had rescued Arion of Methymna on Lesbos, the κιθαρῳδός here referred to; he is actually named below, 98.13.

98.5 ἐξένηξω: second sing. aor. ind. of ἐκνήχομαι, pc, "swim away" (cf. n. 109.6).

98.6 αὐτῇ . . . κιθάρᾳ: cf. n. 15.10 *b*.

98.8–12   The *Homeric Hymn to Dionysus* tells the story that Tyrrhenian pirates seized Dionysus, not knowing that he was a god, and bore him away. Assuming many terrible forms, Dionysus overcame the pirates. They jumped overboard, and all but the steersman, who had urged his mates to release the captive, were turned into dolphins. An illustration of the metamorphosis in progress may be seen in the frieze of the monument of Lysicrates near the Acropolis at Athens; for a drawing of the frieze, cf. *AJA* 8 (1893), Plates II–III.

98.9 ἰχθύες: the term is of course used inexactly. Ancient natural historians (Aristot. *Hist. an.* 489a. 34–499 b. 2; Plin. *NH* 9.7.21) were well aware that the dolphin is a mammal.

98.11 *a*   καταναυμαχήσας: the Dolphins speak of Dionysus' miraculous subjugation of the pirates as if it had been an ordinary sea battle.

98.11 *b*   καί: "too."

98.11 *c*   δέον: cf. n. 62.9.

98.11 f.   χειρώσασθαι . . . ὑπηγάγετο: reference is to Dionysus' triumphal expedition among eastern peoples, whom he subdued bloodlessly and converted to his cult (the Dolphins would add, without otherwise changing them!).

98.15 Περίανδρος: Periander, tyrant of Corinth (died about 585 B.C.), was noted as a patron of the arts.

98.16–18   ὁ δὲ πλουτήσας . . . τὸν πλοῦτον: in the usual account (Herod. 1.24, etc.), Arion's encounter with the pirates occurred, not on a visit home from Corinth to Methymna, but on a voyage back to Corinth from Sicily and Italy, where he had enriched himself by his performances.

98.19 ἐπιβάς: this carries along the nom. started in 98.16 f., ὁ δὲ πλουτήσας . . . ἐπεθύμησεν, but the construction is abandoned and replaced by a new sentence w. οἱ ναῦται (99.3) as subj., and w. Arion represented by the dat. αὐτῷ; this is anacoluthon.

99.1 ἔδειξεν: w. partcp. in indir. disc.

99.3–4   ἠκρωόμην . . . σκάφει: a slightly humorous touch of rationalism in the narration of the myth: cf. however, n. 31.15, n. 77.8 *b*, n. 92.0.0. Cf. also 101.8–10, 114.12–14.

99.6 *a* θρῆνον: according to Herod. 1.24, Arion sang the ὄρθιος νόμος, "shrill strain," a well-known high-pitched hymn in honor of Apollo (cf. n. 99.12).

99.6 *b* ἐπ᾽ ἐμαυτῷ: "on my own behalf," "in mourning for myself."

99.8 λιγυρόν: "shrilly" (cf. n. 99.6 *a*); the neut. acc. is also used adverbially by Plato, *Phaedr.* 230C.

99.11 Ταίναρον: Taenarus or Taenarum, a cape at the southern tip of the Peloponnese. Here, says Herod. 1.24, could be seen Ἀρίονος . . . ἀνάθημα χάλκεον οὐ μέγα . . . , ἐπὶ δελφῖνος ἐπεὼν ἄνθρωπος. It has been conjectured that the little statue was actually a representation of a forgotten sea divinity, and that the Arion myth was invented to account for it.

99.12 φιλομουσίας: pc; on the gen., cf. n. 63.4 f., end. The notion that dolphins loved music derived from their connection with Ἀπόλλων Δελφίνιος (cf. the name of Apollo's center of worship, Δελφοί).

6.   Poseidon and the Nereids

99.14.0 On the Nereids, cf. n. 89.0.0. Amphitrite (cf. n. 101.13) serves as spokesman for the Nereids for most of the Dialogue; she is often represented as leading them in their choral dances. This Dialogue takes place just after Helle, daughter of Athamas (cf. n. 98.2) by Nephele (cf. n. 101.1 f.), fell into a strait while fleeing through the air on the back of a golden ram from the cruelty of Ino (n. 98.2), her stepmother; Nephele had been repudiated by Athamas. The strait was later named Hellespont in memory of Helle's fall. Her brother Phrixus, also Athamas' child by Nephele, escaped astride the ram to Colchis. There the ram was sacrificed; its pelt became the famous Golden Fleece.

99.15–17 τὸν . . . νεκρὸν . . . ἐπιχωρίων: according to the usual account, Helle was buried by her brother.

100.1 f. οὐδὲ . . . καλόν: blood pollution is what Poseidon is trying to avoid.

100.4 παραμύθιον: "consolidation."

100.5–9 ἡ Ἰνὼ . . . τῆς ἀγκάλης: cf. n. 98.2.

100.7 καθ᾽ ὅπερ: cf. n. 90.5.

100.7 f. ἄκρου . . . θάλασσαν: the place where Mt. Cithaeron descends to the sea is just to the northeast of the Isthmus of Corinth. At 98.3, Lucian has Ino jump from the

Scironian Rocks, on the south shore of the Isthmus.
Was Lucian forgetful, or did he mistakenly identify the
two locations?

100.8 υἱόν: Melicertes (cf. n. 98.2).

100.9 σῶσαι: Ino was not permitted to die but became
instead the sea-goddess Leucothea.

100.9 f. χαρισαμένους: agrees w. the unexpressed ἡμᾶς,
Poseidon and the Nereids.

100.10 Διονύσῳ: Dionysus or Bacchus was the son of Zeus
by Semele, daughter of Cadmus, king of Thebes.
Yielding to jealous Hera's prompting, Semele, while
pregnant with Dionysus, insisted on seeing Zeus as a
god in his panoply rather than in the guise of a man.
As a result, she was burned to death by the thunderbolt.
Zeus took the child from the dying mother's womb
and sewed it into his thigh, whence it was ultimately
born a second time. This myth is central to Euripides'
Bacchae.

100.10 f. τροφὸς . . . καὶ τίτθη: "wet nurse." According to
one form of the myth, Ino, who as Semele's sister was
Dionysus' aunt, nursed the infant after his miraculous
second birth.

100.13 ἀχαριστεῖν: in the sense "disoblige," rather than
in that of "show ingratitude towards." Cf. χαρισαμένους,
n. 100.9 f.; the whole thing is represented as a matter
of noblesse oblige.

100.20 *a* θάλπει: "heat" of the sun, the rays of which would
be reflected and intensified by the ram's golden fleece.

100.20 *b* συσχεθεῖσα: the pass. of συνέχω is freq. in the
sense "be afflicted," w. dat. (cf. n. 58.8).

100.21 f. ἀκρατὴς ἐγένετο: "she lost hold of," ἀκρατής w.
gen., "not having control over."

100.22 ἐπείληπτο: the mid. of ἐπιλαμβάνω is used w. gen.
to mean "grasp hold of." Cf. Eng. epilepsy, "seizure."

101.1 f. As the divine personification of the natural phenom-
enon of the cloud, Nephele might have been expected
to rescue her daughter as she fell through the upper air.

7. Panope and Galene

101.5.0 These two Nereids personify (cf. n. 101.1 f.) qualities
of the sea: Γαλήνη means "calm"; Πανόπη may be
interpreted "visibility unlimited" of the seascape on a
clear day (πᾶς, ὄψομαι). Here Lucian may have taken

Panope's name to mean "the Allseeing." The two converse about the famous golden apple thrown by Eris, "Strife," among the divine guests at the wedding feast of Peleus and Thetis, to which the malevolent goddess had not been invited.

101.6   διότι: cf. n. 71.9 *b*, n. 78.11.

101.8–10   Οὐ συνειστιώμην . . . πέλαγος: cf. n. 99.3–4.

101.8   συνειστιώμην: the imperf. of ἑστιάω is augmented in εἰ- because of an original initial consonant (apparently not digamma, despite Lat. *Vesta*).

101.9   ἀκύμαντον: pd, pc.

101.10 f.   "Ερις μή: the variant ἐρεῖς μοι of MS Γ must have arisen at a point in the tradition at which ει, η, ι, and οι were all pronounced alike (like -i- in machine): "iotacism." The use of μή here is reg. if we take παροῦσα as a circumstantial partcp. of condition (i.e., what could she have done if . . . ?).

101.13   Ἀμφιτρίτης: often represented as Poseidon's wife and thus as queen of the sea.

101.14   παραπεμφθέντες: reg. used of escorting, either on joyous occasions, as here, or on mournful ones (cf. n. 40.16).

101.16   κροτούντων: "applauding."

101.17 f.   προσεχόντων τὸν νοῦν: added asyndetically (i.e., without a conj.), apparently as an afterthought, to the partcp. κροτούντων, w. its two dats. joined by ἢ . . . ἤ.

102.2   ἐπελέξατο: w. words like βιβλίον and γράμμα the mid. ἐπιλέγομαι is used by Herodotus and Pausanias (but not by strictly Attic authors) to mean "read" (cf. n. 59.8).

102.4   ἀντεποιοῦντο ἑκάστη: "each one asserted a claim for herself" (cf. n. 30.10).

102.9   Ἴδην: Mt. Ida, a mountain in the Troad, where at this time Priam's son Paris (or Alexander), whom his father had ordered exposed, was being raised by shepherds, and was himself working as a shepherd boy.

102.10   φιλόκαλος: the attribution of this trait to Paris is apparently an invention of Lucian's; nothing in the tradition ascribes such connoisseurship to him *before* the time of the famous Judgment. Lucian wrote an entire dialogue entitled Θεῶν Κρίσις, devoted to the story of the Judgment of Paris. This dialogue is often printed in modern editions as Dialogue 20 of the *Dialogues of the Gods,* but is separate from them in the MSS.

102.11 κρίναι: in the first aor. opt. act., the ending -ειε is more common than -αι for the third pers. sing. Note the accent: the aor. inf. act. and the second pers. sing. imperat. mid. are accented κρῖναι.

8.   Triton and Poseidon

102.18.0   Triton, son of Poseidon by Amphitrite (cf. n. 99.14.0, n. 101.13; other goddesses are also named as his mother), was considered one of the most powerful sea divinities under Poseidon, whom he often attended as chief aide. Here he looks after his father's love life.

102.18   Λέρναν: Lerna was a marshy place in the Peloponnese, about five miles from Argos.

103.3–5   τοῦ Αἰγυπτίου ... ὁ Δαναός: both words refer to Danaus, who first shared the throne of Egypt with his brother, Aegyptus; then he quarrelled with him, and fled to Argos, where he became king. Contrast the adj. Αἰγύπτιος here and the noun Αἴγυπτος in 104.10. Cf. n. 61.16.

103.4   Ἀμυμώνη: cf. n. 104.17.

103.6   αὐτουργεῖν: pc.

103.8   ἀόκνους: pd, pc.

103.9   μακρὰν ... ὁδόν: cf. n. 102.18; it would be quite a journey for a girl carrying a full water jug. Cf. n. 45.15 *b* for the acc. here.

103.11   πολυδίψιον: the Homeric epithet for Argos (*Il.* 4.171).

103.15   ὑδροφορίας: pc.

103.20   δὲ ἀλλά: the joining of these two particles is very unusual in prose, though it occurs in verse (e.g., Eur. *Hec.* 391). The combination stresses Poseidon's change of mind, ". . . but no! . . ."

103.21   τῶν ὠκέων: cf. n. 55.20; here the governing noun is modified by τινα.

104.1   ὠκύτατος: for the case, cf. n. 51.14 *b*.

104.2   παρανήχου: pd, pc.

104.10   Αἰγύπτου: cf. n. 103.3–5.

104.16 *a*   οὐδὲν δεινὸν μὴ πάθῃς: "you're in no danger," lit., "there is nothing causing fear that you will endure something fearful." This is a very compressed expression, apparently synthesized from three different locutions: (1) οὐδὲν δεινόν (ἐστιν), "there's nothing to fear," (2) δεινόν ἐστιν μὴ πάθω . . . , "there's danger that I may suffer . . . ," and (3) δεινὸν πάσχω, "I suffer cruel treatment."

104.16 *b* ἀλλὰ καί: "not only that, but ..."

104.17 ἐπώνυμον: there was a spring called Amymone on the sea coast (κλύσμα, 105.2) near Lerna.

105.1 πατάξας τῇ τριαίνῃ τὴν πέτραν: as Poseidon was supposed to have done at the site of the Erectheion on the Acropolis at Athens; but there the water in the well thus created was salt (Pausanias 1.26.5), here undoubtedly fresh.

105.2 κλύσματος: this word, found in Herodotus in a different sense, is otherwise pc.

105.3 ὑδροφορήσεις: cf. n. 61.16. A more elaborate version of the myth has Amymone sent to Lerna for water by her father because of a drought in Argos, caused by Poseidon in anger at that city's preference for Hera. Amymone is attacked by a Satyr; rescued by Poseidon, she gives him her love.

9. Iris and Poseidon

105.4.0 Iris, the personified rainbow, is seen here in her function as messenger of the gods, a duty which she shares with Hermes διάκτορος (cf. n. 126.0.0). The Dialogue is concerned with the birth of Apollo and Artemis on the island of Delos, where their mother Leto found refuge.

105.4 νῆσον ... πλανωμένην: before the events here described, the island was called Asteria or Ortygia (cf. n. 105.7).

105.4–6 ἦν ... νήχεσθαι συμβέβηκεν: the vb. συμβαίνω, "happen," sometimes, as here, has as its subj. an inf. clause (w. subj. acc.).

105.5 ὕφαλον: pd, pc.

105.7 δῆλον: though commonly of three terminations (-ος, -η, -ον), δῆλος is sometimes, as here, of two: ἡ δῆλος thus serves as the etymon of the name of the island Delos.

105.8 μέσῳ: the pred. position (not immediately following the article) is freq. w. this adj.

105.9 δεῖται ... τι αὐτῆς: the vb. δέομαι, "need," which is used w. the gen. of masc. and fem. substs. (cf. n. 18.16 *b*), is reg. used w. the acc. of neuts. Here we have both, "he has a certain need for it."

105.10 Πεπράξεται: cf. n. 3.9.

105.17 γονάς: "childbirth."

106.1   Ἥρα: her jealousy is of course explained by the fact that Zeus was the father of the twins, Apollo and Artemis, who were to be born; moreover, it was said that Zeus would be fonder of Leto's son than he was of Hera's son Ares. Hera was also said to have sent Python (the δράκων of 106.10) to persecute Leto.

106.3 f.   ἡ . . . νῆσος . . . ἀφανής: another example of the gods' lack of supernatural knowledge and their dependence on sense perception (cf. n. 92.0.0).

106.9   Τρίτωνες: the concept of many Tritons, sea-gods with fishes' or horses' tails, is a late development (cf. the single Triton, n. 102.18.0). Cf. Ἔρως (n. 80.5) and Ἔρωτες (n. 117.23–118.2), Lat. Cupido and Cupidines.

106.11 a   ἐξοιστρεῖ: pc.

106.11 b   τὰ νεογνά: Lucian follows the version of the myth which has Artemis help Apollo slay Python.

10.   Xanthus and the Sea

106.15.0   Xanthus was a river of the Troad, also called Scamander, which Hephaestus punished with fire because the stream had taken the Trojans' side against Achilles. The notion of rivers' being burned would scarcely be tenable were it not that the river (1) is thought of as including the vegetation on its banks and the fish swimming within it (107.9–11), and (2) is also at least partially personified as an anthropomorphic deity (but cf. 106.19 ζέω, 107.12 ὑπερκαχλάσαι [pc] and ξηρόν). Cf. also Inachus (n. 108.7) and Enipeus (n. 111.13.0). Here the badly scorched river begs the personified Thalassa for relief.

106.18   ἀπηνθράκωμαι: cf. n. 15.10 a.

107.2 a   ταύτης: applied to Thetis because of her belonging to the Sea, to whom Xanthus is talking, "your Thetis."

107.2 b   υἱόν: Achilles.

107.4 f.   ὑπὸ . . . ῥοῦν: on the rhetorical commonplace, cf. n. 73.10; on the gen. here, cf. n. 156.9.

107.12   μικροῦ δεῖν: "almost"; the inf. δεῖν, "lack," w. a dependent gen., is used absolutely as a phrase limiting the application of a single expression (here ξηρόν) or of an entire sentence.

107.15–17   Θολερός . . . πυρός: this sequence of words is remarkable for its loose structure and lack of vb. forms. The vb. εἰ must be supplied w. the two adjs., ἐστί w. the two nouns—a type of anacoluthon.

107.18   υἱωνόν: the υἱόν of the MSS can scarcely be retained in the general sense of "descendant," particularly when υἱός is used at 108.1 in the narrow sense of "son." Achilles can be viewed as the great grandson of the Sea, who was the mother of Doris, Thetis' mother. Xanthus, as a river, Thalassa feels, should have had for Achilles, kin of the marine gods, a measure of respect far overweighing any ties of neighborliness with the Trojans (cf. 107.19 f.). On the importance attached by the Greeks to kin ties, cf. n. 39.15, n. 68.2 f., n. 142.5 f.

107.19   ἐλεῆσαι: supply ἐμέ as subj. and cf. "Ηφαιστον, 108.1.

11. Notus and Zephyrus

108.3.0   This Dialogue of the South Wind with the West Wind takes place just as Hermes, at Zeus's behest (cf. n. 126.0.0) is escorting Io across the seas from Greece to Egypt. The girl (παῖς . . . 'Ινάχου, 108.6 f.) has been changed into a cow by the jealous Hera. (The story is also the subject of DG 7.)

108.5 *a*   διεκόρησεν: διακορέω, pc, "deprive of virginity."

108.5 *b*   ἁλούς: ἁλίσκομαι.

108.7   'Ινάχου: Inachus, a river-god, son of Oceanus and Tethys, was accounted the first king of Argos. We find here a confusion between an anthropomorphic god and a personified river such as we have just seen in DS 10.

108.13   ἐστ᾽ ἂν διανήξεται: if this text is sound, we have here a very rare use of the fut. ind. w. ἄν in a clause with cond. force. The variant, which has ἄν w. aor. subjv., conforms to the reg. pattern.

108.14   θεός: she is to become the Egyptian goddess Isis, as is more fully explained in DG 7 (cf. 132.13–17); as such, she will rule over the winds.

108.15   τεχθέν: cf. n. 34.3.

109.6   ἐξένευσεν: ἐκνέω; cf. ἐκνήχομαι, n. 98.5. Lucian apparently uses the two vbs. indifferently.

109.7   τετραποδητί: pc.

109.8   'Ερμῆς: in the more usual form of the myth, it is Zeus who restores Io to human form.

109.12–14   ὁ . . . 'Ερμῆς . . . γεγένηται: Hermes' self-transformation into the dog-headed Egyptian god Anubis is obviously meant as a humorous parallel to Io's metamorphosis into Isis—though she does not receive the bovine head commonly found in representations of that goddess.

109.13   κυνοπρόσωπος: pc.

109.15 *a*   ὅτι: "because."

109.15 *b*   ἄμεινον: i.e., ἢ ἡμεῖς.

12.   Doris and Thetis

109.17.0   This Dialogue of Doris (cf. n. 89.0.0) and Thetis (cf. n. 67.8 f.) is concerned with the story of Danaë, daughter of Acrisius, king of Argos, and her son Perseus. Acrisius had been told that a son to be born to her would kill him. He therefore confined his daughter in a bronze-clad chamber to keep her celibate. Zeus, entering the chamber as a shower of gold, became the father of Perseus. Acrisius attempted to destroy mother and child by having them set adrift in a wooden chest.

110.3   ἀρτιγέννητον: pc.

110.5   ἀποσπάσωσιν: the intr. use of ἀποσπάω in the sense "be separated from" is rare, and probably pc.

110.10   ἐπαρθένευεν: pc.

110.15 f.   ἄγριός τις καὶ ζηλότυπος γέρων: "a sort of wild and jealous old man" (cf. n. 2.2); it is not the man who is indef. (he is named at 110.9), it is his qualities.

111.2 f.   ὑπεμειδία . . . ὑποπίμπλαμαι: on Lucian's fondness for cpds. in ὑπό, cf. n. 42.25 *b*.

111.7   Σέριφον: Seriphos is one of the Cyclades Islands in the Aegean.

111.8   τούτοις: with a gesture. The two Nereids are apparently thought of as overlooking the Aegean as they converse.

13.   Enipeus and Poseidon

111.13.0   Enipeus was a river-god in Thessaly (another tradition places him in Elis) with whom the maiden Tyro fell in love (cf. n. 106.15.0, n. 108.7). Poseidon assumed the form of Enipeus, and, seducing the girl, became father by her of Pelias and Neleus. The story is told in Hom. *Od.* 11.235–59. Here, though a mere river, Enipeus chides the mighty Poseidon, showing the typical Greek sense of basic equality despite formal differences in rank.

111.13   εἰρήσεται: on the form and the connotation of immediacy, cf. n. 3.9.

111.15   διεκόρησας: cf. n. 108.5 *a*.

112.2 ὁσημέραι: ὅσαι ἡμέραι (εἰσίν) functions as an adv., "daily."

112.4 ἀλύουσα: ἀλύω, "be beside oneself with grief," pc.

112.5 ἐπεμβαίνουσα: "stepping into (the waters of the river)."

112.5 f. σοι ἐντυχεῖν: "to have sexual intercourse with you."

112.8 καθυποκρίνασθαι: the use of this vb. w. the inf., "pretend (to be)" seems to be original with Lucian; the acc. Ἐνιπέα agrees with σε, 112.7; contrast the usage discussed in n. 55.11.

112.14–17 ἔφησθα ... ἦσθα .... περιστήσας ... κῦμα: Enipeus refutes Poseidon's feeble and lying attempts at consolation by appealing to Homer's account: cf. Od. 11.252, αὐτὰρ ἐγώ τοί εἰμι Ποσειδάων ἐνοσίχθων, 243 πορφύρεον δ'ἄρα κῦμα περιστάθη, οὔρεϊ ἶσον.

112.15 ἦσθα: the conversion of the pres. in dir. disc. (Ποσειδῶν εἰμι) to an imperf. in indir. to accord w. the point of view of the narrator rather than that of the original speaker is by no means unexampled in classical Greek prose. Cf. Thuc. 3.32, διέφθειρεν.

14. Triton and the Nereids

113.0.0 This Dialogue between Triton (n. 102.18.0) and the Nereids (n. 89.0.0) concerns the legend of Perseus (n. 109.17.0) and Andromeda. Andromeda was the daughter of Cepheus, king of Ethiopia; her mother was Cassiope (alternative forms, Cassiepea, Cassiopea). Cassiope angered the Nereids by proudly claiming to be more beautiful than they. The sea-goddesses sent (or persuaded Poseidon to send) a sea monster to ravage Ethiopia. An oracle told Cepheus that his country could be spared only if he sacrificed his daughter to the monster. He accordingly fastened Andromeda to a crag near the sea. Perseus, fresh from his triumph over the Gorgon Medusa, came flying over Ethiopia. Partly by swordsmanship, and partly by using the petrifactive force of the Gorgon's head, he overcame the monster and married Andromeda. Elsewhere (*The Hall* 22) Lucian describes a picture of Perseus killing the monster and freeing Andromeda. Whether or not the picture thus described was an actual one, there seems little doubt that Lucian was here influenced by a graphic representation of the scene (cf. n. 90.3–6).

113.3 οἴεσθε: "you have been thinking"; the pres. is used of an act begun in the past and continued up to the pres.; it is not until they hear the word τέθνηκεν that the Nereids learn of the monster's death.

113.8 Ἰφιάνασσα: among the Nereids, only she and Doris (115.16–21, cf. n. 89.0.0) are given separate speaking parts in the Dialogue.

113.9–11 Περσέα . . . αὐτούς: cf. DS 12.

113.15 σῶστρα: "thank offerings for having been saved"; this is found in Herodotus, otherwise pc.

114.2 βασιλεῖ: Polydectes, king of Seriphos (n. 111.7), sent Perseus to kill Medusa so that he himself might be free to marry Danaë.

114.6 f. ὑπόπτερον . . . ἔθηκεν: Homeric usage of τίθημι for the bestowal of qualities on mortals by divinities (cf. *Il.* 9.483; *Od.* 6.229 f.).

114.10 f. Those looking directly at any of the Gorgons or exposed to the direct view of any of them (cf. 115.10 f., ὅσα εἶδε τὴν Μέδουσαν) were turned to stone.

114.10 ἀθέατοι: pc in the sense "not to be seen."

114.12 Ἡ Ἀθηνᾶ . . . προφαίνουσα: these words are abandoned, by a very natural anacoluthon, for a fresh start after the parenthetical remark of 114.12–14.

114.12–14 τοιαῦτα . . . ὕστερον: cf. n. 99.3–4.

114.18 ἅρπην: "scimitar," a crescent-shaped sword traditionally assigned to Perseus as a weapon.

114.23 *a* προβλῆτος: "projecting."

114.23 *b* προσπεπατταλευμένην: in Herodotus (-σσ-), otherwise pd, pc.

115.1 πολύ: adverbial, "for the most part," in this sense reg. τὸ πολύ.

115.1 f. ἔνερθε τῶν μαστῶν: "from the breasts down."

115.3 καταδίκης: Perseus takes it for granted that she is being punished for some crime.

115.4 *a* κατὰ μικρόν: "little by little."

115.4 *b* ἐχρῆν: "it was fated."

115.7 ὑπεραιωρηθείς: in Herodotus, otherwise pc.

115.8 *a* τῇ . . . τῇ: i.e., τῇ δεξιᾷ . . . τῇ λαιᾷ.

115.8 *b* καθικνεῖται: "come down upon," "thrust at."

115.9 τὸ δέ: i.e., τὸ κῆτος.

115.10 πέπηγεν: πήγνυμι.

115.12 f. ὑποσχὼν . . . οὔσης: these words, like 114.23–115.2, καλλίστην . . . μαστῶν, seem particularly to be a

reflection of a graphic representation which Lucian had
seen (cf. n. 90.3–6).

115.14   ἐν τοῦ Κηφέως: sc. οἴκῳ; cf. n. 93.2 f.

115.15   τυχόντα: cf. n. 65.16 a.

115.19   οὕτως: i.e., had her daughter been killed.

115.22   βάρβαρος: the Greek gods are presumed to share the
Hellenocentrism of their human worshipers.

15. Zephyrus and Notus

116.0.0   Again, as in DS 11 (cf. n. 108.3.0), the two winds
gossip about Zeus's love affairs. Here the topic is the
kidnaping by Zeus, in the guise of a white bull, of
Europa, daughter of Agenor, king of Sidon in Phoenicia.
(In Homer and Hesiod, Europa is the daughter of
Phoenix.) Nowhere does Lucian give clearer indications
of having been influenced by graphic art (cf. n. 90.3–6).
He in his turn has apparently been the inspiration here
for early modern paintings.

116.4 f.   πομπήν . . . πέμποντες: the phrase πομπὴν πέμπω is
reg. used either for conducting or for taking part in a
procession.

116.8   ἐρυθρὰν . . . θάλασσαν: our Red Sea, the Roman
sinus Arabicus.

116.8 f.   εἰργαζόμην, ἐπέπνευσα: "I was working, I (oc-
casionally) blew over." Note the tenses.

116.11–117.1   οἶδας . . . οἶσθα: Lucian uses these forms in
free alternation; the first is mostly Ionic and pc, the second
Attic.

116.14   ἐκ πολλοῦ: "for a long time."

117.5   ἀκριβῶς: "perfectly."

117.6   εὐκαμπής: pd, pc.

117.11   ἐνήχετο: the use of the mid. forms of νήχω, "swim,"
is pc.

117.13   ἠνεμωμένον: "buffeted by the wind" (ἀνεμόομαι).

117.20   τὴν γαλήνην ἐπισπασαμένη: the sea is thought of as
drawing the calm over her surface as if it were a garment.

117.21   ἡμεῖς: i.e., the winds. Apparently this calm had not
been characteristic of the earlier scene (cf. 117.13,
ἠνεμωμένον).

117.23–118.2   Ἔρωτες . . . Τριτώνων: cf. n. 106.9.

117.23   μικρόν: "a bit" (adv. acc.).

117.24   ὡς: "in such a way as to," w. inf. of result; cf. n.
18.7, but here without οὕτως.

117.25 ἠμμένας: ἅπτω: in the sense "kindle," "light."

118.1 ἐπικροτοῦσαι [pd, pc]: cf. n. 101.16.

118.2 εἴ τι ἄλλο: "whatever else there was," lit., "if (there was) anything else."

118.3 f. περιεχόρευε: pd, pc.

118.5 Ἀμφιτρίτην: cf. n. 99.14.0, n. 101.13.

118.7 ἐπὶ πᾶσι: "to cap it all," lit., "in addition to all (else)."

118.8 f. ἐπιπάττουσαν: in Herodotus (-σσ-), otherwise pd, pc.

118.12 f. Δικταῖον ἄντρον: a cave in the Cretan mountain Dicte, a center of Zeus's worship.

118.13 f. ἐρυθριῶσαν ... ἄγοιτο: perhaps we are to think of our Phoenician maiden as a little more sophisticated than her Greek counterpart might have been. A Greek girl of cloistered noble upbringing might still not have realized what was happening.

118.15 διεκυμαίνομεν: a coinage of Lucian's.

118.16 τῆς θέας: the gen. of cause, as reg. in exclamations.

NOTES TO DIALOGUES OF THE GODS

In this last set of Dialogues which we shall study, Lucian turns his satirical gaze upon the gods of Olympus, exploiting the anomalies and contradictions to be found in the Homeric and Hesiodic accounts. The Dialogues seem, like those of the Sea-Gods, to be intended for amusement only, with scarcely a trace of even the slight philosophical seriousness which may perhaps be discerned behind the comic façade of the *Dialogues of the Dead*.

1. Ares and Hermes

119.0.0 Basing this Dialogue on two passages in the *Iliad* (cf. n. 119.1–8, n. 120.3–9), Lucian has the blustering Ares discuss with the prudent Hermes the question of Zeus's supremacy.

119.1–8 οἷα ἠπείλησεν ... μετεωριῶ: cf. Hom. *Il.* 8.17–27, where Zeus makes his threats to deter the other gods from interfering with a battle between Greeks and Trojans.

119.2–5 Ἢν ἐθελήσω, ... καθήσω, ... βιάσεσθε, ... ποιήσετε, ... καθελκύσετε: thus far a fut. more vivid cond., ἐάν(ἤν) w. subjv. in protasis, fut. ind. in apodosis. Homer's corresponding cond. is of the fut. less vivid type, εἰ w. opt., opt. w. ἄν, *Il.* 8.21 f.

119.4 βιάσεσθε: "will use every effort," w. inf. This is a rare construction (contrast n. 70.7).

119.5–8 εἰ ... θελήσαιμι ..., μετεωριῶ: here we have a mixed cond. (cf. n. 11.21 *b*), "I'm unlikely to do it, but if I should, the result will be . . ."

119.7 συνανασπάσας: pc.

119.9 καθ' ἕνα: "individually."

119.11 *a* ὑπερφέρειν: the unexpressed subj. (acc., in an inf. clause in indir. disc. depending on πεισθείην) is Δία, to be supplied from the context.

119.11 *b* ὡς μὴ καταβαρήσειν (sc. ἡμᾶς) αὐτόν; cf. n. 18.7; the vb. is pc; the fut. inf. replaces an original fut. ind. (cf. n. 119.2–5).

119.14 Εὐφήμει: "Speak (only) words of good omen," i.e., "Keep silent!," Lat. *fave lingua*; cf. 120.11, Σιώπα.

119.15 f. μὴ καί τι κακὸν ἀπολαύσωμεν τῆς φλυαρίας: as often, ἀπολαύω ("have the benefit of," here ironical) is used w. the cognate acc. and the gen. of source.

119.18 ἐχεμυθήσειν: pc.

120.3–9 ὁπότε . . . βροντῇ: cf. *Il.* 1.396–406, where Achilles reminds Thetis of the great favor she did for Zeus by calling on Briareus to rescue him when he was bound by the rebellious trio.

120.5 παντοῖος ἦν: more usually π. ἐγίνετο (cf. n. 10.5).

120.6 καὶ ταῦτα (ἐποίησε) τρεῖς ὄντας (δεδιώς): by supplying the vbs. in parentheses, we may regularize the sentence; but Lucian may have had another construction in mind: e.g., ποιέω used (ironically) w. two accs. (cf. n. 80.3 f. *a*).

120.8 *a* ἐδέδετο: plup. ind. w. ἄν, to denote, in the conclusion of a past unreal cond., a state following the completion of a past act: "he would have been reduced to a state of bondage"; that he was thought of by Homer as temporarily in that state is shown by *Il.* 1.401, ὑπελύσαο δεσμῶν.

120.9 ἐπήει: ἔπειμι (εἶμι *ibo*) "occur," w. dat.; the subj. of ἔπειμι may, as here, be a simple inf.

120.10 καλλιρρημοσύνη: etymologically "beautiful language"; here "braggadocio"; pc.

2. Pan and Hermes

120.13.0 Lucian follows the tradition in which Pan, the horned, goat-legged companion of Dionysus, is the son of Hermes by Penelope; many other myths were told about his parentage.

120.14 μὴ καὶ σύ γε: cf. n. 14.5.

120.15 Κυλλήνιος: so called from the mountain Cyllene in Arcadia, which region was a center of worship both of Hermes and of Pan.

121.1 Μοιχίδιος: in Herodotus, otherwise pc.

121.2 f. τράγου . . . ἐμοί: the use of the dat. of possession (ἐμοὶ γὰρ πῶς [εἶ];) shows that τράγου is in the gen. absol. w. μοιχεύσαντος.

121.4 *a* . . δίχαλα: the Doric form is often used, as here, instead of the Attic δίχηλος, "cloven-hoofed."

121.4 *b* τραγικά: here used in its etymological sense of "goatlike" rather than its derived sense of "tragic"; Plato, *Cratyl.* 408C, in a passage in which Pan is discussed, perhaps plays on the double meaning of the adj. τραγικός.

121.8 τοιαῦτα: the plu. generalizes from the single instance (cf. n. 16.15 *a*).

121.14 ἐπί: w. acc., extent of time.

121.16 ἀντ' ἐμοῦ τράγῳ: a compressed expression, "like a goat instead of (like) me."

122.4 γίνωσκε . . . ἔχων: cf. n. 12.1–3.

122.8 ἀπέβης: "turned out (to be)."

122.10 μέγα φρονῶν: "priding myself," lit., "thinking big."

122.11 γέλωτα ὀφλήσω: cf. n. 79.3 f.

122.14 καπυρόν: acc. neut., cognate, "a clear, crisp tone"; καπύριον was a name given to a crisp little honeycake.

122.14–17 ὁ Διόνυσος . . . χοροῦ: in Lucian's *Double Indictment* 9, Hermes calls Pan τῶν Διονύσου θεραπόντων τὸν βακχικώτατον.

122.17–19 *a* τὰ ποίμνια . . . ἀπάσης: Pan was worshipped particularly by the shepherd folk of Arcadia, where the town of Tegea and the mountain Parthenion were located.

122.17–19 *b* θεάσαιο . . . ἡσθήσῃ: cf. n. 119.5–8.

122.20–23 Pan was believed to have intervened at the battle of Marathon (490 B.C.) on the side of the Athenians, striking panic (the phenomenon is named after him) into their Persian foes. The runner Phidippides, who carried the Athenian message to Sparta asking for aid, reported that he had met Pan περί τὸ Παρθένιον ὄρος τὸ ὑπὲρ Τεγέης (Herod. 6.105), and that the god, expressing warm support for Athens, inquired why the Athenians had not been in the habit of showing him honor. In gratitude after the victory at Marathon, the Athenians established a shrine to Pan in a cave on the northwest slope of the Acropolis. The following epigram is attributed to Simonides (143; 2.113 Diehl): τὸν τραγόπουν ἐμὲ Πᾶνα, τὸν Ἀρκάδα, τὸν κατὰ Μήδων,/τὸν μετ' Ἀθηναίων, στήσατο Μιλτιάδης.

122.23 Πανός: this gives Hermes the first clue to his son's name, or at least so he pretends (cf. οἶμαι 123.2).

123.3 Οὐδαμῶς: in reply to Hermes' main question (γεγάμηκας), not to the side remark which follows it.

123.4 μιᾷ: "(only) one?"

123.6 f. Ἠχοῖ καὶ . . . Πίτυϊ: nymphs beloved of Pan, who,

despite his assertion here, are traditionally represented
as having rejected his advances.

123.8 *a*   Μαινάσι: the Bacchants, frenzied female companions
of Dionysus.

123.8 *b*   σπουδάζομαι πρός: "am made much of by."

123.9   χαρίσῃ: pc form of fut. (χαρίσομαι) for Attic χαριεῖ
(χαριοῦμαι).

123.11   ἴδωμεν ταῦτα: "let me see to it."

3. Apollo and Dionysus

123.14.0   The two gods discuss three others who, all sons of
Aphrodite, personify love in one way or another:
Eros, the traditional god of love in general, son of
Aphrodite and Ares (or Zeus), and two deviant types:
Priapus and Hermaphroditus. Priapus, represented as
a man with an abnormally large and erect penis, is the
personification of the inexhaustible force of Nature
manifested in human, animal, and plant life. Honor
was paid to him in Dionysiac and other mysteries. As
guardian of vineyards and gardens, Priapus was often
represented by a statue in the fields which, with its huge
and menacing organ, served the practical purpose of
a scarecrow. With Aphrodite as his mother, Priapus
was ascribed to various fathers, among them Dionysus,
Hermes, or even Zeus. Hermaphroditus, represented
as having both male and female sexual characteristics
in one body, was a god of oriental origin, personifying
luxuriant fertility. Little if anything of this idea remains
in Greek literary or graphic representations. For the
Greeks, the god was simply a bisexual offspring of Hermes
and Aphrodite.

123.14 *a*   λέγοιμεν: the idea of the verb is carried over to
govern the indir. disc. embodied in the rest of the sen-
tence: "What are we to say about the fact that . . . ?"

123.14 *b*   ὁμομητρίους: cf. n. 123.14.0.

124.2–7   ὁ μέν . . . ὁ Πρίαπος: the three gods are discussed
in the order of their first listing by Apollo, 123.14–124.1.

124.3   περιβεβλημένος: cf. n. 72.17.

124.3 f.   ἁπάντων ἄρχων: for the theme "Love Conquers
All," cf. 166.1 (Aphrodite to Eros), κρατεῖς ἁπάντων, and
Soph. *Ant.* 781, Ἔρως ἀνίκατε μάχαν, Eur. Frag. 433.3,
Ἔρωτα πάντων δυσμαχώτατον θεόν, Plato *Symp.* 196C,
καὶ μὴν εἴς γε ἀνδρείαν Ἔρωτι οὐδὲ Ἄρης ἀνθίσταται.

124.4 ἡμίανδρος: pd, pc.

124.6 τοῦ εὐπρεποῦς; gen. of τὸ εὐπρεπές, "that which is seemly"; for the phrase πέρα τοῦ εὐπρεποῦς, cf. 137.18 f. πέρα τοῦ μετρίου.

124.9 πατέρες διάφοροι: cf. n. 123.14.0.

124.10 ὅπου γε καί: "whereas even."

124.11 ὑμεῖς: Apollo and Artemis.

124.15 Μέχρι: here an exact semantic parallel to our "as far as . . . is concerned."

124.16–21 ὅτι ἡ μὲν Ἄρτεμις . . . σφαγάς: reference is to Euripides' *Iphigenia among the Taurians*. Iphigenia, a priestess of Artemis, unwillingly sacrifices foreigners to the goddess; but when Orestes and Pylades arrive in the barbarous land, she sails off with them, and the cult statue of Artemis is carried off with the three.

124.16 ξενοκτονεῖ: in Herodotus, otherwise pc.

124.21 μυσαττομένη: "being disgusted with," a Euripidean word, used also by Xenophon and Hippocrates.

125.1 ὁ . . . Πρίαπος: the sentence thus begun is interrupted by the parenthesis γελοῖον . . . πόλιν, where γενόμενος refers to the ἐγώ which follows and not the Πρίαπος which precedes. Of this parenthesis, the last element, ἐγὼ μὲν παρῄειν τὴν πόλιν, begins a new μέν . . . δέ construction, in which ὁ δέ, referring to Priapus, reintroduces the subj. originally uttered; a mild anacoluthon.

125.2 Λαμψάκῳ: a city on the eastern shores of the Hellespont, a center of Priapus' worship.

125.3 ἐγὼ . . . παρῄειν: "I was visiting," lit., "passing by."

125.5 ὑποβεβρεγμένοι: in this pc verb, the force of ὑπό, "a little," is logically out of harmony with ἱκανῶς, "properly."

125.8 Ἐπείρα: the vb. is here used of sexual advances.

125.12 τὸ μὴ . . . ἀγρίως: some such inf. as ποιεῖν is to be supplied, giving us an articular inf. syntactically unconnected w. the preceding Εὖ γε (ποιῶν [cf. 125.1]), but loosely added as a *nominativus pendens*.

125.13 εἰ: cf. n. 41.4, here without γε.

125.15–18 κομήτης . . . κόμης: cf. n. 52.2 *b*.

125.15 ὡς: cf. n. 18.7; here the inf. has ἄν, as representing a potent. opt., "with the result that Priapus might . . ."

125.16 νήφοντα: in contrast w. ὑποβεβρεγμένοι, 125.5.

4. Hermes and Maia

126.0.0   Hermes complains to his mother Maia about his multifarious duties. The basis of the complaint is the fact that, in the tradition from Homer on, Hermes is represented as one of the most versatile of the Greek gods. His many functions are expressed in a series of epithets, of which the following list has been drawn up by scholars:

λόγιος, god of eloquence (n. 127.18.0)

ἀγώνιος, god of athletic contests (n. 53.8 f.)

διάκτορος, servant or messenger of the gods (n. 105.4.0,
         n. 108.3.0)

μουσικός, god skilled in music

κλέπτης, divine thief

ἐριούνιος, divine helper (?)

χρυσόρραπις, god of the golden wand (n. 83.8 *a*)

ψυχοπομπός, divine escort of souls (n. 5.7–10, n. 10.19.0,
         n. 36.22.0, n. 39.7–11)

All these attributes are exemplified either in the Homeric *Hymn to Hermes* (cf. esp. 14, 17, 145, 529 f., 572), or in Horace, *Carm.*, 1.10 (cf. esp. 1, 4, 5 f., 8, 16, 17 f.), or in both, and all but the vague ἐριούνιος in DG 11.

Maia, daughter of Atlas, was a goddess associated with Mt. Cyllene (cf. n. 120.15). As a constellation she was one of the rainy Pleiades. Perhaps she was originally a rain-goddess. Otherwise, except as mother of Hermes, she is a rather unsubstantial figure in Greek mythology. She is not to be confused with her Roman namesake, a widely worshiped goddess of growth.

126.6   σαίρειν: "sweep," "clean," pd.

126.8   εὐθετίσαντα: pd, pc.

126.10   ἡμεροδρομοῦντα: "always on the go"; lit., "being a ἡμεροδρόμης (a long-distance runner, one who runs all through the day)"; the vb. is pc.

126.11–13   πρὶν ... ἐνέχεον: reference is to the kidnaping by Zeus of the beautiful Phrygian boy Ganymede, whom the god brought to Olympus to be his personal cupbearer (cf. DG 10, also DG 6 and DG 8). The function of cupbearer to the gods was variously attributed to Hermes, Hebe, and Hephaestus. Hermes speaks here as if he had formerly been the sole cupbearer, and was now completely supplanted by Ganymede.

126.12 νεώνητον: "new boy," lit., "newly-bought," as if a slave.

126.15 f. ψυχαγωγεῖν καὶ νεκροπομπὸν εἶναι: cf. n. 5.7–10. Note the use in close conjunction of derivatives of ψυχή and νεκρός, and cf. n. 29.4 f.

126.16 f. παρεστάναι τῷ δικαστηρίῳ: cf. n. 58.21–59.4, n. 68.13.0. In *Downward Journey* 23 f., Lucian has Hermes serve as bailiff to Minos, summoning the culprits in order, and announcing each as he appears.

126.18 a παλαίστραις: cf. n. 53.8 f. and n. 126.0.0, ἀγώνιος.

126.18 b ἐκκλησίαις: as the herald of the gods, and patron of earthly heralds (cf. n. 126.0.0, διάκτορος).

126.19 a ῥήτορας ἐκδιδάσκειν: as λόγιος (cf. n. 126.0.0), the god of eloquence. Cf. *AP* 11.150.1 f. (second century A.D.), δῶρον/'Ερμείῃ ῥήτωρ θῆκεν Ἀθηναγόρας.

126.19 b νεκρικά: pc.

126.20 συνδιαπράττειν: cf. n. 92.20 f., end.

126.21 Λήδας τέκνα: cf. n. 1.0.0.

127.1 f. οἱ ... Ἀλκμήνης καὶ Σεμέλης ἐκ γυναικῶν δυστήνων γενόμενοι: Heracles (cf. n. 28.8) and Dionysus. Alcmene is apparently called unfortunate because she shared Amphitryon's exile from Argos to Thebes, only to have him repudiate her when he learned of Zeus's act in fathering Heracles upon her. On Semele's death by the thunderbolt, cf. n. 100.10.

127.3 ἀφρόντιδες: pd, pc.

127.4 διακονοῦμαι: the mid. in the sense "serve (others)" is pc. Plato, *Leg.* 763A specifically distinguishes between διακονοῦντες and διακονούμενοι ἑαυτοῖς, "acting as servants" and "serving themselves."

127.5 ἀπὸ Σιδῶνος παρὰ τῆς Κάδμου θυγατρός: if the reference to Sidon is correct, Lucian must mean Europa (cf. n. 116.0.0) and apparently simply errs in calling her Cadmus' daughter.

127.7 πέπομφεν: note the tense.

127.8 Δανάην: cf. n. 109.17.0.

127.8–10 "εἶτ ἐκεῖθεν ... ἰδέ": shift to dir. disc. for variety and vividness.

127.9 Ἀντιόπην: Antiope, daughter of the Boeotian river-god Asopus, bore Amphion and Zethos to Zeus, who appeared to her in the form of a satyr (cf. n. 130.0.0).

127.10 ἀπηγόρευκα: "I am exhausted." In addition to its usual meaning of "forbid," ἀπαγορεύω also means "bid farewell to," hence "give up," "fail," "flag," "be exhausted," as here.

127.10–12 εἰ γοῦν ... δουλεύοντες: badly treated slaves had the right at Athens to take asylum in a temple and demand that they be sold to another master; the details of the procedure are unclear.

127.11 ἠξίωσα πεπρᾶσθαι: the usual phrase is αἰτέω πρᾶσιν, "I demand sale."

127.15 σόβει: "get going!" The vb. is used intrans., as here, to denote a strutting, swaggering walk.

127.16 ὀξύχολοι: pd.

5. Prometheus and Zeus

127.18.0 This Dialogue is concerned with the myth of Prometheus, best known to us from Aeschylus' *Prometheus Bound* (cf. also Hes. *Theog.*, 521–616); but the tradition contains numerous wide variations. By all accounts, the Titan Prometheus angered Zeus by cheating him out of his due portion of a sacrificial ox. In retaliation, Zeus withheld fire from men, who were Prometheus' protégés. Prometheus, said by some to have created mankind, is universally credited with procuring fire for them despite Zeus's prohibition, by stealing it from heaven in a hollow stalk. Angered, Zeus had Prometheus nailed to a crag in the Caucasus, with a bird of prey eating at his ever-renewed liver. Zeus punished men by sending women to plague them. Prometheus obtained his own release by bargaining on the basis of his fore-knowledge that Thetis, by whom Zeus had intended to have a child, would bear a son mightier than his father. This contingency Zeus had reason to fear, having deposed his own father, Cronus. Even if we allow for considerable latitude in the tradition, Lucian seems to have handled the myth somewhat carelessly. Cf. n. 128.5 f., n. 128.9, n. 129.15 *b*.

128.1 Λύσω: either the fut. ind. or the aor. subj., used alternatively (cf. n. 38.7) in expressions of deliberation, here in an indignant question.

128.2 f. ὅλον ... ἐπικείμενον: as a weight bearing down upon him, instead of his being stretched out on top of a single Caucasian crag.

128.3 ἑκκαίδεκα γυπῶν: an enormous increase over the one bird which actually tormented Prometheus, called ἀετός in 128.13.

128.5 f. Of the three charges here, the first two are traditional, but Lucian is alone in saying that Prometheus created woman. The usual account is that Hephaestus moulded Pandora at Zeus's own command.

128.5 ἀνθ᾽ ὦν: the use of this phrase, equaling ἀντὶ τούτων ὅτι, "because," is pd. Cf. n. 4.13 for a slightly different expression, in that the antecedent of ὦν there forms an easily supplied element in the main sentence.

128.7–10 ἃ . . . ἐξηπάτησας . . . τί χρὴ λέγειν: on the παρά-λειψις, cf. n. 31.22 f.

128.9 σεαυτῷ: traditionally it was for the benefit of mortal men, not for himself, that Prometheus tricked Zeus in the apportionment of the ox.

128.12 f. τὸν κάκιστα ὀρνέων ἀπολούμενον ἀετόν: "the eagle, most wretchedly accursed of (all) birds." The fut. partcp. of ἀπόλλυμαι (cf. n. 18.6 a) is used as an abusive epithet, "doomed to a bad end."

128.14 πολλοστημόριον: "a tiny fraction," cf. πολλοστὸν μόριον, a fraction with a large (πολύς) denominator and the number one as a numerator (e.g., $\frac{1}{288}$, the Lat. scrupulus). The pattern can be seen in the word for "one-fifth," πεμπτημόριον.

129.3 f. Prometheus, true to his name ("Forethinker") has the gift of prophecy.

129.8 Cf. n. 44.20 f.

129.9 Μηδέν: adv. acc., "(Do) not by any means," a stronger form than the simple μή to introduce a negative command.

129.10 a κυοφορήσῃ: pc.

129.10 b τεχθέν: cf. n. 34.3.

129.10 f. ἴσα ἐργάσεταί σε οἷα καὶ σὺ ἔδρασας . . .: both vbs. are used w. double acc. (cf. 80.3 f. a); δράω is pd. If the text as printed is correct (γ adds τὸν Κρόνον), the second acc. of the second set is unexpressed; either Prometheus hesitates to mention Zeus's deposed father, or Zeus, touchy on the subject, interrupts before he can do so.

129.15 a Χαιρέτω: "Good-by to (Thetis)," lit., "May she fare well!"

129.15 b Ἥφαιστος: though Hephaestus nailed Prometheus to the crag, it is Heracles who, in the traditional account, releases him.

6. Eros and Zeus

130.0.0   This Dialogue lampoons Zeus's multifarious amours, in pursuing which the god often appeared in a form assumed for the occasion: as a bull (Europa), a swan (Leda), a shower of gold (Danaë), a satyr (Antiope), or an eagle. The reference to an eagle below is perhaps meant to point to Asteria (cf. Ov. *Met.* 6.108); apparently not to Ganymede (cf. DG 8, DG 10), for the talk as far as Zeus is concerned seems confined to women. The first four amours and disguises just listed are enumerated in a matching couplet of the *Palatine Anthology* (9.48), Ζεὺς κύκνος, ταῦρος, σάτυρος, χρυσὸς δι᾽ ἔρωτα/Λήδης, Εὐρώπης, Ἀντιόπης, Δανάης.
    The idea of attributing polygyny on a massive scale to Zeus (a scholar has listed well over a hundred goddesses and mortal women who were accounted his paramours) probably stemmed from early myths in which the sky as male fructified a female element in nature: the earth, for example, or a tree. Later, local legends and copious imagination added to the list of females, the nature motif being abandoned. Similarly, the appearance of Zeus as rain (cf. Danaë's shower, albeit gold) again reflects the god's origin as the divine sky, while his metamorphosis into beast or bird may be derived from an original zoomorphic theology, reduced to embroidery after anthropomorphism had effectively replaced it. Here Lucian has Zeus complain to Hermes about the unsuitability of such disguises as obscuring his true self in his dealings with his loves.

130.1   εἰ καί: cf. n. 78.3 *a.*

130.3 f.   ἀρχαιότερος . . . Ἰαπετοῦ: though often represented as an infant, Eros, as the personification of Love, could be regarded as having existed from the most remote times (Hesiod, *Theog.* 116–20, places him among the earliest divinities to come into being). Iapetus was a Titan, older brother of Cronus.

130.4   πολιάς: sc. τρίχας.

130.9   εἰ μικρά: from the clause which follows, supply, e.g., ἅ με ποιεῖς; "if (these are) mere trifles which you perpetrate on me." The following clause as phrased reflects Zeus's real center of irritation, the person rather than the actions.

130.10 *a* ἐντρυφᾷς: mostly pd, pc, w. dat. of disadvantage.

130.10 *b* οὐδέν ἐστιν ὃ μὴ πεποίηκάς με: "you've made me everything," lit., "there is nothing which you haven't made me." Attic Greek uses οὐ in the formula οὐδεὶς ὅστις οὐ, "no one who ... not," i.e., "everyone," as Lucian himself does at 172.5 f. (cf. n. 4.14 f.). The entire expression οὐδέν ἐστιν ὃ μή is regarded as pred. acc. w. πεποίηκάς με, w. the five nouns which follow in serial apposition.

130.12 *a* ἐμοῦ δέ: contrasting the "true self" referred to at the end of n. 130.0.0 with the disguises just mentioned; cf. also ἐμαυτόν, 130.15.

130.12 *b* ὅλως: cf. n. 1.10 *b*.

130.12 *c* οὐδεμίαν ἥντινα: "not a single female." This is an extension of the Attic expression οὐδεὶς ὅστις οὐ (cf. n. 130.10 *b*), which, as *LSJ* s.v. says, "came to be regarded as one word, so that οὐδείς passed into the same case as ὅστις, οὐδένα ὅντινα οὐ κατέκλασε" ("he broke everyone down," Plato *Phaedo* 117D). By omitting the following οὐ, Lucian has converted an expression meaning "everyone" to one meaning "not a single one," while retaining the syntactical agreement to which *LSJ* refers.

130.13 συνῆκα ἡδὺς ... γεγενημένος: "felt that I had become agreeable"; ἡδύς is in the pred. w. the partcp. (cf. n. 12.1–3).

130.14 μαγγανεύειν: "play tricks upon"; not to be taken in the etymological sense of "use a love charm (μάγγανον)."

130.16–131.2 Cf. n. 100.10. Zeus and Hermes are apparently thought of here as having Semele in mind, but as referring to terror rather than flames as the cause of her death.

131.3 f. ὁ Βράγχος καὶ ὁ Ὑάκινθος: beautiful boys beloved by Apollo.

131.5 f. κομήτην καὶ ἀγένειον: and hence a far cry from the awe-inspiring majesty of the bearded Zeus. For κομήτης, cf. n. 52.2 *b*.

131.7 ἐπίσειε: pd, pc.

131.8–13 ἀλλ' ὡς ἥδιστον ... Μαινάδων: the description of Dionysus and his Maenads is in many ways reminiscent of Euripides' *Bacchae*: cf. esp. *Bacch.* 235 f., 239–41, 352–54, 453–59, 493, 695–713, 830–35, 925–44, 1115 f. Examples of pd are not singled out in the notes on this present passage.

131.9 *a*   καθειμένος βοστρύχους: "letting your hair grow into long curls," lit. "letting down curls"; the mid. in this sense is pc; the act. of καθίημι is found in earlier authors in this meaning.

131.9 *b*   μίτρᾳ: a headband or snood, usually worn by women, but by both sexes as part of the Bacchic costume.

131.10 *f.*   πορφυρίδα . . . χρυσίδας . . . αὐλῷ . . . τυμπάνοις: the first two Bacchic traits are not found in the *Bacchae*, the last two are (e.g., 380, 156). Cf. also ὑπὸ τυμπάνοις καὶ αὐλῷ, 168.5 below.

131.12   πλείους: sc. γυναῖκες.

131.15   τοιοῦτος: it is perhaps a coincidence that this word has become modern Athenian slang for an effeminate man or a homosexual, but cf. 143.15.

131.19   ἐπὶ τούτοις αὐτοῖς: "on these very conditions."

7.   Zeus and Hermes

132.0.0   The dramatic time of this Dialogue is just before that of DS 11; the subject is the same. Cf. n. 108.3.0.

132.5   τῷ: τίνι.

132.6   Ζηλοτυπήσασα ἡ Ἥρα: cf. n. 98.2, n. 106.1.

132.7 f.   ἄλλο τι δεινὸν ἐπιμεμηχάνηται τῇ κακοδαίμονι: the use of this vb. w. dat. (in addition to acc.) is pc.

132.8   πολυόμματον Ἄργον: the number of Argus' eyes is sometimes given as one hundred, of which only half slept at a time, thus making him ideal for the task of guarding Io for Hera. The adj. is apparently original w. Lucian.

132.12   Νεμέαν: a valley on the northern border of the Argolid, which is said to have derived its name from Argus' pasturing Io there (cf. νέμει, 132.9).

132.13   ἐκεῖνον: the absence of μέν to correspond with the following δέ is unusual.

132.15–17   ἔστω θεός . . . τοὺς πλέοντας: cf. n. 108.14.

8.   Hera and Zeus

133.0.0   Hera's jealousy, traditionally depicted as directed against Zeus's feminine amours (cf. n. 98.2, n. 106.1, n. 132.6), is here shown as aroused by Zeus's love for the beautiful boy Ganymede, a royal youth of Troy, who served as his father's shepherd boy on Mt. Ida near that city. The myth of Zeus's assuming the form of an eagle and kidnaping the boy to serve as his cupbearer is the subject of DG 10; cf. also n. 126.11–13. Here we are to suppose that the lad is already well established in the Olympian banquet hall.

133.2 Φρύγιον: though geographically correct here (Troy was located in Phrygia), the use of the adj. has a contemptuous tone (cf. n. 77.12 *a*).

133.6 γυναιξί: cf. n. 130.0.0.

133.7 ὁμιλήσωσι: cf. n. 34.2.

133.10 κάτει: used here in the sense of a generalizing pres. tense, though εἶμι and its cpds. reg. have the fut. sense in the ind. in post-Homeric Greek.

133.11 χρυσίον ἢ σάτυρος ἢ ταῦρος: cf. n. 130.0.0.

133.12 κἄν: "still," "even (so)"; i.e., even if one holds that you consort with them wrongfully, at least it must be admitted that . . . . For other pc uses of this protean particle, cf. n. 36.14 *a*, 90.22 *a*. It is the origin of καν- in modern Greek: κανείς, κανένας, "anyone," originally "even one," "any one at all." Cf. 134.12, κἂν ἅπαξ, "even once."

134.15 τῷ λόγῳ: "allegedly"; contrast νόμῳ, 133.10. This meaning of λόγος is reinforced by δή; cf. the ironical adv. δῆθεν, "forsooth."

133.16 *a* ἀπηγορεύκασιν: cf. n. 127.10.

133.16 *b* ἥ τε Ἥβη καὶ ὁ Ἥφαιστος: generally accounted legitimate children of Hera and Zeus, and as such here shown as objects of Hera's concern. As we have seen (n. 126.11–13), each served on occasion as cupbearer to the gods.

133.17 διακονούμενοι: cf. n. 127.4.

133.21 ὁτὲ δέ: often used in verse and in prose after Aristotle as correlative of a preceding ὁτὲ μέν, "now . . . now"; sometimes, as here, to introduce a second clause without a correlative in the first, "at other times."

134.2 ὅθεν: "from the place (on the rim of the cup) from which"; the same spot is referred to by ἔνθα in the next line.

134.6 ἀστραγαλίζων: ἀστράγαλοι, knucklebones of sheep or goats, or imitations of them in metal or ivory, were used by children in a game resembling jacks and by adults in gambling games. The flat, irregular, concave, and convex sides on which a bone could land were given the numbers 1, 6, 3, and 4 respectively. Cf. n. 142.15.

134.7 Πώγωνα . . . καθειμένος: cf. n. 131.9 *a*; but here the meaning is simply that Zeus, as the reverend and aged king of the gods, has a long beard.

134.12 κἂν ἅπαξ: cf. n. 133.12, end.

134.13 μέμψῃ μοι . . . οἰομένῳ: Plato uses ὡς w. the partcp. in conjunction w. μέμφομαι, to express the reason for the censure; here and elsewhere, Lucian omits ὡς.

134.15 Παιδεραστῶν (εἰσι): pred. gen. of possession, "belong to pederasts." Hera speaks as if the idea had just occurred to her.

134.17 *a* Φρυγί: cf. n. 133.2.

134.17 *b* ἐκτεθηλυμμένῳ: ἐκθηλύνω, "make effeminate," pc.

134.18 τοῖς παιδικοῖς: "on account of my darling boy"; τὰ παιδικά was the regular term used by a pederast to refer to a boy with whom he was in love.

134.19 The three adjs. in this line are used ironically by Zeus to point up the words which follow.

134.20 ἡδίων . . . καὶ ποθεινότερος: Zeus stops himself just short of finishing the sentence with e.g., σοῦ ἐστιν.

134.22 *a* Εἴθε: "if only," w. the opt. of wish.

134.22 *b* γαμήσειας αὐτόν: Juvenal 2.129–31 satirizes actual marriages between men at Rome, such as are beginning to occur in the United States.

134.22 *c* ἐμοῦ γε οὕνεκα: "for all of me"; but her pretended indifference is disclosed as false by the rest of the sentence.

134.24 ἐμπαροινεῖς: "do (something) in a drunken manner," w. dat. of pers. and acc. of thing, pc.

135.1–13 The first word, Οὔκ, rejects Hera's complaint; the rest of the speech alternates between heavy irony and straight praise or blame.

135.1 τὸν σὸν υἱόν: Zeus speaks as if he disclaims any part in Hephaestus' begetting (cf. n. 133.16 *b*).

135.2 χωλεύοντα: Hephaestus' lameness was attributed by later writers to his having been thrown down from Olympus by Zeus, who seized him by the foot (Hom. *Il.* 1.590–94). The concept of a lame blacksmith may mirror a trait of early warrior societies in which a powerful man, unfitted by lameness for battle, was assigned the difficult and important task of heavy metalwork.

135.5 f. ἐπισπασαμένους . . . φιλῆσαι μεταξύ: "kiss in the midst of the very draughts"; the mid. of ἐπισπάω is used by Aristotle and later writers of absorbing a liquid.

135.7 κατηθαλωμένον: καταιθαλόω, pd, "burn to ashes,"

here used exaggeratedly of one covered with the soot and ashes of the forge.

135.8 παρὰ πολύ: "greatly" (cf. n. 73.20).

135.9 ἔπρεπε τῷ συμποσίῳ: the tense of the vb. refers to the old situation, before Ganymede's arrival (cf. πάλαι, 135.18, and ἀπέτρεπον, 135.19). The text here, however, is doubtful; the use of a pers. as subj. of πρέπω, and the complementation of that vb. by a dat. referring to a thing, are unusual.

135.11 *a* καθάριος: pc form of the classical καθάρειος.

135.11 *b* ἐπισταμένως: "skillfully," adv. formed from pres. partcp. of ἐπίσταμαι.

135.12 καὶ ... καί: the first connects all that follows with all that precedes; the second emphasizes the last four words of the sentence.

135.17 κομήτην: cf. n. 52.2 *b*.

136.1 f. ὀρέγοις ... ἀπολαμβάνοις: cf. n. 9.15, n. 90.17 *b*.

9. Hera and Zeus

136.4.0 A flirtation of Ixion, king of the Lapiths of Thessaly, with Hera is related here. Ixion had been purified by Zeus of a heinous murder and had even been brought to Olympus to banquet with the gods. There he found his passions aroused by Hera, and attempted to gratify them. This Dialogue tells how he was tricked, and places in a sophisticated setting the myth of Ixion's punishment, which was eternal: for, having eaten ambrosia, he could never die.

136.4 f. ποῖόν τινα τὸν τρόπον: τρόπον is acc. of respect w. ποῖόν τινα, what sort of man as regards manners? Cf. n. 2.2, n. 110.15 f.

136.6 Ἄνθρωπον: the word is used deliberately to emphasize Ixion's status as a human being (cf. 137.19, φιλάνθρωποι).

136.12 Τί γὰρ ἄλλο: a formula of assent, "of course!" lit., "For what else (is the case)?"

136.14 f. ὅσῳ ... αἰσχροῖς: w. the dat. of measure of difference, the comparative of the adj. (here neut.) would have been expected; perhaps the force of μᾶλλον from the previous clause is felt here too.

136.15 ἐπείρα: cf. n. 125.8.

136.16 f. Zeus twits Hera for her prudery.

137.2 τὸ πρᾶγμα: "the situation," explained by the indir. question which follows.

137.3 ἀτενές: "fixedly," neut. acc. adj. in positive degree used as adv., a pc construction.

137.4 ὑπεδάκρυε: pc.

137.5 Γανυμήδει: Hera has apparently become reconciled to Ganymede's serving as cupbearer (cf. DG 8).

137.8 ἤδη: apparently in the sense of νῦν ἤδη or ἤδη ποτέ, "now at length."

137.15 μέτει: the use of μέτειμι in the sense "pursue with vengeance" is a trait of tragic diction (contrast n. 17.11).

137.16 ὁ κατάρατος: an epithet frequently used in comedy, and here for comic effect, to convey grudging admiration. The nom. is subj. of an unexpressed vb. of motion implied in ἐπί and μέχρι (cf. n. 92.1).

137.17 γάμων: the plu. is freq. in the sense of the abstract "wedlock."

137.17 f. ἐμεθύσθη τοῦ νέκταρος: the gen. here is a Platonic idiom (cf. *Symp.* 203B).

137.18 f. πέρα τοῦ μετρίου: cf. n. 124.6.

137.19 αὐτούς: Tantalus as well as Ixion was entertained at Zeus's table (cf. n. 18.4.0).

137.20 συγγνωστοὶ . . . εἰ: a pc construction (cf. n.75.18–20).

137.23–25 ὁ δ' ἔρως . . . ἐνίοτε: on "Love Conquers All," cf. n. 124.3 f.; on the concluding clause here, cf. n. 138.7.

137.27 a ἄγει . . . καὶ φέρει: Lat. *fero et ago*, of ravaging what has been captured in war; cf. Hom. *Il.* 5.484, Plat. *Phaedr.* 279C, Liv. 22.3.7.

137.27 b τῆς ῥινός . . . ἕλκων: cf. n. 10.3 b.

138.2 κτῆμα καὶ παιδιά: "chattel and toy"; παιδιά is used as a member of a pair of words in this contemptuous way by Plato: *Crit.* 46D, παιδιὰ καὶ φλυαρία, *Prot.* 347D, ληρῶν καὶ παιδιῶν.

138.3 καθότι: i.e., καθ' ὅ τι (which some editors prefer to print), "to what an extent," "how greatly."

138.4 ἅτε . . . μοιχεύσας: ἅτε makes explicit the causal sense of the circumstantial partcp.

138.5 γυναῖκα: Dia, wife of Ixion, was the mother by Zeus of the hero Peirithous.

138.7 εἴ τι: by substituting this cond. expression for a relative (cf. n. 118.2), Zeus avoids an outright admission of guilt; cf. the coyness of 137.24 f., ἀλλὰ καὶ ἡμῶν αὐτῶν ἐνίοτε.

138.10 σκαιὸν γάρ (ἂν εἴη): "it would be *gauche*."

138.12 f.   The interruption resembles that noted in n. 44.20 f.

138.20   μὴ ὥρασιν ἵκοιτο: "be damned to him!" lit., "may
he not grow in season" (ὥρασι, old locative plu. of ὥρα).
an imprecation apparently originally used to curse the
crops of an enemy.

138.22–24   τί . . . ἂν . . . πάθοις, . . . εἰ . . . συνέσται: cf. n.
11.21 *b*. From the intercourse of Ixion with the cloud-
counterfeit of Hera, the centaurs were believed to have
sprung.

139.3   Οὐδέν: "nonsense."

139.6 *a*   οἱ πάντες ἄνθρωποι: the position of πάντες em-
phasizes totality; the expression occurs in Xen. *Anab.*
5.6.7, where *LSJ* s.v. πᾶς translates it "absolutely all."

139.6 *b*   ἀπειρόκαλοι: Plat. *Leg.* 775B joins this contemptu-
ous adj. w. ἀπαίδευτος.

139.8 f.   σύλλεκτρος: Euripides (*Herc.F.* 1) uses this term of
Amphitryon, whose marital bed Zeus had shared in
begetting Heracles upon Alcmene.

139.9   καί που τάχα . . . φήσειεν: "I suppose he may even
say"; τάχα w. the potent. opt. is reg. found w. ἄν.

139.12–16   Lucian has here deliberately refashioned the
traditional myth, in which Ixion was punished for having
dared to make love to Hera (even in counterfeit present-
ment), not for having boasted about it.

139.15   οὐ γὰρ δεινὸν τοῦτό γε: Zeus throws in an *obiter
dictum* in defense of adultery.

10.   Zeus and Ganymede

139.17.0   This Dialogue shows us Ganymede (cf. n. 130.0.0,
133.0.0) being introduced by Zeus to Olympus and to
pederasty, both equally strange to the simple shepherd
lad, worshiper of Pan (cf. n. 120.13.0). Zeus has just put
aside the eagle shape which he had used when kidnaping
the boy and appears as an anthropomorphic god

139.18   ἤδη: Zeus is an impatient lover.

140.1   ἔχοντα: sc. ἐμέ, supplied from με, 140.18.

140.14   ἔνορχιν: an unmutilated animal was reg. required
for sacrifice. The form of the adj. is Ionic, borrowed from
Herodotus.

140.15   ἕστηκε: "has had a statue erected to him," lit.,
"has taken his stand."

140.18   Γαργάρῳ: Gargaron was the highest peak on Mt.
Ida, the range on which Ganymede tended his flocks

(cf. 133.2); on Gargaron there was a great temple of Zeus. Cf. Hom. *Il.* 8.47 f. (of Zeus), Ἴδην δ' ἵκανεν πολυπίδακα μητέρα θηρῶν,/Γάργαρον, ἔνθα τε οἱ τέμενος βωμός τε θυήεις; cf. also 14.292 f., 352; 15.152.

141.2 *a* ἡμῖν: the reg. pattern w. καταχέω is the gen., not the dat., of that which is rained upon.

141.2 *b* χάλαζαν: an inscription to Ζεὺς χαλάζιος was found in Asia Minor. Cf. *JHS* 24 (1904) 21, Item 4; 26 (1906) 29.

141.2 *c* ὑπεράνω: pc.

141.3 ψόφον: "big noise," a naive way of referring to thunder.

141.9 ἤδη: cf. n. 139.19; Ganymede shows impatience of another sort.

141.17 Μηδαμῶς: "Please don't (talk that way)!" The adv. is used in replies as a strong neg.

141.20 ἡγεῖται: "leads the way."

142.1 f. Ὡς ἀφελής ... παῖς ἔτι: a theatrical "aside."

142.1 ἁπλοϊκός: pc for classical ἁπλοῦς; cf. modern Greek demotic εὐγενικός for classical (and *katharevousa*) εὐγενής.

142.2 αὐτὸ δὴ τοῦτο παῖς: "simply and utterly a child," lit., "a child as to this thing (i.e., childhood) itself"; αὐτὸ ... τοῦτο, acc. of respect, a pc expression.

142.3 χαίρειν ἔα: "say good-by to it," "let it go"; cf. n. 4.9 *a*, 129.15 *a*.

142.5 f. εὖ ποιήσεις ἐντεῦθεν ... πατέρα: the notion of a divinity's indulging in favoritism to the advantage of an earthly kinsman is transferred to the supernatural from the mundane Greek sphere, where kinfolk in power were expected to form a network of assistance to their less fortunate relatives (cf. n. 68.2 f.). Since Ganymede's father was the king of the boy's native land, the entire country would benefit: hence καὶ πατρίδα.

142.10 ἀστέρα: the constellation Ὑδροχόος, Aquarius, despite the fact that its pitcher was thought of as pouring not nectar but water, was sometimes identified with Ganymede, who is supposed to have undergone καταστερισμός.

142.12 συμπαίξεται: found in Herodotus, otherwise pd, pc.

142.15 Ἔρωτα καὶ ἀστραγάλους: cf. n. 134.6. Apollonius Rhodius, in a passage which Lucian undoubtedly had in mind (*Arg.* 3.114–26), has Ganymede and Eros playing with golden knucklebones. But apparently Eros was not always available, and Zeus himself had to substitute for him, as we have seen (134.4–7).

142.16 f. τῶν κάτω: the gen. w. ἐπιποθέω is pc.

142.20 f. ἐπὶ τοῦ νέκταρος τετάξῃ: ἐπί w.gen. (cf. n. 54.18 *b*) or dat. is used w. the perf. pass. system of τάττω in bureaucratic language referring to an appointment to a particular function: Ganymede will be secretary for nectar.

143.2 κισσύβιον: the rustic wooden drinking cup used in the *Odyssey* by the Cyclops (9.346) and the swineherd Eumaeus (14.78).

143.3 f. Ἰδού . . . οἴεται: again (cf. n. 142.1 f.) an aside.

143.3 γάλακτος: the gen. w. μνημονεύω is pc.

143.4 διακονήσεσθαι: cf. n. 127.4.

143.15 τοιούτου οἷος: "such as," but cf. n. 131.15.

144.2 θέλγητρον: pd, pc.

144.8 ὡς τὰ πολλά: "for the most part" (cf. n. 2.5); the use of ὡς here is entirely classical.

144.10 f. πράγματα ἕξεις ἀγρυπνῶν: πράγματα ἔχω w. a partcp. in agreement w. the subj. means "have trouble while doing," or "as a result of doing" something.

144.15 Αὐτὸς ἂν εἰδείης: cf. n. 25.10; cf. also Εἰσόμεθα, 144.17.

144.17 τότε: "at the proper time."

144.18 ἀθανασίας: ἀμβροσίας, which is its etymological counterpart, related as it is to ἄμβροτος "immortal," < ἀ – *μροτος, where μρο- is cognate with the root of Lat. *mors*. Eating ambrosia imparted immortality to the eater, as witness Ixion (cf. n. 136.4.0). The partitive gen. is used w. vbs. of eating and drinking.

11. Hephaestus and Apollo

145.0.0 The versatility of the infant Hermes is discussed by two fellow Olympians. Cf. n. 126.0.0; of the eight attributes there listed all but that referred to by the vague ἐριούνιος are here exemplified.

145.1 Μαίας: cf. n. 126.0.0.

145.2 τεχθέν: cf. n. 34.3.

145.4 ἤ: interrogative, "Do you mean to say that . . . ?" The copulative vb. is not expressed.

278   LUCIAN: SEVENTY DIALOGUES

145.5 *a* Ἰαπετοῦ: cf. n. 130.3 f., ἀρχαιότερος ... Ἰαπετοῦ.
In both instances the apparent infancy of the god is
contrasted with his fully mature divine powers.

145.5 *b* ὅσον ἐπί w. dat., "as far as ... is concerned,"
appears not to be a classical construction.

145.8–146.10, 15–19, 147.12: Ἑρμῆς κλέπτης.

146.9 καθάπερ w. the partcp., "as if," is pc and may not
be exemplified outside of Lucian.

146.10 τὴν κλεπτικήν: ἡ κλεπτικὴ (τέχνη) as the designation
of a professional specialty is Platonic, *Rep.* 334B.

146.11–13 Ἑρμῆς λόγιος, διάκτορος.

146.12 ἐπίτροχα: ἐπίτροχος, "tripping," "voluble," "glib,"
is pc.

146.13–15 Ἑρμῆς ἀγώνιος.

147.1 ὑπέρδριμυν: "very sharp"; an extremely rare word,
perhaps otherwise unexampled; thus it is probably
the correct reading, and the MS variant γοργόν a gloss,
rather than *vice versa*.

147.2–9 Ἑρμῆς μουσικός.

147.4 ὄργανον: the λύρα, called φόρμιγξ by the poets.
In essence, this was constructed of a tortoise shell, real
or simulated, covered with leather and providing a
sound box, to which arms (πήχεις) made of real or
simulated horns of sheep or cattle were affixed. Toward
the top of these a yoke or crossbar (ζυγόν; cf. ζυγώσας
147.6) was fastened, joining the two horns or arms;
from this the strings (χορδαί 147.7, νεῦρα 91.6) were
drawn down over the bridge (μαγάδιον, dim. of μαγάς
w. the same meaning) and fastened to pegs (κόλλαβοι or
κόλλοπες; the latter is the Attic form), by which they
were tightened and tuned. Cf. the parody of this procedure
in Doris' description of Polyphemus' pseudo-lyre
(91.3–8).

147.8 γλαφυρόν: "elegantly" (cf. n. 66.9); so also ἐναρμό-
νιον.

147.9 *a* αὐτῷ φθονεῖν: cf. Hes. *Op.* 26, πτωχὸς πτωχῷ
φθονέει καὶ ἀοιδὸς ἀοιδῷ.

147.9 *b* ἀσκοῦντα: w. φθονέω, the partcp. usually agrees
w. the dat. denoting the pers. against whom the grudge
is felt (here αὐτῷ); but here the partcp. agrees w. the
subj. acc. of the inf. in a clause of result (ὡς for the more
usual ὥστε).

147.10–12 ἔλεγε ... κατίοι: quite a different account from that given in DG 4 above, in which Hermes complains about night duty.

147.10 μηδέ: pc for οὐδέ in indir. disc.

147.13 ῥάβδον: Ἑρμῆς χρυσόρραπις, though here the material of the rod is not indicated.

147.14 ψυχαγωγεῖ καὶ κατάγει: Ἑρμῆς ψυχοπομπός.

147.15 εἶναι: cf. n. 92.20 f.

12. Poseidon and Hermes

148.0.0 Hermes, as social secretary (Ἑρμῆς διάκτορος) for Zeus, refuses admission to Poseidon, since Zeus is just recovering from having given birth to Dionysus (cf. n. 100.10).

148.3 προσάγγειλον: sc. ἐμέ.

148.8 Γανυμήδης: cf. n. 139.17.0.

148.9 μαλακῶς ἔχει: μαλακῶς ἔχω in the sense of "be ill," "feel poorly," is pc.

148.10 Cf. n. 44.20 f.

149.1 θεῖον: as the brother of Zeus, Hermes' father.

149.4 f. οὐδὲ . . . τινά: "his belly gave no indication of pregnancy," lit., "his belly did not add any swelling to him as a symptom."

149.8 *a* Ἀθηνᾶν: born from the head of Zeus (cf. n. 151.0.0).

149.8 *b* τοκάδα: "prolific," pd, pc.

149.9 *a* ἐκύει: "was pregnant with," w. acc., as in Arist. *HA* 543ᵇ23.

149.9 *b* Σεμέλης: cf. n. 100.10

149.12 πανταχόθι: pc for πανταχοῦ.

150.2, 6 ὑπελθοῦσα, ἀνεφλέγη: ὑπέρχομαι in the sense "deceive," "entrap," and ἀναφλέγω in the lit. sense of "catch fire" are pd.

150.7–9 ἐμὲ . . . ἑπτάμηνον: the notion that Hermes was pressed into service to perform the Caesarian operation is apparently Lucian's invention.

150.11 τρίτῳ: placing the normal term of human gestation in the tenth (cf. ἑπτάμηνον, 150.9) rather than in the ninth month of pregnancy is in accord with the Greco-Roman trait of counting both ends of a series (cf. French *quinze jours* for two weeks).

150.12 ὠδίνων: pd.

150.14 Νῦσαν: the mountain Nysa was variously located by the ancients and seems to have come to signify any mountainous region where the worship of Dionysus was celebrated (as we call mansions elsewhere than in Washington that serve as the residence of the President of the United States, e.g., "the Florida White House," "the California White House").

150.19 νομίζεται: "are customary" (cf. νόμος).

150.20 λεχοῖ: dat. of λεχώ, "a woman who has just given birth."

13. Hephaestus and Zeus

151.0.0 Like the preceding Dialogue, this is devoted to a miraculous childbirth in which Zeus plays the part of a pseudo-mother: the emergence of Athena from the god's forehead. Athena had been conceived by the goddess Metis (Wisdom). The as yet unborn goddess' father, Zeus, was told that if Metis brought their daughter to birth, she would next bear a son who would ultimately overthrow Zeus himself (cf. the similar motif in the Prometheus myth, n. 127.18.0). Fearing this, Zeus swallowed mother and unborn child; the embryo was lodged in his head, whence in due course it was delivered by Hephaestus as this Dialogue relates.

151.2 ὀξύτατον: note the pred. position.

151.5 κατενεγκών: "with a downward blow" (of your axe).

151.6 *a* εἰ: "(to see) whether" (cf. n. 5.1).

151.6 *b* τἀληθές: "the actual thing," "the real thing."

151.8 f. εἰ ... ἀπειθήσεις ... πειράσῃ: for the type of cond., cf. n. 44.17 f.; here a warning, rather than an emphatic promise.

151.9 ὀργιζομένου πειράσῃ μου: on Zeus's previous punishment of Hephaestus, cf. n. 135.2.

151.14 ἀναιμωτί: pd, pc.

151.15 *a* Εἰλήθυιαν: Ilithyia, the goddess of childbirth.

151.15 *b* μαιώσεται: μαιόομαι, pc for the Attic μαιεύομαι, "deliver (in childbirth)."

152.5 εἰκότως ... ὀξύθυμος ἦσθα: Hephaestus refers to Zeus's irascible tone in 151.8–10 (cf. n. 151.8 f).

152.6 *a* ὑπὸ τὴν μήνιγγα: "under your skull," lit., "under the *dura mater* (the membrane enclosing the brain)."

152.6 *b* ζῳογονῶν: "incubating," pc in this sense.

152.7 καὶ ταῦτα: "and ... at that!" ταῦτα is adv. acc. w. strengthening force.

152.8 f. πυρριχίζει: the Pyrrhic dance was a war dance much used in military training and exercises.

152.9 f.   τινάσσει . . . πάλλει: pd.

152.10   ἐνθουσιᾷ: Lucian overlooks or disregards the etymological meaning of ἐνθουσιάω, "be possessed of a god," and uses the vb. in the sense of being in a frenzy.

152.11   ἀκμαία (pd, pc): Athena seems not to have had any babyhood; contrast Eros (130.2 f.) and Hermes (145.1).

152.12 *a*   κοσμεῖ:" goes well with"; the neut. τοῦτο represents in substantive form the idea of γλαυκῶπίς (ἐστιν).

152.12 *b*   κόρυς: pd.

152.13 *a*   μαίωτρα: "midwife's wages," otherwise unexemplified; cf. e.g., λύτρα, "ransom," 141.19.

152.13 *b*   μοι: ἀπὸ κοινοῦ w. both ἀπόδος and ἐγγυήσας.

152.13 *c*   ἐγγυήσας: circumstantial partcp. of means, "by betrothing."

152.13 *d*   ἤδη: cf. n. 139.18.

152.14–20   Athena's perpetual virginity was a prime trait of the goddess: cf. the name of her temple at Athens, the Parthenon.

152.15   τό γε ἐπ᾽ ἐμοί: "as far as I am concerned"; ἐπί is used in the sense of "under the jurisdiction of," "in the power of"; the whole expression illustrates the substantive-making power of τό (cf. n. 42.7 *b*). The substantive thus formed is in the adv. acc.

152.20   ἀδυνάτων: neut. plu., "things that are impossible."

14.   Hermes and Helios

153.0.0   This Dialogue is concerned with the preternaturally long night which Zeus arranged for in order that he might longer enjoy his seduction of Alcmene in his disguise as her husband Amphitryon (cf. n. 28.8). Hermes is here ὁ διάκτορος.

153.4   λυέτωσαν: for the ending, cf. n. 40.3.

153.11–13   δεῖται . . . νύκτα: δέομαι here takes as objs. both the neut. indef. τι (cf. n. 105.9) and the inf. clause ἐπιμηκεστέραν γενέσθαι οἱ τὴν νύκτα, "he has a certain need that the night be made . . .'.

153.12   οἱ: dat., "for him"; it is used in Attic prose only as an indir. refl., as here.

153.14   καί: "anyhow"; the emphatic word (cf. n. 26.6, n. 85.16) reflects Helios' unhappiness with the whole scheme.

153.16   τῆς Ἀμφιτρύωνος: sc. γυναικός.

154.2 f. ὁμιλίας: cf. n. 34.2.

154.3 μέγαν καὶ πολύμοχθον: Heracles; πολύμοχθος is pd in the sense of "much-laboring" (cf. n. 154.19).

154.5 τελεσιουργείτω: this vb. is used by Aristotle in the sense of "bring (young creatures) to perfection"; elsewhere Lucian uses it simply to mean "accomplish"; here we probably have a blend of both meanings.

154.6 ἐπὶ τοῦ Κρόνου: "in Cronus' day" (ἐπί w. the gen. is the reg. expression for the reign of a monarch or the term of an elected official). Helios is nostalgic for the good old days, the Romans' *Saturnia regna*: Saturn = Cronus.

154.7 αὐτοί: "(all) by ourselves."

154.8 f. οὐδὲ . . . ἂν . . . ἐκοιμᾶτο: "he wouldn't have been sleeping," a past tense of the ind. w. ἄν as past potent.; cf. also 154.11 f., οὐδ' ἂν ἐκοινώνησε, where note the aor. of a single act.

154.10 f. κατὰ μέτρον τὸ αὐτῆς ἀνάλογον ταῖς ὥραις: the attributive adj. is added as an afterthought to the noun in the adv. phrase κατὰ μέτρον, "in (due) measure [a Hesiodic expression]—in the measure (I mean) appropriate to its seasons."

154.13 γυναίου: a contemptuous diminutive.

154.14 *a* ἀκαμπεστέρους: "stiffer," "less supple," comparative of ἀκαμπής, a pc synonym for ἄκαμπτος, "rigid."

154.14 *b* γενέσθαι: the force of this verb is felt w. ὁδόν, a second subj. acc.; but a new inf., διαβιοῦν, is introduced w. the subj. acc. ἀνθρώπους, an awkward construction.

154.17 ἐν σκοτεινῷ: the omission of the article is unusual.

154.19 ἀθλητήν: with particular reference to the ἆθλοι of Heracles (cf. n. 154.3).

154.20 ζόφῳ: cf. n. 78.6.

154.21 f. Σιώπα . . . λόγων: for similar prudence on Hermes' part, cf. DG 1.

15. Zeus, Asclepius, and Heracles

155.5.0 Asclepius, son of Apollo, was taught the art of medicine by the centaur Chiron (cf. n. 20.3.0) to such good effect that he was able, using Gorgon's blood supplied by Athena, to bring dead men back to life. For this tampering with the natural order of things, Zeus consumed Asclepius with the fire of the thunderbolt. He was later transformed into the constellation

'Οφιοῦχος ("the Snakeholder," with reference to Asclepius' attribute of a staff entwined with serpents), and, by some accounts, which Lucian follows, was deified. He was in fact worshipped as a god in numerous temples. He was also the subject of a widespread hero cult, which fact Lucian uses to represent him here as a rival of Heracles.

155.6   ἄνθρωποι: for another explicit reference to the difference between gods and men, cf. n. 136.6, also 139.6.

155.8   φαρμακέα: in classical Greek the word means "poisoner," "sorcerer." In Lucian's own day it was, to be sure, used to mean "druggist," but our author undoubtedly intended a contemptuous reference to the earlier meaning. Cf. n. 156.4.

155.9   προκατακλίνεσθαί μου: "take his place at the banquet couch before me"; the vb. is pc.

155.11   ἐμβρόντητε: the epithet, usually used metaphorically to mean "stupid," "witless," is here employed with intentional reference to its etymological meaning of "thunderstruck." Cf. ἐκεραύνωσεν in the next line and n. 155.5.0.

155.12   ἃ μὴ θέμις: sc. ἐστὶν ποιεῖν. The neg. μή is reg. in rel. clauses in the ind. where the antecedent, as here, is indef.

155.14 f. *a*   'Επιλέλησαι . . . καταφλεγείς: ἐπιλανθάνομαι w. supplementary partcp. is pd.

155.14 f. *b*   ἐν τῇ Οἴτῃ καταφλεγείς: reference is to Heracles' committing suicide on a pyre atop Mt. Oeta, when he was in unbearable pain from the poisoned cloak given him by Dejanira.

156.1   Οὔκουν: note the accent and cf. n. 6.9.

156.3 *a*   τὸν βίον: sc. τὸν τῶν ἀνθρώπων.

156.3 *b*   θηρία: e.g., the Nemean lion, the Lernean hydra, the Erymanthean boar, all destructive monsters.

156.3 *c*   καταγωνιζόμενος: pc.

156.3 f.   ἀνθρώπους ὑβριστάς: e.g., Diomedes of Thrace, who fed his horses on human flesh and was fed to them in turn by Heracles.

156.4   ῥιζοτόμος: like φαρμακεύς above (155.8), this word (pd, pc) has an aura of witchcraft about it.

156.5   ἀγύρτης: "strolling beggar," coupled by Plato (*Rep.* 364B) with μάντις.

156.8–11   Οὐ λέγεις . . . πυρός: the notion that the deified

Heracles was still suffering from the effects of the poisoned cloak and the suicidal fire (n. 155.14 f. *b*) when he was translated to Olympus, there to be treated by Asclepius, is invented by Lucian for the occasion.

156.9 ὑπ' ἀμφοῖν: this dual gen. agrees w. the nouns χιτῶνος and πυρός which follow. The phrase introd. by ὑπό, which would have been completely appropriate w. a word of pass. significance like ἡμίφλεκτος, "half-burned (by)," is here used by extension w. the act. διεφθορὼς (τὸ σῶμα), "having ruined (your body [with])." Cf. n. 107.4 f.

156.11 *a* εἰ καὶ μηδὲν ἄλλο: sc. e.g., ἐποίησα.

156.11 *b* ἐδούλευσα: reference is to Heracles' subjection both to his cousin Eurystheus, for whom he performed the twelve labors, and to Omphale, queen of Lydia, under whose domination he did the tasks of a female slave and was treated as such (cf. 156.12–14, ἔξαινον . . . σανδάλῳ). In *How to Write History* 10 Lucian describes a painting showing Heracles and Omphale in the sandal-whipping episode here referred to; in the picture Omphale has already forced Heracles to exchange clothing with her.

156.14 ἀλλὰ οὐδέ: "and besides, neither (did I) . . .' (cf. n. 104.16 *b*).

156.14 f. μελαγχολήσας . . . γυναῖκα: Lucian follows the version made famous by Euripides (*Herc. F.*) whereby the hero, maddened by Hera (cf. n. 93.20 for the vb. μελαγχολάω), killed his wife Megara and their three children.

156.16–20 Worsted in argument by Asclepius, as he was by Diogenes (27.11–18), Heracles similarly threatens violence.

156.19 τὸν Παιῶνα: his father Apollo, in his aspect as physician of the gods.

156.22–157.1 ἀποπέμψομαι τοῦ συμποσίου: ἀποπέμπω with the simple gen. is apparently otherwise unexampled, but there are close analogies in the Attic usage w. ἀποτρέπω, ἀποστέλλω.

157.1 εὔγνωμον: "reasonable" (cf. n. 74.1).

16. Hermes and Apollo

157.4.0 Apollo complains to Hermes about his unluckiness in love. Hermes thinks of Apollo's unhappy pursuit of

Daphne, but Apollo is actually mourning the death of his youthful darling Hyacinth, son of Oebalus of Sparta. The youth was killed by a discus thrown by Apollo himself, but malevolently deflected by the jealous wind Zephyrus. On the bisexuality of Apollo's amours, cf. n. 47.12.

157.4 κατηφής: pd, pc.

157.12 Πρὸς τίνος: "At whose hands?" (pd).

157.12 f. οὕτως . . . ὡς: cf. n. 18.7.

158.2 ἀκούσιον: cf. n. 80.5 f.

158.3 On the interruption, cf. n. 44.20 f., n. 138.12 f.

158.4 συνεδίσκευον: the vb. is apparently coined by Lucian for this passage; it is otherwise unexampled.

158.5 κάκιστα ἀνέμων ἀπολούμενος: cf. n. 128.12 f.

158.5 f. ἤρα . . . ἐκ πολλοῦ: "had been in love with him for some time"; the imperf. w. an expression denoting the passage of time is used of an action which had been in progress previously and was still in progress.

158.6 μή: w. a circumstantial partcp. of cause, seen here, Attic Greek would have used οὐ rather than μή (cf. n. 58.3).

158.9 Ταϋγέτου: Taygetus, the lofty mountain between Laconia and Messenia (cf. n. 158.15).

158.10 a ἐνέσεισε: pd, pc.

158.10 b φέρων: cf. n. 42.12 b.

158.13 ἐπισπόμενος: ἐφέπομαι, w. dat.

158.15 Ἀμύκλαις: Amyclae in Laconia was famous for the worship of Apollo.

158.18 γράμματα . . . ἐπαιάζοντα: "letters that cry alas (αἰαῖ) for . . ."; the ancients believed that they could trace the letters AIAI in the markings of the flower they called hyacinth, apparently a species of lily or iris. The vb. is pc.

158.21 ἀποθανόντος: "at his death," probably to be taken as a gen. absolute without a noun or pronoun. The gen. of the obj. w. ἄχθομαι is, however, found in pc authors.

17.   Hermes and Apollo Again

159.0.0   The two interlocutors of the preceding Dialogue gossip about the amatory prowess of the ill-favored Hephaestus (cf. 135.1–13). The latter is said by Homer to have had Aphrodite as his wife (*Od.* 8.266–366), and also Charis, "Grace" *par excellence* and in general

(*Il.* 18.382 f.), though Hesiod, *Theog.* 945 f., specifically names Aglaea (cf. n. 86.7), one of the three Χάριτες.

159.1–3   An articular inf. of exclamation.

159.4   Εὐποτμία: pc.

159.5   συνούσας: sc. τὴν Ἀφροδίτην καὶ τὴν Χάριν, supplied from 159.3.

159.7   αἰθάλην: pc.

159.11 f.   κόμα . . . κιθάριζε . . . φρόνει: the imperats. are ironic: "Go ahead, keep on doing these things, for all the good it will do you!" A form of φρονέω, in the first pers. (opt. ?) is to be supplied w. ἐγώ.

159.13 *a*   εὐεξία: "vigor," a natural concomitant of Hermes' function as διάκτορος (cf. n. 126.0.0).

159.13 *b*   λύρα: Ἑρμῆς μουσικός (cf. n. 126.0.0).

159.13 f.   ἐπειδὰν . . . δέῃ . . . καθευδήσομεν: the gnomic fut., as we say, "They'll do it every time!"

159.15 f.   καὶ ἄλλως . . . καί: for the more usual ἄλλως τε . . . καί or ἄλλως τε "both in other respects and especially," cf. n. 21.8 and 160.11 below.

159.15   ἀναφρόδιτος: pc (cf. Lat. *invenustus*). It is a question whether Lucian uses this term with ironic consciousness of its etymological connection with Aphrodite, mentioned just above, or, more probably, simply as a general term for "lovelorn."

159.16   δύο: in partitive apposition to the neut. ἐρωτικά, though picked up by οὕς, which refers jointly to the fem. Δάφνην and the masc. Ὑάκινθον (cf. n. 157.4.0).

159.18   ξύλον: this word, usually referring to wood cut and ready for use, is occasionally, as here, used of a living tree (δάφνη, the laurel). Here Apollo evidently uses the term contemptuously, despite the fact that according to tradition he adopted the laurel as his tree (cf. n. 160.2 *b*).

160.2 *a*   δίσκου: cf. n. 157.4.0.

160.2 *b*   στεφάνους: the leaves of the laurel tree and the flowers of the plant which the ancients called hyacinth (cf. n. 158.18) were favorite attributes of Apollo.

160.3–6   Ἐγὼ . . . τετοκέναι: cf. n. 123.14.0, end.

160.6   τετοκέναι: sc. ἡ Ἀφροδίτη.

160.10   Λήμνῳ: the island of Lemnos, onto which Hephaestus is supposed to have fallen when thrown from Olympus by Zeus (cf. n. 135.2), was a center of Hephaestean worship.

160.11   περὶ τὸν Ἄρη ἔχει τὰ πολλά (sc. ἡ Ἀφροδίτη): "she is mostly wrapped up in Ares"; ἔχω περί w. acc. is a somewhat infrequent expression for "be concerned with." The adultery of Ares and Aphrodite, and Hephaestus' revenge, are the subjects of DG 21.

160.12 ὀλίγον αὐτῇ τοῦ χαλκέως τούτου μέλει: on dat. and gen. cf. n. 7.4; the neut. acc. is adv., of extent.

160.16–18 πλὴν ... εὐνῆς: foreshadowing DG 21.

160.16 f. δεσμά τινα ἐπιμηχανήσεσθαι: cf. n. 132.7 f.

160.19 f. An echo of Hom. *Od.* 8.336–42.

18. Hera and Leto

161.0.0 Hera, jealous of Zeus's extramarital amours, sneers at Leto, mother by Zeus of Apollo and Artemis (cf. DS 9). Leto replies in kind.

161.1 f. The Dialogue begins in the middle of a conversation (cf. n. 25.1 *b*, n. 44.1). The word μέν prepares us for the adverse comments to follow.

161.3 f. Ironical; cf. the limited admission in Hera's next speech, εἰ καὶ χωλός.

161.7 Ἀφροδίτην γεγάμηκε: cf. n. 159.0.0.

161.8..σπουδάζεται πρὸς αὐτῆς: cf. n. 123.8 *b*; the fond mother's account differs markedly from that of the gossipy Hermes, 160.11 f.

161.9 *a* ἀρρενική: pc.

161.9 *b* ὄρειος: Lucian, like Plutarch, makes this an adj. of two terminations. Artemis ranged the mountains as goddess of the hunt.

161.10–12 Cf. n. 124.16–21.

161.14 ἰατρός: cf. n. 156.19.

161.14–**162.**6 μαντεύεσθαι ... ὄντα: Lucian's scorn for soothsaying is also expressed in his treatment of Amphilochus and Trophonius (DD 10), and, to an extent, of Tiresias (DD 9).

161.16 f. Δελφοῖς ... Κλάρῳ ... Κολοφῶνι ... Διδύμοις: Delphi was the prime center of Apollo's oracular activity; Clarus and Colophon were Ionian sites some one hundred miles south of Smyrna and were especially famous for Apollonian oracles in Hellenistic and Roman times. Apollo's temple at Didyma, just south of Miletus in Ionia, was of greater antiquity as an oracular shrine.

161.18 f. λοξὰ καὶ ἐπαμφοτερίζοντα πρὸς ἑκάτερον τῆς ἐρωτήσεως ἀποκρινόμενος: "giving crooked replies, looking ambiguously toward opposite sides of the question." The adj. λοξός is an obvious reference to Apollo's epithet Λοξίας. The epithet is explained either simply as a reference to the crookedness of Apollo's oracles, or astronomically, as derived from the oblique angle at which Apollo's (i.e., the Sun's) apparent annual path through the heavens cuts the celestial equator (the so-called "obliquity of the ecliptic"). If Lucian had in mind the latter explanation, advanced by the Stoic Cleanthes (fourth to third century B.C.), we are dealing with a pun, if the former with a simple reference. Perhaps the most famous (or infamous) Delphic ambiguity is the response given to Croesus about his success in his attack on the Persian Cyrus. This, Aristotle (*Rhet.* 1407ᵃ38) gives as the hexameter Κροῖσος Ἅλυν διαβὰς μεγάλην ἀρχὴν καταλύσει. Croesus neglected to ask *which* great kingdom he would destroy, and found out too late it was his own.

161.20..πλουτεῖ: Croesus, for example, gave the Delphic shrine magnificent gifts in preparation for the receipt of Apollo's responses. Charges of greedy venality were commonly leveled against seers: cf. Hom. *Od.* 2.186; Soph. *Ant.* 1055, *Oed. Tyr.* 388 f.; Eur. *Bacch.* 255–57.

162.1 καταγοητεύεσθαι: cf. n. 92.20 f.

162.2 τὰ πολλὰ τερατευόμενος: "that he's talking nonsense for the most part"; τερατεύομαι, lit., "talk marvels," is joined with ψεύδομαι by Aeschines 2.98.

162.3–5 φονεύσει . . . Δάφνη: cf. n. 157.4.0.

162.6 καθότι: cf. n. 138.3.

162.7 Νιόβης: Niobe, the classical *mater dolorosa,* lost all, or nearly all, her children as a result of Leto's anger at her boastful comparison of them with Artemis and Apollo; the reference is therefore particularly pointed.

162.10 ἐς (εἰς) is freq. used, as here, in the sense of "in respect to," "in regard to."

162.13 Ἐγέλασα: cf. n. 48.7.

162.14–16 Μαρσύας . . . ἁλούς: the myth of Marsyas is another example (cf. n. 162.7) of the tragic results of boastfulness: the Phrygian satyr, a flute player, challenged Apollo to a musical contest. It was agreed that the winner would impose any penalty he wished on the loser; Marsyas lost, and Apollo skinned him alive. According to the tradition followed by Lucian, the judges were the Muses; Hera had some grounds for accusing them of favoritism, since Apollo was their patron.

162.16 ἄθλιος: i.e., ὁ ἄθλιος.

162.18 Ἀκταίωνος: Actaeon, son of Aristaeus and Autonoe of Thebes, as a punishment for seeing Artemis nude, was turned by her into a stag and killed by his own hounds. Hera maliciously attributes Artemis' action not to shame, but to a desire not to have her hideousness (αἶσχος) gossiped about; that αἶσχος means "ugliness" here and not "shame" is shown by the contrast with καλή in 162.17.

162.20 ἐῶ . . . λέγειν: cf. n. 31.22 f.

162.20 f. οὐδὲ . . . οὖσα: "she wouldn't be serving as a midwife, either, if she were a virgin herself." We should have expected ἄν (cf. n. 71.4 f.) w. ἐμαιοῦτο; on that vb., cf. n. 151.15 *b*. One of Artemis' aspects was that of goddess of childbirth (she was called Εἰλήθυια in this function; cf. n. 151.15 *a*). The Greek midwife was traditionally an old woman who had herself borne children.

162.23 συμβασιλεύεις (pc): an interesting comment in the light of male and female relationships in Greek society. In the heroic tradition (and in the Olympian society which in a sense mirrored it) married women were by no means the segregated ciphers of aristocratic Athenian life, at least as commonly represented. Cf. n. 83.10.

163.2 f. ταῦρος ἢ κύκνος: cf. n. 130.0.0.

19. Aphrodite and Selene

163.4.0 Selene, the personified Moon, became enamored of a mortal youth, Endymion. The description of the sleeping Endymion which appears in Selene's second speech below seems to be based upon a painting (cf. n. 90.3–6, n. 90.17–19).

163.5 Καρίαν: according to one tradition, Endymion was a native of Mt. Latmos, in Caria, Asia Minor.

163.7 κυνηγέτην: a variant tradition makes him a shepherd.

163.9 Ἐρώτα: note the accent; this is *not* Ἔρωτα.

163.12 οἷα: cf. n. 6.16 *a*; for the two accs., cf. n. 129.10 f.

163.13 Ἀγχίσου . . . Ἰλιέως: Anchises of Troy, father by Aphrodite of Aeneas (*LSJ* strangely omits the adj. Ἰλιεύς).

163.14 τὸ Ἀσσύριον . . . μειράκιον: Adonis, a figure of Syrian mythology adopted by the Greeks. Loved as a

child both by Aphrodite and Persephone (here referred
to by another form of her name, Περσέφαττα) he was the
subject of a custody trial before Zeus (or before Calliope
deputized by Zeus). His time was divided evenly between
the two claimants, according to Lucian's account (ἐξ
ἡμισείας); another account has it partitioned into thirds,
a third each being assigned to Aphrodite and Persephone,
with a third left free (which he voluntarily devoted to
Aphrodite). The name Adonis is derived from the Semitic
Adonai, "Lord."

163.15 f. ˙ἐξ ἡμισείας: cf. n. 26. 16 f.

163.16 ἀφείλετο: cf. n. 9.2 f. Lucian has Aphrodite blame
Eros for the deprivation, though the tradition assigns
the partition of Adonis' love to Zeus (cf. n. 163.14).

163.17 ἠπείλησα: sc. τὸν Ἔρωτα. Aphrodite is represented
as possessing a mortal mother's prerogative of chastising
her young offspring, just as at 165.13–18 she is made to
speak as if she were a human mother worrying about
a wayward son.

163.21 τὸ παραυτίκα: "at the moment," "temporarily."
The adv. is a variant of παραυτά (= παρ' αὐτά [= τὰ
πράγματα], "along with these things").

164.2 ἀπαραμύθητον: "your trouble is incurable"; the use
of the adj. in this sense is pc.

164.5–9 ὑποβαλλόμενος . . . περικειμένη: cf.   n.   163.4.0,
end.

164.8 *a* ἐπικεκλασμένη: pc.

164.8 *b* ἐπιπρέπῃ: cf. n. 89.10 f.

164.10 ἀμβρόσιον: "heavenly" (pd), used metaphorically.
Somewhat as with ἀναφρόδιτος above (cf. n. 159.15),
one cannot be sure whether it is with conscious irony
that Lucian puts this word into the mouth of a goddess
talking about a mortal youth.

164.11 f. ἐπ' ἄκρων τῶν δακτύλων: "on tiptoe."

164.12 ἀνεγρόμενος: this aor. mid. form of ἀνεγείρω
belongs to pd.

20. Aphrodite and Eros

164.15.0 Again the "Love Conquers All" theme (cf. n.
124.3 f.) with special reference to Rhea, the mother of
Zeus and other great divinities. Rhea was often identified,
as in this Dialogue, with Cybele, the great mother of
the Gods, who was worshiped by the ecstatic Corybantes

on the mountaintops of Asia Minor with rites similar to those of Dionysus. Her love for Attis, the Phrygian deity (or, by other accounts, mortal youth), who emasculated himself in a frenzy, is the reason for her inclusion here.

164.16 f. καθ' . . . κατ': κατά w. gen. "against."

164.18 Δία πολύμορφον: cf. n. 130.0.0.

164.20 Σελήνην . . . καθαιρεῖς: cf. n. 164.4.0.

164.21 f. Ἥλιον . . . ἱππασίας: Clymene, daughter of the Ocean and Tethys, bore Phaethon to Helius (cf. DG 24 for Phaethon's fatal ride).

165.1 τὴν μητέρα: for an example of what Eros could do to his mother Aphrodite, cf. 163.13 f.

165.3 f. παιδεραστεῖν: the use of this vb. to denote a heterosexual passion of an older person for a younger, though etymologically correct, is so unusual as to be worthy of notice. Perhaps Lucian uses it with ironic reference to its usual homosexual connotation.

165.4 *a* καί: cf. n. 32.5 *a*.

165.4 *b* τὸ Φρύγιον μειράκιον: Attis; cf. n. 164.15.0, and Ἄττη, 165.8, 165.25.

165.5 τοὺς λέοντας: Cybele is often represented as riding a chariot drawn by lions.

165.7 f. περιπολοῦσιν: the construction of a third pers. sing. vb. started at 165.5 w. ἐκείνη μέμηνεν and continued w. καὶ ζευξαμένη . . . παραλαβοῦσα, is there abandoned for the third pers. plu. to include the Corybantes. The plu. subj. is then amplified, first by a sing. partcp. in partitive app., ἡ . . . ὀλολύζουσα, then by a plu. noun, οἱ κορύβαντες, also in partitive app. to the subj. of περιπολοῦσιν. At this point still another construction begins: οἱ κορύβαντες is itself partitioned appositively by ὁ μὲν . . . ὁ δέ, each serving as the subj. of a new vb. in the sing. Finally, that construction is also given up, and the utterance ends with a completely new sentence, w. τὰ . . . ἅπαντα as subj. Grammatically a multiple anacoluthon, yet a good mirror of the vagaries of actual conversation.

165.9 τέμνεται: self-mutilation is a common feature of orgiastic rites (cf. n. 164.15.0, end).

165.11 *a* αὐλεῖ τῷ κέρατι: "plays on the horn"; the extension of αὐλέω, properly "play on the flute," to other instruments is pc.

165.11 *b* ἐπιβομβεῖ: pc.

165.12 ἐπικτυπεῖ: pd, pc.

165.13–18 δέδια ... ὁρῶσα: on Aphrodite's maternal worrisomeness cf. n. 163.17.

165.14 f. τὸ τοιοῦτο ἡ τὸ μέγα σε κακὸν ἐγὼ τεκοῦσα: this curiously interlaced word order is unusual for Lucian, and seems to express the closeness of the mother's feeling for her son.

165.15 ἀπομανεῖσα: the vb. is original w. Lucian.

165.16 ἐν αὑτῇ οὖσα: "in her right mind."

165.17 διασπάσασθαι: "to tear apart" (mid. in this sense is pd, pc). Reference is to the σπαραγμός, the ceremonial rending apart of animals as part of orgiastic rites. The expansion of the σπαραγμός to include a human victim is found in the Dionysiac myth: Pentheus is torn apart by his Bacchus-maddened mother Agave and other Theban women (cf. Eur. *Bacch.* 1112–1143).

165.22 σαίνουσί με: the use of σαίνω in the sense "fawn upon," w. acc., is pd.

165.24 σχολὴν ἀγάγοι: "have leisure," "be at leisure."

166.1 κρατεῖς ἁπάντων: cf. n. 124.3 f.

166.1 f. ἀλλὰ ... λόγων: Aphrodite's cryptic words may mask a reference to the late myth of Eros' troubled love affair with Psyche.

21. Apollo and Hermes

166.3.0 Our two gossips of DG 16 and DG 17 discuss the adultery of Ares and Aphrodite, caught and punished by Hephaestus. The story is told in detail in Hom. *Od.* 8.266–366, upon which this Dialogue is based.

166.5 ἔχω: cf. n. 10.11 f.

166.8 Cf. n. 44.20 f.

166.9 'Εκ πολλοῦ ... ταῦτα εἰδώς: cf. 160.13–18.

166.14 *a* ἐπέβησαν τοῦ λέχους: for the gen., cf. n. 43.5 *a*.

166.14 *b* ἔργῳ: perhaps with deliberate reference to the Homeric *Hymn to Aphrodite* 1, Μοῦσά μοι ἔννεπε ἔργα πολυχρύσου Ἀφροδίτης ...; cf. also 167.12. Otherwise, however, ἔργον is rarely used as a euphemism for sexual intercourse; but cf. Solon 20.1 (1.39 Diehl[3]) and Critias 4.18 (1.97 Diehl[3]).

166.15–**167**.1 περιπλέκεται ... αὐτοῖς τὰ δεσμά: the noun is nom.; w. the trap sprung, the bonds entangled the lovers.

167.1 ἐφίσταται: the vb. is used by Thucydides (8.69) to describe a surprise appearance of a hostile element, as here.

167.2 f. οὐκ εἶχεν ὅπως ἐγκαλύψαιτο: "had no way to hide herself"; οὐκ ἔχω is reg. used w. such dependent clauses of purpose. Cf. n. 61.10.

167.5 f. συνεὶς ... ἐχόμενον ἑαυτόν: συνίημι is here used as a vb. of physical perception, w. the acc. of the refl. and a pred. partcp.: "he saw himself held," a very unusual construction. Contrast n. 12.1–3 and 130.13, συνῆκα ἡδύς ... γεγενημένος.

167.10 κάτω νενευκότες: "bending down" to hide their faces.

167.11 μονονουχί: cf. n. 49.7.

167.12 τὸ ἔργον: on the meaning, cf. n. 166.14 b. The whole noun phrase is in loose app. w. τὸ θέαμα in the preceding line.

167.15 ἐφεστώς: here of simple position without the connotation referred to in n. 167.1.

167.16–22 The idea for this interchange is borrowed directly from the conversation of Apollo and Hermes (Hom. Od. 8.334–42) as they viewed the captive pair.

167.20 ἰδὲ μόνον ἐπελθών: the two lovers are thought of as still bound and on view.

22. Hera and Zeus

168.0.0 The subject of this Dialogue is Dionysus, son of Zeus by Semele; cf. n. 110.10. Hera inveighs against him, Zeus defends him, in a conversation which reminds the modern classicist at many points of Euripides' *Bacchae* (references are provided in the notes), though the subject was widely treated in Greek literature from Homer down.

168.2 a τοιοῦτος: cf. n. 131.15.

168.2 b θῆλυς: cf. Eur. *Bacch.* 353, τὸν θηλύμορφον ξένον, also 235–41, 453–59, 493.

168.2 f. διεφθαρμένος ὑπὸ τῆς μέθης: cf. Eur. *Bacch.* 260–62, though there the corrupting influence of wine is said to have acted upon the women under Dionysus' influence, not on Dionysus himself.

168.3 μίτρα ... ἀναδεδεμένος τὴν κόμην: cf. 131.9 f., τῇ μίτρᾳ τούτους [τοὺς βοστρύχους] ἀνειλημμένος, and Eur. *Bacch.* 833, where Pentheus' hair is to be bound in a μίτρα as he is dressed in the costume of a Maenad; also *ibid.* 1115.

168.4 *a* μαινομέναις γυναιξί: the Maenads (cf. n. 123.8 *a*); cf. e.g., Eur. *Bacch.* 105–19.

168.4 *b* ἁβρότερος: cf. Eur. *Bacch.* 493, ἅβρον βόστρυχον.

168.5 ὑπὸ τυμπάνοις καὶ αὐλῷ: cf. 131.11, ὑπ' αὐλῷ καὶ τυμπάνοις, and Eur. *Bacch.* 124–29, where mention is also made of the Corybantes and Rhea (cf. n. 164.15.0 and 165.6–13).

168.6 παντί: "anyone (else)," a relatively infrequent but classical use of the singular πᾶς.

168.8–17 Καὶ μὴν . . . ἐνθεάζων: these lines refer to the triumphal spread of Dionysiac worship, here treated by Zeus as if it had been a purely military conquest (cf. n. 98.11 *a*, n. 168.12). Dionysus had to overcome the opposition of various rulers, including Lycurgus of Thrace (n. 169.2 f.), Pentheus of Thebes (n. 169.3 f.), and even (an addition to the myth after Alexander's conquests), Deriades of India, the king mentioned in 168.14.

168.8 θηλυμίτρης: coined by Lucian for this occasion.

168.9 f. Λύδιαν . . . Τμῶλον: the starting point of Dionysiac worship is given in Euripides' *Bacchae* as Phrygia and Lydia, w. freq. mention of Mt. Tmolus (55, 65, 234, 462–464).

168.12 στρατιωτικῷ: the use of the neut. τὸ στρατιωτικόν for "army" is Thucydidean (8.83). The dat. of means shows that the army was regarded as an instrument, not as a group of men accompanying the leader.

168.14 *a* βασιλέα: cf. n. 168.8–17, end.

168.14 *b* πρὸς ὀλίγον: pc in the sense of "for a short time."

168.16 f. χορεύων θύρσοις χρώμενος κιττίνοις: cf. Eur. *Bacch.* 80–82, 113 f., 363, 1054 f.

168.17 *a* μεθύων: cf. 168.2 f.

168.17 *b* ἐνθεάζων: a rare vb., equivalent to ἐνθουσιάω; cf. n. 152.10.

169.1 ἐς: cf. n. 162.10.

169.2 f. καταδήσας τοῖς κλήμασιν: reference is apparently (cf. MacLeod 338, n.*) to the binding of Lycurgus by branches of the vine, Dionysus' plant, as a first step in his punishment for offending the god.

169.3 f. διασπασθῆναι . . . ὑπὸ τῆς μητρὸς ὥσπερ νεβρόν: cf. Eur. *Bacch.* 1112–43 and n. 165.17. In the traditional σπαραγμός, a fawn was torn apart.

169.6 οὐδεὶς φθόνος: a common phrase of complete acquiescence in a request: here = "Who can blame him?"

169.7 ὅπου: "when (one considers that)."

169.9 τὸ εὕρεμα: for Dionysus' invention of wine and his presentation of it to mankind, cf. Eur. *Bacch*. 278–85, 771–74.

169.13 *a* Ἰκάριον: Icarius of Athens was host to Dionysus who gave him a goatskin full of wine to share with some countryfolk with the tragic result narrated here.

169.13 *b* πρώτῳ: the idea that Icarius was the first mortal (of the Greeks, at any rate) to use wine rests on a pc tradition.

169.17 f. τὸ . . . ἄμετρον . . . τὸ πέρα τοῦ καλῶς ἔχοντος: three examples of the use of τό discussed in n. 42.7 *b*.

169.18 *a* ἐμφορεῖσθαι: in Herodotus, otherwise pd, pc.

169.18 *b* τοῦ ἀκράτου: according to the story referred to in n. 169.13 *b*, Icarius and his companions drank their wine unmixed.

169.20 f. οὐδὲν ἂν ἐργάσαιτο οὐδένα: "would never do anything to anyone"; the subj. of the vb. is the moderate drinker of 169.18 f. For the double acc., cf. n. 129.10 f.

169.22 Σεμέλης: cf. n. 100.10. For the gen. w. μνημονεύω, cf. n. 143.3.

23. Aphrodite and Eros

170.0.0 This Dialogue is concerned with the few exceptions to the rule "Love Conquers All" (n. 124.3 f.): Athena, the Muses, and Artemis. In the Homeric *Hymn to Aphrodite* 7–33, which Lucian here apparently adapts, the goddesses immune to love are listed as Athena, Artemis, and Hestia. Lucian substitutes the Muses for Hestia, perhaps because he could more easily find a reason for Eros' avoidance of the Muses (171.6–10) than for his failure to subdue the rather colorless goddess of the hearth.

170.2 κατηγωνίσω: cf. n. 156.3 *c*.

170.2 f. θεοὺς . . . μητέρα: for the amatory adventures of the divinities listed, cf. e.g., DG 8, 10, 14, 18 (Zeus), DS 8 (Poseidon), DG 6, 16 (Apollo), DG 20 (Rhea), and DG 21 (Aphrodite).

170.3–171.2 ἀπέχῃ . . . Γοργόνα: on the perpetual virginity of Athena, cf. n. 152.14–20.

170.4   ἄπυρος: the use of this adj. in the sense "powerless to burn" is apparently original with Lucian (cf. n. 170.5 *b*).

170.5 *a*   δᾴς: Attic contraction of δαΐς, "torch."

170.5 *b*   ἄτοξος: otherwise unexampled.

170.8   χαροπή: "flashing-eyed" (cf. n. 86.7).

170.10   ὑπότρομος: cf. n. 42.25 *b*.

170.12 f.   Aphrodite can speak from experience (cf. DG 21).

170.13   ἀφώπλισας ... νενίκηκας: note the difference between the aor., which denotes a unitary occurrence ("you disarmed him on that occasion"), and the perf., signifying a past act w. pres. result: "you emerged as the conqueror of Ares." We might say to a prize fighter, "You knocked him out and became the world champion you now are."

170.16   ἄλλως: "just so," "without any particular purpose."

170.17 f.   Εἴ μοι πρόσει ...: for the form of cond., cf. n. 119.2–5; the main verb in the apodosis is never uttered, being swallowed up in the aposiopesis indicated by the dash in 170.19, but the partcps. give sufficient indication of the violence of the contemplated action.

170.18   διαπείρασα: pd, pc.

170.19   διασπασαμένη: as Agave did Pentheus (cf. n. 165.17).

170.20   καὶ ὁρᾷ δέ: καί emphasizes, δέ connects: "and she LOOKS ...!"

170.21 f.   πρόσωπόν τι ... κατάκομον: the famous head of the Gorgon (cf. n. 114.10 f.) on the aegis which Athena is often represented as wearing over her breast. Phidias' chryselephantine statue in the Parthenon is known from copies to have had two Gorgons' heads, one on the aegis on her breast, the other on the shield at her side.

170.22   κατάκομον: pd, pc.

170.22 f.   μορμολύττεται: Eros is made to talk like a child frightened by a bogey.

171.2   μή: cf. n. 58.3.

171.3   ἄτρωτοι: in the sense "unwounded" (rather than "invulnerable"); pd, pc.

171.5   Γοργόνας: either the generalizing plu. (cf. n. 16.15 *a*), or with reference to Athena's two Gorgon heads (cf. n. 170.21 f., end).

171.7   περὶ ᾠδὴν ἔχουσι: cf. n. 160.11, where the reference is to Aphrodite's love for Ares. The choice of words is apparently deliberate; cf. the use of ἔρωτα in 171.14 of Artemis' love for hunting.

171.14 ἔρωτα: cf. n. 171.7. The acc. is cognate w. ἐράω; w. other nouns this vb. has its obj. in the gen.

171.16 f. αἱρεῖν τε διώκουσα καὶ κατατοξεύειν: "hunting (for an opportunity to) catch and shoot them down." This use of διώκω w. the inf. is apparently unexampled.

171.17 f. πρὸς τῷ τοιούτῳ ἐστίν: "she is devoted to such things." Xen. *Hell.* 4.8.22 has πρὸς ᾧ εἴη ἔργῳ, "in whatever task he is engaged in."

171.18 *a* ἐπεί: depends on an unspoken thought, e.g., ("Don't think I'm always a failure with archers) because . . ." The ἀδελφός is Apollo.

171.18 *b* καίτοι for καίπερ is pc.

171.19 ἐκηβόλον: the Homeric epithet, used by pc prose writers; here meant as a virtual quotation from Homer.

171.20 Cf. DG 6, 16, 17.

24. Zeus and Helius

172.0.0 Zeus chides the Sun for his imprudence in permitting his son Phaethon to drive his chariot, with disastrous results.

172.5 f. οὐδὲν ὅ τι οὐ: "everything"; cf. n. 130.10 *b*.

172.9 διφρηλάτην: pd, pc.

172.10 εἰ: cf. n. 41.4; here without γε.

172.12 ἤλπισα: this vb. is reg. used of fearing evil things, as well as of hoping for good ones.

172.13 f. The moods and tenses of the vbs. in the indir. quest. and disc. here are somewhat peculiar. The imperf. ind. ἐδεῖτο expresses a necessity commenced in the past and continuing into the pres. (cf. n. 45.8); ἐκβαίη is the reg. fut. less vivid protasis, from the standpoint of Helius' past knowledge, or an opt. replacing, in past sequence, the subv. w. ἐάν in a more vivid protasis. So οἴχεται, a pres. ind. w. perf. meaning "(everything) is ruined" replaces w. vivid force either the opt. w. ἄν, the reg. apodosis of a fut. less vivid cond., or a fut ind. apodosis in a more vivid cond. This use of οἴχεται in a fut. cond. is probably otherwise unexampled in prose: but cf. Eur. *Al.* 386, ἀπωλόμην . . . εἴ με . . . λείψεις, and the Lat. *perii.*

172.14 βραχύ: the use of this adj. in the neut. adv. acc. of time, "for a moment," is pd.

172.16 f. εἰ γὰρ ἐνδοίη τις, ἀφηνιάζουσιν: εἰ w. the opt. is not infrequently found in a modified form of pres.

general cond., w. the pres. ind. in the apodosis, "Let's suppose you once slacken the reins; they refuse to obey (from then on, i.e., 'take the bit in their teeth')." The second vb. is pc.

172.17　ἀμέλει: "of course"; in origin the imperat. of ἀμελέω, "have no care for"; cf. our "don't give it a thought."

172.18　ἄρτι μὲν . . . μετ' ὀλίγον δέ: "first, . . . then soon . . ." Cf. n. 36.3 f.

172.19　ἐς .τὸ ἐναντίον τοῦ δρόμου: either "backing up," or "turning and running in the opposite direction."

172.20 f.　οὐκ εἶχεν ὅ τι χρήσαιτο αὐτοῖς: cf. n. 167.2 f. The expression used here, w. ἔχω, χράομαι, acc. and dat., is reg. for "not know what to do with," e.g., Plat. *Cri.* 45B, οὐκ ἂν ἔχοις . . . ὅ τι χρῷο σαυτῷ, "you wouldn't know what to do with yourself."

173.2　οὐκ ἐπίστευον: "I was trying not to entrust," conative imperf.

173.3 *a*　ἔλασιν: used by Xenophon, *Eq.* 9.6, of horseback-riding; only by Lucian of driving a chariot. As is natural, this passage contains many words found also in Xenophon's works on horsemanship, which Lucian may either have remembered or reread for this occasion.

173.3 *b*　κατελιπάρησε: found only in Lucian.

173.4　Κλυμένη: cf. n. 164.21 f.

173.5 *a*　ὑπεθέμην: "I instructed (him)"; the mid. of this vb. is reg. used of instructional demonstrations.

173.5 *b*　βεβεκέναι: "take his stand."

173.6　ἐφ' ὁπόσον δὲ ἐς τὸ ἄνω, ἀφέντα (αὐτὸν τοὺς ἵππους χρὴ) ὑπερενεχθῆναι: "how long he must take an upward course, giving the horses free rein." The use of the pass. of ὑπερφέρω to mean "climb" is unusual.

173.7 *a*　ἐς τὸ κάταντες: "downhill," an equestrian term.

173.7 *b*　ἐπινεύειν: pc in the sense "descend."

173.7 f.　ἐγκρατῆ εἶναι: sc. χρὴ αὐτόν.

173.8　ἐφιέναι τῷ θυμῷ: w. ἐφίημι in the sense "yield," the lack of an acc. obj. is irregular; reg. both an acc. and a dat. obj. are found w. this vb.

173.9　ὀρθήν: cf. n. 36.20.

173.10–16　ὁ δὲ . . . ἄντυγος: with this description of Phaethon's fright and utter confusion, cf. the similar account of Helle on the golden ram, 100.19–23.

173.16　εἴχετο: ἔχομαι, "hold on to," w. gen. (cf. n. 10.3 *b*).

173.18   τολμήσας: modifies the subj. of λέγεις; Helius bears the guilt of the audacity of his son.

173.22   ὥστε: cf. n. 12.5.

173.23 *a*   ἀδελφαί: the Heliads, daughters of the Sun, who, in their grief for the death of their brother Phaethon, wept tears of amber over him and were turned into poplar trees.

173.23–25   θαπτέτωσαν . . . γενέσθωσαν: cf. n. 40.3.

173.23 *b*   Ἠριδανῷ: a mythological river of uncertain location, later identified with the Po in Italy (cf. n. 73.4 f.).

173.24   ἐκδιφρευθείς: found only in Lucian.

173.25 f.   ξυμπηξάμενος (συμ-): the vb. in the mid. properly means "construct for oneself"; Zeus seems to suggest that what is needed is virtually a new chariot.

173.26   κατέαγε: κατάγνυμι.

173.27   ἅτερος: ὁ ἅτερος, i.e., ὁ ἕτερος, "one of the two."

25. Apollo and Hermes

174.0.0   In this last of the *Dialogues of the Gods* as here arranged, our familiar discussants (cf. DG 16, 17, 21) converse about the twins Castor and Polydeuces (Pollux), and their strange system of rotation between Olympus and Hades (cf. n. 1.0.0).

174.1   Ἔχεις μοι εἰπεῖν: cf. n. 10.11 f.

174.2   ἤ: we should say "and"; but identifying either one *or* the other serves to identify both.

174.9   πυκτεύων: Polydeuces was famed as a boxer, Castor as a cavalryman, Hom. *Il.* 3.237, Κάστορά θ᾽ ἱππόδαμον καὶ πὺξ ἀγαθὸν Πολυδεύκεα; but cf. n. 174.14–16, end. Both were Argonauts. Polydeuces distinguished himself in a combat with the savage Amycus, king of Bebryx in Bithynia.

174.11   ἅτερος: cf. n. 173.27.

174.14–16   τοῦ ᾠοῦ . . . λευκός: Lucian follows the somewhat contradictory tradition whereby both twins, though one was engendered by Zeus appearing in the form of a swan, the other by the mortal Tyndareus, were borne by Leda enclosed in an egg. The hemispherical cap with which the twins were often portrayed is here referred to as the half of an eggshell. The star symbolizes the translation of the twins to heaven as the constellation Gemini; the spear and white horse are attributed to each in his capacity as cavalryman, though horsemanship was the specialty of Castor only.

174.15   ὑπεράνω: cf. n. 141.2 *c*. That the twins are said each to have a star floating above him shows that Lucian is thinking of a painting or coin rather than of a statue, in which such a representation would be impracticable (cf. n. 90.3–6).

174.19   ἐξ ἡμισείας: cf. n. 26.16 f.

174.19 f.   ἄρτι μὲν . . . ἄρτι δέ: cf. n. 36.3 f.

175.1   φιλαδελφίας: pc.

175.7 *a*   φθιτοῖς: pd, pc.

175.7 *b*   μαντεύομαι: cf. n. 161.16 f.

175.8   Ἀσκληπιός: cf. n. 155.5.0.

175.8 f.   παλαίειν . . . ὤν: as ἀγώνιος (cf. n. 126.0.0).

175.9   ἡ . . . Ἄρτεμις μαιεύεται: cf. 162.20 f.

175.13 f.   ὑπηρετεῖν: in using this vb. in the general sense "serve" (w. dat.), Lucian may possibly have had in mind the narrow original meaning, "serve on board ship" (ὑπηρέτης, "rower").

175.14   καθιππεύειν: on the twins as horsemen, cf. n. 174.14–16.

175.15 f.   The twins were the patron gods of sailors in distress. Their stars were supposed to alight upon the masts of ships in grave danger and thus to protect them ("St. Elmo's fire").

INDEX I

This index to the selected notes contains items written in Latin characters. For Greek items, see Index II, pp. 314–316. References are to notes on pp. 1–177. A reference to a note ending in ".0" is intended to include the title just above the note.

INDEX II

This index to the selected notes contains items written in Greek characters. For other items, see Index I, pp. 301–313. References are to notes on pp. 1–177. A reference to a note ending in ".0" is intended to include the title just above the note.

οἶκος: ellipsis of, 93.2 f., 115.14
οἷος: 6.16 *a*, 13.5, 45.13 f.
ὅλως: 1.10 *b*
ὁμόνεκρος: 7.11, 80.3 f., *b*
ὅτι: 1.6 *b*, 1.15, 71.9 *b*, 78.3 *b*, 78.11, 109.15 *a*
οὐδεὶς ὅστις οὐ: 130.10 *b*, 130.12 *c*
οὐκ ἔχω: 167.2
οὐκ οἶδα ὅπως: 25.2, 45.4, 83.4
ὄφλημα, ὀφλισκάνω: 38.12, 42.13, 79.3 f., 122.11

παιδεραστέω: 165.3 f.
παντοῖος: 10.5, 120.5
πλήν: 5.13 *a*, 11.1 *a*, 15.11, 65.21 *a*
ποιέω: 80.3 f., *a*, 120.6
πολλά: 43.7, 144.8
πράγματα ἔχω: 144.10
πρίν: 31.5 f.

-σθωσαν: *see* -τωσαν
σπαραγμός: 165.17, 169.3 f.
συνίημι: 12.1–3, 33.8 *b*, 130.13, 167.5 f.

-τέος: verbal in, 25.11, 70.17 *a*, 79.11
τί μαθών, τί παθών: 15.6 *b*, 15.8, 21.19, 39.13 f.
τοιοῦτος: 67.12, 131.15, 168.2 *a*
-τωσαν, -σθωσαν: 40.3, 40.13, 153.4, 173.23–25

ὑπό: 28.13 *b*, 32.25 *b*, 42.25 *b*, 43.3 f., 45.12, 50.14 *b*, 63.6 *b*, 65.15–17, 74.4 f., 81.16, 111.2 f., 125.5, 156.9, 170.10

φασί: 3.15
φέρω: 4.10, 14.7, 42.12 *b*, 137.27 *a*, 158.10 *b*
φημί: 75.6
φθάνω: 18.12, 34.12 f., 65.18

χάρις: 70.17 *a*
χρή: 8.7, 24.1–3
χρυσόρραπις (Ἑρμῆς): 126.0.0, 147.13

ψυχοπομπός (Ἑρμῆς): 5.7–10, 10.19.0, 36.22.0, 39.7–11, 126.0.0, 147.14

ὡς: 18.7, 36.4 *a*, 36.6 *b*, 37.11, 38.8, 93.7 *a*, 97.9, 117.24, 125.15, 144.8
ὥστε: 7.9, 12.5, 18.7, 37.11, 43.4 *a*